U0525819

法学文库 主编 何勤华

西方法学史纲
（第三版）

何勤华 著

商务印书馆
The Commercial Press
2016年·北京

图书在版编目(CIP)数据

西方法学史纲/何勤华著.—北京:商务印书馆,2016
(法学文库)
ISBN 978-7-100-12330-3

Ⅰ.①西… Ⅱ.①何… Ⅲ.①法学史—西方国家
Ⅳ.①D909.1

中国版本图书馆 CIP 数据核字(2016)第 150149 号

所有权利保留。
未经许可,不得以任何方式使用。

法学文库

XĪ FĀNG FǍ XUÉ SHǏ GĀNG
西方法学史纲
(第三版)

何勤华 著

商 务 印 书 馆 出 版
(北京王府井大街36号 邮政编码100710)
商 务 印 书 馆 发 行
北 京 冠 中 印 刷 厂 印 刷
ISBN 978-7-100-12330-3

2016年7月第1版　　　开本 880×1230 1/32
2016年7月北京第1次印刷　印张 17 5/8
定价:52.00元

总　　序

商务印书馆与法律著作的出版有着非常深的渊源,学界对此尽人皆知。民国时期的法律著作和教材,除少量为上海法学编译社、上海大东书局等出版之外,绝大多数是由商务印书馆出版的。尤其是一些经典法律作品,如《法律进化论》、《英宪精义》、《公法与私法》、《法律发达史》、《宪法学原理》、《欧陆法律发达史》、《民法与社会主义》等,几乎无一例外地皆由商务印书馆出版。

目下,商务印书馆领导高瞻远瞩,加强法律图书出版的力度和规模,期望以更好、更多的法律学术著作,为法学的繁荣和法治的推进做出更大的贡献。其举措之一,就是策划出版一套"法学文库"。

在当前国内已出版多种法学"文库"的情况下,如何体现商务版"法学文库"的特色? 我不禁想起程树德在《九朝律考》中所引明末清初大儒顾炎武(1613—1682)的一句名言。顾氏曾将著书之价值界定在:"古人所未及就,后世所不可无者"。并以此为宗旨,终于创作了一代名著《日知录》。

顾氏此言,实际上包含了两层意思:一是研究成果必须具有填补学术空白之价值;二是研究对象必须是后人所无法绕开的社会或学术上之重大问题,即使我们现在不去触碰,后人也必须要去研究。这两层意思总的表达了学术研究的根本追求——原创性,这也是我们编辑这套"法学文库"的立意和目标。

具体落实到选题上,我的理解是:一、本"文库"的各个选题,应是国内学术界还没有涉及的课题,具有填补法学研究空白的特点;二、各个选题,是国内外法学界都很感兴趣,但还没有比较系统、集中的成果;三、各选题中的子课题,或阶段性成果已在国内外高质量的刊物上发表,在学术界产生了重要的影响;四、具有比较高的文献史料价值,能为学术界的进一步研究提供基础性材料。

法律是人类之心灵的透视,意志的体现,智慧的结晶,行为的准则。在西方,因法治传统的长期浸染,法律,作为调整人们生活的首要规范,其位亦尊,其学亦盛。而在中国,由于两千年法律虚无主义的肆虐,法律之位亦卑,其学亦微。至目前,法律的春天才可以算是刚刚来临。但正因为是春天,所以也是一个播种的季节,希望的季节。

春天的嫩芽,总会结出累累的果实;涓涓之细流,必将汇成浩瀚之大海。希望"法学文库"能够以"原创性"之特色为中国法学领域的学术积累做贡献;也真切地期盼"法学文库"的编辑和出版能够得到各位法学界同仁的参与和关爱,使之成为展示理论法学研究前沿成果的一个窗口。

我们虽然还不够成熟,
但我们一直在努力探索……

何 勤 华
2004 年 5 月 1 日

General Preface

It's well known in the academic community that the Commercial Press has a long tradition of publishing books on Legal science. During the period of Republic of China (1912—1949), most of the works and text books on legal science were published by the Commercial Press, only a few of them were published by Shanghai Edition and Translation Agency of Legal Science or Shanghai Dadong Publishing House. Especially the publishing of some classical works, such as on *Evolution of Laws*, *Introduction to the Study of the Law of the Constitution*, *Public Laws and Private Laws*, *the History of Laws*, *Theory of Constitution*, *History of the Laws in European Continents*, *Civil Law and Socialism* were all undertaken by the Commercial Press.

Now, the executors of Commercial Press, with great foresight, are seeking to strengthen the publishing of the works on the study of laws, and trying to devote more to the prosperity of legal science and the progress of the career of ruling of law by more and better academic works. One of their measures is to publish a set of books named "Jurisprudential Library".

Actually, several sets of "library" on legal science have been published in our country, what should be unique to this set of "Jurisprudential Library"? It reminded me of Gu Yanwu's(1613—1682) famous saying which has been quoted by Cheng Shude(1876—1944) in *Jiu Chao Lv Kao* (*Collection and Complication of the Laws in the Nine Dynasties*). Gu Yanwu was the great scholar of Confucianism in late Ming and early Qing Dynasties. He defined the value of a book like this: "the subject covered by the book has not been studied by our predecessors, and it is necessary to our descendents". According to this principal, he created the famous work *Ri Zhi Lu* (*Notes on Knowledge Accumulated Day by Day*).

Mr. Gu's words includes the following two points: the fruit of study must have the value of fulfilling the academic blanks; the object of research must be the significant question that our descendants cannot detour or omit, that means even if we didn't touch them, the descendants have to face them sooner or later. The two levels of the meaning expressed the fundamental pursuit of academy: originality, and this is the conception and purpose of our compiling this set of "Jurisprudential Library".

As for the requirement of choosing subjects, my opinion can be articulated like this: Ⅰ. All the subjects in this library have not been touched in our country, so they have the value of fulfilling the academic blanks; Ⅱ. The scholars, no matter at home and or abroad are interested in these subjects, but they have not published systematic and concentrated results; Ⅲ. All the sub-subjects included in the subjects chosen or the initial results have been published in the publication which is of high quality at home or abroad; Ⅳ. The subjects chosen should have comparatively high value of historical data, they can provide basic materials for the further research.

The law is the perspective of human hearts, reflection of their will, crystallization of their wisdom and the norms of their action. In western countries, because of the long tradition of ruling of law, law, the primary standard regulating people's conducts, is in a high position, and the study of law is also prosperous. But, in China, the rampancy of legal nihilism had been lasting for 2000 years, consequently, law is in a low position, and the study of law is also weak. Until now, the spring of legal science has just arrived. However, spring is a sowing season, and a season full of hopes and wishes.

The fresh bud in spring will surely be thickly hung with fruits; the little creeks will coverage into endless sea. I hope "Jurisprudential Library" can make great contribution to the academic accumulation of the area of Chinese legal science by it's originality; I also heartily hope the colleagues in the area of legal study can award their participation and love to the complication and publication of "Jurisprudential Library" and make it a wonderful window showing the theoretical frontier results in the area of legal research.

We are not mature enough

We are keeping on exploring and seeking

He Qinhua
May 1st, 2004

目 录

第一版序 …………………………………………… 1
第二版序 …………………………………………… 3
第三版序 …………………………………………… 4

导论 西语"法学"一词的起源及其流变 …………………… 1
第一章 古代希腊的法学思想 ……………………………… 11
  第一节 概述 …………………………………………… 11
  第二节 柏拉图的法学思想 …………………………… 14
    一、西方历史上第一部法学专著《法律篇》………… 14
    二、法的正义理论 ……………………………………… 15
    三、法治的理论 ………………………………………… 17
  第三节 亚里士多德的法治理论 ……………………… 19
    一、法治的含义 ………………………………………… 19
    二、法治的根据 ………………………………………… 20
    三、法治的各项措施 …………………………………… 21
    四、亚里士多德法治论的历史意义 …………………… 22
  第四节 斯多噶学派的自然法思想 …………………… 23
    一、斯多噶学派对自然法的表述 ……………………… 24
    二、对斯多噶学派的自然法思想的评价 ……………… 26
第二章 罗马法学 …………………………………………… 30

第一节　罗马法学形成的诸种条件 ······ 30
   一、商品经济的发展 ······ 31
   二、古代罗马的立法活动 ······ 31
   三、法律与宗教相分离而成为一个相对独立的体系 ······ 33
   四、古代罗马法律教育的兴起 ······ 35
   五、以自然法为核心的法学观的传播 ······ 37
   六、职业法学家阶层的形成 ······ 39
   七、百花齐放、百家争鸣的学术环境 ······ 41

第二节　罗马法学产生和发展的几个阶段 ······ 42
   一、罗马法学的产生 ······ 42
   二、罗马法学的发展 ······ 44
   （一）共和国后期（公元前 202—前 27 年）
   　　　罗马法学的发展 ······ 44
   （二）帝国前期（公元前 27 年—公元 284 年）
   　　　罗马法学的鼎盛 ······ 45
   （三）帝国后期（公元 284—527 年）的法学发展 ······ 51
   （四）查士丁尼时期（公元 527—565 年）的法学 ······ 52

第三节　罗马法学的特点 ······ 54
   一、以私法学为核心 ······ 55
   二、对法理的精深研究和对概念的缜密表述 ······ 56
   三、强烈的实践性 ······ 59

第三章　中世纪西欧法学 ······ 62
第一节　概述 ······ 62
第二节　罗马法学的复兴 ······ 64
   一、注释法学派 ······ 64
   （一）注释法学派的形成 ······ 65

（二）注释法学派的活动及其特点 ……………………………… 68
　　　（三）注释法学派的学术成果 …………………………………… 71
　　　（四）关于注释法学派的评价 …………………………………… 74
　二、评论法学派 ………………………………………………………… 78
　　　（一）评论法学派的形成 ………………………………………… 78
　　　（二）评论法学派的学术成就 …………………………………… 81
　　　（三）评论法学派的学术特点及其历史贡献 …………………… 83
　三、罗马法学在各国的传播 …………………………………………… 89
第三节　教会法学和习惯法学 …………………………………………… 91
　一、教会法学 …………………………………………………………… 91
　二、习惯法学 …………………………………………………………… 93
第四节　中世纪西欧的法哲学 …………………………………………… 94
　一、关于法的概念 ……………………………………………………… 94
　二、关于法的分类 ……………………………………………………… 95
第五节　大学法学教育的起源 …………………………………………… 96
　一、概述 ………………………………………………………………… 96
　二、大学的性质 ………………………………………………………… 97
　三、学生和教师 ………………………………………………………… 98
　四、课程设置、教材和教学方法 …………………………………… 101
　五、考试和学位授与 ………………………………………………… 103
　六、中世纪西欧法律教育对后世的影响 …………………………… 104

第四章　法国法学 ………………………………………………………… 106
第一节　近代以前法国法学的发展 …………………………………… 106
　一、概述 ……………………………………………………………… 106
　二、评论法学派 ……………………………………………………… 106
　三、人文主义法学派 ………………………………………………… 107

（一）人文主义法学派的形成 …………………………… 107
　　　（二）人文主义法学派的特点 …………………………… 112
　　　（三）人文主义法学派出现的历史原因 ………………… 115
　四、习惯法学 ………………………………………………… 117
　五、博丹和孟德斯鸠的公法学 ……………………………… 119
　　　（一）概述 ………………………………………………… 119
　　　（二）博丹的公法学理论 ………………………………… 120
　　　（三）孟德斯鸠的公法学理论 …………………………… 121
　六、中世纪后期法国的私法学 ……………………………… 124
　　　（一）中世纪后期法国私法学形成的社会条件 ………… 124
　　　（二）朴蒂埃的私法学 …………………………………… 125

第二节　近代以后法国法学的发展 …………………………… 133
　一、法国资产阶级大革命和拿破仑立法 …………………… 133
　　　（一）法国资产阶级革命和法制原则的提出 …………… 134
　　　（二）拿破仑的系列立法 ………………………………… 134
　　　（三）拿破仑立法的历史影响 …………………………… 136
　二、法国近代私法学的形成与发展 ………………………… 137
　　　（一）注释法学派 ………………………………………… 137
　　　（二）科学法学派 ………………………………………… 152
　　　（三）20世纪法国私法学的发展 ………………………… 155
　三、近代以后的公法学 ……………………………………… 156
　　　（一）概述 ………………………………………………… 156
　　　（二）宪法学 ……………………………………………… 157
　　　（三）行政法学 …………………………………………… 179
　　　（四）刑法学 ……………………………………………… 196
　四、法国现代社会法学的形成 ……………………………… 203

第五章　德国法学 ……………………………………………… 205
第一节　中世纪后期德国法学的发展 …………………………… 205
 一、罗马法学的继受 …………………………………………… 205
 二、自然法学的形成和发展 …………………………………… 206
 三、自然法典的编纂 …………………………………………… 208
第二节　近代以后德国的基础法学 ……………………………… 209
 一、康德和黑格尔的法哲学理论 ……………………………… 210
  （一）康德的法哲学理论 …………………………………… 210
  （二）黑格尔的法哲学理论 ………………………………… 212
 二、萨维尼和历史法学派 ……………………………………… 214
 三、耶林的法哲学理论 ………………………………………… 221
 四、祁克的法哲学理论 ………………………………………… 228
 五、19世纪末至二次大战前其他法哲学理论 ……………… 234
  （一）毕尔林等人的"一般法学" …………………………… 234
  （二）黑克的"利益法学" …………………………………… 235
  （三）施塔姆勒的新康德主义法哲学 ……………………… 235
  （四）雷纳赫和富塞尔法的现象学 ………………………… 236
  （五）利克尔特、柯勒和萨瓦等法的文化哲学 …………… 237
  （六）巴姆加丁的幸福主义法哲学 ………………………… 239
 六、拉德勃鲁赫的法哲学 ……………………………………… 240
 七、韦伯的法社会学理论 ……………………………………… 242
第三节　近代以后德国的私法学 ………………………………… 247
 一、黑格尔的私法学理论 ……………………………………… 247
 二、罗马学派 …………………………………………………… 250
 三、日耳曼学派 ………………………………………………… 251
 四、萨维尼的私法学理论 ……………………………………… 253

（一）法源论 …………………………………………………… 254
　　（二）法律解释论 ……………………………………………… 257
　　（三）法律关系论 ……………………………………………… 259
　五、温德海得的私法学理论 ………………………………………… 261
　六、潘德克顿法学 …………………………………………………… 264
　七、祁克的私法学理论 ……………………………………………… 265
　　（一）法源论 …………………………………………………… 265
　　（二）法人本质论 ……………………………………………… 268
　　（三）团体人格论 ……………………………………………… 269
　八、1900年《德国民法典》及其法学成就 ………………………… 272
　九、《德国民法典》施行后民法学的发展 ………………………… 274
第四节　近代以后德国的公法学 ………………………………………… 276
　一、国法学（宪法学） ……………………………………………… 276
　　（一）19世纪以后德国统一和民族独立思想的抬头 ………… 276
　　（二）盖尔伯的国法学理论 …………………………………… 277
　　（三）拉邦德的宪法学理论 …………………………………… 277
　　（四）耶利内克的宪法学理论 ………………………………… 281
　二、行政法学 ………………………………………………………… 283
　　（一）莫尔、冯·迈尔和休泰尔的行政法学理论 …………… 283
　　（二）奥托·迈尔的行政法学理论 …………………………… 285
　三、刑法学 …………………………………………………………… 288
　　（一）18世纪以后德国刑法学的观念：康德和黑格尔的学说 …… 288
　　（二）费尔巴哈的刑法学理论 ………………………………… 289
　　（三）麦克尔的刑法学理论 …………………………………… 290
　　（四）李斯特的刑法学理论 …………………………………… 292
　　（五）第一次世界大战后至二战结束时的刑法学 …………… 294

（六）二次大战后德国刑法学的发展 ………………………… 295

第六章 英国法学 297

第一节 中世纪英国法学的发展 297

一、概述 ……………………………………………………… 297

二、英国历史上最早的法学著作 …………………………… 299

三、格兰威尔的法学理论 …………………………………… 299

四、布雷克顿的法学理论 …………………………………… 301

五、布雷克顿同时代的其他法学作品 ……………………… 304

六、利特尔顿的法学理论 …………………………………… 305

七、福特斯库的法学理论 …………………………………… 306

八、杰曼的法学理论 ………………………………………… 307

九、科克的法学理论 ………………………………………… 308

十、弗兰西斯·培根等人的法学理论 ……………………… 310

十一、中世纪英国的《法律年鉴》 ………………………… 313

十二、《判决要录》 …………………………………………… 315

十三、《令状方式集》 ………………………………………… 317

十四、中世纪开始发展的英国法律教育 …………………… 317

（一）学术（基础）教育阶段 …………………………… 320

（二）职业训练阶段 ……………………………………… 320

（三）实习阶段 …………………………………………… 321

第二节 近代以后英国的基础法学 321

一、概述 ……………………………………………………… 321

二、洛克的法学理论 ………………………………………… 324

三、布莱克斯通的法学理论 ………………………………… 325

四、边沁和奥斯汀的法学理论 ……………………………… 330

（一）边沁的法学理论 …………………………………… 330

　　　　（二）奥斯汀的法学理论 …………………………………… 332
　　　五、梅因的法学理论 ………………………………………… 334
　　　六、波洛克和梅特兰的法史学 ……………………………… 337
　　　　（一）波洛克的理论 ……………………………………… 337
　　　　（二）梅特兰的理论 ……………………………………… 339
　　　七、现代时期英国基础法学的发展 ………………………… 340
　第三节　近代以后英国的私法学 ………………………………… 342
　　　一、概述 ……………………………………………………… 342
　　　二、曼斯菲尔德的私法学 …………………………………… 343
　　　三、布莱克斯通的私法学理论 ……………………………… 345
　　　四、梅特兰的私法学理论 …………………………………… 348
　　　五、现代时期英国的私法学理论 …………………………… 349
　　　　（一）法人理论 …………………………………………… 349
　　　　（二）信托理论 …………………………………………… 351
　　　　（三）契约理论 …………………………………………… 353
　　　　（四）侵权行为法理论 …………………………………… 356
　第四节　近代以后英国的公法学 ………………………………… 357
　　　一、宪法学 …………………………………………………… 357
　　　　（一）中世纪以后英国的宪法思想 ……………………… 357
　　　　（二）英国资产阶级革命时期的宪法观念 ……………… 360
　　　　（三）戴雪的宪法学理论 ………………………………… 361
　　　　（四）20世纪以后英国宪法学的发展 …………………… 363
　　　二、行政法学 ………………………………………………… 367
　　　三、刑法学 …………………………………………………… 370
　第五节　近现代英国法学的基本特征 …………………………… 372
　　　一、判例法学的重要地位 …………………………………… 372

二、法学体系的阙如和概念表述的不明确 ············· 373
　　三、公法学起步较晚 ························· 374
　　四、法官在法学发展中起着主导作用 ················ 375

第七章　美国法学 ······························· 376
　第一节　美国法学的形成 ······················· 376
　　一、概述 ······························ 376
　　二、肯特的法学理论 ························ 376
　　三、斯托里的法学理论 ······················· 377
　　四、自然法学 ···························· 379
　　五、建国前后美国的宪法学理论 ·················· 380
　　　（一）殖民地的宪法学遗产 ··················· 380
　　　（二）联邦党人的宪法理论 ··················· 382
　　　（三）马歇尔的宪法学理论 ··················· 384
　　六、法律教育和法律研究 ····················· 386
　第二节　南北战争至19世纪末美国法学的发展 ············ 390
　　一、概述 ······························ 390
　　二、民主主义法学思想的流行 ··················· 391
　　三、法律教育的改革和法学的发展 ················· 392
　　四、历史法学的倾向 ························ 394
　　五、分析法学的倾向 ························ 396
　　六、私法学的发展 ························· 397
　　　（一）契约法理论 ······················· 397
　　　（二）财产法理论 ······················· 399
　　　（三）侵权行为法理论 ····················· 400
　　　（四）公司法理论 ······················· 402
　　七、公法学 ····························· 404

（一）宪法学 …………………………………………………… 404
　　　（二）行政法学 ………………………………………………… 405
　　　（三）刑法学 …………………………………………………… 406
　第三节　20世纪以后美国的法学 ………………………………… 410
　　一、法律教育和法学研究 ………………………………………… 410
　　二、法哲学 ………………………………………………………… 414
　　　（一）概述 ……………………………………………………… 414
　　　（二）霍姆斯和布兰代斯的实用主义法学 …………………… 414
　　　（三）庞德等人的社会学法学 ………………………………… 418
　　　（四）弗兰克和卢埃林等人的现实主义法学 ………………… 421
　　　（五）实验主义法学和行为科学法学 ………………………… 423
　　　（六）经济学分析法学 ………………………………………… 424
　　　（七）批判法学 ………………………………………………… 427
　　　（八）德沃金的新自然法学 …………………………………… 430
　　　（九）伯尔曼的法律传统的革命学说 ………………………… 433
　　三、私法学 ………………………………………………………… 435
　　四、公法学 ………………………………………………………… 438
　　　（一）宪法学 …………………………………………………… 438
　　　（二）行政法学 ………………………………………………… 443
　　　（三）刑法学 …………………………………………………… 445
　第四节　美国法学对英国法学的继承和发展 …………………… 449
　　一、美国法学对英国法学的继承 ………………………………… 449
　　二、美国法学对英国法学的发展 ………………………………… 450

第八章　日本法学 ……………………………………………………… 453
　第一节　概述 ………………………………………………………… 453
　第二节　近代以后日本的基础法学 ……………………………… 454

一、法哲学 ………………………………………… 454
　　　二、法社会学 ……………………………………… 457
　　　三、法史学 ………………………………………… 460
　　　四、比较法学 ……………………………………… 461
　第三节　近代以后日本的私法学 ……………………… 463
　　　一、民法学 ………………………………………… 463
　　　二、商法学 ………………………………………… 466
　第四节　近代以后日本的公法学 ……………………… 467
　　　一、宪法学 ………………………………………… 467
　　　二、行政法学 ……………………………………… 471
　　　三、刑法学 ………………………………………… 472
　第五节　日本法学近代化的特点 ……………………… 475

第九章　二次大战后西方法学的发展
　　　——以基础法学为中心 ………………………… 478
　第一节　二次大战后西方法学发展的一般特征 ……… 478
　　　一、学派众多，论战激烈 ………………………… 478
　　　二、高度分化、高度综合 ………………………… 478
　　　三、法学新学科层出不穷 ………………………… 480
　　　四、方法的多元化和科学化 ……………………… 481
　　　五、法学研究的统一化和国际化 ………………… 481
　第二节　法哲学 ………………………………………… 484
　　　一、概述 …………………………………………… 484
　　　二、新自然法学 …………………………………… 485
　　　（一）格老秀斯等人的古典自然法学传统 ……… 485
　　　（二）二次大战后自然法学的复兴 ……………… 487
　　　（三）富勒的新自然法学 ………………………… 487

三、新分析实证主义法学 …………………………………… 489
　　　四、社会学法学 ……………………………………………… 492
　　　五、其他法学流派 …………………………………………… 493
　第三节　法社会学 ………………………………………………… 496
　　　一、法社会学在西方的勃兴 ………………………………… 496
　　　　（一）法社会学的含义 …………………………………… 496
　　　　（二）法社会学的产生与早期代表人物 ………………… 497
　　　二、二次大战后法社会学在西方各国的发展 …………… 507
　　　　（一）英国 ………………………………………………… 508
　　　　（二）美国 ………………………………………………… 510
　　　　（三）法国 ………………………………………………… 511
　　　　（四）德国 ………………………………………………… 513
　　　　（五）日本 ………………………………………………… 516
　第四节　法史学 …………………………………………………… 517
　　　一、西方法史学研究的发展 ………………………………… 517
　　　二、二次大战后西方法史学研究的新特点 ……………… 518
　第五节　比较法学 ………………………………………………… 521
　　　一、概述 ……………………………………………………… 521
　　　二、英国 ……………………………………………………… 521
　　　三、美国 ……………………………………………………… 523
　　　四、法国 ……………………………………………………… 526
　　　五、德国 ……………………………………………………… 527
　　　六、日本 ……………………………………………………… 528
主要参考文献 ………………………………………………………… 530
后　记 ………………………………………………………………… 537

第 一 版 序

1991年,上海社会科学院出版社出版了笔者法学史系列研究的第一卷《法学史研究Ⅰ 当代日本法学——人与作品》。该书分基础法学、公法学、私法学、社会法学、国际法学等五章,在对战后45年日本各个法学学科的发展、变化、特点作出概述的基础上,重点对日本当代35位法学家的35部作品(原著)作了介绍、分析和评述。在该书序中,笔者指出:当代日本法学虽然继承了东方法学(中国古代法学)的传统,但主要是在吸收西方法学成果、结合当代日本社会现状的基础上形成、发展起来的,具有了西方法学的某些特点,成为西方法学发展中不可缺少的部分。因此,从日本法学入手,进一步发掘西方法学的历史遗产,无论在历史联系还是在逻辑发展上都是合理的。

基于这种认识,笔者将法学史研究的第二卷内容确定为《西方法学史》,旨在重点描述和分析西方整个法学的发展概貌。众所周知,西方法学史代表了世界法学发展史的主流,为人类带来了丰富的知识遗产。现代法学的基本原则、制度、内容以及用语,可以说无一例外都是西方法学发展各个阶段的产物。因此,对西方法学史进行全面系统的研究,无疑具有巨大的理论和实践价值。

法学是人类文明发展到一定阶段的产物,它的形成和发展是一个不断进化、日益科学的过程。在法学发展的历史长河中,融入了无数法学家的灵气和睿智,历史上的各个法学流派和法学家提出的各种学说,都包含有科学的、真理的内容,都是人类文明的组成部分。对其进行整理、总结,作出适当的评价,并将其合理的成分发扬光大,是我们的历史责任。

早在中世纪后期,意大利的注释法学派就对西方历史上的法学遗产(罗马法学)进行了大规模的发掘、整理、研究,但对西方法学发展作比较系统的史的描述,则是从19世纪德国历史法学派开始的。20世纪以后,这种研究得到进一步加强,推出了玛克道纳尔和曼逊的《世界上的伟大法学家》(J. Macdonell and E. Manson, Great Jurists of the World, Boston, 1914)、卡莱顿·李的《历史法学》(G. Carleton Lee, Historical Jurisprudence, New York, 1922)、苏尔茨的《罗马法律科学史》(F. Schulz, History of Roman Legal Science, Oxford, 1946)、安德逊的《中世纪以后法学的复兴》(E. Andersen, The Renaissance of Legal Science after the Middle Ages, Copenhagen, 1974)、碧海纯一、伊藤正已、村上淳一编的《法学史》(东京大学出版会1976年版)等作品。

在我国,虽然自20世纪80年代起,出版了一批外国法制史、西方法律思想史的教科书和专著,也分别成立了全国外国法制史研究会和中国法律史学会、西方法律思想史分会,但对西方法学史的研究尚未系统展开。除了有一些现代、当代西方法哲学以及法哲学史的著作之外,对涉及西方法学史整体的研究还是一片空白。正是针对我国的上述现状,笔者开始了西方法学史的教学和研究,并将其成果予以公开出版,以期引起学术界同仁的重视,一起来开垦这一片处女地。

尽管笔者已下了苦功,但由于本书涉及领域广、资料整理任务重,所以仍不可避免会存在许多错误。敬请学术界同仁和广大读者批评指正。

何 勤 华

于上海华东政法学院

1996年3月6日

第二版序

本书自 1996 年初版以来，受到了读者的欢迎和同行专家的肯定，故于 1997 年加印了一次。此次再版，除对本书的个别错误作了订正，并吸收了这三年中学术界关于西方法学研究的最新成果之外，保留了本书原有的体系、风格和内容。

何勤华

1999 年 10 月 1 日

建国五十周年纪念日

第 三 版 序

《西方法学史》一书,完成于1995年,1996年被纳入中国政法大学出版社"中青年法学文库"出版,此后修订重印再版过多次。

本书初版至今,已经过去了整整20年。在这20年中,我们国家发生了巨大的变化,我国法学界也有了长足的进步。当年在写作本书时,许多专题,国内学者对其很少研究,中文文献几乎没有,笔者只能借助日文和英文的资料。而在20年后的今天,不仅古代希腊、罗马的法和法学,国内已经有了深入的研究,关于英、美、法、德、日等西方发达国家法和法学的进步,学术界推出了诸多专著与译著,就是以前完全是空白的如中世纪欧洲的法和法学,国内也已经有了不少学术成果。因此,现在写作或者修订西方法学史,并不是资料太少,而是太多;其任务不再是填补空白,而是对丰富的材料进行归纳、梳理,并做出适当的评述。从这个意义上说,本书第三版,只是在修订、增补和完善西方法学史研究方面迈出了第一步。

中国政法大学出版社于20世纪90年代初推出的"中青年法学文库",在学术界享有很高声誉,拙著能够忝列其中,全因当时李传敢社长和丁小宣编辑的慧眼相识和鼎力支持。虽然在20年之后,这两位先生退休的退休,转社的转社,但我们之间因信任而产生的友谊,一直保留至今。值此本书出第三版之际,向两位先生再次表示深深的谢意。本书能够从中国政法大学出版社转至商务印书馆出版,也得到了中国政法大学出版社领导的支持和帮助,在此,也表示笔者一片诚挚的谢意。

虽然经过多次修订,但由于西方法学史博大精深,本书可能还会存在这样那样的错误和缺陷,此点还请广大读者批评指正。

何 勤 华

于华东政法大学

法律文明史研究院

2015 年 6 月 5 日

导　论
西语"法学"一词的起源及其流变

一

现代"法学"一词,来源于西方,是古代罗马法学家留给人类的一笔历史文化遗产。对此,学术界已有诸多研究,并无多大分歧。[①] 但西语"法学"一词具体始于何时,其产生、发展过程又是如何,以及该词的演变反映了法学发展的哪些内在规律?对此问题,学术界的研究并不充分。就笔者所能查阅到的外国语文献来看,专门论述此问题的论著非常少;而在中国,则还是一个空白。为了填补我国法学研究的这一空白,也为了从西语"法学"一词的演变中探寻法学发展的某些规律性,笔者试在本书正文之前,设一导论,专门对此问题作些考证,以帮助读者对本书的理解。

二

西语"法学"一词,拉丁语为 Jurisprudentia。该词是由 ius 和 pro-

[①] Fritz Schulz, *History of Roman Legal Science*, p. 100, Oxford, 1946; G. C. Lee, *Historical Jurisprudence*, p. 388, New York, 1922. E. Ehrlich, *Fundamental Principles of the Sociology of Law*, Translated by W. L. Moll, p. 260, New York, 1936.

videre 合成，前者解释为法律、正义、权利，后者表示先见、知晓、聪明、知识等，两者合成一词，就表示有系统有组织的法律知识、法律学问。

要精确说明 Jurisprudentia 一词究竟成于何时，当然是十分困难的，但从古代罗马法学家留下来的文献来考证，该词至少在公元前 3 世纪末罗马共和国时代就已经出现。公元前 451—450 年，罗马制定颁布了著名的《十二表法》。为了让这一公布在罗马广场上的成文法典得以贯彻实施，罗马统治阶级加强了对该法的解释和宣传(讲授)。最早，这种解释和讲授的权利控制在少数神职人员手中，其范围也很狭窄。所以，解释和讲授法律的活动还未被社会广泛知晓，也未能形成一门比较系统的学问和固定的职业。

公元前 254 年，平民出身的科伦卡纽士(T. Coruncanius)担任了大神官，他开始在公开场合讲授法律的条文。公元前 198 年，执政官阿埃利乌斯(Aelius)进一步以世俗官吏的身份讲授法律、著书立说，从而使法律知识面向社会，走入市民生活，最终成为一门世俗的学问。这门学问，就称为 Jurisprudentia,[①]而讲授的人，就称为 Jurisconsultus(法学家，是 ius 和 consultus 的合成词。consultus 意为智慧、精通、考虑者、训练者)。

至公元 2 世纪罗马帝国前期，Jurisprudentia 一词已经被广泛使用。当时的五大法学家之一的乌尔比安(Ulpianus,约 160—228)就曾对 Jurisprudentia 下过著名的定义："法学是神事和人事的知识，正与不正的学问"(Jurisprudentia est divinorum atquehumanorum rerum notitia, justiatque injusti scientia)。[②]

[①] 碧海纯一、伊藤正己、村上淳一等编:《法学史》第 7、第 32 页,东京大学出版会 1976 年版。

[②] Ulpianus,Digesta,1,1,10.

至公元 6 世纪,查士丁尼皇帝在编纂《学说汇纂》和《法学阶梯》时,就把这一定义收了进去,从而使它得以传至后世。

三

公元 11 世纪,经过长时期沉寂之后,西欧出现了复兴罗马法的运动。而按照西方学者的观点,复兴罗马法,实际上就是复兴罗马法学。① 当时,以伊纳留斯(Irnerius,约 1055—1130)为首的注释法学派,以意大利的波伦那(Bologna)大学为中心,对查士丁尼的《国法大全》,尤其是《学说汇纂》进行了系统的注解、讲授。至 13 世纪,这种注释活动越出意大利,波及法国、德国以及其他欧洲国家,从而使古代罗马法学的文化遗产包括拉丁语"法学"(Jurisprudentia)这一用语在欧洲各国得到广泛传播。

在法国,从公元 9 世纪到 14 世纪,是法兰西民族形成、封建国家确立时期,也是古代法语形成、发展时期。法国人民在形成自己的民族语言时,在创造新名词的同时,也吸收了拉丁语的诸多成果。其中,Jurisprudentia 这一用语,也以 Jurisprudence 的构成,融入到法语之中,用来表示"法学"、"法律解释"、"判例"等含义。同时,随着中世纪末期资产阶级人文主义思潮的勃兴,以权利为核心的近代法观念的出现,既表示法律,又表示权利,还表示法学的 Droit 一词也开始形成(作为古代法语,Droit 一词本身的出现,当然要更早一些②)。在 Droit 和 Juris-

---

① F. Schulz, *History of Roman Legal Science*, p.100, Oxford, 1946.
② 〔法〕吉涅贝尔在《法国人民简史》一书中说,842 年查理大帝的孙子秃头查理和日耳曼人路易在斯特拉斯堡宣誓结盟,当时誓言用两种语言表达,即罗曼斯语(最初的法语)和条顿语(最初的德语)。这表明,在 9 世纪中叶,法、德两国的本族语言已经形成。参阅张芝联主编:《法国通史》,第 37 页,北京大学出版社 1989 年版。

prudence 两个词的基础上,结合拉丁语词根 Scientia(表示"知识"、"学问"、"科学"),又形成了 Science du droit(法学、法律科学)、Science juridique(法学、法律科学)等词。①

在德国,中世纪时期的人们曾以自己是罗马帝国的当然继承人("神圣罗马帝国"的居民)自居,罗马法学的复兴在德国也进行得最为充分。因此,罗马法学及其观念对德国的影响要比对法国更加大一些。从中世纪末期开始,以拉丁语 Jurisprudentia 为词根的德语 Jurisprudenz(法学)和既表示权利、又表示法律、还表示权利与法律之学的 Recht 就已经出现。到了 19 世纪,这两个词又成为"潘德克顿法学"(Pandektenwissenschaft)的基础概念。德国历史法学派的代表人物萨维尼,正是在研究 Jurisprudenz 和 Recht 的基础上,进一步引入历史学的研究方法,创造了 Rechtswissenschaft(法学、法律科学)一词。② 这样,近代以后的德国,共有三个词,可以从不同的侧面来表示"法学"这一含义。

此外,在意大利和西班牙,Jurisprudentia 也成为表示"法学"Giurisprudenza 和 Jurisprudencia 两个词的词根,而融入这两个国家的法律用语之中。

四

英国和欧洲大陆不一样,并没有走全面复兴罗马法的道路。11 世纪,当欧洲大陆卷起复兴罗马法高潮的时候,在英国,借助强大的中央王权,却发展起了符合自己国情的独立的普通法(Common Law)体系。

---

① 笔者曾就这个问题,专门请教了在法国大使馆工作了多年的上海大学科研处处长董建平教授和从瑞士留学回国精通法语的华东政法学院国际法系徐冬根博士。他们说,根据他们的经验,现在法国人在表述"法学"一词时,用得最多的还是 Droit 一词。

② 〔日〕世良晃志郎著:《历史学方法论的诸问题》,第 24 页,木铎社 1973 年版。

这一法律体系的表现形式是判例,其源泉则是英国各地的习惯。

但是,英国虽然没有全面复兴罗马法,却吸收了罗马法的许多原则、内容和术语,包括拉丁语"法学"(Jurisprudentia,英语和法语一样,演变为 Jurisprudence)一词。中世纪后期的英国法学家,尤其是当时的著名法官格兰威尔和布雷克顿,在吸收罗马法成果的基础上,通过对当时英国的诉讼习惯和判例的深入研究,分别在《中世纪英格兰王国的法和习惯》和《英国的法和习惯》两本书中,发展起了英国自己的法学(判例法注释学)。当然,由于当时上层社会使用的语言是拉丁语或是古法语,所以,法学一词主要是用 Jurisprudence 或 Law 来表示的。① 用近代英语来表示法学一词的 Legal science、Juristic science 或 The science of law 等还未出现。②

1758年,英国著名法学家布莱克斯通在牛津大学首次用英语讲授英国法以后,③进一步推动了英语"法学"概念的发展,但是,一直到1861年,在梅因的名著《古代法》一书中,在表示"法学"一词时,大量使用的还是 Jurisprudence 一词。④ 在英国,Law、Legal science、Juristic science 和 The science of law 这四个词,是在20世纪初期以后才被广泛使用的。⑤

---

① 根据〔美〕威廉·莫理斯编的《美国英语大词典》的解释,表示法律、权利也表示法学一词的 law 在英国中世纪即已存在。参阅 W. Morris, Dictionary, HMC. Boston, 1979. 又,据 T. F. T. Plucknett 著《英国法制史》(伊藤正已等译,东京大学出版会1959年版)第14页记载,law 一词原为挪威语,是中世纪由挪威人带入英国的。

② 美国著名法学家 W. L. Moll 在翻译埃利希(E. Ehrlich,1862—1922)的《法社会学的基础理论》时,这三个词是交换使用的,但用得最多的则是 Juristic science 一词。参阅 E. Ehrlich, *Fundamental Principles of the Sociology of Law*, Translated by W. L. Moll, New York, 1936.

③ 〔日〕水田义雄著:《英国比较法研究》,第4页,劲草书房1960年版。

④ 梅因在本书中,只在一处使用了"the science of jurisprudence"一词。见 Maine, Ancient Law, p. 3, New York, 1864.

⑤ G. C. Lee, *Historical Jurisprudence*, Introduction, New York, 1922; W. Morris, Dictionary, HMC. Boston, 1979; E. Ehrlich, *Fundamental Principles of the Sociology of Law*, Translated by W. L. Moll, New York, 1936.

五

综上所述,西语"法学"一词,自公元前3世纪开始出现 Jurisprudentia,发展到现代的 Jurisprudence、Jurisprudenz 以及 Legal science、Juristic science、The science of Law、science du droit、science juridique、Rechtswissenschaft 以及 Law、Droit、Recht 等形态,成为表示一门科学的专门用语,经历了 2300 多年的演变过程。那么,"法学"一词的这种演变,反映了法学发展的哪些规律呢?它对西方法制建设和法学研究又发生了哪些影响呢?笔者以为:

第一,"法学"一词的形成和发展,和商品经济的发展紧密相关。从公元前3世纪到公元前1世纪,是罗马从一个农业国发展为一个横跨欧、亚、非地区的商品经济大国的时期,社会生活发生了巨大变化,法律关系也日趋复杂。对此,既需要有各种法律去调整,也需要法学家对这些法律关系和法律规范作出说明、解释,使其能够得到很好的贯彻实施。正是在这种背景下,罗马法学日趋繁荣,从而导致各种法律术语、概念包括"法学"这一用语的产生。

公元11世纪以后,西欧城市的出现,资本主义商品经济的勃兴,又推动了法和法学的发展,并在表述"法学"这一学问的概念、术语方面也不断丰富、准确。特别重要的是,无论是罗马的简单商品经济,还是中世纪后期开始勃兴的资本主义商品经济,都强调了公民的民事权利平等、法律的公平正义,而表达"法学"一词的用语,无论是 Jurisprudence、Jurisprudenz,还是 droit、Recht 和 law,都具有公平正义、权利平等的内涵。

所以,可以说,法学一词在罗马诞生,并在中世纪末获得迅速发展,是有内在的经济原因的。马克思和恩格斯在论述法律(包括法学)和商品经济发展的关系时曾说过:"法也和宗教一样是没有自己的历史的"。① 这句话的实际含义,当然不是说没有法制史和法学史,而是强调法和法学的形成和发展,在最终意义上,是由商品经济的发展所引起以及商品经济的发展,必然会打破国界而采用一些人类共同的法律规范来调整、促进。② 因此,结合"法学"一词的演变,理解马克思和恩格斯的上述论断,对我们目前发展社会主义市场经济是非常有意义的。

第二,"法学"一词的形成和发展,与自然法学说密切相连。自然法学说,发源于古代希腊,其核心是强调神法和理性法的无上权威以及它们对人类制定法即实定法的支配力,强调法律所应当体现的公平和正义,强调法律对当事人的自然权利的保护。

按照日本著名罗马法学者船田享二的观点,罗马法学家在创造和运用法学 Jurisprudentia 这个词时,已经受到了古希腊自然法学说的深刻影响。他引用中世纪西方学者的话说,在罗马法学家的观念中,正义是一种德,法律(ius)的任务是为了实施正义这种德,而 jurisprudentia 这一解释法律的知识、学问,其目的则在于帮助正义这种德的实施。③ 正是在这种意义上,乌尔比安将 Jurisprudentia 解释为"正与不正的学问"。

至中世纪末期,古代希腊罗马的自然法学说得到复兴,并迅速影响到各国的学术界,成为一种新型的法学世界观(法学观)。这种法学观强调民事权利主体的平等,强调私有财产所有权神圣,强调契约自由,强调法的公正性和权威性。正是在这种背景下,不仅 Jurisprudentia 一词成为英、法、德、意等国的"法学"一词的词根,也出现了用这种新的法学观来解释法学的法律科学的概念,如 Legal Science、science du droit 以及 Rechtswissenschaft 等等。可以这么说,以自然法为核心的

---

① 《马克思恩格斯全集》第 3 卷第 71 页,人民出版社 1960 版。
② 马克思和恩格斯在讲这句话之前,用了大段篇幅来回顾由于私有制和商品经济的发展,迫使资产阶级不得不采用罗马法,包括大西洋彼岸的英国。
③ 〔日〕船田享二:《论法律学之名称的起源》,载《法律学研究》第 24 卷第 5 号,1928 年。

强调法的公平正义和理性的世界观,是"法学"一词形成、发展、丰富和科学化的根本动力之一。

第三,西语"法学"一词的形成、发展,得益于西方社会特有的各种历史文化条件。这些条件,除上述商品经济的发展、自然法思想的流行之外,还有立法尤其是成文法的发达、法与宗教或神学的分离(法的世俗化)、职业法学家阶层的出现以及比较宽松的学术环境。其中,职业法学家阶层的出现与宽松的学术环境(百花齐放、百家争鸣的学术氛围)对"法学"一词的形成与发展尤为重要。

众所周知,古罗马从公元前3世纪中叶起,就出现了职业性的法律知识的传授活动,从而逐步形成了一个专业性的法学家阶层。从公元前2世纪末起,法学名家开始辈出,如斯卡喔拉(Scaevola,曾任公元前95年的执政官,著有18卷《市民法论》)、鲁福斯(Rufus,曾任公元前51年的执政官,据传留有180多种法学著作,收有弟子数百人)、拉贝奥(Labeo,公元前50年—公元20年,留下法学著作400多卷)等。据中世纪后期法国著名私法学家朴蒂埃的考证,在罗马时代,仅古典时期的著名法学家(classical jurists,包括乌尔比安等五大法学家在内)就有92名之多。[①] 正是职业法学家的成批涌现,才使法学这门学科不断成熟、日益精密,从而演化出各种制度、原则和概念术语。

11世纪以后,在波伦那出现了同样的情形。起初,法律教育只是波伦那大学教育中很小的部分,被归在"自由学艺"(artesliberales,包括文法、修辞和辩证法三个科目)中的修辞学科目之下,并无独立地位。随着对《国法大全》的注释、讲授和研究活动的展开,不仅要求教师必须拥有渊博的学识和专心致志的信念,而且作为他们的学生,也必须全力以赴,

---

[①] Sir John Macdonell and Edward Manson, *Great Jurists of the World*, p. 465, Boston, 1914.

除集中学习《国法大全》之外,已无精力去学习其他课程。这样做的结果,就使法律这门课程越出了修辞学的范围而成为一门专门的科目,法律教师和法律学生也与其他教师和学生相区别,成为一个专事法律的阶层和职业。这样,一门独立的学科——法学或注释法学便形成了。罗马法学的各种成果(制度、原则和概念等)也通过其得到全面复兴并发扬光大。

资产阶级上台以后,法学更成为社会科学领域中的一个重要组成部分,法学家也成为一个不可缺少的社会阶层。而与这一历史过程相伴的,就是学术争鸣活动的绵延不断。从罗马时代的萨宾派(Sabinus Scholae)和普洛克鲁斯派(Proculus Scholae)的对立,到中世纪以后逐渐出现、形成注释法学派、评论法学派、人文主义法学派、自然法学派、历史法学派、分析法学派以及社会学法学派,等等。很清楚,正是西方历史上法学家的活动和学术争鸣的展开,才使包括"法学"一词在内的法学学科的进化不断得到新的营养。

第四,"法学"一词的形成、发展,也是一个内容不断丰富、含义日渐深刻的过程。这一过程,体现在两个方面:

首先,最早表示"法学"的用语 Jurisprudentia,发展到现代,其含义也已有重大发展和变化。由于它起源于法律传授和解释,所以它最初表示的是法律知识和法律教育,引申至法律注释学;由于受到自然法思想的深刻影响,它又表示一种法哲学、法理学(正与不正的学问);由于当时的罗马法学家一般都从事法院的诉讼活动,罗马法的许多原理和原则又从诉讼中引申出来,故 Jurisprudentia 到中世纪后期又表示"判案所遵循之途径"。这影响到法国法学的发展,Jurisprudence 在法语中被解释为"法院当处理讼端时所持之态度",[①] 英语中的 Jurispru-

---

① 此外,在近代法语中更多地是用 jurisprudence 来表示判例,如"法国行政法院判例"是用 la jurisprudence du Conseil d'Etat 来表示的。法国历史上最早的行政判例著作《行政判例要论》(作者 Macarel,1814 年),书名用的也是 Elemensde Jurisprudence Administrative。

dence,也从同一解释;由于该词被美国著名法学家斯托里(J. Story,1779—1845)用作"衡平法院"一书的书名"Equity Jurisprudence",该词又可以被解释为"法院";由于在英美国家,法律是从法院的判决中产生,故 Jurisprudence 又被转注法律,并进而引申为一国的法律体系。[1]这样,到目前为止,Jurisprudence 就至少有了五种含义:(1)法学,法理学,法哲学,法律学(指研究法律原理和现象的科学);(2)法学的一个部门(如民法,刑法,诉讼法等);(3)法律体系;(4)(法院的)裁判规程,判决录,判例法;(5)法院的裁定(尤指复审裁定)。[2]

其次,在"法学"一词的发展过程中,尽管 Jurisprudentia 的内涵越来越丰富,但学者发现仍不能确切地反映社会上法律科学的发展状况以及成果。尤其是随着近代科学技术的勃兴,各部门法的发达,人们开始用各种科学的方法来研究法学,说明法学发展的某些内在规律,并将法学本身也视为一种科学,在 Jurisprudentia 以及 droit、law、Recht 之外,又发展出了 The science of Law、science du droit、Rechtswissenschaft 等词。从而使西语"法学"一词形成为一个概念群,对法学这一学科的说明和表述也越来越充分,越来越科学。[3]

---

[1] 〔美〕罗斯科·庞德(Roscoe Pound)著:《法学肆言》,雷沛鸿译,第1、第2页,商务印书馆1930年版。

[2] 参阅《英汉法律词典》,第458页,法律出版社1985年版。

[3] 关于"法学"一词在中国的发展演变,请参阅何勤华:《汉语"法学"一词的起源及其流变》(载《中国社会科学》1996年第6期)。与此相关,关于"法哲学"一词的演变,可参阅郑永流:《法哲学名词的产生及传播考略》,载《中外法学》1999年第1期。

第一章 古代希腊的法学思想

第一节 概述

古代希腊,是西方文明的发源地,近代西方哲学、美学、医学、文学、数学、天文学以及伦理学等,无不发端于此地。然而,法学却是诞生于古代罗马,而非希腊。[①] 这当中,有着诸多的社会历史原因,大体包括如下几个方面:

第一,在古代希腊,城邦制国家也曾达到过繁盛阶段,但这种历史太短了。从公元前492—478年希腊赢得对波斯的战争起,以雅典为中心的希腊城邦制度开始走向繁荣。但没过多久,希腊的各个城邦之间便陷入了混战之中。以雅典和斯巴达争夺统治希腊的霸权为中心内容的伯罗奔尼撒战争,使希腊各个城邦普遍趋于衰落。而接下来的便是马其顿对希腊的征服和罗马对希腊的统治。因此,古代希腊的繁荣和稳定,事实上只维持了一二百年。而这点时间,对孕育一门学科——法学来说,毕竟太短了一些。因为法学和哲学等学科不一样,它不是一门纯理论科学,而是一门应用性很强的学问,它以社会上现实的法律关系

[①] E. Ehrlich, *Fundamental Principles of the Sociology of Law*, p. 247, Translated by W. L. Moll, New York, 1962; Hans Julius Wolff, Roman Law, *An Historical Introduction*, p. 92, University of Oklahoma Press, Norman, 1951.

为自己的研究对象,而一个社会要形成一种比较成熟的发达的法律关系,是需要一个比较长的历史积累的。比如,在古代罗马,从颁布第一部成文法《十二表法》起,至查士丁尼编纂《国法大全》止,其一以贯之的历史就延续了一千多年。古代希腊和罗马的这一区别,是法学在两个国家遇到不同历史命运的重要原因。

第二,在古代希腊,不仅城邦国家繁盛的历史比较短,而且各个城邦国家也缺少安定。在古代罗马,自国家诞生之日(公元前8世纪)起,国家就一直是一个统一体。但古代希腊不一样,它从一开始,就存在着无数的城邦国家,仅举得出名的就有雅典、斯巴达、科林斯、狄萨里亚、彼阿提亚、厄齐那、亚哥斯、底比斯、优卑亚、罗克里斯、弗西斯、麦加那、米利都、萨摩斯等近二百余个。由于城邦国家数量众多,国与国之间的战争也很频繁,这样,就造成了一种不利于法律和法学发展和繁荣的局面——国家经常处在动荡的形势之下。

就拿城邦国家中力量最强大的雅典来说,虽然有过伯里克利(Perikles,约公元前495—429)时代辉煌的宪法,但整个雅典也一直处在动荡不安之中。先是与波斯的战争,而后是与科林斯的争执,接着又是与斯巴达争夺希腊的霸权。而动荡与争斗可以发展起政治学和军事学(对哲学和文学等学科也不会有太大的影响),但却不能使法学获得发展和繁荣,因为法学的发展与繁荣需要安定的社会条件,需要有统治阶级的肯定与支持,唯有此,才能让立法者充裕地总结社会的经济生活,制定适合社会需要的法律和法规;才能在社会上形成职业的法学家阶层,并使他们能够静下心来对法律作系统的学理研究,著书立说。

第三,与上述两点相连,古代希腊的立法也未能充分发达。从梭伦立法,克里斯提尼立法,到伯里克利宪法,虽然在雅典形成了比较成熟的民主政体法制和行政(官吏)法制,在商业交易方面,也有一些比较发达的契约立法。① 但从总体上看,希腊包括雅典的成文法尚未发达,涉及人的权利能力和行为能力、团体(法人)、所有权、他物权、债、侵权行为、时效、代理、婚姻家庭、继承等各个方面的成文立法等都还比较原始,比较分散。这些,都使以立法的发达为前提的法学的诞生变得困难。

第四,在希腊,尚未出现职业的法学家阶层,与法律的解释和运用相关的活动,如法律教育等也都未能开展。

由于以上几个原因,因此,虽然在古代希腊已拥有高度发达的文明,拥有了世界上最早的教育机构和场所——柏拉图学园、亚里士多德学园等,形成了百花齐放、百家争鸣的学术氛围——这些都是法学形成的必要条件,拥有人类历史上最早的一批杰出人物,如苏格拉底、柏拉图和亚里士多德等,但却没有能够形成一门关于法律的学问——法学。

古代希腊没有出现法学,并不是说不存在法学思想,相反,由于古代希腊所具备的以当时最为发达的哲学为核心的社会科学,所以,在那里,诞生了西方最早的法哲学或法学思想(它们与法学并不是一回事)。正如美国学者博登海默(E. Bodenheimer,1908—1991)所指出的那样:"我们之所以着手从希腊人、而不是从其它某个国家的法律理论来开始考察法律哲学的演进,那是因为古希腊知识界的领袖们非凡地拥有从哲理上洞察自然现象和社会现象的天赋才能。"②这些领袖中的代表人物,有柏拉图、亚里士多德以及斯多噶学派的创始人等,正是他们的法

---

① 在格尔蒂城(Gortyn,也译为哥尔琴),也曾于公元前 5 世纪前期制定了成文法典(刻在格尔蒂 Lethaios 河边古墙上的法典原文(十二栏,600 多行)已于 19 世纪 80 年代被西方学者发现),对婚姻、收养、继承、赠与、保证、抵押、合伙、许诺、监护、通奸、妨碍诉讼等私法关系作了规定。在这些规定中,虽然有些内容比较细腻,有些内容比较文明,但比较分散、零碎,缺少逻辑联系,也无严谨的结构体系。见郝际陶译《格尔蒂法典》,高等教育出版社 1992 年版。对《格尔蒂法典》的评论,参阅易继明:《〈格尔蒂法典〉与大陆法私法的源流》,载《外国法译评》1999 年第 1 期。

② 〔美〕博登海默著:《法理学——法律哲学和方法》,张智仁译,第 3 页,上海人民出版社 1992 年版。

学思想,给了罗马法学以理性的基础,而且影响了此后二千余年西方法学的发展。因此,本书也将从法学史角度,对古代希腊的法学思想作一个概括性的叙述。①

第二节　柏拉图的法学思想

柏拉图(Plato,公元前 427—347),虽然不是一名职业法学家,但他却是西方历史上第一位杰出的法律思想家,他对西方法学发展所作出的贡献,主要表现为:一、创作了西方历史上第一部法学专著《法律篇》;二、提出了法的正义理论;三、提出了法治的理论。

一、西方历史上第一部法学专著《法律篇》

《法律篇》(The Laws),是柏拉图晚年创作的一部重要作品。据后世学者考证,该书大约成于公元前 360—347 年之间,理由是在《法律篇》第 1 卷(638B)中,②记述了公元前 356 年发生的一些事件;而柏拉图在公元前 352 年前后写给其朋友的"第七封信"和"第八封信",与《法律篇》中的许多相关内容完全一致。根据书中引用的许多法律条文的杂然无序以及对某些问题(如结婚年龄)的描述的前后矛盾,学者们又

---

① 对古代希腊的法哲学或法律思想,我国学术界已有比较多的研究,参阅张宏生主编:《西方法律思想史》,北京大学出版社 1983 年版;王哲著《西方政治法律学说史》,北京大学出版社 1988 年版;张乃根著:《西方法哲学史纲》,中国政法大学出版社 1993 年版、2002 年修订;谷春德、吕世伦著:《西方政治法律思想史》(上),辽宁人民出版社 1986 年版;严存生主编:《新编西方法律思想史》,陕西人民教育出版社 1989 年版。关于这一领域的译著,有〔美〕萨拜因(G. H. Sabine)著:《政治学说史》(上),盛葵阳、崔妙因译,商务印书馆 1986 年版;前揭博登海默著:《法理学——法律哲学和方法》,张智仁译等。

② 该数字和英文字母表示的是伯尔内特编辑的柏拉图《法律篇》原著(J. Burnet, Platonis Opera, 5vols, Oxford Classical Texts)的页码和段落,如"638B",就表示在原著上是第 638 页,第 2 段,下同。

推测该书在柏拉图生前未能完成或至少未能进行认真的校阅。公元 3 世纪的希腊哲学史专家拉埃狄奥斯（Diogenes Laertios）也认为,《法律篇》是柏拉图晚年的学生菲力浦,将柏拉图写在蜡版上的草稿誊写整理后予以出版的。[1]

《法律篇》是柏拉图创作的一篇最长的对话体著作,共 12 卷、195 章。不仅论述了各种法律的制定,而且还涉及教育、道德、经济、哲学、宗教、文艺、音乐等等,几乎是关于人生和国家生活的一部百科全书,但该书的中心,仍然是法律和国家制度的一些根本问题,比如,法律的起源（624A）,法律的制定必须着眼于德和善（630CE、631AD）,对守法者必须给予名誉、对违法者必须予以惩罚（632BC）,教育对法律的作用（659D）,关于饮酒的法律（673E）,国家官吏是"法律的仆人"（715CD）,关于结婚的法律（721AB、774A、784E、785A）,立法技术和目的（735CDE、742D、747E、751BC）,执法官吏的选举（763DE）,犯罪和刑罚（767E、768AB、843ABCD、845AB、854DE、855CD、856A、857A）,故意和过失（861ACD、862A、865A、867A）,侵权行为和不当得利（862B）,法律规范人们的行为（780D、871A）,法官的责任（846AB）,环保法（845DE）,商法（849AB）,移民法和国际私法（850A）,等等。[2]

二、法的正义理论

在柏拉图的法学思想中,法的正义理论是一个重要内容。这个问题,不仅在他的《法律篇》中论及,在他的另两部重要著作《共和国》（The Republic）和《政治家》（The Statesman）中也反复涉及。可以说,

---

[1] 〔古希腊〕柏拉图著:《法律篇》（上）,〔日〕森进一、池田美惠、加来彰俊译,第 468 页,岩波书店 1993 年版。

[2] 柏拉图的《法律篇》一书,已由张智仁、何勤华译成中文,上海人民出版社 2001 年初版;商务印书馆 2016 年修订版。

正义(或公正)是柏拉图理论的出发点和归宿。

首先,柏拉图认为,法律是维护正义的手段。他在《共和国》中,借苏格拉底的话对正义下了一个明确的定义:"正义就是以善待友,以恶对敌的艺术。"①一个人也许会热爱他所认为是善良的朋友,憎恨那些被视为邪恶的敌人。善良的朋友应该是行为正当的人。因此,善即正当。在这个意义上,以善待友,以恶对敌,就是"我们应该对正当的东西行善,并憎恨不正当的。"②这样,区分朋友与敌人的唯一标准是善与恶,正义就成了一种人的美德。

针对与苏格拉底的对话者特拉西马库斯(Thrasymachus)提出的"正义不是别的,只不过是强者的利益",法律是统治者根据其利益制定,并要求被统治者服从的正义的观点,柏拉图强调,立法者也会犯错误,从形式上说,守法就是正当。然而,实质上,这种正当可能包含着不正当。关键在于法律本身是否体现正当。只有当统治者代表被统治者利益制定符合全体社会成员利益的法律时,才称得上正义。

在柏拉图那里,法律的正义论最初是和人治论相联系的。在《政治家》和《法律篇》中,柏拉图的人治观有了改变,即也开始强调法律的重要性,强调法治,但正义论并未改变。他仍然强调正义的原则是"国家的基本法。"

以正义观为核心是柏拉图早期法哲学的主要特点。在西方思想史上,柏拉图最先阐述了系统的正义观。这种正义观是政治体制和各种具体法律的内在生命。正是在柏拉图的法律正义论的启迪下,罗马的法理学才开始勃兴,并成为推动后世法理学不断发展、更新的动力。

---

① Plato, *The Republic and Other Works* (trans by B. Jowett), Anchor Books,1973, p. 14. 转引自张乃根著:《西方法哲学史纲》,第 10 页,中国政法大学出版社 1993 年初版、2004 年修订版。
② 同上。

三、法治的理论

在柏拉图的后期思想中,开始重视法律在政治生活中的重要性。他认为,如果一个国家的统治者不是哲学家,而且在较短的时间内又没有好的方法把统治者变成哲学家,则法治仍然比人治要好,这种好虽然不能称为最好的政治,但可以称为"第二等好的"政治。这一点比《共和国》一书前进了一步。在《共和国》中,他认为只要具有哲学家的知识,就可以把国家治理好,而不需要借助于法律来统治。柏拉图在《法律篇》中还认为,政治学不是研究个人的善,而是研究公共的善,为了实现这种公共的善,单靠教育是不行的。因为人的本性只考虑个人的利益而不谋求公共的利益,所以必须要有法律,通过法律可以制裁或者惩罚人们的不善行为。①

柏拉图开始重视法治,首先,他认为法律是根据大部分人的利益制定。他指出:"不是根据全国的利益而只是根据部分人的利益而制定的法律不是真正的法律。那些只是依照部分人的利益制定法律的国家,不是真正的国家,他们所说的公正是毫无意义的。我之所以这样说,就是要坚持任何国家的政府,凡当权者是由于他很有钱或者具有权势,地位高,出身名门等优越条件而执政,那么,这些政府都是不可信赖的;只有那些最能遵守国家法律的人,才能在这场考验中获得最高的荣誉,他将被任命为最高的官职和众神的首席执行官;比他次一等的人,获得次一等的荣誉;所有其他的官职也按同样标准任命。依此安排,我就称这些官吏是法律的仆人或法律的执行官。我这样称呼他们并不是随便说的,我确信他们具有遵守法律的品德,这是决定国家兴衰的因素。如果一个国家的法律处于从属地位,没有权威,我敢说,这个国家

---

① 参阅张宏生主编:《西方法律思想史》,第35页,北京大学出版社1983年版。

一定要覆灭；然而,我们认为一个国家的法律如果在官吏之上,而这些官吏服从法律,这个国家就会获得诸神的保佑和赐福……。"①

其次,柏拉图认为,为了确保法治,必须加强守法。"……人类必须有法律并且遵守法律,否则他们的生活将像最野蛮的兽类一样。"②"每个人应记住,对人类说来,凡是没有当过仆人的也当不好主人。一个人应该为自己感到骄傲,如果他在服从方面比在统治方面做得更好；首先是服从法律,这也是服从诸神。"③柏拉图强调,为了使法治不成为一句空话,还必须采取一些相应的措施,它们包括：选举好各种官吏,如护法官(Guardians of laws)、将军(Generals)、政务会(Council)、宗教事务官员(Religious officials)、管理员(Regulators)、教育督导员(Supervisor of Education)、法官(Judges)。柏拉图的这种对官吏选举的重视,表明他在强调法治的同时,仍然很重视人治的作用,在他看来,"立法工作是很重要的事情,可是,如果在一个秩序良好的国家安置一个不称职的官吏去执行那些制定得很好的法律,那么这些法律的价值便被掠夺了,并使得荒谬的事情大大增多,而且最严重的政治破坏和恶行也会从中滋长。……"④除选举好官吏之外,还必须搞好国民的教育,以法规范人民的民事生活、婚姻生活以及各种文化娱乐活动等等。

应当认识到,在柏拉图的法学思想中,虽然法治理论提出得比较晚,但意义十分重大。因为在西方历史上,柏拉图是第一个阐述法律的社会功能、法律的至高无上权威、法治的必要性以及法治的各项措施的思想家。他在《法律篇》中阐述的法治观,开创了西方法治理论的先河。

---

① 〔古希腊〕柏拉图著：《法律篇》715BCD,日译本上册,第254—255页。《西方法律思想史编写组》编：《西方法律思想史资料选编》,第24—25页,北京大学出版社1983年版。
② 〔古希腊〕柏拉图著：《法律篇》875A,日译本下册,第219页。
③ 同上书上册,第349页。
④ 前揭柏拉图著：《法律篇》日译本上册,第326—327页。

从近的方面说,他的学生、古代西方法治论的系统倡导者亚里士多德就接受了柏拉图的法治理论;从远的方面看,近代以后比较重视法治的法学家和思想家,都从柏拉图的《法律篇》中汲取过丰富的营养。

第三节 亚里士多德的法治理论

亚里士多德(Aristotle,公元前 384—322),是古代希腊最伟大的思想家和最博学的人,其知识领域涉及自然科学和社会科学的各个部门,被誉为"百科全书式"的学者。亚里士多德对西方法学的发展所作出的贡献,主要是他的以正义论为基础的法治理论。[①]

一、法治的含义

亚里士多德认为,"法治应包含两重意义:已成立的法律获得普遍的服从,而大家所服从的法律又应该本身是制订得良好的法律。"[②]这段话,包含了他关于法治论的两层重要含义:

第一,作为法治基础的法律,应当是一种好的法律。在柏拉图那里,曾强调法律应当是正当的,应为全体人民的利益而制定,是实施正义的手段。而亚里士多德则更明确地指出,作为法治基础的法律,必须是一种良法:"相应于城邦政体的好坏,法律也有好坏,或者是合乎正义或者是不合乎正义。"[③]亚里士多德强调,"法律的实际意义却应该是促成全邦人民都能进于正义和善德。"[④]只有制定出一种好的法律,并将

[①] 此外,亚里士多德关于政体的学说,对西方宪政法学的发展也产生了巨大的影响。此点,我们在论述洛克和孟德斯鸠的法学思想时将予以涉及。
[②] 〔古希腊〕亚里士多德著:《政治学》,吴寿彭译,第 199 页,商务印书馆 1965 年版。
[③] 同上书,第 148 页。
[④] 同上书,第 138 页。

其作为治理国家的基础,才能达到实施法治的目的。

第二,法律制定后,应当为全社会所普遍遵守。柏拉图在《法律篇》中认为,人类必须遵守法律,否则他们就像最野蛮的兽类一样。亚里士多德发展了这种思想,进一步指出:"邦国虽有良法,要是人民不能全都遵循,仍然不能实现法治。"①他还说,"法律所以能见成效,全靠民众的服从。"②但是,民众的守法精神不能全部仰赖于自发的形成,而"须经长期的培养"。③ 为此,就要求国家在这方面付出巨大的努力,尤其不能有任何有碍于民众守法精神的举措。亚里士多德的这一守法理论,应当说是十分深刻的。

二、法治的根据

亚里士多德如此强调法治,首先是因为在他看来,法律是经过众人的经验审慎考虑后制定的,同一个人或少数人的意见相比,具有更多的正确性。亚里士多德指出:"主张法治的人并不想抹杀人们的智虑,他们就认为这种审议与其寄托一人,毋宁交给众人。"④这表明,亚里士多德相信众人的智慧总是要优越于个别人的智慧。换言之,在亚里士多德的法治论中,法治是与民主政治相联系的。如前所述,亚里士多德认为,法治论中的法,应当是良法,而专制政体的法律不是"良好的法律",而是"恶法",只有共和政体、多数人的政治制定的法律,才是良法,才是法治的基础。

亚里士多德如此强调法治,其次是因为他对人的本性和法律都有比较深刻和透彻的理解。在亚里士多德看来,任何人即使是最

---

① 〔古希腊〕亚里士多德著:《政治学》,吴寿彭译,第 199 页,商务印书馆 1965 年版。
② 同上书,第 81 页。
③ 同上。
④ 前揭〔古希腊〕亚里士多德著:《政治学》,第 171 页。

伟大最贤明的人,也会受个人感情这种主观因素的影响,从而作出一些不利于民众、不利于国家的事。而法律却是"不受主观愿望影响的理性。"①

此外,亚里士多德如此强调法治,还在于他认为法律具有稳定性。既然人不免凭感情行事,而感情又是常常变动的,那当然就谈不上什么稳定的问题。而依照法律办事,恰能避免这一缺点。同时,法律是借助规范形式,特别是借助文字形式表达的,具有明确性。所有这一切,都使法治要明显优于一个人的统治。

三、法治的各项措施

首先,必须对法律加以分类,以区别对待。

1. 亚里士多德把法律分为基本法和非基本法。他说的基本法就是宪法。据传,亚里士多德曾经研究了150多部城邦国家的宪法。在他看来,宪法规定国家的治理形式,规定公民在城邦中的法律地位,即公民的基本权利。他认为,只有实现全体国民的幸福的基本法,才是正常的宪法。而宪法之外的各种法律,就是非基本法。

2. 亚里士多德将法律分为自然法和人定法。所谓自然法就是反映自然存在的秩序的法。夫与妻之间,父与子之间,主人与仆人之间的关系,就是属于"自然存在的秩序",应该由自然法来调整。亚里士多德认为,自然法高于人定法,是人定法制定的依据和体现。人定法的内容是变化不定的,到处一样内容的人定法是不存在的。自然法则不同,它的内容到处都是一样的,是永久不变的、普遍的。当然,无论是自然法还是人定法,它们都必须符合正义。

---

① 参见〔美〕萨拜因著:《政治学说史》(上册),盛葵阳、崔妙因译,第126页,商务印书馆1986年版。

3. 亚里士多德把法律分为习惯法和成文法。前者是在希腊城邦中存在的那些通行的规则,后者主要是指宪法及其它法律。他非常重视习惯法的作用,他说:"积习所成的'不成文法'比'成文法'实际上还更有权威,所涉及的事情也更为重要。"①

其次,必须加强立法。正因为法律是正义的体现,法治是国家的基础,所以,制定出好的法律就至关重要。亚里士多德认为,加强立法必须遵循以下一些原则:一是所订法律必须反映中产阶级的利益;二是要详细研究国家的情况,包括国境的大小和境内居民人数的多少以及与邻邦、外国的关系,此外还要注意财产、军备等实际情况;三是要考虑对公民特别是青少年加强教育;四是灵活性和稳定性相结合,法律既不能一成不变,但也要注意保持其稳定性。

再次,必须加强执法。亚里士多德认为,执政者应凭城邦的法律办事,凡是法律有明确、详细规定的,都必须严格执行;凡是法律不周详的地方或者没有明确规定的,就要按照法律的原来精神,公正地处理和裁决。"法律应在任何方面受到尊重而保持无上的权威,执政人员和公民团体只应在法律(通则)所不及的'个别'事例上有所抉择,两者都不该侵犯法律。"②

最后,亚里士多德还特别强调民众(包括统治者)对法律的遵守。他指出:"法律所以能见成效,全靠民众的服从"。③ 为了使全体公民遵守法律,国家必须加强对国民守法观念的教育和培养。

四、亚里士多德法治论的历史意义

在西方历史上,亚里士多德是比柏拉图更加系统、更加彻底地提出

---

① 前揭〔古希腊〕亚里士多德著:《政治学》,第 169—170 页。
② 同上书,第 192 页。
③ 同上书,第 81 页。

法治论的思想家,他的法治理论,不仅启发和推动了西方法学的形成和发展,而且倡导了一种法律的至高无上、法律的神圣权威以及法的统治优于一人统治的社会观念,形成了支配西方长达二千多年的法治传统,并至今绵延不断。

亚里士多德的法治理论,能对后世产生如此大的影响,是因为他的法治理论比较彻底。比如,他强调依法治国的法律,必须是良法,而这一观点不仅大大超越了中国古代法家的法治理论,因为在法家的学说中,必须严格遵守的是君主的法律;而且也远比近现代分析实证主义法学派合理,因为后者对法的理解和说明只是形式主义的,即只要是国家立法机关按照立法程序制定出来的法律,均必须严格遵守,而不管这种法律是良法还是恶法。又如,亚里士多德强调法治应当是法律得到普遍的服从,不仅是老百姓必须守法,而且立法者也必须遵守法律,而在中国法家的学说中,君主是被排除在守法者之外的。再如,贯穿于亚里士多德的法治论中的核心思想,是他的正义理论,即为什么必须实行法治?是因为法是正义的体现,是人类的理性原则,因此,实行法治是为了公众的利益或普遍(当然,奴隶除外)的利益,它不是为某一个阶级的利益或个人的利益的宗派统治或专横。这一点,与中国法家的强调巩固"人主"(君主)的权力、法治必须和"术"、"势"相结合等的法治说也是大相径庭的。

第四节 斯多噶学派的自然法思想

虽然在古希腊哲学家赫拉克利特(Herakletos,约公元前535—475)和亚里士多德的法律思想中,已经包含了自然法的理论,如赫拉克利特就将自然法称为"神的法律",认为人类的一切法律都因那唯一的神的法律而存在,神的法律随心所欲地支配一切,满足一切,也超过一切(当然,他对这种自然法与人定法之间的具体关系到底如何最终未能找到答案);而在亚里士多德的正义论和关于法律分类的理论中,也已经提出了不少关于自然法的观点,如他认为自然法就是反映自然存在的秩序的法,人类的有些关系如夫妻关系等就应当由自然法来调整等。但是,系统、明确阐述自然法理论的,则是古代希腊的斯多噶学派。

一、斯多噶学派对自然法的表述

斯多噶学派(Stoics)形成于公元前300年前后,代表人物主要有芝诺(Zenon,公元前336—264)、克里西普(Khrusippos,公元前282—206,也有译为"克吕西波斯")和巴内修斯(Panaitios,公元前185—110)等。

斯多噶学派对自然法的表述,以克里西普的《论主要的善》[①]一书中的一段话最为典型。克里西普认为:"我们个人的本性都是普遍本性的一部分,因此,主要的善就是以一种顺从自然的方式生活,这意思就是顺从一个人自己的本性和顺从普遍的本性;不作人类的共同法律惯常禁止的事情,那共同法律与普及万物的正确理性是同一的,而这正确理性也就是宙斯,万物的主宰与主管。"[②]从这一基本思想出发,斯多噶学派提出了他们对自然法的主要观点:

第一,斯多噶学派将"自然法"或"自然"作为他们哲学体系的中心。他们把自然理解为弥漫整个宇宙的支配原则,并以泛神论的态度把它同宙斯等同起来。这支配原则实际上具有理性性质。对斯多噶学派来说,整个宇宙是个实体,这一实体则是理性。自然法对他们来说同理性

[①] 有些著作中,将此书译为《论目的》。见苗力田主编:《古希腊哲学》,第611页,中国人民大学出版社1989年版。

[②] 北京大学哲学系外国哲学史教研室编译:《古希腊罗马哲学》,第375页,商务印书馆1961年版。

是一回事。作为宇宙一个部分的人基本上是理性动物,在理性的命令下,根据他自身的自然法处世立身。

第二,斯多噶学派将自然法与禁欲主义结合在了一起。即他们主张顺从人们的普遍的本性,"不作人类共同法律惯常禁止的事情。"他们认为,按照自然法的要求,善恶的根源仅仅在于能否做到适应外部环境和遵循理性原则抑制自己的欲望。正是在宣扬应当抑制感情和使不道德的欲望回归理性这一点上,他们又被称为禁欲学派。他们从命运是自然确定了的观念出发,说人的目的就是"与自然协调一致地生活"。这同时也就是与最高理性协调一致地生活。为此,对于人的享乐要求应规范在适当的范围内。有理性的人,自觉服从自然法。没有理性的人,要以铁的强制使之服从自然法。①

第三,斯多噶学派认为,自然法这种理性,乃是法律与正义的基础。他们认为,不论国家和种族出身,神授的理性人人都有。有一种以理性为基础的普遍的自然法,它在整个宇宙中普遍地有效用,它的要求制约着世界各个角落的所有的人。"对每个人都有两个法律:他自己城市的法律和世界城市的法律,习惯的法律和理性的法律。在这两种法律之中,第二种必然具有更大的权威并且必然提供一种各城市的条例和习俗都应与之保持一致的准则。风俗习惯虽各不相同,但理性却是统一的,而且在千差万别的风俗习惯后面应当有某种一致的目的。"②

第四,与第三点联系,从自然法的普遍性出发,斯多噶学派将自然法视为世界主义思想的根据。他们拒绝柏拉图和亚里士多德的关于人们自然不平等的观点,采取昔尼克学派(也称"犬儒学派")的关于人们

---

① 参阅谷春德、吕世伦著:《西方政治法律思想史》(上册),第 75 页,辽宁人民出版社 1986 年版。
② 前揭〔美〕萨拜因著:《政治学说史》(上册),第 189 页。

相互平等的观点。按照斯多噶学派的说法,整个宇宙有一个最高理性所产生的统一秩序。自然法就是把一切人联结为一个巨大的共同体的纽带。一切人,不管奴隶也好,野蛮人也好,同样是神的儿子,互相都是兄弟。神赋予每个人以相同的理性,所以人彼此是平等的。

正是斯多噶学派这种关于自然法是个人的和普遍的本性、顺从自然生活、自然法是法律和正义的基础以及自然法适用于世界上各个角落的芸芸众生的基本思想,对后世西方的法学发展产生了巨大和深远的影响。[1]

二、对斯多噶学派的自然法思想的评价

斯多噶学派的自然法思想,首先对罗马法和罗马法学产生了巨大的影响。斯多噶学派活跃的时期,希腊城邦制国家已趋于衰落。由于罗马的入侵以及希腊被纳入罗马帝国的版图,促进了当时世界上最为先进发达之希腊文化对罗马社会的"反入侵",使得后期斯多噶学派具有与罗马"同化"的性质,而这一时期,又恰恰是最高裁判官法和万民法出现、罗马法勃兴、罗马法学形成之时。因而,"斯多噶主义对前2世纪受过教育的罗马人有很大的吸引力,这样它就成为希腊哲学借以在罗马法学形成时期施加影响的一个媒介。"[2]

斯多噶学派对罗马法学尤其是罗马法理学的影响是多方面、多层次的,这可以从西塞罗的法学思想中看得很清楚(关于此点我们将在第二章详细论及)。这里,我们仅对斯多噶学派关于法律的含义的阐述,

---

[1] 关于自然法的历史影响,可参阅〔英〕梅因著:《古代法》第二章、第三章,沈景一译,商务印书馆1984年版。此外,关于西方自然法的发展演变以及其与中国古代法观念的比较,可参阅梁治平著:《自然法今昔:法律中的价值追求》,载《学习与探索》1988年第2期;《"法自然"与"自然法"》,载《中国社会科学》1989年第2期。

[2] 前揭〔美〕萨拜因著:《政治学说史》(上册),第183页。

与罗马法学家关于法律和法学的说明作些对比,就可以很清楚地看到两者之间的密切联系。

斯多噶学派的代表人物之一克里西普在其著作《法律论》中对法律的含义作了如下表述:"法律是神和人的一切行为的统治者。在涉及什么事情是光荣的、什么事情是卑劣的问题时,人们必须把法律看成是管理者、统治者和指导者,因此法律也就是区别公正与不公正的标准。对于本质上是社会的一切人来说,法律指导人们必须做的是什么,不许做的又是什么。"①而罗马法学家关于法律和法学是这样表述的:"法律是善良和公正之术"(Celsus,塞尔苏斯);②"法学,即是神事与人事的知识,正与不正的学问"(Ulpianus,乌尔比安)。③ 虽然,"在斯多噶主义出现在罗马之前,法律本身的历史就已经准备了道路",④罗马人发展罗马法主要源自于自己的努力,但罗马法的发达(最高裁判官法和万民法的出现)和罗马法学的产生,则无疑是与接受斯多噶学派的自然法思想相联系的。⑤

进入中世纪后,虽然罗马法受到了严重摧残,但斯多噶学派的自然法思想并没有消失,它开始与基督教会的神学思想相结合。从圣·奥古斯丁(Aurelius Augustinus,约 354—430)的"永恒法"和"尘世法"之

---

① 前揭〔美〕萨拜因著:《政治学说史》(上册),第 188 页。但该书译者将克里西普译为"克里西波斯"。
② Digesta,1,1,1.
③ Digesta,1,1,10.
④ 前揭〔美〕萨拜因著:《政治学说史》(上册),第 195 页。
⑤ 对此,美国学者萨拜因曾有很好的阐述。他认为:斯多噶学派对罗马"法学的影响,最后表明是极为有益的。自然法的概念使人们对风俗习惯进行有见识的批判;它有助于消除法律的宗教的和礼节的性质;它倾向于促进在法律面前人人平等;它强调意图的因素;并使没有道理的严酷性得以缓和,简言之,它在罗马法学家的面前提出了一个使他们的职业成为一种诚实公正的行业(ars boni et aequi)的理想。"前揭〔美〕萨拜因著:《政治学说史》(上册),第 196 页。

说,伊西多尔(Isidorus Hispalensis,约560—636)的"自然法"、"万民法"和"市民法"的分类,到托马斯·阿奎那的"永恒法"、"自然法"、"神法"和"人法"的体系,都说明即使是"黑暗的"中世纪,自然法思想仍通过和神学思想的联姻,折射出自己的生命之光,并为中世纪末期资产阶级法学的登台照亮了道路。

资产阶级兴起以后,斯多噶学派的自然法思想又被格劳秀斯、霍布斯(T. Hobbes,1588—1679)、洛克、贝卡里亚、普芬道夫、孟德斯鸠和卢梭等资产阶级思想家作为反抗封建专横法制的武器,而被阐述、宣扬,并广泛流传于西欧各国,成为一种新兴的法学世界观。这种自然法思想在继承斯多噶学派关于自然和宇宙的理性、自然法与正义的一致性、自然法的永恒性和普遍性以及自然法与神的意志的统一性等基本点的基础上,进一步强调人的理性、人性、人的权利,并认为根据自然法,可以制定出详尽的、普遍适用的法典。经过上述资产阶级思想家的阐述,古代希腊、罗马的自然法,就演变成为古典的资产阶级自然法理论,从而奠定了17—18世纪西方法学发展的理性基础。

由上可知,斯多噶学派的自然法思想对促进西方法学发展的贡献是巨大的。正如英国法律史专家梅因所指出的那样:"……'自然'学说及其法律观点之所以能保持其能力,主要是由于它们能和各种政治及社会倾向联结在一起,在这些倾向中,有一些是由它们促成的,有一些的确是它们所创造的,而绝大部分则是由它们提供了说明和形式。"[1]意大利国际法学家、英国牛津大学法理学教授德恩特莱弗(A. P. D'Entreve)也指出:"假如没有自然法,意大利半岛上的一个小小的农民共同体(罗马共和国)的小规模的法大概不会成为一种国际性的文明圈的普遍的法律;假如没有自然法,神的睿智和世俗的理性大概就不会

---

[1] 前揭〔英〕梅因著:《古代法》,第52页。

相结合,从而出现中世纪综合的伟大的教会法思想;假如没有自然法,那么,大概也不会发生美国的独立战争和法国的资产阶级大革命,自由和平等的伟大思想大概也不会浸入人们的思想当中,并融入近代法典之内。"[1]

尽管斯多噶学派的自然法思想的立足点,如人的普遍理性、平等、公平和正义等,在不同的社会有不同的具体含义,各个阶级也会对其作出不同的理解和说明,[2]但这种自然法思想中包含的科学、真理和进步的成份,应当是给予充分肯定的。

---

[1] A. P. D'Entreve, Natural Law, An Introduction to Legal Philosophy, p. 13, Hutchinson's University Library,1951.

[2] 恩格斯在《论住宅问题》一书中,对这个问题作过精辟的分析,值得我们重视。他指出:自然法中包含的这种"正义始终只是现存经济关系在保守方面或在革命方面的观念形态化神圣化的表现。希腊人和罗马人的正义观认为奴隶制度合于正义;1789年资产阶级的正义观则要求废除封建制度,因为封建制度是不合正义的。在普鲁士的容克看来,甚至可怜的郡制也是破坏永恒正义的。这样,关于永恒正义的观念不仅是因时因地而变,甚至各种人们也各不一致。"引自复旦大学法律系编:《马克思恩格斯论国家和法》,第64页,法律出版社1958年版。

第二章 罗马法学

第一节 罗马法学形成的诸种条件

按照西方学者的观点,古代罗马社会传给我们有形的精神文化遗产,最著名的是两项:一项是《圣经》,另一项就是罗马法。"在我们的文明史上,罗马法占据着一个独一无二的地位。它从最初一种狭小和简陋的农村共同体的法律,发展成为一种强大的城邦国家的法律,接着,在其发展过程中,又成为一种帝国的法律。而这个帝国统治着几乎为当时的人们所知道的整个文明世界。"[1]

在古代罗马法律文化中,核心是罗马法学,它是西方法学的渊源。[2] 如本书"导论"和第一章所述,法学,作为一门学科,是在古代罗马诞生的。虽然它的诞生,得益于古代希腊的法学思想、精神、原则和观念,但罗马法学主要是古代罗马社会的诸种历史条件,如商品经济的发展、立法的发达、法和宗教的分离、法律教育的勃兴、自然法思想的传播、职业法学家阶层的形成以及学术自由的社会环境等的产物。在这一节中,我们就对这些条件展开论述。

---

[1] Hans Julius Wolff, *Roman Law, An Historical Introduction*, p. 3, University of Oklahoma Press, Norman, 1951.

[2] F. Schulz, *History of Roman Legal Science*, p. 100, Oxford, 1946.

一、商品经济的发展

公元前 3 世纪以后,罗马的国土迅速扩大。农业、牧业、手工业以及随之而来的商品经济也得到发展。土地迅速集中,形成了大土地所有制;轮耕制的实行,经济作物(葡萄、橄榄等)的大量种植,牧场的扩大,奴隶劳动从家庭转入生产领域,新的生产工具(宽铧带轮的犁、割谷器、水磨)的出现,提高了生产力水平;各种矿山的开发,众多手工业部门的形成(仅罗马城内,就达 80 多种),促进了商品生产的发展;各种金属、纺织、陶器、玻璃、香料制品行销西欧各地,四通八达的海陆交通将帝国各部联结成一个紧密相连的整体。商品交换在西面达到英国,东部达到印度和中国,南至非洲,北到北欧;各大城市的崛起,又进一步刺激了消费,反过来促进了商品生产。所有这一切,至公元 3 世纪达到鼎盛阶段。

商品经济的发展,对罗马法学的形成和发展产生了巨大的影响:第一,推动了立法的广泛开展,为法学家的活动提供了广阔的事业领域;第二,提高了社会生产力,增加了社会财富,从而扩大了社会分工,导致了一个职业法学家阶层的诞生;第三,商品生产和商品交换的发展,促进了其中体现的当事人权利平等、当事人意思自治等观念的流行,这为在古代希腊诞生的自然法思想在罗马的传播奠定了基础,并推动了罗马法理学和私法学的迅速发展;第四,商品经济的发展,各种民事纠纷的产生,社会关系的复杂化,也为法学的诞生和发展提供了丰富的素材,使法学家得到了取之不竭的营养。

二、古代罗马的立法活动

罗马自王政时代后期(公元前 6 世纪)起,就已有了成文法。据史料记载,罗马第六代王塞维阿·塔里阿(Servius Tullius,约公元前 578—534)进行改革时,就曾颁布过 50 条关于侵权行为和契约方面的法律;共和国时代以后的公元前486年,执政官卡西乌斯起草了土地法案(未能通过);公元前460和公元前454年,罗马共和国又分别通过照顾平民利益的分地法律和限制执政官因刑事犯罪而处以罚款的权力的法律。当然,这些成文法律,因种种原因而未能保存下来。

对罗马成文法发展具有里程碑意义的是公元前451—公元前450年制定的《十二表法》(Lex Duodecim Tabularum)。该法分十二表,共105条。内容涉及传唤、审理、索债、家长权、继承与监护、所有权、房屋土地和私犯、公法问题等。在内容上,《十二表法》虽反映了奴隶主阶级的意志,但它是平民斗争的胜利成果。在立法技术上,它变习惯法为成文法,冲破了贵族对法律知识和司法权的垄断,并有一定的成就,如设表分条等等。因此,它是古代奴隶制法中具有世界性意义的法律文献之一。

《十二表法》以后,罗马又制定了一系列成文法律:

公元前367年的李锡尼乌斯—赛克斯提乌斯法案(Lex Licinia Sextia),内容为确认平民担任执政官和其他高级官吏的权利,取消了他们不能和贵族通婚的限制;

公元前326年的波提利阿法案(Lex Poetetia de nexis),主要内容为废除债务奴役制;

公元前287年的荷尔田希乌斯法(Lex Hortensia de plebiscitis),内容为确认平民大会决定具有一般法律效力;

公元前3世纪初,颁布《阿奎利亚法》(Lex Aquilia),对不法侵害进行损害赔偿的诉权作了规定;

公元前2世纪初,制定《阿提里法》(Lex Atilia),规定最高裁判官和过半数的平民护民官可以为无监护人的当事人指定监护人;

公元前2世纪中叶,制定《亚提尼法》(Lex Atinia),补充了《十二表法》的规定,承认窃盗物重新回到所有人手中以后,可以成为取得时效的对象;

公元前2世纪,颁布《艾布第法》(Lex Aebutia),创设了书面公式程序,规定诉讼的书面公式,由大法官协同诉讼当事人制定之;

公元前81年,制定《考尔乃里法》(Lex Cornelia),规定订立遗嘱能力的丧失,不影响在有能力时订立的遗嘱。同时,还规定了侵害之诉;

公元前40年,颁布《发尔企弟法》(Lex Falcidia),规定继承人的特留份为全部遗产的四分之一。这样,遗嘱人所为遗赠,其总数不得超过全部遗产的四分之三,等等。

随着罗马版图的扩大,经济贸易的频繁,社会关系的复杂化,在市民法之外,又发展起了最高裁判官法(Jus Honoralium,公元前366年以后由最高裁判官发布之告示组成)和万民法(Jus Gentium,公元前242年以后由外事裁判官发布之告示而形成)。

为了贯彻实施罗马的成文法,总结诸种审案判决,就需要由一定的成员进行讲解传授,需要有法律研究活动,需要法学家们著书立说以及彼此间开展学术争鸣,形成不同的学派。这样,立法的发达就为法学的形成奠定了最初的基础。

三、法律与宗教相分离而成为一个相对独立的体系

罗马成文法不但发达早,而且世俗化程度也高。应当承认,古代法律或多或少受到宗教的影响,古代希伯来法、印度法、伊斯兰法这类宗教法自不待言,就是古代巴比伦、中国、希腊这类世俗法律也带有浓厚的宗教色彩。如《汉穆拉比法典》宣称,法律的渊源是"巴比伦的太阳"汉穆拉比(Hammurabi,公元前1792—1750年),而汉穆拉比的权力则来自于神。中国和希腊,也都在法律上承认有一个"天"和"自然"的至高无上的神的存在。古代罗马也不例外。在早期,罗马的法律也是和宗教合在一起的,诉讼活动、法律行为等,都通过国家、市民和神的媒介者神官来处理。罗马后期,基督教又与罗马的皇权、法律紧密结合,成

为统治人民的工具。但是,在罗马,法律与宗教的分离,相对来说要早一些,分离的程度也更为彻底,从而使法律终于成为一个独立的社会领域和完整的体系。其表现为:

第一,公元前5世纪中叶制定的《十二表法》,虽有关于宗教的一些规定(如第十表①),但整个法典,已是一个比较彻底的世俗性法典,基本上摆脱了宗教的影响。而以后的一系列成文法律,进一步强化了这种倾向。

第二,从《十二表法》打破了神官对法律知识的垄断开始,公元前4世纪后,平民出身的人也开始能够担任神官。这样,就冲破了贵族—神官—神法与人法的媒介者这种传统体系。公元前254年,平民出身的大神官科伦卡纽士在公开场合讲授法律,而公元前198年,执政官阿埃利乌斯进一步以世俗官吏的身份,对法律进行解释、论述,并著书立说,从而,使法学最终成为一门世俗的学问而摆脱了神学体系。这反过来又促进了法律成为一个独立的领域。

第三,虽然,受古代祭司操纵法律的影响,《国法大全》将法学定义为"神事和人事的知识,正与不正的学问"。但这里,首先,这种神事,据罗马法学家的解释,乃是自然法规或自然法。它强调人类的理性比宗教更多。此点,从本书第一章论述的古希腊法哲学家的理论中已可看得很清楚。其次,罗马法学家的实践活动证明,事实上,罗马法学家更加重视的是"正与不正的学问"这样的解释。

第四,最为重要的是,由于罗马世俗法学家的努力,裁判官的活动,以及皇帝为巩固自己的政权而不断颁布的大量敕令,在罗马逐步形成

---

① 即使是第十表,虽其名为"宗教法",但其内容也是世俗性的。该表共11个条款,规定的都是勤俭节约办丧事的内容,如对丧事不宜过分铺张,奏哀乐的人不得超过10名,不得为一人举行两次葬礼、准备两副棺木,等等。

了一整套完整的法律体系。这一体系,以私人所有权为核心,包括了人的身份、法人、契约、婚姻家庭、继承和侵权行为以及诉讼等各项制度。这一法律体系,成为独立于宗教之外的统治阶级的工具。

在罗马,法律所以能够比较早地和宗教相分离,主要是由于以下几个原因:

首先,在于罗马宗教发展的特殊性。罗马原来一直信奉多神教,比如,他们信仰天神朱庇特(Jupiter)、战神马尔斯(Mars)、女灶神维兹塔(Vesta)、爱神维娜斯(Venas)以及其他诸多神灵,在罗马还建筑起了供奉各种神灵的百神庙。因此,在罗马并没有形成一种特别有势力的一神教。而后来(公元4世纪)当基督教成为国教时,罗马法早已作为一个独立的领域发展起来了。

其次,法律在罗马对外扩张和巩固奴隶主阶级统治中,发挥了特殊的作用,它与宗教处在同一层次,共同成为统治阶级的工具。有了法律作用的充分和独立发挥,就没有必要再将法律和宗教合二为一了。因此,在古代中国是宗法体制,伊斯兰和印度是教法体制,而罗马则形成了完备的法治体制。

再次,到共和国末期,罗马的工商业已很发达,经济关系相当复杂,从而使建筑在其上的法律体系能够比较早地成熟和发达起来,并冲破宗教规范的束缚。

最后,宗教祭典仪式的举行和宗教规范的贯彻,依靠的是人们的内心反省活动(良心发现)和信仰,而法律规范的实施,依靠的是国家的强制力量。罗马人具有比较强的务实精神,而在可以具体操作方面,法律比起宗教来,更为容易、更为现实。

四、古代罗马法律教育的兴起

自《十二表法》颁布时起,在罗马统治阶级中间,就开始了法律知识的传承与教育活动。到了共和国后期(公元前3世纪以后),统治阶级进一步允许法学家在社会上公开招收青年、传授学业,举办私塾型法律教育,创办私人法律学校。到公元2世纪末,除了在首都罗马之外,在各行省也建立了一批法律学校,以培养这些地区奴隶主贵族中的年轻人,让他们能在行政和法律职业方面谋得一个职位。[①] 至帝国后期,戴克里先皇帝(G. A. V. Diocletianus,284—305年在位)又改私立学校为公立性质,设立了六所法律学校。其中,罗马法律学校和建立于3世纪初的贝鲁特(Berytus)法律学校的声名最为显赫。[②] 公元425年,皇帝狄奥多西二世(Theodosius Ⅱ,408—450年在位)在君士坦丁堡创设世界历史上第一所法律大学,从而使罗马的法律教育达到了古代社会最发达的程度,并为后世的法律教育开了先河。

在长达一千多年的法律教育活动中,罗马逐步形成了自己的特色:

第一,形成了足够的师资队伍,并建立了教师聘任制度。一方面,古代罗马的教师力量比较强大,公元前3世纪以后,层出不穷的法学家阶层,为罗马的法律教育提供了源源不断的高质量的教师队伍;另一方面,帝国时代,在罗马逐步形成了聘任教授的制度。按照当时法律的规定,教授由大学城的元老院(Senates of the University Towns)任命,他们从学生那里获得荣誉(honorarium)和薪水。当然,受元老院聘任的教授人数似乎很少,425年的一项专门法令(该法令仅涉及君士坦丁堡法律大学)谈到法律教授时仅提到两个人的名字。[③]

第二,形成了比较系统的课程设置体系。从古代罗马留下来的文献来看,罗马已有了关于法学总论、民法、行政法、刑法、诉讼法、司法文

[①] Hans Julius Wolff, *Roman Law, An Historical Introduction*, p. 112, University of Oklahoma Press, Norman, 1951.

[②] Ibid, p. 134.

[③] F. Schulz, *History of Roman Legal Science*, p. 273, Oxford, 1946.

书等的课程。

第三，具备了一定数量和规模的教材，如盖尤斯的《法学阶梯》(Institutiones)、帕比尼安和保罗的《法律解答集》(Responsa)等。

第四，已经创造了若干的教育方法，如讲授法、课堂讨论法等等。

第五，建立了高等法律教育体制——五年制的大学法律教育制度。根据史籍记载，当时罗马各地法律大学的学生，第一年要学习六册教材，其中，四册是被称为《家事法律书》(libri singulares，可能是后古典时期的匿名学者编写)的教材，内容涉及妻子(de re uxoria)、监护(de tutelis)、遗嘱(de testamentis)、遗赠(legatis)等。另两册是盖尤斯的《法学阶梯》的两卷(全书共四卷)。第二年的课程是学习敕令(Edict)，教材是乌尔比安对敕令的评注。第三年继续学习敕令，加上八册帕比尼安的《解答集》。第四年学习保罗的《法律解答集》，主要是私法内容。第五年学习帝国的宪章法令(constitutions)，但没有强制性的公法课程。[①]

第六，建立了学生管理、考试和毕业生分配制度。当时的法律规定，在罗马的法律大学的学生必须在统计教官(magister census)处登记注册。这种统计教官监督学生的纪律并进行惩戒。在东部的各法律大学中，也有相类似的学生管理形式。[②] 此外，当时的法律还规定，公民充任司法官吏，必须经过专门的高等法律教育；申请律师及法官的人，必须接受五年以上的法律教育。

正是充分发达的古代法律教育，推动了罗马法学学科的形成、发展，并日趋完善。

五、以自然法为核心的法学观的传播

法学，作为一门学科，除了必须具有一定的理论体系、概念术语、原

---

① F. Schulz, *History of Roman Legal Science*, pp. 275—276, Oxford, 1946.
② Ibid, pp. 276—277.

则制度、研究对象和方法等之外,还必须有一种精神、一种观念,这就是法学观或法学世界观。罗马法学的形成、发展所借助的就是自希腊时代就产生的自然法(学观)。这种自然法,强调人应顺从自然的方式生活,而这种自然是弥漫于整个宇宙的支配原则,是人类的理性,它是法律与正义的基础,制约着世界各个角落的所有居民。通过斯多噶学派的后期人物与罗马法学家的交流,自然法思想传入了罗马,并对其产生了巨大的影响。这种影响左右了塞尔苏斯对法和法学的看法,并在西塞罗(Cicero,公元前106—前43年)的思想中表现得最为充分。

西塞罗指出:"按照自然生活是最高的善。"[1]西塞罗认为,"法律乃是自然中固有的最高理性,它允许做应该做的事情,禁止相反的行为。当这种理性确立于人的心智并得到实现,便是法律。"[2]在自然法和法律(人定法)之关系上,西塞罗认为自然法具有高于一切人类社会立法的权威,并且具有普遍的和永恒的性质。他指出,"法是上帝贯彻始终的意志,上帝的理性依靠强制或者依靠约束支配一切事物",[3]并且"最高法律(即自然法)是万世存在的,发生于成文法未制定、国家未成立以前的。……法律不是在编制时才发生,乃是和上帝的心意同时发生。"西塞罗还认为,自然法是衡量一切人定法的唯一标准。[4] 从法和自然法的定义,西塞罗又演化出了法律面前人人平等的一系列原则,即只要在"世界国家"的大家庭中,共同服从"自然法"的人,不论其原来的国别、种族、社会地位如何不同,即便是奴隶,也都是"与上帝共同享有理性"的公民。[5]

---

[1] 〔古罗马〕西塞罗著:《论共和国论法律》,王焕生译,第208页,中国政法大学出版社1997年版。
[2] 同上书,第189页。
[3] 引自《西方法律思想史资料选编》,第76页,北京大学出版社1983年版。
[4] 引自前揭张宏生主编:《西方法律思想史》,第59页。
[5] 同上书,第61页。

西塞罗的思想,对正处在形成和发展过程中的罗马法学的影响是巨大的。"正是西塞罗生活的时代,即共和国的最后几十年,法律科学获得了发展。西塞罗作为一名法学家、地方行政官、政治家和著作家,对自然法的含义和原则进行了阐述。这些阐述,得到了古典学者、哲学家和法学家的广泛赞同和引用,并延续至今。"[1]西塞罗的学说,使自然法理论发生了根本的变革,即变哲学的自然法为法学的自然法,将法哲学世界观(哲学家对法和法律现象的基本观点)发展成为法学世界观(法学家对法和法律现象的根本看法)。这一革命,为罗马法哲学以及整个法律科学奠定了思想基础。正是在吸收西塞罗的自然法思想的基础上,盖尤斯、乌尔比安、保罗等古典时期罗马著名法学家建立起了一座法学大厦。

六、职业法学家阶层的形成

随着罗马社会文明的进步,社会生产力的发展,社会财富的增长,社会分工得到了进一步的发展,各门社会科学也日趋发达,哲学、文学、艺术、绘画、数学、天文学和园艺等学问都达到相当发达的程度。特别是在法律领域,"随着立法发展为复杂和广泛的整体,出现了新的社会分工的必要性:一个职业法学者阶层形成起来了"。[2] 他们以教授法律知识,研究并解答法律问题,撰写诉讼文书,替人打官司,充任皇帝及各级政府的法律顾问,以及著书立说为业。当然,最初,"罗马法学家并不具体起草法律,他们也没有在法院判决案件,或通过什么党派来谋求法官的职位。他们仅仅是对法律问题提出自己的意见(解答,advice)。

---

[1] A. L. Harding and so on, *Origins of the Natural Law Tradition*, p. 2, Southern Methodist University Press, Dallas, 1954.

[2] 《马克思恩格斯选集》第二卷,第539页,人民出版社1972年版。

而且,他们的解答也是自由的。他们写他们的著作,既不作为谋生的手段,也不是作为一个高贵者的消遣。然而,正是这么一种环境,给了法律职业以一种独特的地位。"①

这批法学家,在共和国后期,有斯卡喔拉(Q. M. Scaevola)②等数十人;在帝国前期,有拉贝奥(M. A. Labeo,公元前50年—公元20年)、③普洛克鲁斯(S. Proculus)、④卡必多(C. A. Capito)、⑤萨宾(M. Sabinus,公元64年去世)⑥等数百人;在帝国中期,则进一步出现了以帕比尼安⑦等五大法学家为首的法学家阶层。据中世纪后期法国著名私法学家朴蒂埃的考证,仅罗马帝国前期(古典时期)的著名法学家(classical jurists),就有92人。⑧ 由于这些法学家的教育和研究活动,尤其是他们的学术成果,使罗马法学终于成为一门独立的社会科学。

---

① Hans Julius Wolff, *Roman Law, An Historical Introduction*, p. 96, University of Oklahoma Press, Norman, 1951.

② 公元前95年的执政官,著有18卷《市民法论》。他是第一个将希腊的逻辑分析方法和罗马传统的简单归纳方法结合起来的学者。他的作品也是后来《学说汇纂》的重要组成部分之一。

③ 普洛克鲁斯学派的创始人,传说留给后人的法学著作有400多卷。

④ 活跃时期为1世纪中叶,是普洛克鲁斯学派的真正的领袖,著有《法律文书集》(Epistullae),其著作中有37篇为《学说汇纂》所转载,被引用的有134处。

⑤ 萨宾派的鼻祖,公元5年担任执政官,22年去世。著有《法学杂记录》(Conjectanea)等。

⑥ 萨宾派的代表。著有三卷《市民法论》(Tres Libri Juris Civilis)和《解答集》(Responsa),确立了关于市民法的体系。萨宾的《市民法论》,后来为许多罗马法学家所注释,如帕比尼安的《市民法论注释》35卷,乌尔比安的《市民法论注释》51卷,保罗的《市民法论注释》16卷等。萨宾还带了众多的弟子。萨宾一生没有任官,仅仅是一个法律解答者、教师和著作家。但通过上述作品,萨宾在当时学术界获得了极大的声誉。

⑦ 著有《法律问答集》(Questiones)37卷、《解答集》(Responsa)19卷、《解说书》(Difinitiones)19卷等。

⑧ Sir John Macdonell and Edward Manson, *Great Jurists of the World*, p. 465, Boston, 1914.

七、百花齐放、百家争鸣的学术环境

至罗马共和国后期,与当时的经济、政治、文化发展相适应,在学术领域,也出现了一个百花齐放、百家争鸣的局面。各法学家大胆地著书立说,自由地讨论各种法律问题,并提出自己的观点、学说和理论,从而形成了众多的学派和学术思潮,从共和国后期法学家各自为战的多元主义,到公元1世纪以"普洛克鲁斯派"和"萨宾派"的两大学派争雄的二元主义,到426年《学说引证法》以后五大法学家(帕比尼安、乌尔比安、盖尤斯、保罗和莫迪斯蒂努斯)独占法律解释权的一元主义,其间曾经历了七百年左右的学术争鸣时期。这种学术上的百花齐放、百家争鸣,成为罗马法学形成、发展和繁荣的一种催化剂,在西方法学史上也具有重大的意义。

古代罗马出现百花齐放、百家争鸣的局面,是有深刻的社会和文化背景的。第一,罗马版图的迅速扩大,商品经济的急速发展,社会生活的迅速变动以及社会关系的复杂化,在罗马涌现了大量的新的法律问题。由于法学家的知识、观念和立场的不同,他们在回答、解决这些问题时,自然而然地会提出各种各样的观点和学说。因此,古代罗马特定的社会发展,为各种学说的出台提供了客观需要。

第二,罗马对私人创办法律学校、招收弟子门生、传授法律知识的宽容态度,使各家学说和各个学派能够成立,从而为百花齐放、百家争鸣的形成创造了学术条件。

第三,社会对法律的尊崇,法学家地位的稳固上升,使国家机关、法院、民众等都将法学家作为自己的法律顾问,法学家的著述也具有了显著的权威,到后来甚至成为具有直接法律效力的行为规范。这就鼓励了法学家争鸣的积极性,也为其创造了客观的条件。

第四,和上一点相联系,罗马共和国后期统治阶级对法学家解答法律之权力不加限制的宽容政策,也促进了罗马法学领域争鸣局面的形成。

第五,在古代希腊形成的百家争鸣的学术氛围,为罗马法学研究开创了优良传统。在古代希腊,随着文明的发达,曾形成了各种学派,如智者学派(Sophistes)、柏拉图学派(Platonism)、斯多噶学派(Stoics)等,出现了气氛浓郁的学术争鸣的局面。这些,对以吸收希腊文明而发达起来的罗马社会产生了巨大的影响。

第二节 罗马法学产生和发展的几个阶段

一、罗马法学的产生

如前所述,罗马法学的形成和发展,不是偶然的、孤立的,而是在各种条件的综合作用下实现的。对此,各国学者已无分歧。但对于罗马法学究竟产生于何时,学者间尚有不同的看法。

有些西方学者如奥地利著名法社会学家埃利希认为,罗马法学(Roman Juristic Science)产生于公元前4世纪。[1]

有些学者如日本学者则认为其产生于公元前3世纪。他们认为,公元前5世纪中叶,随着罗马《十二表法》的制定,为了执行该法律,罗马贵族(神官团)开始在小范围内讲解、传授法律知识。到了公元前4世纪末,这种传授活动开始向社会公开。公元前254年,平民出身的大神官科伦卡纽士进一步在公共场所讲解法律条文。这种讲解的结果,

---

[1] E. Ehrlich, *Fundamental Principles of the Sociology of Law*, Translated by Walter L. Moll, p. 260, New York, 1962.

越出了神官、贵族的秘密礼仪的范围,成为一门世俗的学问,这种学问,当时就称为 jurisprudentia(法学)。①

也有一些学者认为,至公元前 2 世纪为止,罗马的法学者(jurisperitus,jurisprudens,jurisconsultus)几乎还全部由祭司来担任,普通市民进入法学家阶层是公元前 1 世纪前后的事情,而法学作为一门科学,应与研究者的世俗化过程相一致。因此,从严格意义上说,罗马法学的产生应推定在公元前 1 世纪。②

笔者认为,上述各位学者观点的差异,主要是他们看问题的角度不同。因为,法学的产生不可能是某年或某月的事情,它也有一个过程。这个过程可能延续几十年,也可能延续二三百年。而且,法学的产生和发展也并不是一回事,在它产生时,它肯定会带有种种缺陷和不足之处,只有经过若干时间的发展,才能趋于完善。

从这个视点考虑,罗马法学的产生,应推定在公元前 3 世纪末至公元 2 世纪初。当时,随着统治阶级对《十二表法》等一批成文法的传授和教育活动而形成了一门世俗化的学问,尽管此时"法学"还未完全脱离宗教的影响。这一点,如果结合中国秦汉时期就产生了法学,但当时的法学也不充分一事来考虑,③我们可以得到更深的理解。

同时,考察一门科学的产生,除考虑其内容之外,还得参照其专门用语、概念等因素,即必须结合语言学的要素。从这方面分析,拉丁语的法学 jurisprudentia,是法律 ius 和知识 providere 的结合,而 ius 和 providere 在古代罗马使用都较早。当祭司将法律向国民传授、并且当这种传授活动反复进行时,ius 和 providere 两词就开始得以组合,形成

---

① 前揭〔日〕碧海纯一等编:《法学史》,第 32 页。
② 同上书,第 14 页。
③ 关于秦汉时期中国古代法学的诞生,请参阅何勤华:《秦汉律学考》,载《法学研究》1999 年第 5 期。

jurisprudentia 一词,其使用的频率也开始变得频繁。而这大约是在公元前 254 年科伦卡纽士传授法律知识到公元前 198 年阿埃利乌斯传授法律的活动之间。

因此,将罗马法学的产生推定在公元前 2 世纪前后,定型则大概在公元 2 世纪前后是妥当的。苏尔兹(F. Schulz)也曾很明确地表达了和笔者相同的观点:"我们清楚地知道,随着《十二表法》而来的时期(公元前 5—3 世纪),罗马法学还一直处在它的幼年期——法学的青春期是在共和国的最后一个世纪(公元前 1 世纪),而成熟期是在哈德良皇帝时期(公元 2 世纪)。"①

二、罗马法学的发展

(一) 共和国后期(公元前 202—前 27 年)罗马法学的发展

公元前 2 世纪以后,随着罗马国家版图的迅速扩大,经济贸易活动的日趋频繁,罗马的立法活动得到迅速发展。在市民法之外,又发展起了万民法和最高裁判官法的体系。这些,也促进了罗马法学的飞速发展。虽然,罗马法学的黄金时代是在帝国前期,但罗马法的一些原则和基本结构,如强调法的应用性,在保持法的稳定性的同时,又使其具有灵活性和应变性,法的世界性和普遍性,以诚实信义为基准的解释方法等,则是在这个时候开始形成的。

根据罗马帝国前期著名法学家庞波尼乌斯的记叙(D. I. 2. 2. 38f)以及西塞罗的著述,该时期的著名法学家主要有:阿西留斯(L. Acilius),只知道他是公元前 2 世纪的法学家,对其生平和事迹则一无所知;波修斯(M. Porcius),对其生平一无所知;马尼留斯(M. Manilius),公元前 149 年的执政官;李维斯(C. Livius Drusus),公元前 147 年执政

---

① F. Schulz, *History of Roman Legal Science*, p. 5, Oxford, 1946.

官的一位儿子；伊乌纽士（M. Iunius Brutus），公元前 178 年执政官的一位儿子；M. 斯卡喔拉（P. Mucius Scaevola），公元前 131 年的执政官。此外，罗马著名法学家和思想家西塞罗的活动，也是在这个时期展开的。

（二）帝国前期（公元前 27 年—公元 284 年）罗马法学的鼎盛

进入罗马帝国时代，罗马法学也进入了一个黄金时期。在该时期，"法学家的观点得到了充分的发展，并被详细阐述。在图拉真（Trajanus，公元 98—117 年在位）和哈德良（P. A. Hadrianus，117—138 年在位）皇帝时期，这一发展的曲线确实达到了它的顶点（如同元首政治达到了它的顶点一样）。尤利安（Julian）的《学说汇纂》是这一时期罗马法学的最伟大成果。法学家支配的法律科学一直延续到了元首政治的末期。尤利安以后，虽然在法学发展上不时出现一些微小的衰退，但在整体上，一直到 3 世纪中叶，法学仍然保持在一个相当的水平上。"[1]

促使罗马法学高度发达的原因，除了上述经济贸易上的原因以外，主要是该时期的法学开始与国家权力相结合。与共和国时代相比，帝国时代皇帝的统治开始趋于稳定。为了实现帝国的长治久安，统治阶级开始舍弃公开的强制暴力而采用了与传统相适应、又符合社会新的变化的法律规范即后世的"依据法律统治"或"法治"方式。这样，法学的发展就得到了国家权力的支持。

该时期法学发展应注意的几件事是：

1. 解答权（jus respondendi）的确立。解答权，是赋予特定的学者关于法律问题的解答以一定社会权威的权利，最早出现于奥古斯都（Augustus，公元前 63 年—公元 14 年，罗马帝国首任皇帝）时代。庞波尼乌斯在其著作中对此作了论述。此时，除某些特定的法学家之外，统

---

[1] F. Schulz, *History of Roman Legal Science*, p. 99.

治阶级也不限制其他法学家对法律问题作出解答。

解答权是罗马统治阶级干预法学教育和研究活动的一个标志,是国家权力和法学联姻的开始,它对罗马法学的发展产生了巨大的影响。一方面,解答权的出现,提高了法学家的社会地位,树立了法律解答的权威,突出了法律活动在国家生活中的重要性。同时,解答权的出现,改变了从共和国后期以来出现的法学家对法律作出解答不受限制的状态,在一定程度上抑制了法律解答、法律适用的混乱局面。因此,解答权的出现,一方面使法学发展获得了官方的支持,从而促进了法学的迅速发展。另一方面,解答权在授给某些特定的著名法学家以权威的同时,又在一定程度上限制了社会上其他法学家的解答法律的权利,这为以后《学说引证法》(Lex citationum,426 年)的出台埋下了伏笔。

2.学派的形成和对立。如前所述,公元 1 世纪前后,在罗马出现了百家争鸣的局面,出现了众多的法学学派。其中,最著名的是两派:以拉贝奥为创始人、以普洛克鲁斯为首的"普洛克鲁斯派"(Schola Proculus)和以卡必多为创始人、以萨宾为首的"萨宾派"(Schola Sabinus)。前者的主要成员如下:A. 拉贝奥、纳瓦(Nerva Pater)、普洛克鲁斯、派加修斯(Pegasus)、塞尔苏斯·培特(Celsus Pater)、塞尔苏斯·费留斯(Celsus Filius)和耐拉提乌斯(Neratius Priscus);后者则由卡必多、M. 萨宾(Massurius Sabinus)、卡修斯(Cassius)、C. 萨宾(Caelius Sabinus)、伊阿喔勒(Iavolenus Priscus)、阿布纽(Aburnius Valens)、图西安努斯(Tuscianus)和尤利安(Salvius Iulianus)等人组成。[①] 此外,当时一些最杰出的法学家,如前述庞波尼乌斯和盖尤斯,也分属于"普洛克鲁斯派"和"萨宾派"。

两派虽然在各种法律问题上都有不同的、甚至是相反的看法,但其

[①] F. Schulz, *History of Roman Legal Science*, p. 119.

分歧主要还是形式上的。即只是在研究对象、研究方法、看问题的视角上不同而已。一般而言,"萨宾派"尊重市民法,以市民法为主要研究对象,"普洛克鲁斯派"则着力于对裁判官法(jus praetorium)的研究。从这一点来看,前者较为保守,后者则较进步。但是,在方法论上,前者注重进化论精神,反对传统的形式主义,而后者则往往囿于法规的条文。

3. 法学著作的极其丰富和形式多样化。随着法学家对解答权的享有,学派活动的展开,大批著名法学家的出现,法学著作也日趋丰富,变得琳琅满目。从现存资料,我们得知当时的法学著作主要有七大种类:(1)对各种法律的注解,如市民法注解、裁判官告示注解、皇帝敕令注解等,其中,最著名的有保罗的80卷告示注解、乌尔比安的83卷敕令注解。(2)法学大全,是对一些著名法学家的作品进行总结汇编的著作集。(3)对各种法律问题的解答集、讨论集和书信集,如帕比尼安就著有多种这类作品。(4)法学基本理论和体系的入门书,如盖尤斯的《法学阶梯》等。(5)关于各种法律问题的专门著作,如庞波尼乌斯的关于罗马法制史专著等。(6)对前人法学著作的注释书,如庞波尼乌斯的35卷对萨宾的《市民法论》的注释书等。(7)其他各种法学作品,如各种常用的法律文书汇编、法学提要、法学通论、法律问题备忘录、法学名著荟萃、法学讲演录、杂记等。①

4. 著名法学家的成批涌现。据史书记载,帝国前期是罗马法学家群星璀璨时期,出现了众多的著名人物,如:②

庞波尼乌斯(Sextus Pomponius,约160年去世)。他是一位多产

---

① 前揭〔日〕碧海纯一等编:《法学史》,第40页。
② F. Schulz, *History of Roman Legal Science*, pp. 226—241, Oxford, 1946; Hans Julius Wolff, *Roman Law, An Historical Introduction*, pp. 119—126, University of Oklahoma Press, Norman, 1951; Francis de Zulueta, *The Institutes of Gaius*, Part Ⅱ, Commentary, pp. 1—10, Oxford, 1953.

的法学家。在他众多的作品中,汇集了到他时代为止的所有罗马古典法学的成果,并通过在作品中附上案件和判决的方式,予以充分阐述。庞波尼乌斯的代表作是关于萨宾学说的 35 卷注释书、关于斯卡喔拉学说的 39 卷注释书、关于告示的 79 卷注释书以及《教本》(Enchiridium)、《元老院决议录》(Senatusconsulta)、《书简集》(Epistulae)和关于他老师著作的注释书等。其中,《教本》是关于罗马法制史的断片性质作品,也是当时唯一的一本自王政时代至庞波尼乌斯生活时期的法制史著作。由于庞波尼乌斯在法学研究上的伟大成就,他的许多学说(共有 578 个段落)被《学说汇纂》所吸收。

盖尤斯(Gaius,约 130—180),罗马帝国前期著名法学家,其代表作是四卷本《法学阶梯》(Institutes),该书不仅是当时各法律学校的教材,成为查士丁尼编纂同名法典《法学阶梯》时的范本,同时,也是唯一的一部完整地传至后世的古代罗马法学家的文献。该书大约成于 161 年前后。与《法学阶梯》相关,盖尤斯还撰写了几十本其它的法学作品,如关于各州长官的告示的 32 卷注释书、市民法务官的告示的注释书,关于信托、诉讼案件、各种法令、婚姻礼物的著作,以及《日用法书》(Res cottidianae,该书曾被后世学者称为"黄金书",是进一步阐述《法学阶梯》的著作)。

盖尤斯生前并没有像帕比尼安等人那样声名显赫,仅仅是一位教师和著作家。直至 426 年《学说引证法》颁布,他才被置于五大法学家之中,与帕比尼安、乌尔比安、保罗等人齐名。

帕比尼安(Aemilius Papinianus,约 140—212),帝国前期罗马著名的法学家。师从斯卡喔拉,与后来成为皇帝的塞维鲁(Lucius Septimius Severus,193—211 年在位)是同学。毕业后去贝鲁特法律学校执教。后在罗马担任帝国高级法律职务。乌尔比安和保罗都曾在由他任院长的帝国最高法院担任过陪席法官。由于和塞维鲁皇帝的亲密关系，他于 203 年担任了被认为是副皇帝高位的近卫都督之职，行使军事和司法大权。帕比尼安的法院，由于有乌尔比安和保罗担任陪席法官，影响更为扩大。就连自尊心很强、不愿意称赞他国成就的英国人，如 15 世纪的著名法学家利特尔顿，也以帕比尼安的法院曾在英国巡回办过案而自豪。

211 年，当帕比尼安在英国巡回审判之际，塞维鲁皇帝突然驾崩。在两位皇子的争权斗争中，帕比尼安因反对皇子卡拉卡拉（Caracalla，211—217 年在位。原名 M. A. Severus Antoninus，即安敦尼）暗杀其兄弟、并拒绝为卡拉卡拉的可耻行为作辩护而被其处死。

帕比尼安的代表作有 37 卷的《法律问答集》、19 卷《解答集》（Responsa）、19 卷《解说书》（Difinitiones）。此外，还有许多论文。帕比尼安继承了其老师斯卡喔拉的方法，通过对具体案件的解答来阐述法律的含义和精神，议论非常深刻并富有哲理。由于这一原因，帕比尼安的学说具有很高的权威，直至 4 世纪，君士坦丁皇帝仍命令属下整理他的学说，尊重其权威地位。《学说引证法》进一步规定，在五大法学家的意见相左时，以帕比尼安的为准。进入 6 世纪，查士丁尼皇帝为了纪念帕比尼安，将当时法律大学的高年级学生称为"帕比尼安弟子"（Papinianistae）。《学说汇纂》大段摘录帕比尼安的作品（共 601 段），也表明了他在当时的学术地位。

乌尔比安（Domitius Ulpianus，约 170—228），生于叙利亚，先在贝鲁特法律学校教授法律，后去罗马从事法律实务工作，与帕比尼安和保罗等人相交甚密。当过皇帝的法律顾问。222 年担任皇帝的近卫都督。后死于士兵的暴乱。

乌尔比安留下了 23 种著作。其中，关于敕令的庞大的 83 卷注释书是他的代表作。此外，还有注释萨宾著作的 51 卷注释书，用简洁笔墨写成的《罗马法原理》（Fragmenta），以及关于私法中各个问题的论著。乌尔比安被公认为古代罗马最伟大的法学家之一,他是罗马法学的集大成者,其作品具有百科全书的特色。查士丁尼《学说汇纂》共摘录了9142段法学家的著述,其中排名第一的就是乌尔比安,为2464段。虽然,他的著作的创新和开拓并不突出,但他在"明确而系统解释前人作品以及当时法律文献方面极为优秀。他是完成清晰明确的解释作品的大师。在罗马法学家中,他是与另一位明确解释法律之大师盖尤斯齐名的法学家。"①

保罗(Julius Paulus,约222年去世)。斯卡喔拉的弟子,曾与乌尔比安一起,担任帕比尼安的罗马帝国最高法院的陪席法官,后升任海利奥嘎巴鲁斯(V. A. B. Heliogabalus,218—222年在位。别名 Elagabalus)和塞维鲁(Alexander Severus)两位皇帝的近卫都督。

据说保罗留下了70余种法律著作,其中,最著名的是关于告示的80卷注释书。此外,还有26卷《法律问答集》、《解答集》、关于萨宾学说的16卷注释书以及其他帝国前期的著名法学家学说的注释书。此外,他还留下了关于法律问题的各种论文集。与乌尔比安一样,保罗的主要贡献不在于创新,而在于对各种法律问题作出明确和系统的注释。他的注释具有极大的权威,《学说汇纂》采摘了他2081段作品,清楚地说明了这一点。

莫迪斯蒂努斯(Modestinus,约244年去世)。乌尔比安的学生。在五大法学家中,他的名声最小,《学说汇纂》引用的法学著作段落中,莫迪斯蒂努斯的只有344段,不仅比庞波尼乌斯(被收录578段)少,也比拉别奥(被收录540段)和尤利安(被收录456段)等人少。莫迪斯蒂努斯的代表作主要有《解答集要点》(Responsorum libri xix)。

---

① Ledlie,*Great Jurists of the World*,p. 39. 转引自户仓广:《古典期罗马法学者群像》,载《国士馆法学》第1号,1968年。

该时期的著名法学家,除了这几位以外,还有上述拉贝奥、卡必多、萨宾、普洛克鲁斯、福斐迪乌斯(Fufidius)、普洛提乌斯(Plautius)、斐洛克斯(U. Ferox)、米尼修斯(Minicius)、阿利斯多(Aristo)、I. 普利斯库斯(I. Priscus)、N. 普利斯库斯(N. Priscus)、塞尔苏斯(Celsus)、尤利安、阿夫利卡努斯(Africanus)、马塞鲁斯(Marcellus)、C. 斯卡喔拉等30余名。

(三) 帝国后期(公元284—527年)的法学发展

从公元3世纪中叶起,罗马帝国出现了全面衰退的迹象。公元253年至268年的所谓"三十僭主"的分裂局面,更使帝国受到沉重打击。公元284年,戴克里先皇帝实行君主专制后,虽在一定程度上延缓了帝国的衰败进程,但未能挽救帝国衰亡的趋势。在这种背景下,法学也开始走向衰落。其表现为:

第一,法学学派的活动开始萎缩,法学家的解答权受到进一步的限制,只限于少数几名法学家。到五世纪中叶,便只以五大法学家的话为准则。其他法学家或者只是跟在五大法学家之后亦步亦趋,重复他们提出的原理、原则和概念,以研究和注释他们的作品作为自己在学术上立身的本钱;或者提出的一些见解也因得不到社会的承认和重视而被扼杀。法学的活力逐步消失。

第二,受上述一点的制约,优秀的法学家开始减少,再也没有能够推出像前一时期两大法学学派之创始人、代表人以及五大法学家那样的著名学者。

第三,优秀的法学著作的数量也开始减少,尤其是受国家政治的影响,学者们开始只满足于注释前人的作品,而不再着力于面对社会新变化、解决新问题,罗马法学家的创新精神开始消失。

第四,法学的地位也开始下降,受到了两方面的冲击:皇权的限制和基督教的影响。

公元3世纪以后罗马法学的衰落,其社会原因主要是:

第一,自公元前1世纪末开始的由强大的、安定的帝国政权支持法学的局面,这时受到了社会动荡、政治不安定、奴隶起义、外族入侵等因素的强烈冲击;

第二,自313年"米兰敕令"颁布,承认基督教的合法地位以后,基督教会的各种职业的地位迅速上升,出于经济收益、政治势力以及社会地位等各种现实利益的考虑,社会上的优秀人才特别是年轻人逐步被吸引到基督教神学中,人们对法学的热情开始降低;

第三,适应皇帝的专制集权,原来作为法学家之崇高权威的对法律的解答权,逐步被皇帝收了回去。皇帝总揽一切,皇帝敕令成为法律的基本形式,法学家成为皇帝的御用工具,建立在"以法治国"观念上的法学研究失去了精神支柱;

第四,从法律调整对象的法律关系来看,由于罗马帝国首都的东迁,在许多方面发生了重大变化,加之此时封建生产关系的逐步萌芽,使法律的调整对象在地理环境、经济形态上发生了转变,这也对研究法律的学问——法学的发展发生了重大影响。

当然,说该时期罗马法学的衰落,并不是说这一时期法学的发展是一片空白,该时期罗马在整理前一阶段法律文化遗产、私人编辑各种法典和法学著作汇编、国家进行法律教育等方面,仍取得了巨大的成就。

(四) 查士丁尼时期(公元527—565年)的法学

查士丁尼时期,是罗马法学发展的一个集大成时期。该时期虽不能说在法学上有什么大的创新发展,但查士丁尼皇帝通过三部法典的编纂,对近一千年罗马法和罗马法学发展的精华进行了整理、总结,从而使罗马法律文化得以完整地传至后世,影响了整个世界法制史和法学史的发展进程。

查士丁尼编纂法典对法学史的意义,主要体现在《学说汇纂》和《法学阶梯》的编纂上。

《学说汇纂》(Digesta)①于 530 年公布,它收录了 40 名著名法学家的著作,其中,收录《学说引证法》所承认的五大法学家的著作最多,占了全部汇纂 9142 段中的 6137 段。在这 40 名学者中,有 3 名是共和国后期的,35 名是帝国前期的,2 名是帝国后期的。整部法典有 50 卷,分七个部分:第一部分为总则,涉及法的概念、法律渊源、人的地位及私法等内容,共 4 卷;第二部分"关于审判",共 7 卷;第三部分"关于物",共 8 卷;第四部分涉及买卖、利息、借贷、婚姻、监护等,共 8 卷。第五部分"关于遗嘱",共 9 卷;第六部分涉及继承财产的占有、赠与、解放奴隶、所有权、占有的取消、诉讼等,共 8 卷。第七部分涉及部分私法和行政法、刑事法的内容,共 6 卷。

每卷下设章、节、段,每一章包含一个或一个以上法学家著作的片段(只有 30—32 卷未划分为章)。在每一片段的开头都注明论著作者的名字、著作名称及其编次。如果片段篇幅长,为便利起见,学者们将其划分为头段(principio)和各款;这些片段按顺序在每一章中也被编上号。在援引这些论著时,一般用"D"表示《学说汇纂(Digesta)》,然后,指明卷、章、片段和款的编号(或用"pr"表示头款),比如:D.1,1,1pr. 等。②

在编纂《学说汇纂》时,编纂者摘录了各种法学家著作中一切实用的东西,剔除过时或多余的东西,消除法学家之间存在着的意见上的矛盾,必要时对原文进行修改。前人学说未经摘录辑入的,一律丧失法律效力。③

据说以特里伯尼安纽斯(Tribonianus,546 年去世)为首的法典编

---

① 希腊语为 Pandectae,后演化为英文 Pandects,法文 Pandectes,德文 Pandekten。
② 黄风译:《民法大全选译·正义和法》,第 19 页注,中国政法大学出版社 1992 年版。
③ 〔古罗马〕查士丁尼著:《法学总论》,张企泰译,第 2 页注,商务印书馆 1989 年版。

纂委员会曾精读了 2000 卷、300 多万行的法学原著,然后,比照选择、压缩,最后编成 50 卷 15 万行的《学说汇纂》。① 《学说汇纂》是 19 世纪近代资产阶级法学产生的历史基础,也是德国民法典的蓝本,它在法学史上的地位是无可估量的。②

《法学阶梯》(Institutiones)是根据五大法学家之一盖尤斯的同名教科书的体系编写的。③ 共分四卷:第一卷:人法;第二卷:物,包括所有权及物权,遗嘱继承法;第三卷:无遗嘱继承、契约、债权总论;第四卷:侵权行为、民事和刑事诉讼等。《法学阶梯》的问世,开创了大学法学教科书的范式,也为近代法国民法典的制定提供了蓝本。④

第三节 罗马法学的特点

作为西方历史上最早形成的一种法学体系,罗马法学既和东方历史上最早产生的法学体系中国古代律学不同,又与西方后世出现的法学相区别,而具有自己的特点。详细阐明这些特点,须对罗马法学进行

---

① Hans Julius Wolff, *Roman Law, An Historical Introduction*, p. 123, University of Oklahoma Press, Norman, 1951.

② 《学说汇纂》还没有完整的中译本,摘译本有黄风、米健、丁玫、费安玲、徐国栋等翻译的《民法大全选译》,中国政法大学出版社 1992 年始陆续出版,至 1999 年已出版第十一册。

③ 盖尤斯的原著于 1816 年为德国历史学家尼布尔(Georg Niebuhr)在意大利北部的弗罗那(Verona)图书馆中发现,系 5 世纪时的抄本,用羊皮纸写成,仅缺 3 张,但上面又写着后人的作品,故字迹很难辨认。柏林学士院获得此信息后,立即派遣高森(Goeschen)和贝克(Bekker)两位学者赶赴弗罗那,与已在那里的霍尔威格(Bethmann-Hollweg)博士一起解读,并让德国法学家萨维尼进行鉴定,最后确认该手稿确系盖尤斯的《法学阶梯》,遂于 1820 年出版了校订本。《法学阶梯》中译本,1996 年中国政法大学出版社出版(黄风译)。此外,笔者在日本见到了船田享二先生翻译的日译本(日本评论社 1943 年版)。冯卓慧教授在《罗马私法进化论》一书中摘译了俄译本的节译本(见陕西人民出版社 1992 年版)。

④ 查士丁尼《法学阶梯》已有中译本,取名《法学总论》,译者张企泰,商务印书馆 1989 年出版。

长期的深入的钻研。笔者对罗马法学的研究和探讨也才刚刚开始,因此,只能对此作些粗线条的勾勒。①

一、以私法学为核心

在一定意义上可以说,罗马法学实质上就是罗马私法学。这与古代中国不同。在中国,首先发达起来的是以预防犯罪、惩治犯罪、统治人民使其安分守己等内容为核心的刑事法学体系,无论是法家学说还是儒家、墨家的理论均如此。而在资产阶级革命以后建立起来的近代法学体系,虽然也以私法学为主要内容,但宪法学和行政法学以及刑事法学也同时飞速发达起来,这在近代法、德的公法学和美国宪法学的形成中可以看得很清楚。那么,为什么在罗马发达的是私法学呢?笔者以为主要有以下几个原因:

第一,罗马的地理环境、帝国的扩张以及商品经济的高度发达,这是私法学发达的经济基础。这一条件是古代中国所不具备的。而近代西方虽也有这一条件,但随着人类文明的进步,西方在商品经济高速发展的同时,国家机器、宪政理论、统治艺术也高度发达了起来。所以,就使法学的研究得到了比罗马时代更充分的发展,即公法学也同步发达了起来。

第二,与罗马法学家活动所处时间相联系。如前所述,罗马法学家在罗马法和罗马法学发展中起着巨大的作用,而法学家活动最活跃的时期则是帝国前期,而此时罗马国家已成为一个横跨欧亚非三大洲的

---

① 近几年,关于罗马法的研究在我国获得了迅速的发展,虽然对罗马法学以及其历史的研究还是一个空白,但关于罗马法的著作已是琳琅满目。其中,比较重要的著作和译著有:司法部统编教材《罗马法》,群众出版社1983年版;江平、米健著:《罗马法基础》,中国政法大学出版社1987年版;周枏著:《罗马法原论》,商务印书馆1994年初版,2013年再版;谢邦宇主编:《罗马法》,北京大学出版社1990年版;〔意〕彼德罗·彭梵得(Pietro Bonfante)著:《罗马法教科书》,黄风译,中国政法大学出版社1992年版;〔意〕朱塞佩罗·格罗索(Giuseppe Grosso)著:《罗马法史》,黄风译,中国政法大学出版社1994年版等。

世界性帝国,东西南北的经济贸易往来、航海活动等商品交易都已达鼎盛时期,罗马农业时期制定的《十二表法》以及以《十二表法》为核心发展起来的市民法和市民法学已成为历史。此时,法学家面临的主要问题是商品经济问题。他们帮助最高裁判官和外事裁判官发展起来的裁判官法和万民法以及他们的解答、著述所要解决的,也是商品经济法律关系。这一条件,都是当时罗马社会所独具的。

第三,罗马法以及罗马法学传至后世,是借助于查士丁尼皇帝的法典编纂,向后代展现罗马法以及罗马法学面貌并发生巨大影响的是查士丁尼的《国法大全》,《国法大全》中作为法学成果的主要是《学说汇纂》和《法学阶梯》,而这两部法典,如前所述,前者收集了法学家的著作,40名法学家中,只有3名是罗马共和国后期的人物,其余全部是帝国前期和后期的人物,在《学说汇纂》50卷中,也只有末几卷涉及刑事法和行政法内容,其余全是私法部分。而《法学阶梯》则是一本罗马私法学教科书。这些都表明,《国法大全》所保留下来的罗马法律文化,主要是私法学。

第四,在罗马,诉讼主要是私人的事情,被纳入私法体系。这样,尽管罗马的诉讼包括律师辩护已很发达,但因为这些成果和经验都属于私法学范畴,所以,这又在一定程度加强了罗马私法学的法学特色。

二、对法理的精深研究和对概念的缜密表述

应当承认,古代罗马法学的发展可以说已经达到了一个非常发达的程度,这集中表现在它对法理的精深研究和对概念的缜密表述上。

第一,罗马法学家明确提出了法和法学的定义。罗马在很早时就开始使用关于法的两个词:ius 和 lex,并对其含义作了解释,如公元一世纪初的法学家塞尔苏斯就说:"法(ius)是善良公正的艺术。"[1] 罗马

---

[1] D.1,1,1.

另一著名法学家乌尔比安支持这一观点,并进一步将法引伸为"正义"(aequi)。他们还对法学的定义作了探讨,如乌尔比安就说:"法学是神事和人事的知识,正与不正的学问"。① 这里,乌尔比安虽将法学蒙上了一层神学的色彩,但在古代能对法和法学作出如此清晰的解释的,大概只有罗马一个国家。②

第二,罗马法学家对法的渊源作了探索,并提出了较为完整的分类和解释。如法学家盖尤斯在《法学阶梯》中指出:"罗马国民的法,由法律、民众大会的决议、皇帝的敕令、拥有告示发布权者发布的告示、法学家的解答组成。"③并对这几种法律渊源作了详细阐述。这里,盖尤斯对罗马法律渊源的分析虽有遗漏,如未能将习惯法纳入其中,但他毕竟把握了法律渊源这个概念,找出了它们的表现形式。这既是盖尤斯对西方法学史发展作出的贡献,也反映了当时法学发展的水平。直到目前,学者在论述罗马法的渊源时,也仍然依据着盖尤斯的基本观点。

第三,对法的体系进行了比较充分的讨论,并提出了影响深远的公法和私法理论。法律体系理论,是法学中的一个重大课题,这个问题解决得好坏,是衡量某一国家或某一时代法学发展水平的标志之一。在古代罗马,法学家们对法律体系也曾进行了深入讨论,提出了种种观点,如盖尤斯在《法学阶梯》中,将法律分为两大系统,即市民法和自然法。他指出:"受着法律及习惯支配的国民,运用着两类法律:国民为自己制定的、作为国民及国家特有的法的国民法(市民法)和依据自然界的理性而制定的所有国家的国民都应遵守的万民法(自然法)"。④ 在

---

① D.1,1,10.

② 在中国古代,对法的阐述出现得也比较早,但其观念是不一样的。对此,梁治平先生有很好的论述。参阅梁治平:《"法"辨》,载《中国社会科学》1986 年第 4 期。

③ 〔古罗马〕盖尤斯著:《法学阶梯》,〔日〕船田享二译,第 59 页,日本评论社 1943 年版。

④ 前揭〔古罗马〕盖尤斯著:《法学阶梯》,第 59 页。

盖尤斯的观念中,自然法与万民法是一致的。与盖尤斯相似,保罗也将法律分为两类,市民法和自然法。只是保罗的市民法概念与盖尤斯的不同,保罗认为,凡是永远公正的叫做自然法,即存在于人们心坎上的法律;凡是有用于各国全体人民或大多数人民的叫做市民法。[1]

与盖尤斯和保罗不同,托莱芬宁、弗劳林丁以及乌尔比安等人则主张将罗马法分为市民法、万民法和自然法三种。他们认为,自然法和万民法是不同的。托莱芬宁说:"自由属于自然法,贵贱是从万民法中生出来的。"[2] 乌尔比安指出,正义是法律的根本原理,由自然的条理而成的是自然法;由万国规律而成的是万民法;由市民的法律而成的是市民法。[3]

在罗马法学家关于罗马法体系的观点中,最受统治阶级推崇并为后世学者所广泛引用的是乌尔比安首创的另一种分类,即把法律分为公法和私法两个部分。前者是调整宗教祭祀活动和国家机关活动的规范,它保护的是国家和社会的利益;后者是调整所有权、债权、婚姻家庭与继承关系的规范,它保护的是公民个人的利益。乌尔比安指出:"公法是与国家组织有关的法律","私法是与个人利益有关的法律"。查士丁尼《法学阶梯》肯定了这一观点,进一步规定:"公法涉及罗马帝国的政体,私法则涉及个人利益"。[4] 罗马法学家关于公法和私法的分类,虽然只是一种形式主义的分类法,因为它未能准确地揭示法律所调整的社会关系的差异和联系,掩盖了法律的阶级本质。但它对法学理论研究和部门法制建设具有积极意义,对法学发展有促进作用,对近代西方资产阶级法律制度的产生有很大影响,并且构筑了现代西方法律体

---

[1] 前揭张宏生主编:《西方法律思想史》,第 75 页。
[2] 同上书,第 73 页。
[3] 同上书,第 73—74 页。
[4] 前揭〔古罗马〕查士丁尼著:《法学总论》,第 5—6 页。

系分类理论的基础。

第四,对法律学所涉及的问题作了说明,提出了一系列有价值的原则、制度、概念和术语。在法律原则方面,罗马法学家提出了私人权利平等、遗嘱自由、契约自由、自然法的理性原则等。在制度方面,罗马法学家创建了陪审制度、律师制度、所有权和占有制度、法人(团体)制度、民事责任制度、侵权赔偿制度等。虽然,有些制度如法人制度、法律行为等,只具有萌芽状态,但毕竟罗马法已经有了规定,而罗马法学家对此也作了法理探讨。在概念术语上,罗马法学家创造的诉(actio)、法律行为(actus,juridicii)、衡平(aequitas)、定金(arrha)、遗产(bonorum)、契约(compactum)、所有权(dominatus,dominium)、民法(jus civile)、法学(jurisprudentia)、私法(jus privatum)、无因管理(negotiorum gestio)、先占(occupatio)、特留份(portio legitima)等一系列法律术语,对后世的法学发展产生了深远的影响。

正是由于上述特点,才使罗马法学在世界法学发展史上占有极为重要的地位。正如研究罗马法学史专家苏尔兹所说:"罗马法学是罗马人民族精神的最纯粹和最有创造性的表达,对这种民族精神表示敬佩者,就不能使自己仅仅满足于对罗马法学远远(淡漠)地鞠一躬的程度(即必须深入学习、研究罗马法学)。"[1]

三、强烈的实践性

由于罗马所处的特定时代和罗马法学家所处的特定社会条件,使罗马法学在形成之初就具有一种应用法学的特点,即在上升时期的罗马法学的原则、制度、理论的形成,都是针对社会上新出现的法律问题而发。对此,西方学者曾说罗马法学具有"法学家法"(juristenrecht)的

---

[1] F. Schulz, *History of Roman Legal Science*, p. Ⅳ, Oxford, 1946.

特点，认为罗马法学是工作在法律事务第一线的法官、律师、法学家们为解决社会上一个一个新的法律问题而创造出来的。"罗马法的基础，存在于固有的市民法（proprium ius civile），即由法学家们自己创造的'法学家法'之中。借用庞波尼乌斯的话来说，就是罗马法的基础'不在成文法，而在于由贤者创造出来的不成文法，即仅仅是由贤者的解释而成立的法'。或者按照伯埃提修斯（Boethius）的说法，就是'为市民的法院所认可、并且被视为妥当的见解'"。① 现代法社会学的创始人、奥地利法学家埃利希的这一段话，虽然讲的是罗马法初期成文法不发达的情况，但是，罗马法学家造法的现象则贯穿于罗马法的始终。这一点，与近代英美法学以法官造法为主，大陆法学以法律解释学为主显然不同，与古代中国汉晋时代的法学也有差别。

罗马法学的强烈的实践性，从罗马法学家的活动内容也可窥见一斑。根据查士丁尼《法学阶梯》的论述，在古代罗马，法学家的活动内容主要有三个方面：(1)对于具体法律问题提出解答（respondere）。法学家之间发生意见分歧时，往往公开进行激烈论战；(2)撰拟契据（cavere），并在当事人进行法律活动时担任其顾问；(3)协助当事人为诉讼行为（agere），并向他指示应采用的诉讼程序。其中，法学家的解答对司法实践的干预最强。按照罗马早期的法律规定，一项法律颁布之后，必须有人"公开解释法律，这些人由皇帝赋予权力就法律问题作出解答，称为法学家。他们的一致决定和意见具有这样的权威，根据宪令规定，审判员也不得拒绝遵从。"②正是罗马法学家活动的这种特殊性，使罗马法学带有了强烈的实践色彩。

---

① E. Ehrlich, *Fundamental Principles of the Sociology of Law*, pp. 260—261, Translated by W. L. Moll, New York, 1962.
② 前揭〔古罗马〕查士丁尼著：《法学总论》，第 11 页。

总之,如同埃利希所说的那样:罗马"法学家的最初的课题是将社会性的法律(the social law)提升为审判规范(norms for decision),并进而发现能解决法律纠纷的审判规范。……因此,法学,在历史上原本是关于法的知识、适用法的技术、发展法的手段的总和。"[①]

[①] E. Ehrlich, *Fundamental Principles of the Sociology of Law*, p. 248, Translated by W. L. Moll, New York, 1962.

第三章 中世纪西欧法学

第一节 概述

公元476年西罗马帝国的灭亡,标志着西欧社会进入封建时期。至17世纪中叶为止,西欧的封建社会持续了近1200年。从经济史和政治史角度看,西欧封建时代是一个过渡阶段。虽然,在西欧中世纪初,生产力发展和政治形式曾有过退步,但封建社会后期生产力的发展、城市的发达、政治斗争的复杂化,为近代资本主义社会的产生提供了前提条件。从法学史角度看,西欧的中世纪法学则可以划分为两个时期:中世纪前期(5—11世纪)为法学的受挫时期,中世纪后期(11—17世纪)为法学的复兴时期。

5世纪后期至11世纪末,是西欧法学的受挫时期,主要指如下三件事而言:

第一,在高度发达之古典商品经济基础上发展起来的系统的罗马法学,由于经济基础和国家形态的不同而湮灭,除了少数罗马人聚集区外,罗马法已不再适用。除了教会组织还保留少量罗马法文献之外,罗马法学成果几乎已丧失殆尽,整个西欧好像回到了原始、简陋的黑暗时代。

第二,随着基督教势力的扩张,教会与王权的结合,西欧宗教世界帝国的形成,法学的发展也受到了神学的冲击而不能独立。如同恩格斯所言:当时,"政治和法律都掌握在僧侣手中,也和其他一切科学一样,成了神学的分枝,一切按照神学中通行的原则来处理。教会教条同时就是政治信条,圣经词句在各法庭中都有法律的效力。甚至在法学家已经形成一种阶层的时候,法学还久久处于神学控制之下。"①

第三,在世俗法学方面,这时虽然发展起了与封建社会统治相适应的日耳曼法和日耳曼法学,但日耳曼法学在概念术语的表述、法律规范的结构、法学的理论体系等各个方面,都是比较原始、简陋的,远不及罗马法学那样丰富和完善。②

自11世纪末起,西欧法学开始走向复兴,其主要表现是罗马法学复兴运动的蓬勃开展。关于罗马法学复兴的原因,学术界有许多观点。一般认为,其表层原因是11世纪末在意大利发现了《国法大全》的真本,尤其是其中保存得相当完整的《学说汇纂》。这一发现,使法学家有了在大学讲授法律所依据的范本,有了注释的对象,从而开始了学习、讲授、传播罗马法的运动。但深层原因则是当时西欧社会特定的历史文化条件以及罗马法本身所具有的特点(优点),这些条件和特点,主要表现在四个方面:

第一,罗马法是建立在简单商品生产基础之上的最完备的法律体系,它对简单商品生产的一切重要关系如买卖、借贷等契约以及其财产关系都有非常详细和明确的规定,"以致一切后来的法律都不能对它做任何实质性的修改。"③而在中世纪后期的西欧,商品经济得到迅速发展,城市数量不断增加,各种市场开始出现,这种经济发展的趋势,迫切需要有一种与之相适应的法律体系。这样,罗马法便当然地成为其立

---

① 《马克思恩格斯全集》第7卷,第400页,人民出版社1959年版。
② 李秀清:《日耳曼法研究》,第446—449页,商务印书馆2005年版。
③ 《马克思恩格斯全集》第21卷,第454页,人民出版社1959年版。

法的基础。

第二,罗马法的内容和立法技术远比当时西欧各日耳曼国家的习惯法和封建地方法更为详尽,它所确定的概念和原则具有措词确切、严格、简明和结论清晰的特点,尤其是它所提出的自由民在"私法"范围内形式上平等、契约以当事人之合意为生效的主要条件和财产无限制私有等重要原则,都是适合于当时市民阶级采用的现成的准则。

第三,罗马法中体现的理性原则、衡平观念等,也非常适合于中世纪末期市民等级发展的需要,成为其进一步开展资产阶级革命、摧毁专制黑暗的封建法制、克服诸侯割据和政治分裂局面以及建立统一的资产阶级法制的重要武器。

第四,罗马统治阶级曾运用武力扩大其版图,强行适用罗马法律。因此,在原西罗马帝国(后来成为意大利、法兰西和德意志属地的各地区)适用罗马法的居民人数很多,他们有的是出于被迫,也有的是折服罗马法的完备发达而自愿采用。西罗马帝国灭亡以后,日耳曼各国在法律的适用上采取属人主义,原有的罗马居民都继续适用罗马法,他们对罗马法并没有完全忘却。这也是罗马法能在中世纪西欧各国复兴的一个重要原因。

第二节 罗马法学的复兴

罗马法学的复兴,大体可以分为三个时期,即注释法学派时期、评论法学派时期和向各国传播时期。

一、注释法学派

西方学术界一般认为,现代西方法学的历史渊源虽然是罗马法学,但其直接渊源则是在中世纪意大利由波伦那大学的教师伊纳留斯领导的注释法学派。① 由于注释法学派的努力,在罗马法学和现代法学之间架起了一座桥梁。然而,对于这么一个重要的法学流派,我国除了在一些词典的条目中有些简单的介绍之外(而且这些介绍的观点也有许多值得商榷之处),还没有比较系统的论述。为此,在本节中笔者拟对该学派的形成、代表人物、活动内容、基本特点以及历史贡献等作较为详细的论述,以期引起学界同仁对此问题的重视。

(一) 注释法学派的形成

注释法学派(The School of Glossators),诞生于11世纪末,其创始人是意大利波伦那(Bologna)大学的教师伊纳留斯(Irnerius,约1055—1130)。而代表人物,则是阿佐(Azo Portius,约1150—1230)和阿库修斯(Accursius,约1182—1260)。

在伊纳留斯之前,在波伦那大学已经有人开始了法律的讲授活动。据史书记载,在11世纪70年代,有一个叫培波(Pepo)的人,开始在波伦那大学讲授法律。培波的生平已无从考察,但从1076年意大利托斯卡纳(Tuscany,Toscana)公国某法院的一项判决的记录中得知,培波是一位法律博士(doctor legis),他对罗马法很熟悉,曾利用了《学说汇纂》(残篇)的规定。② 但是,创立注释法学派,并使波伦那大学中的法律教育演化成为独立、系统和正规的法学院教育,则是伊纳留斯的功劳。

伊纳留斯最初是一位自由学艺科目中的文法学教师。曾在罗马作过学习和研究,之后回到波伦那大学从事教授职业。11世纪末《学说汇纂》的手稿原本在意大利比萨城(Pisa)被发现之后,③伊纳留斯就埋

---

① Fritz Schulz, *History of Roman Legal Science*, p.100, Oxford, 1946.
② Paul Vinogradoff, *Roman Law in Medieval Europe*, p.55, Oxford, 1929.
③ Hans Julius Wolff, *Roman Law, An Historical Introduction*, p.186, University of Oklahoma Press, Norman, 1951.

头于对该古典文献的费力的勘察和注释工作,并将其成果传授给学生们。由于伊纳留斯注释、教授的是罗马法学的精华《学说汇纂》,活动的场所是波伦那大学,采用的又是注释方法,所以,人们就将由伊纳留斯以及其学生组成的学派称为"注释法学派",或"波伦那法学派"。该学派形成的时间,据学者考证,大概是1088年前后。①

伊纳留斯之后,对注释法学派的发展作出巨大贡献的是他的学生,其中,最著名的是被称为四博士(quattuor doctores)的布尔加利斯(B. de Bulgarinis,约11世纪末—1166)、高塞(M. Gosia,约1157年去世)、雅各布斯(Jacobus,1178年去世)和拉维纳特(H. de P. Ravennate,约1170年去世)。他们在波伦那大学注释、教授罗马法的同时,还充任了当时神圣罗马帝国皇帝弗里德利希一世巴巴劳塞(Friedrich Barbarossa,1123—1190)的法律顾问,从而使注释法学派的影响扩大至当时的政治活动领域。

四博士之后,注释法学派中比较活跃的人物是普拉坎梯努斯(Placentinus,约1120—1192)和巴塞努斯(J. Bassianus,约1190年去世)。前者在波伦那大学讲授法律之后,又去南部法国的蒙特利埃(Montpellier)创建了法律大学。他在该地完成的关于《查士丁尼法典》和《查士丁尼法学阶梯》的《注释集成》(Summa),对注释法学派的发展起了重要作用。巴塞努斯是四博士之一的布尔加利斯的学生,他继承了以伊纳留斯和布尔加利斯等人为代表的所谓"主流派"的观点,成为当时波伦那大学的注释法学权威。②

但是,对注释法学派作出巨大贡献、并使该学派最终定型的则是阿佐和阿库修斯。

---

① Paul Vinogradoff, *Roman Law in Medieval Europe*, p. 56, Oxford, 1929.
② 前揭〔日〕碧海纯一等编:《法学史》,第86页。

阿佐是巴塞努斯的学生,毕业后成为波伦那大学的民法学教授。他一方面继承了其老师的主流派立场,另一方面也注意吸收以四博士之一的高塞为代表的非主流派的成果,因此,使注释法学派在他手上达到了发展的顶点。他关于《查士丁尼法典》和《查士丁尼法学阶梯》的注释汇编和指导书不仅在意大利,而且在整个欧洲都赢得了广泛的声誉,成为出庭审案者所必不可少的宝书,因而当时流行着这样一句俗语:"不读阿佐的书,就不能登宝殿(法庭)"(Chi non ha Azo non vada a palazzo)。[1]

事实上,在阿佐的时代,注释法学已经经过了一百余年的发展,所以,各种对罗马《国法大全》注释的作品已是汗牛充栋,其中,有相当多的著作已经离开了对罗马法原著的注释,而只是对他们老师的注释作品的注释,因而把罗马法搞得更为复杂和混乱。阿佐为了弥补这个缺陷,决心对《国法大全》进行第二次注释。为此,他创作了关于《查士丁尼法典》和《法学阶梯》等的注释集成。虽然,在阿佐的作品是否带有对其老师巴塞努斯等人的著作的剽窃这一点上,西方学者一直有争论。但其作品一面世,便受到了欧洲各国的广泛欢迎这一点却是事实。甚至在大洋彼岸的英国,13世纪著名法学家布雷克顿的名著《关于英国的法和习惯》(De legibus et consuetudinibus Angliae libri quinque, 1250)中引用的罗马法资料,大多也是阿佐的作品。[2]

阿库修斯是阿佐的学生。他继承了其老师的事业,致力于对《国法大全》注释的汇编和总结工作。他的对自伊纳留斯以来约一百五十年历代注释法学家的注释集大成的系列著作,内容涉及《国法大全》的每个领域,被认为是对《国法大全》的标准注释书。该作品的影响及于欧

---

[1] 前揭〔日〕碧海纯一等编:《法学史》,第86页。
[2] 上海社会科学院法学研究所编译:《法学流派与法学家》,第239页,知识出版社1981年版。

洲各地,直至中世纪后期。在有些地方,如德国等地则一直延续至 17
世纪。当时还产生了这样的格言:"得不到注释承认的,法庭也不承认"
(quod non adgnoscit glossa, non adgnoscit curia)。而这里所说的注
释,就是指阿库修斯的注释。① 阿库修斯的作品面世以后,以前的各种
注释书便逐步不为人们所重视,人们或者以阿库修斯的著作为准,或者
是照抄照搬、重复阿库修斯的注释,注释法学派也开始走向衰落。

(二) 注释法学派的活动及其特点

注释法学派的活动,主要是对《国法大全》进行说明、解释和阐述,
其方法是对原典进行文献学的批判和文法学、逻辑学的说明,以从学术
上重现古代罗马法律经典的原貌。具体言之,注释法学派的活动在方
法上具有如下几个特点。

第一,运用所谓"经院方法"(Scholastic method)来处理当时注释
法学派所能接触到的一切罗马法文献。经历了长达几个世纪的黑暗停
滞之后,从 11 世纪开始,希腊、罗马知识开始复兴。而推动这种复兴的
基本方法和主要工具,就是"经院方法",它由形式和普通的逻辑分析概
念和三段论推理结构的辩证程序组成,着重于对古代罗马法各种文献、
各种规定以及各个章、句、词的考证、注释、解明、概括和阐述。这一工
作,"是波伦那大学法学教师们全神贯注的主要任务之一"。②

第二,对古代经典文献的文字作出解释。注释法学派继承了中世
纪西欧早期文法学校采用的方法,专心致志地对罗马法文献的文字进
行注释(glosses)。注释最初只是通过当时人们熟悉的词或意义相近
的词对原典中疑难的词汇进行简短的解释,即将古代的语言翻译成为

---

① Sir John Macdonell and Edward Manson, *Great Jurists of the World*, p. 48, Boston, 1914.

② Paul Vinogradoff, *Roman Law in Medieval Europe*, p. 58, Oxford, 1929.

当时的语言,注在每个词下面或行与行之间,称"行间注释"。随着注释活动的开展,学者们开始有了自己的创新意识,对个别字、词的注释发展成为对一句话的注释,而后又发展成为对一个原则、整段内容乃至一个法律的阐述,这种注释在行间里就无法写下来,于是,学者们就自然而然地将注释扩充至栏外,在每页文字的上下左右空白处,作出注释,这种注释就称为"边缘注释"。①

第三,转述罗马法原典的内容的概要,并说明该原典自身。随着注释活动的展开,即使是原著的行间、页边等也都已无法满足撰写大段注释的需要,于是,学者们开始编纂注释著作。在这方面,注释法学派运用了四种方法:

1. 序言(prooemia)和题材(materiae)。前者是某种讲义和著作的开头部分的绪言,遵循修辞学的规则,说明其作者、动机、成立、方法以及目的。后者是该讲义和著作所涉及的知识领域和对原著的一般说明,也遵循修辞学的规则,阐述该原著的名称、对象、方法和目的,以及其在哲学体系中的位置。两者在当时都是一种通行于学术界的做法。

2. 章的导论(introductiones titulorum)。是对各章所涉及的法律问题的前言,既有对该章所涉课题的说明,也有关于各章之间关系的阐述。此外,还有对该章所处理的资料的分类进行的概括性叙述。

3. 法律条文的说明(introductiones legum)。类似于一种比较短的导论。是对法律条文(lex)和敕法(诏令,constitutio)的引导说明。另外,在比较长的节之前,也设置有这种引导说明。也有一些说明,是对法律条文中的事例的概括解释,比如,这种事例是编纂法典时就有的?还是后来新增加的? 抑或是据此所下的判断? 等等。

4. 对原著内容的说明。它一般从举出与原著规定不同的文字入

---

① Paul Vinogradoff, *Roman Law in Medieval Europe*, p.58, Oxford, 1929.

手,接着通过改写、下定义和举例说明等来解决难读难懂的语句,最后划定法律上判断的范围以及处理问题的基础(有时也常常通过引用其他章句来解决这种问题)。

第四,提示法源内部的整序联系。主要有:

1. 提示相关的章句以及新的敕令的选编引用文(Authenticae)。以某一章句与其他章句的整个关联为基础,将其共同的内容抽出来,是一种相关章句的引用荟集。这种引用对为解决问题而进行论证有着重要的意义。

2. 关于法律条文的问题(quaestiones legitimae)。这是在当《国法大全》中出现两处彼此矛盾的章句时产生的。目的在于指出原典中的矛盾之处,区别两者各自涉及的不同领域,以消除这种不同,即"解决矛盾"(solutiones contrariorum)。

3. 区分(divisiones)和鉴别(distinctiones)。在中世纪法学还没有能够形成一个统一的体系时,学者在彼此相关的意义上,发展起了许多小范围的体系,此时使用的就是区别的方法。它通过对原典中的某一概念的层层区分,来达到理解和把握该概念以及相关课题的目的。这种层层区分的最简单的例子如下所示:[1]

$$
\text{裁判官}(Index)\begin{cases}\text{或者官选裁判官}(alias\ electus)\\ \text{或者仲裁裁判官}(alias\ compromissarius)\end{cases}
$$

$$
\text{或者}(alias)\begin{cases}\text{上级}(maior)\\ \text{下级}(minor)\end{cases}
$$

$$
\text{或者}(alias)\begin{cases}\text{通常}(ordinarius)\\ \text{受任}(delegatus)\end{cases}
$$

通过这种区分,以明确各个概念的含义和概念之间的关联。

---

[1] Paul Vinogradoff, *Roman Law in Medieval Europe*, p. 59, Oxford, 1929.

4. 论证(argumenta)。将《国法大全》中的多数章句作为解决其他法律问题的论据而使用。多数的论证都是从诸多的章句中引导出来的。中世纪的注释法学家在各章句的释义中,都言及其中包含的论证,再将这种论证定式化,并在其后附上与此相当的其他各章句。通过这种论证的方法,注释法学派从中引导出各种普遍的法律原则,它是法学家解决《国法大全》原典没有解决的法律问题和法律事件的非常重要的工具。①

第五,挑出各章句中的各种法律问题进行讨论。这种法律问题主要是事实性问题(quaestiones de facto)。法学家们对与某种章句的解释相关,就与该章句有关系的某种要件,而在原典中未被决定、遗留下来的问题展开讨论。但这种讨论只停留在对法律要件和法律效果的简要说明,并附以引出的章句的限度。当就某个法律问题的解决,学者间出现分歧、展开争论时,就将其见解和提出见解的学者的名字附上。与此相对,由实际生活中发生的法律案件、在《国法大全》中未有规定者,则以特别讲课的形式,在一定的场所进行讨论。②

(三) 注释法学派的学术成果

通过上述方法,注释法学派在《国法大全》的注释研究方面取得了丰硕的成果,推出了各类法学文献。

第一,释义文献(apparatus)。形式上分为讲义录(lecturae reportatae)和复习讲义(repetitiones)两类。其内容是对《国法大全》以及其他罗马法的渊源的各个部分,按法律条文的顺序进行的释义文献。这里,为了解明原典,使用了典型的上述经院法学的方法。即使在法律教育中,在教师的讲义和复习讲义中,也都使用了这种方法。从而在学术

---

① 前揭〔日〕碧海纯一等编:《法学史》,第91页。
② 同上。

界形成了一种固定的模式。比如,"各章的导论"(introductiones titulorum)和"法律条文的说明"(introductiones legum)是作为对章的标题和对法律条文的注释而记载下来。而对原典内容则作为注被写在行与行之间或栏外边上。有时也标上各种记号,或作者的略称代号。在这些释义文献中,阿佐和阿库修斯的释义最为庞大、系统和完备,代表了注释法学派的最高水平。两人的释义在内容和形式上都大同小异,虽然也都包含有若干的矛盾,但在对《国法大全》的整体进行统一的注释方面具有共同的特征。

第二,概述文献(summae)。概述文献与释义文献一样,是一种比较重要的法学文献。是对罗马法律渊源或者文献的某一章(比如,《敕法汇纂》第九卷第一章"不能告诉者")为对象的概括性叙述。这种叙述也是遵循修辞学的理论进行的。比如,在概述"诉"时,就要遵循"对谁起诉"(cui datur)——"对什么起诉"(in quem)——"在什么范围内"(in quantum)——"什么时候"(qua tempore)——"关于裁判官的职务"(de officio iudicis)的模式。① 就概述文献是对《国法大全》的内容进行概述这一点来讲,它与释义文献以及后来的注解是不同的,但它仍然适用前述经院法学的各种方法。

根据各学者编纂概述文献时引用的各种罗马法原典的不同,概述可以分为四种类型的著作:

(1)以个别的章为对象,作论文性的概述,独立成篇,称 summae 或 summulae。它在一定程度上摆脱了罗马法律原典的约束,其目的在于对《国法大全》中比较难解和难懂的法律问题进行概括性叙述,之后,这种作品变得越来越详细。

(2)就《国法大全》的某个组成部分,抽出与此相关的所有各章,按

---

① 前揭〔日〕碧海纯一等编:《法学史》,第 94 页。

照原典的顺序进行论述，其目的在于对该领域涉及的法律秩序的整体进行概括的叙述。它为从事实践活动的法律工作者提供了丰富的罗马法资料。这种概述文献，在以各个章为对象时，往往涉及《学说汇纂》、《法学阶梯》、《查士丁尼法典》和《查士丁尼新律》的所有相关部分，因此，形成了对《国法大全》的整体研究和对《国法大全》之四个组成部分的比较研究，从而出现了许多《法典概述》（Summa Codicis）和《法学阶梯概述》（Summa Institutionum）等作品。如布拉坎梯努斯和阿佐的《法典概述》等。

(3) 将对法律渊源中各个章的概括性说明汇集成篇的文献。这实际上是一种由释义文献和讲义录中的章的导论（introductiones titulorum）构成的，称为《导论概述》（summae introductionum）。目的是为法科学生提供参考资料。

(4) 由按照与法律渊源不同的顺序汇集的概述组成的统计概述。称 summulae。最初是关于裁判程序的汇编，以裁判过程发展各个阶段的规定为线索，选编而成。

第三，简述（casus）和专题简述（commenta）。前者是对各法律条文或章进行的简洁的论述，后者则是就某一专门问题的简要说明。这种简述的最重要要素是立法上的问题和判决，因而与释义文献是不同的。

第四，作为独立著作的《法定格式问题集》（quaestiones legitimae）。它是各种法定格式的汇编，也是以罗马法渊源中的各章之顺序作成的。在这一点上，它与前述论文性的概述互相关联。

第五，《鉴别》（distinctiones）。它不是法律文献的某个部分，而是一种独立的对某些法律问题和渊源形式进行辨别和分类的著作形式。分为三种：(1) 各种"鉴别"的汇集，主要采自各种注释作品。(2) 独立的"鉴别"。是法学家作为独立的著作形式写成的作品。(3) 论文。是法学家从各种分散的章句中，选出一些法律问题，以此为对象进行概括性论述的著作。

第六,《论证汇编》(argumenta)。不仅采集释义文献中的论证,也汇集各种个别的论证的事例。其中,有按照《国法大全》的顺序编排的,也有按照独立的体系编排的。对司法实际工作者有重大的参考价值。

第七,《异见集》(dissensiones dominorum)、《辩论集》(disputationes)和《建议集》(consilia)。前者是围绕某个案件事实的法律效果的争论,是各种不同的见解,实际上也是关于事实问题(quaestiones de facto)的学者间的争论记录。《异见集》的编集大体开始于 12 世纪,大部分被包含在注释法学派的讲义和释义文献中,12 世纪中叶以后也出现了独立的版本。《辩论集》是对与某个案件的法的判断相关的事实问题,根据修辞学的各项规则,从法律渊源角度进行论证,在提供判断的基础的同时又予以详细论述的著作。《辩论集》与《建议集》大体相同,只是前者是在辩论开始时编纂的,故还未有结论,而后者则是在辩论结束时汇集,故有了比较肯定的意见。①

(四) 关于注释法学派的评价

注释法学派的产生、罗马法的复兴并不偶然,它是当时西欧社会进步以及政治、经济和文化条件发展的必然产物。

10 世纪以后,西欧的社会生产力有了显著提高。农业上的原始耕作方法逐渐为二圃制和三圃制所代替。铁犁的广泛使用、荒地和森林地带的开垦,不仅使谷物的产量增加了,而且园艺、果艺和葡萄种植业以及手工业也得到广泛发展,农业的劳动生产率比以前大有提高。这种状况使手工业和农业的分离成为必然的趋势,使商品的交换也广为发展。各个交通要道、关隘、渡口以及城堡和教堂附近,逐渐兴起市集,

---

① 关于注释法学派的方法和文献,中文资料可参阅戴东雄著:《中世纪意大利法学与德国的继受罗马法》(台湾大学法学丛书),第 60—72 页,三民书局 1981 年版。

城市开始出现。随着城市的出现,比较大的市场开始形成,各种行会组织和商人公会也开始活跃,城市人口不断增加,终于在社会上崛起了一个新兴的阶级,即市民阶级。

在新兴的商品经济的发展面前,原有的各种具有分散性、封建性和简陋性的法律规范如习惯法、封建地方法和教会法等开始不能够适应形势发展的需要,社会在寻求一种统一的、详备的专门调整商品经济关系的法律体系,而罗马法正是这样一种法律,"因为在罗马法中,凡是中世纪后期的市民阶级还在不自觉地追求的东西,都已经有了现成的了。"[1] 注释法学派的崛起、罗马法的复兴,正是适应了这种社会的需要。

到中世纪后期,西欧各国的文化发展也取得了长足的进步。除了西欧各国本身科学的发展以外,8世纪以后阿拉伯人的入侵,将东方各国创造的诸多丰富发达的文化,如中国的造纸术、指南针、火药,印度的数字、十进位法,阿拉伯自己的医学和数学,以及开设图书馆、学校等的做法带进了西欧。这些,也都为西欧兴办法律学校、复兴罗马法乃至随后而起的文艺复兴运动提供了文化基础。此外,西欧各国的君主在与封建割据势力的斗争中,需要利用市民等级的支持和罗马法的理论论证,也是罗马法复兴的原因之一。

事实上,在意大利、法国、德国等地,人们对罗马法并不陌生。虽然,西罗马帝国灭亡之后,在各地新建立起的日耳曼诸国中因适用日耳曼法而使罗马法在西欧地区趋于消亡,但由于日耳曼各国奉行的是属人主义,所以,对其属地内的罗马法仍继续适用。同时,罗马帝国灭亡后,各地的教会仍保留着罗马的法律文献(The church "lived Roman Law")。[2]

---

[1] 前揭《马克思恩格斯全集》第21卷,第454页。

[2] Hans Julius Wolff, *Roman Law, An Historical Introduction*, p. 184, University of Oklahoma Press, Norman, 1951.

此外,在西班牙和法国南部,罗马法学家保罗等人的作品都享受着相当的权威。① 这些,都使罗马法在西欧的复兴成为理所当然的事。

在中世纪西欧,特别是意大利,对经典作品进行文法学的勘察、注释和研究,是一种通行的方法。这种方法,最早来源于古代希腊,之后罗马人模仿希腊,作为让自由人学习的技艺 artes liberales("自由学艺",与奴隶进行的生产技艺相对),开设文法学、辩证法、雄辩术(修辞学)、算术、几何学、音乐以及天文学。这七门学科中,前三者在初等学校学习,称"三科"(trivium,也称"三义")学校,后四者在高等学校学习。② 罗马帝国灭亡后,这种学校和研究方法曾一度消失,但到10世纪时三科学校又重新兴起,法律(主要是教会法、日耳曼习惯法如伦巴第法和少量罗马法)的教育也被包含在这三科(主要是修辞学)之内。至少,在波伦那大学之前,在意大利北部伦巴第(Lombardy)的各个城市、法国东南部普罗旺斯(Provence)、意大利东北部港市拉文纳(Ravenna)已开始运用文法学的方法对法律进行注释和传授。③ 因此,可以说,注释法学派的兴起在方法论上也是有其历史基础的。

正是在上述诸种社会条件的孕育之下,注释法学派应运而生,它掀起了一场轰动意大利、继而席卷整个西欧大陆的罗马法复兴运动,为西欧法学的兴起和发达作出了巨大的贡献。

第一,注释法学派将法学从修辞学中分离出来,成为一门独立的、系统的科学。在伊纳留斯活动之初,法律教育仅仅是波伦那大学教育

---

① Hans Julius Wolff, *Roman Law, An Historical Introduction*, p.184, University of Oklahoma Press, Norman, 1951.

② Franz Wieacker, *Privatrechtsgeschichte der Neuzeit unter besonderer Berücksichtigung der deutschen Entwicklung*, Göttingen, 1952. 〔日〕铃木禄弥译:《近世私法史》,第38页注33,创文社1978年版.

③ Paul Vinogradoff, *Roman Law in Medieval Europe*, p.43, Oxford, 1929.

中很小的部分,被归在上述"自由学艺"中的修辞学科目之下,并无独立地位。由于《国法大全》体系庞大,内容繁多,矛盾和冲突之处也为数不少,因此,进行这件工作并非易事。随着对《国法大全》的注释、讲授和研究活动的展开,需要教师有渊博的学识和专心致志的信念,而作为伊纳留斯的学生,同样也必须倾注其全部时间和精力,使他们除了集中学习《国法大全》之外,已无精力去学习其他课程。这样做的结果,就使法律这门课程越出了修辞学的范围而逐步演化成为一门专门的科目,法学教师与法学学生也和其他的教师和学生相区别,成为一个专事法律的阶层和职业,法律教育也从自由学艺教育中分离出来,成为一个独立的领域。这样,一门独立的学科——法学(或注释法学)形成了。它成为近现代西方法学的历史原型。

第二,通过对罗马法律文献的注释、解明和传授,为后世法学的发展奠定了基础。注释法学派最先预见到罗马法的真实价值。他们把《国法大全》作为优于粗俗的习惯法和法院实践的成文理性,作为维持现存生活秩序的一种指导规范来研究;他们重视原始资料的解明,成功地使《国法大全》为人们所熟悉,他们的注释,为后期注释法学派研究罗马法提供了大量的基础资料;他们并不将自己局限于《国法大全》之各个部分的片言只语上,而是对通篇进行全面的注释、解明和讲授。包括将查士丁尼的四部法典(《查士丁尼法典》、《法学阶梯》、《学说汇纂》和《查士丁尼新律》)合称为《国法大全》(Corpus Iuris Civilis,也称《民法大全》),也是他们的首创。这样,历经几个世纪挫折的古代罗马法学,经过注释法学派的辛勤劳动,终于重新显露出璀璨的光芒,成为近代西方法学的历史基础。正是在这个意义上,注释法学派的创始人伊纳留斯被后世学者誉为"法的明灯"(lucerna iuris),该学派也被视为近现代西方法学的先驱——他们建造了一座由罗马法学通向近代法学的桥梁。

此外,由于注释法学的发展,也推动了当时教会法令和日耳曼法律的汇编、整理、研究和教育活动。与伊纳留斯大体同时代的意大利一所修道院附属学校的教会法教师、修道士格拉梯安努斯(Gratianus,也译为格拉奇,约1179年去世),就参照注释法学派的方法,对当时现行的教会法源进行汇集、整理,写下了《矛盾之教会法令调和集》,并将其作为教会法教育的教科书,从而促进了教会法学的成熟;在意大利各地,随着法科大学的相继设立(1222年,创设了巴特瓦大学;1224年,设立了那波黎大学),注释法学的发展,学者们也开始运用其方法研究起当时的日耳曼法、伦巴第法,并推出了一批日耳曼法汇编和注解文献,推动了日耳曼法学的发展。

当然,注释法学派也有诸多缺陷,如该学派发展到后期,只注重注释其老师们的作品,离开了罗马法原著;忽视13世纪以后西欧各国商品经济的新的发展,仍满足于原封不动地恢复查士丁尼的法律;由于以注释书代替罗马法原著,在注释法学派的后期,阻碍了罗马法复兴运动的进一步深入发展,等等。正是在克服注释法学派这些缺陷的基础上,形成了后期注释法学派,从而掀起了西欧历史上罗马法复兴的第二个高潮。

二、评论法学派

评论法学派(The School of Commentatores,亦译为"注解法学派"),即后期注释法学派(The School of Post-glossators),因为其代表和核心人物是巴尔多鲁,故有时也称"巴尔多鲁学派"(Bartolist),是继前述注释法学派而在意大利崛起的一个重要的法学流派。

(一) 评论法学派的形成

评论法学派兴起于13世纪后半叶意大利波伦那大学,其早期代表人物有姆凯劳(D. Mugello,1253—1298)、阿尔伯特鲁斯(Albertus

Gandinus,1310 年去世)、萨拉梯埃(Salathiele,约 1274 年去世)、帕塞盖里(R. Passagerii,1300 年去世)、乌恩佐拉(P. de Unzola,1312 年去世)和奇诺(Cinus de Pistoia,约 1270—1336)。姆凯劳除了发表有大量的关于法律实务的论文外,还创作了《论(罗马法)"第六集"中的各项法律原则》(De regulis iuris in Sexto)等作品,对罗马法和教会法的日益紧密的关系作了清楚的说明;阿尔伯特鲁斯对特定法律领域中的一些基础性问题,如条例法和刑法等问题作了深入研究;而萨拉梯埃、乌恩佐拉等人,则对古代罗马部门法中的公证人制度进行了解释和说明。与注释法学派的作品相比,评论法学派的著作一方面坚持了对罗马经典著作进行注释的方法,另一方面开始将注释和研究的对象与社会上的一个个问题和司法实践活动互相结合,从而在注释法学派衰退的同时,也使罗马法复兴出现了一种新的发展趋势。①

推动评论法学派进一步发展、并使该学派的活动达到兴盛的顶点的是巴尔多鲁(Bartolus de Saxoferrato,1314—1357)和他的学生巴尔杜斯(Baldus de Ubaldis,1327—1400)。

巴尔多鲁出生于意大利安科纳(Ancona)省一个名叫萨素弗拉多(Sassoferrato)的小镇上。14 岁开始在意大利中部教皇领地城市佩鲁贾(Perugia)学习法律,还先后请过几位家庭教师,其中对他影响最大的是奇诺(Cinus)。② 随后,巴尔多鲁去了波伦那大学。在那里,他分别向布梯加留斯(Buttigarius)、雷纳留斯(Rainerius)、奥德拉杜斯(Oldradus)、贝尔维素(Belvisio)学习法律,同时担任比萨(Pisa)等地的法律顾问。③

---

① 前揭〔日〕碧海纯一等编:《法学史》,第 101—102 页。
② Sir John Macdonell and Edward Manson, *Great Jurists of the World*, p. 49, Boston, 1914.
③ Ibid.

根据德国著名法学家萨维尼在《中世纪罗马法史》中提供的材料，巴尔多鲁于 1334 年 11 月 10 日取得了法律博士的学位。① 1343 年，巴尔多鲁回到佩鲁贾从事罗马法的教学活动，他的讲课受到如此好的评价，以至于全意大利的学生都集中到了他的门下。其中，有相当的学生后来都成为出类拔萃者，如巴尔杜斯就是其中之一。② 由于巴尔多鲁英年早逝(1357 年去世，时年 44 岁)，因此，其作品在生前没有公开出版，只是以讲义和手稿的形式在其学生中间流传。15 世纪中叶以后，巴尔多鲁的著作开始陆续面世，主要有：《〈学说汇纂〉评注》(Commentarius in tria Digesta, 1470)、《罗马前期法典九卷评论》(Commentarius in libros Ⅸ Codices priores, 1478)、《罗马后期法典三卷标准评注》(Commentarius Super libris Ⅲ posterioribus Codicis, 1470)以及各种讲义集和精选录等。③ 巴尔多鲁的活动和作品，对西方法学的发展起了极为巨大的作用，西方学者一般都认为，巴尔多鲁"是中世纪后期一位最负盛名的法学家，享有任何其他法学家都未曾享有过的权威，直至中世纪末。"④他对当时法学界的影响是如此之大，以至于出现了这样的谚语："如果一个人不是巴尔多鲁主义者，他就不能成为法学家"(Nemo iurista nisi Bartolista)。⑤

巴尔杜斯出生于佩鲁贾，师从巴尔多鲁，毕业后先后在佩鲁贾、波伦那、比萨、帕多瓦(Padova)、佛罗伦萨等大学教授法律，同时兼任帕多瓦市的法律顾问和对外使节。⑥ 在巴尔杜斯的学生中，有一位后来

---

① Sir John Macdonell and Edward Manson, *Great Jurists of the World*, p. 49, Boston, 1914.
② Ibid, p. 50.
③ Ibid, p. 55.
④ Ernst Andersen, *The Renaissance of Legal Science after the Middle Ages*, p. 10, Copenhagen, 1974.
⑤ 前揭〔日〕碧海纯一等编：《法学史》，第 102 页。
⑥ 〔日〕若曾根健治：《巴尔杜斯法理论的一斑》，载《熊本法学》第 28 号，第 427—430 页。

甚至成了格列高利十一世(P. R. de B. Gregorius XI, 1370—1378年在位)。巴尔杜斯一生著述甚丰,水平也不亚于其老师巴尔多鲁,其中最有名的是《〈学说汇纂〉第一部评注》(Commentarius ad Digestum vetus,于1616年出版)。他被认为是中世纪欧洲最博学和多产的学者之一,他不仅是一位杰出的罗马法学家,而且也是一名教会法学家、封建法学家。他的讲义和注释作品,涉及上述三个法域的各个方面。他的著作,给了人们一个中世纪法律的整体图像,因此直至17世纪仍被多次再版。他在其著作中提出的"建议"(consilia),多达2060项(而巴尔多鲁才361项)。正因为如此,他和其老师巴尔多鲁一起,被并称为中世纪著名法学家中的"双璧"。①

(二) 评论法学派的学术成就

评论法学派的工作,主要是通过引进辩证法的方法即逻辑推理的方法,来解决注释罗马古典法律文献中以及社会实践中遇到的问题。他们的教学和研究成果表现在如下几个方面。②

第一,释义文献,即解明现存的罗马法经典的含义。评论法学派抛弃了注释法学派那种单纯对个别词、句进行注释的方法,而是按照法律条文的顺序对经典文献进行评注,其对象是《国法大全》中的各个部分、中世纪皇帝法、伦巴第习惯法、封建地方法等。在进行评注时,他们往往在作出自己的注释的同时,广泛引用各著名法学家的语录和观点。评注一般以在大学中讲授的关于罗马法原典的讲稿为基础,同时也包括了一些专著和讨论集。

除了一些分散的个别性评注外,评论法学派的著作的大部分是在继承注释法学派的方法的基础上写成的,它们遵循和反映了如下模式:

---

① 前揭〔日〕若曾根健治:《巴尔杜斯法理论的一斑》。
② 前揭〔日〕碧海纯一等编:《法学史》,第106—115页。

(1)对作为法律渊源的罗马法原典的区分;(2)对内容作出概括性叙述;(3)为阐明原典而编写的教学用案例集;(4)为帮助学生理解原典而作出的字句说明;(5)汇集重要的法律观点的论点集;(6)对上述提示的解释存在异论时,试图以"区别"和"理由"来消除矛盾的法源辨明集;(7)与对法律渊源的解明研究相连,以设问的形式来解决其他各种问题的设问集。

在这些作品中,有些是注释法学派已经作出努力、并取得巨大成就的,有些则是评论法学派加以改造并发扬光大的,如案例集的编纂等。另外,评论法学派在从事对罗马法原典进行注释时,没有像注释法学派那样严格拘泥于原典,有时会根据自己的兴趣以及社会的影响而脱离原典,写成自己的作品。

第二,解决文献,即关于罗马法原典的解说文献。包含"设问"(quaestiones)和"建议"(consilia),以及法学家进行实务活动(解决特定的法律问题)的程序。

作为文献形式的设问,在注释法学派中,由于经常进行"讨论"(disputationes)这种特别的授课方式因而已经得到发展,该学派的最后一位代表阿库修斯(Accursius,约 1182—1260)去世以后,这种发展并未停止,评论法学派崛起后也继承了这种做法,但他们又有新的创新。即举行"讨论"之外开始编辑设问集。设问的内容,主要是提出论据和反证,经过推敲讨论,提出解决的方法。其过程具体为:案件(casus)——法律问题(quaestio)——赞成或反对的论据——解决(solutio,解答)。设问是在注释罗马法原典过程中形成的一种著作形式,它将注释中遇到的一个个问题抽出来,通过设问程序予以确定,而后汇集而成。

建议,是法学教师提出的关于司法实践中的问题的学术性建议,其方法与设问程序相同。这种建议,在注释法学派时代还很少,但到了评论法学派时代就大量出现了,所以,也是后者区别于前者的一大特点。

正是在这个意义上,评论法学派有时也称为"建议法学派"(Konsiliatoren)。法院在审理案件时,接受法学教师的建议这种做法,在12世纪后半叶已开始出现,到13世纪后便形成为一种制度,开始受到一些条例和敕令的规制。建议的出现,与12世纪以后意大利政治生活中党派相争、王权与教会权力的矛盾,法学教师因而大量充任政府以及法院的法律顾问相关连。当时,建议虽然在原则上对法官没有约束力,但他们在审案实践中则往往以建议作为判决的理由。建议的作出,一般是针对某个案件,引用各种法律渊源,提出自己的看法,进行逻辑论证,排除各种可能的反证,最后得出解决问题的结论(solutio,解答)。

第三,论文文献。是对释义文献的总结性研究。阿库修斯以后,法学家越来越关心对一个个法律课题,尤其是对司法实践具有指导意义的课题进行概括性研究,写出论文。13世纪后半叶出现的关于条例理论的《条例设问集》(Quaestiones statutorum)和关于刑法适用的《恶行论》(Tractatus de Maleficiis),可以说是这种论文的最初形态。杜兰梯斯(G. Durantis,1237—1296)对以往的诉讼法学成果进行总结,撰写的《法庭鉴》(Speculum iudiciale)是13世纪后半叶最重要的论文。此外,上述关于公证人的论文,也是该时期的作品。

在西方,论文(tractatus)这种文献,早在古罗马时代就已出现。到了中世纪,注释法学派在对罗马法经典进行注释的同时,也开始创作一些论文,但论文的大量出现以及进入论文创作的繁荣期,则是在阿库修斯去世、评论法学派崛起以后的事情。论文一般以应受法律规制的特定社会问题为对象,其结构原则上不遵照原始经典文献的顺序,而是针对一个同样的问题,将各种法律渊源结合汇集在一起。虽然不十分系统,但已有了较为深入的探讨和研究。

(三)评论法学派的学术特点及其历史贡献

13世纪中叶以后,在西欧,各个国家的城市不断兴起,商品经济进一步发展,社会关系也更为复杂,迫切需要有一种统一的比较完整的法律体系来调整。罗马法在意大利的复兴,给当时的司法界带来了新的生机和希望。但注释法学派却未能意识到社会的这种进一步变化,仍然埋头于对《国法大全》的注释、整理和汇编之中。评论法学派改变了前者的做法,针对社会发展的新情况作出了符合时代需要的反应,从而使自己的活动带有了鲜明的时代特色。

第一,在方法论上,评论法学派通过引入辩证方法,即逻辑推理的方法,给罗马法注释和研究注入了新的活力。在注释法学派那里,开始重视的是古代经典文献的字、句、章和节的释义(主要是将古代语言翻译成为当时的语言),随后在注释原典的基础上,又逐步形成了八个操作技巧、三个作业程序,前者为"制作序言、分析问题、概括内容、设定案件、读出含义、出示理由、附上注释、提出反论"。后者分为"批判性的作业程序",即读出原典的含义,如有不同的原典版本,则提出此版本,决定取舍;"分析性的作业程序",即对原典中发现的各种问题进行分析、设定案件、举出理由;以及"综合性的作业程序",即论述相关联的问题、引用各种典籍和判例,概括内容要点,形成普遍性原则,采用类推,等等,并将这三种程序结合起来。[①] 同时,注释法学派通过"区别"(distinctio)和"扩张"(amplificatio)以及"限定"(limitatio)等讨论或技巧,来构筑注释书的体系。

评论法学派一方面吸收了上述注释法学派的方法论中的许多优点,同时又有自己的发展和创新,比如,评论法学派常用的一个方法就是提出一个命题,然后进行推理,再运用特别的例证检验以得出结论。有时不能得出结论时,便通过诡辩之方法使之成立。如他们在对"法律的适用原则"作辩证分析时就作出了如下的推理:(1)罗马法是通用的,

---

[①] 前揭〔德〕维亚克尔(F. Wieacker)著:《近世私法史》,〔日〕铃木禄弥译,第62页。

所以对外国人(外族人)也是相同的;(2)制定法(statutory Law)作为一种例外,则被限定在那些隶属于制定这种法律的主权国家的臣民和案件。从这两个原则,他们进一步推出了如下的结论:(1)一项仅仅规范(本国)人的法令不施行于外国人;(2)一项涉及物的法令,也作用于外国人(如同作用于本国人一样),因为物(things)应该被置于该国的立法权之下;(3)对人有约束力的一项法令,可以对走到任何地方的该国公民有追及效力。① 评论法学派通过这种方法,使他们可以不受罗马法原典的约束,便于构筑自己的理论体系。诚如西方学者所指出的那样,评论法学派丢弃了对经典著作的注释的形式,取而代之更为综合、更加科学的方法,来单独处理法的各个部门,将调整同一法律关系的各种原则汇集在一起。②

第二,与注释法学派相比,评论法学派更为重视面向社会实际。在注释法学派的观念中,查士丁尼的《国法大全》是与《圣经》并列的古代文化经典,是写下来的理性,也是人类信仰的基点,必须无条件服从。受这种观念的约束,他们紧紧地扣住罗马法原典,不敢越雷池一步,只是在注释《国法大全》的事业中刻苦奋斗。评论法学派则不然,他们适应社会发展的需要,开始投身于当时政府和法院的实践活动,并努力使罗马法文献能够为实际生活服务。在评论法学派的代表人物中,奇诺、巴尔多鲁、巴尔杜斯等人都在执掌教鞭的同时,担任着政府和法院的法律顾问,有些还直接任法官和律师。同时,他们通过提出各种建议,干预政府的立法和法院的审判活动。此外,在当时王权和教皇权力的争执中,评论法学派也积极参与其中,或出谋划策,或充当使节,从而使其

---

① Sir John Macdonell and Edward Manson, *Great Jurists of the World*, p. 53, Boston, 1914.
② Ibid, p. 48.

名声大振。

总之,注释法学派重视的是如何让查士丁尼《国法大全》能为当时的人们所理解,他们的着眼点是《国法大全》本身;而评论法学派则考虑到了时代的要求,他们开始将罗马法的原则适用于当时意大利的经济生活、政治生活以及婚姻和家庭生活等领域,从而将罗马法转化成为能够为法院所接受的活生生的意大利法。

评论法学派面向实际,是中世纪注释法学发展的必然趋势,即(1)如果该学派一直停留在注释前人著作和法典上,它就会没有出路而自然趋于消亡;(2)由于注释法学派的努力,其弟子已遍布西欧各国司法界。这为评论法学派向法律实务进军奠定了客观基础。

第三,与注释法学派只埋头于对罗马法原典的注释和研究不同,评论法学派已跳出了这种框框,他们开始重视对教会法、封建法、日耳曼习惯法以及中世纪城市法的注释和研究。比如,评论法学派的大师巴尔多鲁就是从罗马法、教会法、封建法和习惯法中汲取营养,从而向当时的社会奉献出一套能够适用于整个西欧的普通法。[1] 事实上,在注释法学派中,已经有一些学者如布尔加利斯、巴塞努斯、阿佐和阿库修斯等,开始承认地方习惯法是重要的法律渊源。[2] 但一方面,由于该学派的创始人伊纳留斯以及其弟子高塞、普拉坎梯努斯都否定习惯法的第一法源性,加上该学派的主要精力在于注释、研究罗马法原典,编纂注释著作,因此,对罗马法以外的法律渊源未能作出进一步的阐述和研究。评论法学派在参与司法实践的过程中,深深感到封建法、习惯法和教会法对当时社会生活的巨大影响力,因此,在对《国法大全》进行评注

---

[1] Sir John Macdonell and Edward Manson, *Great Jurists of the World*, p. 51, Boston, 1914.

[2] Ernst Andersen, *The Renaissance of Legal Science after the Middle Ages*, p. 20, Copenhagen, 1974.

的同时,也开始编集、注释、研究上述封建法等法律渊源。正是评论法学派的这一活动,使罗马法与封建法、习惯法以及教会法等互相结合在一起,从而形成了欧洲大陆的"普通法"(Gemeines Recht),使罗马法的复兴进入了一个新的发展阶段。

第四,与注释法学派相比,评论法学派更加注重对法律现象的学理分析。这一特点在巴尔杜斯的作品中表现得尤为突出。

比如对"法源自何处"这一问题,注释法学派也有一些论述,如普拉坎梯努斯就说过:"所有的法,如同河川来自于泉水一样,也来自于正义。……另一方面,正义所以称为正义,正是因为所有的法是依存于正义的缘故。"[①]阿佐也说:"所有的法……均来自于正义。即正义所要求的也是法所要追求的。……因为,正义所以称为正义,正是因为所有的法是依存于正义的缘故。基于此,法从正义而来。"[②]巴尔杜斯一方面继承了这些先学的观点,认为法来自于人类的习性(habitus),而这种习性就是正义。但巴尔杜斯不满足于此,他进一步对正义作了详细分析,他认为,对正义,应从两个方面考察:(1)从抽象的角度来考察正义,即正义在其自身中,限制了所有立法者自身制定法律的行为,在这方面,体现了正义的本质。此时,正义是法的母亲、产生法的原因;(2)对正义进行具体的考察,即正义通过立法者,成为可能适用于特定的各个案件的规范。此时,正义与法是同一种事物,具有同样的性质。[③]

又如,对自然法这一问题,中世纪法学家在继承古代希腊和罗马时代成果的基础上,都有所涉及,但巴尔杜斯的论述,远比注释法学派来得详细和精致。巴尔杜斯在对《学说汇纂》第一卷第一章第一节的评注

---

① 转引自前揭〔日〕若曾根健治:《巴尔杜斯法理论的一斑》。
② 同上。
③ 同上。

中,先从分析自然法中的自然的含义入手,指出,"所谓自然,是通过神的知识被引入各个事物的、有生命的各个事物的所有态(proprietas),所谓自然,是神的态势和秩序,因此,也是各个事物的状态。"①根据这种定义,他将自然分为三类:"自然意图之物"(intentio naturae);"感觉性生命中自然本性运动的自然";"知识生命中自然本性运动的自然。"第一种不是法律学而是自然哲学研究的对象。第二、第三种则是法学家研究的对象,其具体事例如人类的结合(男女结合、家族)等。在对自然的含义、分类作出论述的基础上,巴尔杜斯对自然法下了一个定义:"所谓自然法,是基于自然的使所有动物一致的规则,""是对所有从神的摄理(divina providentia)中显现和派生的、从完全的自然事物中产生的动物而言,彼此相通的规范。"其调整对象最典型的有三大类:雌雄的结合、婚姻、后代的抚养。②

此外,巴尔杜斯对市民法和万民法也作了非常详细的论述。可以认为,评论法学派在评注《国法大全》、运用罗马法原则解决当时社会问题的活动中,恢复和发展了罗马的法理学。

综上所述,评论法学派在评注、阐明罗马法学经典文献,运用罗马法解决中世纪后期西欧社会出现的各种法律问题,变革传统的法学方法论,挖掘、整理、改造当时的各种法律渊源如习惯法、教会法、封建法以及中世纪城市法等各个领域都作出了巨大的贡献。它在注释法学派活动的基础上,进一步将中世纪法学向近代推进了一大步。

当然,受当时历史的局限,评论法学派也存在着许多缺陷,如他们过多地运用人为的逻辑推理方法,因而使他们离原始资料越来越远。尤其是到了该学派的后期,注释之上的注释、评注之上的评注,使得他

---

① 转引自前揭〔日〕若曾根健治:《巴尔杜斯法理论的一斑》。
② 同上。

们的某些作品与罗马法的原典大相径庭。人们已经搞不清,经过他们"加工"过的罗马法典籍,哪些是罗马法学家的,哪些是他们的。这些缺陷,受到了 16 世纪兴起的人文主义法学派的激烈批判,也为近代德国历史法学派等资产阶级法学派所克服,西方法学也从中世纪过渡到了近代。

总之,注释法学派和评论法学派的活动,开始使法学摆脱神学的束缚,成为一个独立的领域,它既是罗马法学在新形势下的复活和发展,同时也拉开了近代西方法学发展的帷幕。

三、罗马法学在各国的传播

注释法学派和评论法学派的活动,使波伦那大学成为复兴罗马法的中心,在这里,不仅汇集了意大利各地法律学子,也吸引了西欧各国众多的青年。[①] 据史料记载,1200 年各国赴波伦那大学学习罗马法的学生达一万多人。[②] 这些学生学成归国后,又促进了本国复兴罗马法的运动。这样,就使罗马法复兴运动波及到了整个西欧。

在法国,12 世纪初已出现了传授罗马法的活动。13 世纪以后,随着蒙特利埃(Montpellier)、巴黎、普罗旺斯(Provence)和奥尔良等大学法学院相继开讲罗马法,罗马法的教学和研究便在法国各地迅速兴起。16 世纪以后,以阿尔恰托和居亚斯为代表的人文主义法学派的崛起,使法国成了西欧复兴罗马法的中心。以后,经过 18 世纪著名私法学家朴蒂埃的活动,罗马法进一步与法国法相结合。最后,1804 年《法国民法典》的颁布,使罗马法和法国法的融合打上了一个完美的句号。

[①] Hans Julius Wolff, *Roman Law, An Historical Introduction*, p. 187, Norman, 1951.

[②] Nigel G. Foster, *German Law and Legal System*, p. 13, Blackstone Press Limited, 1993.

在德国,从12世纪起,开始逐步接受罗马法。13世纪以后,随着德国的城市经济的发展,原有的习惯法不能适应形势发展的需要,罗马法便在德国获得广泛的传播。各个大学相继开讲罗马法,司法实际部门处理案件以罗马法为依据,1495年成立了德意志罗马神圣帝国法院(Reichskammergericht),法学家对查士丁尼《学说汇纂》进行深入的研究,等等。所有这一切,都推动了罗马法与德国社会的融合。经过19世纪历史法学派的努力,罗马法终于演化成了近代德国法,并为集资产阶级民法学之大成的1900年《德国民法典》的制定颁布奠定了历史基础。

在西班牙,早在11世纪,法学界就承认了查士丁尼《国法大全》的法律效力。他们称自己的法为"地方的"(municipal)法,称罗马法为"共同的"(common)法。[1] 在费迪南三世(C. Ferdinand Ⅲ,1217—1252年在位)以及其儿子阿尔芬索十世(Alphonso Ⅹ,1252—1284年在位)统治西班牙时期,罗马法的研究受到了与教会法同等的优惠和赞助,在萨拉曼卡(Salamanca)大学(13世纪初建立)中,也开设了罗马法的课程。1401年,在这所大学的25名教师中,罗马法教师有4人,而教授西班牙法的教师则一个也没有。[2] 该时期,罗马法学家还受聘担任了国王的法律顾问和王室法院的法官。在地方政府的立法中,罗马法的影响也十分巨大。比如,在巴伦西亚(Valencia)地区,在詹姆士二世(James Ⅱ)统治时期(13世纪下半叶),罗马法被明确承认为辅助权威。在纳瓦拉(Navarre)地区,1576年的帕姆普罗纳议会(Cortes of Pamplona)也明确宣布,承认罗马法的法律效力。[3]

在英吉利海峡彼岸的英国,从12世纪开始也逐步受到罗马法的影

---

[1] Munroe Smith, *The Development of European Law*, p. 274, Columbia University Press, New York, 1928.
[2] Ibid, p. 276.
[3] Ibid, p. 274.

响。1145年,波伦那大学的罗马法教师瓦卡留斯(Vacarius,约1120—1200)应邀到牛津大学讲授罗马法。此后,研究罗马法学在英国遂成为风气。在12世纪末面世的格兰威尔的《中世纪英格兰王国的法和习惯》和13世纪出版的布雷克顿的《关于英国的法和习惯》等作品中,都相当程度地吸收了意大利注释法学派(尤其是阿佐)研究罗马法的成果。① 在14世纪形成的衡平法、18世纪英国著名法学家布莱克斯通的著作以及19世纪英国国会的立法(尤其是1893年《商品买卖法》)中,我们都可以看到罗马法的巨大影响。当然,由于英国特有的地理条件(离罗马比较远、又有海峡相隔)和政治状况(11世纪诺曼人入侵后建立起来的中央集权的政治体制,使其一开始便统一了全国的司法制度、形成了统一的法律体系——"普通法")等原因,使英国没有走全面复兴罗马法的道路,而只是吸收了罗马法的精神,以及采撷了罗马法的部分原则和制度。②

第三节 教会法学和习惯法学

在中世纪后期的西欧,除了罗马法学以外,教会法学和习惯法学等学科也开始形成。

一、教会法学

在中世纪西欧,教会法占据着重要的地位,尤其是9世纪以后,教

---

① Paul Vinogradoff, *Roman Law in Medieval Europe*, pp. 99—101, Oxford, 1929; Sir W. Holdsworth, *A History of English Law*, Vol Ⅱ, p. 286.
② 关于英国接受罗马法的特点以及英国法中的罗马法因素,请参阅由嵘:《试论罗马法对英国法的影响》,载《法律史论丛》(一),中国社会科学出版社1981年版;梁治平:《英国普通法中的罗马法因素》,载《比较法研究》1990年第1期。

会法不仅支配了人们的婚姻家庭生活,规范着绝大多数的土地所有、契约往来、财产继承等社会关系,而且还控制了政治、思想和意识形态等各个领域。在教会法适用范围扩大的基础上,对教会法的传授活动也开始活跃。

早在西罗马帝国灭亡之初,在教会的各种设施中,为了提高在职教士的文化水准和培养传教人才,就开始了对教会法知识(《圣经》和教皇教令等)的传授活动。这种活动,到 12 世纪以后,在罗马法复兴运动的刺激下,获得进一步的发展。其重要标志就是配合教会法教授而编纂的教会教令集的出现。

1140 年前后,前述教会法教师格拉梯安努斯编辑完成了庞大的教会法令集《矛盾之教会法令调和集》(Concordia discordantium canonum,也称《格拉梯安努斯教令集》〈Dearetum Gratiani〉)。在这本著作中,格拉梯安努斯运用辩证法和经院哲学的方法,通过有意识地选择、整理各教皇敕令、书信和各教皇、主教大会决议等材料,消除彼此之间的矛盾,形成了一个比较完整的独立体系。虽然它不是教会的法典,只是一种私人著作,是教会中法学教育使用的指导书,但由于它比以往的教会法令集体系完备、资料丰富,所以很快便取代了以往各种教会法令集,并成为一门与神学相分离的学科——教会法学(Kanonistik)的历史出发点。[1]

13 世纪以后,随着西欧各大学的创立,教会法成为大学法学院的一门必修科目,出现了许多与罗马法学家并列的教会法学家,涌现了许多阐述教会法原则的著作,并在各种著作和注释文章的基础上形成了新的教会法汇编。这些汇编,至 16 世纪末进一步被汇纂成《教会法大全》(Corpus iuris canonici),从而在教会法领域内形成了与罗马《国法

---

[1] Hans Schlosser, Grundzüge der Neueren Privatrechtsgeschichte。〔日〕大木雅夫译:《近世私法史要论》,第 21 页,有信堂 1993 年版。

大全》相对立的法律大全。

各种教会法令集以及《教会法大全》,一方面继承了《格拉梯安努斯教令集》的传统,对各种教会法渊源进行了汇集、整理,又有独立的编排体系,如教会法院组织、诉讼程序、教士的义务和特权、婚姻、刑法等,还创立了不少对西方近代法律和法学的发展产生巨大影响的原则和制度,如一夫一妻制,反对重婚和童婚,反对近亲结婚,男女合意为结婚的要件,非婚生子女在父母结婚后即可取得婚生子女地位的原则,财产继承上的男女平等,代理人的权利和义务,教育刑思想,上帝面前人人平等的思想,国与国之间、民族与民族之间应当和平相处的思想,以及战争的人道化的主张等。它们的编纂出版,使得教会法学成为一门与罗马法学并列的学问,并共同构成近代西方法学的历史基础。

二、习惯法学

在罗马帝国的废墟上建立起来的各日耳曼国家,在相当长的一段时间内,主要适用各部落的习惯法。诚如安德逊(Ernst Andersen)教授所言:"中世纪是习惯法的世纪"。[①]

罗马法的复兴,不仅为当时的统治阶级提供了一种调整商品经济关系的法律体系,也对习惯法的发展产生了巨大的影响,即法学界开始运用罗马法学中的方法和原则,来汇编、注释和阐述习惯法,从中发掘各种适合当时社会生活变化的法律原则,使之成为一门比较系统的学科。为这种习惯法的学术化、理论化、系统化作出贡献的法学家,在意大利有巴尔多鲁,在法国有迪穆林、朴蒂埃等人。对此,本书第四章"法国法学"将进一步作详细论述。

---

① Ernst Andersen, *The Renaissance of Legal Science after the Middle Ages*, p. 21, Copenhagen, 1974.

第四节　中世纪西欧的法哲学

以公元 9 世纪教会势力迅速膨胀、古代罗马法律文化复兴为契机,中世纪西欧神学法哲学也得到发展,其代表人物就是托马斯·阿奎那。

托马斯·阿奎那(Thomas Aquinas,1227—1274),生于那不勒斯附近罗卡塞卡堡(Castle of Roccasecca)的一个贵族家庭,曾入那不勒斯大学学习六年。20 岁时加入圣多米尼克教团。作为该教团的修道士,被派往法国巴黎。曾在巴黎和德国科隆执教。1259 年,回意大利出任罗马教廷的随从人员,1272 年主持那不勒斯的多米尼克教派的研究室。1274 年病死。阿奎那著作繁多,主要有《反异教徒大全》、《论君主政治》和《神学大全》等。其中,后者集中表达了阿奎那的法哲学思想的主要观点。

一、关于法的概念

阿奎那认为:"法是人们赖以导致某些行动和不作其他一些行动的行为准则或尺度。'法'这个名词(在语源上)由'拘束'一词而来,因为人们受法的拘束而不得不采取某种行径。但人类行动的准则和尺度是理性,因为理性是人类行动的第一原理。"[①]法"不外乎是对于种种有关公共幸福的事项的合理安排,由任何负有管理社会之责的人予以公布。"[②]

强调法具有拘束力,是揭示了法拥有国家权力的强制属性,它表明阿奎那对法的理解已有一定的深度;认为法是人类理性的表现,则说明

[①]《阿奎那政治著作选》,马清槐译,第 104 页,商务印书馆 1982 年版。
[②] 同上书,第 106 页。

阿奎那是古代希腊、罗马自然法思想的继承者,他的学说是亚里士多德、斯多噶学派以及西塞罗等的思想的延伸;而关于法是"公共幸福的事项的合理安排"的观点,虽然在当时的封建社会中是不可能实现的,但却为后世的功利主义法学和社会学法学的诞生提供了启示。

二、关于法的分类

从法的定义出发,阿奎那将法律分为四种:

第一,永恒法,是神的理性的体现,是上帝用来统治整个宇宙的大法,是最高的、所有其它法律的源泉。

第二,自然法,即永恒法对理性动物的关系。"所有受神意支配的东西都是由永恒法来判断和管理的,那么显而易见,一切事物在某种程度上都与永恒法有关。……但是,与其他一切动物不同,理性的动物以一种非常特殊的方式受着神意的支配;他们既然支配着自己的行动和其他动物的行动,就变成神意本身的参与者。所以他们在某种程度上分享神的智慧,并由此产生一种自然的倾向以从事适当的行动和目的。这种理性动物之参与永恒法,就叫做自然法。"[①]

第三,人法,即通过国家机关制定的法律,是根据自然法、最终是根据永恒法制定的,它反映了人类的理性,具有源自自然法、以城市的公共福利为目标、由市民社会的统治者来加以颁布、支配着人类的行为等四个特点。

第四,神法,也就是《圣经》,是一切法律的源泉,是主宰人类的法律,是永恒法的体现,也是永恒法的成文化(法典化)。

通过对法的分类,阿奎那将法律和国家、君主和臣民都置于上帝的统治之下,构造了一个以永恒法为核心,以神法、自然法和人法为具体

---

① 《阿奎那政治著作选》,马清槐译,第 107 页,商务印书馆 1982 年版。

体现的庞大的神学法律体系。这一体系,为中世纪西欧教会统治整个世俗世界提供了强有力的理论武器。正因为如此,阿奎那被中世纪统治阶级视为最权威的思想家,死后被教会尊为"圣人"。去掉神学的光环,阿奎那的法哲学思想,尤其是他的永恒法和自然法的理论,也为近代资产阶级所吸收。公正地说,在使古代法哲学向近代法哲学转化中,阿奎那是起着一定的积极作用的。[①]

第五节 大学法学教育的起源

一、概述

如前所述,早在罗马帝国时代,就已有了发达的以法律大学为依托的法学教育。但这种法律教育,在本质上还是一种古代型的,它只是现代大学法律教育的雏形,即一方面,那时的大学,只是一种法律学校(School),还不是现代意义上的大学(University)。现代意义上的大学,产生于中世纪西欧,如当时以神学教育而出名的巴黎大学,以法律教育出名的波伦那大学和以医学教育出名的萨莱诺大学等。另一方面,在学校法律教育的其它各个方面,中世纪的大学也远比古代罗马的要丰富得多。

那么,以波伦那大学为中心的中世纪法律教育的详细情况如何?其教师和学生是如何教与学的?课程设置、教材和教学方法如何?考试与学位授与是如何进行的?它对当时法学的发展和后世法律教育又产生了什么影响?等等。下面,我们就对这些问题作些介绍和分析。

[①] 关于阿奎那的法学思想,中文的研究文献已很多,故这里不再多涉及,详细请参阅马清槐译:《阿奎那政治著作选》;张宏生主编:《西方法律思想史》第三章第二节。

二、大学的性质

中世纪的大学,虽然和罗马时代的不同,但和我们所熟悉的现代大学仍有差异。对此,扎卡尼(G. Zaccagnini)教授有很好的描述:"今天,我们对大学所持有的印象是:有巨大的建筑物,有校园,是一个单一的组织,老师和学生在那里教书和听课学习。即使是设有许多分校的大学,总还是有一个巨大的中心即总校。但这种作为单一的讲授和学习的场所的现代大学观念,在中世纪是不存在的。那时,讲授和学习的场所不是一个巨大的学校,而是由一个一个教师进行的私塾学校的集合体。"①"现代人在访问中世纪大学城时,问当地的市民:'大学在哪里呢?'市民会显得很困惑,因为他们只能回答:'大学就在这条街上呵。'无单一场所、分散在各条街上进行高等教育的私塾的集合体,才是大学。"②

因此,虽然大学这种学校教育制度,是西欧中世纪的产物,这种大学制度的框架,如教材的使用,讲课及讨论的方法,通过考试、学位来认定学业,"系"这种作为学术活动的部门等,都是在中世纪形成的传统,今天大学的直接祖先是中世纪的大学,包括大学这个用语 University,也是从中世纪 Universitas 一词演变而来。③ 但是,大学制度的内涵,八百多年来已发生了巨大的变化。

---

① 〔意〕扎卡尼著:《中世纪意大利的大学生活》,〔日〕儿玉善仁译,第9页,平凡社1990年版。

② 同上书,第9—10页。

③ Universitas 一词,在罗马时代就已存在。当时该词的含义为"社团",至中世纪,被用来指学生或教师的学术团体。它在12世纪曾风行西欧各城市,与当时的另一用语 studium 一起,表示早期的大学。区别在于前者主要是以学生为主体成立,后者则是由教皇等设立。到了15世纪,这两个词的差别逐渐消失,成为同义语,共指大学这种组织。见〔英〕拉斯德尔(H. Rashdall)著:《大学的起源——欧洲中世纪大学史》(The Universities of Europe in the Middle Ages, Oxford University Press,1895)。横尾壮英日译本上卷,第40、46页,东洋馆出版社1966年版。

三、学生和教师

在当时的波伦那大学,学生是学校的主体。当时的师生关系,主要是一个个教师与学生间严格订立的由教授期间和讲课费的契约结成的关系。开始,尽管有这种契约的存在,但由于学生住进教师家并形成家族性集团,生活在一起,学生称其为"我的老师";反之,教师称学生为"我的友",故师生关系比较亲密。到了后来,由于有了横向的学生组织"学生公会"(也叫"大学团"),所以上述带有感情的亲密关系弱化了,基本上只是一种契约关系。由于讲课费支付的主动权掌握在学生手里,加上学生公会的力量,故教师是从属于学生的。

当时管理学生的主要组织是学生公会,据当时波伦那的特许状的规定,学生公会须对如下的事项负责:"对兄弟般亲善、相互交往与和睦的培养,对病患和贫困的照顾、丧事的料理、积冤与不和的消除,对我们的博士候选人出入考场的照料和护送,以及对成员精神生活的注意。"①

为了使学生公会的日常事务有人操办,学生们自己推选出了"学头"(rector)。② 他必须诚实、庄重和有忍耐力,25岁以上,在1317至1347年间,还要求其必须是圣职者、未婚等,但后来这些条件被取消了。由于学头要自己出钱的场合很多,所以也只有富有者才能为之。他任期一般为一年,个别的也有两年。按照1159年的《特许状》,学头的管理职权,不仅及于大学内的全体职员,包括保管学生名册、决定讲课时间、让教授宣誓、监督教员的工作、给与教师以休假许可、决定教师的工资、推荐参加博士考试的学生、佩带武器以及各种财政方面的权

---

① 〔美〕伯尔曼(H. J. Berman)著:《法律与革命——西方法律传统的形成》,贺卫方等译,第149页,中国大百科全书出版社1993年版。
② 该词是今天校长(rettore)一词的语源,原意指统治者。

限,而且还拥有对学生和教师的民事和刑事的审判权。14世纪后半叶,由于学头的工作日益繁重,增设了两个辅佐性的副学头,至该世纪末,副学头增至3人。这些学头和副学头,后来就成了大学校长和副校长的前身。

在学生中,也有巨富学生,这可以从留传下来的报失物品单中看出。但也有穷学生,还有乞食的学生。学生有借宿、合宿的,也有住在老师家里的,住宿往往连带伙食。学生间经常会发生一些争吵、斗殴,也有热衷于赌博和嫖娼的。某一位父亲在规劝自己当时在波伦那大学念书的儿子认真学习的一封信中有这么一句话:"你竟在妓院里,不分白天黑夜地与妓女寻欢作乐、消磨时光!"①

在波伦那大学,教师被称为 Professori。其中,法学教授的地位是非常崇高的。中世纪西欧著名人道主义学者弗朗西斯克·培特拉卡(Francesco Petrarca,1304—1374)在给友人的一封信中曾说,在波伦那大学的生活是其一生中最幸福的时期,它使人回想起那足以与古代(罗马)法学家匹敌的波伦那大学教授的威严。

当时,在波伦那大学,成为法学教授是最高的荣誉,享有最高的地位。他优于市政府评议会中的所有其他成员。他的建议、发言,即使是市里最高权威者也不能予以拒绝。从史料中可以看到,当时,市民称市民法(罗马法)教师是"高贵的人,至高无上的市民",其他学科的教师则不享有这种地位,即使是教会法的教师,也比他们要低一等。②

由于法学教授的崇高地位,他们被受聘为各种高级职务。比如,1288年,著名法学教授拉姆波尼(Lambertino Ramponi)和帕基(Pace de'Paci)等三人,就被政府选派为驻外大使,因而不得不中断其教学和

---

① 前揭〔意〕扎卡尼著:《中世纪意大利的大学生活》,第130页。
② 同上书,第54页。

手头正在进行的诉讼案件。法学教授还被选为政府评议会的成员,起草政府文件,受聘为外国的法律顾问,甚至充任波伦那市与其他城市之间冲突的调停者。如阿·德奥涛夫雷道(A. d'Odofredo)就曾多次担任这种角色。①

教师也有组织,这就是教授行会(组合),它很有影响。所以各教皇出了教令集,都派人送给波伦那大学的法学教授行会。同时,也不断倾听其意见。加入这种行会,必须是波伦那市出身,并在波伦那大学取得学位。未加入教授行会,就不能担任正讲义。1397年的规约规定,要想加入教授行会,还必须讲授市民法达三年以上。

关于教师的收入,初期和后期并不相同。在初期,教师的收入主要依赖于学生的学费,因此,上课生动、讲义内容精彩的教师就能吸引学生,他们的收入也丰厚;反之,就比较贫穷。13世纪以后,教师除了从学生处收到学费之外,还有一些有名的教授可以从教师自治团体组织那里得到奖励性的年俸。如1337年,市民法和教会法的教授除了从学生处收取学费外,还得到了50波伦那里拉的年俸。在1342年的一份大学规约中有这样的记录:讲授上午教令集的教授有150里拉,讲授下午其他课程的教师有50里拉,讲授《学说汇纂补遗》的教授,可以得到100里拉。当然,得到这种年俸的教师为数极少,据记载,1342年拿到这种薪水的人只有4人。②

在学生和教师的关系上,学生处于主导地位。当时的学生,不仅有选择教师的自由,还有处罚不称职教师的权利。如在大学团的规则中,就有对偷懒的教师施以处罚的规定。但在总体上,学生对教师仍然是非常尊重的。因为除了契约关系和家族性集团等因素之外,教师毕竟

---

① 前揭〔意〕扎卡尼著:《中世纪意大利的大学生活》,第57页。
② 同上书,第66页。

不是徒有虚名,他们拥有真才实学。此外,学生的学业认定,学位授与等也都要由教师来进行。

由于教师主要是波伦那市民,所以,其资格最初是由学生选择、认可的,其各种权益则得到波伦那市政府的保护。12世纪末叶以后,教会的权力扩张到法学教育领域。1219年,霍诺留斯三世(Honorius III,1216—1227年在位)将大学的教授资格授与权赋予波伦那司教座圣堂教会的助祭长。于是,对波伦那大学的教授而言,一方面,必须接受教会教育权的支配;另一方面,也有了教会这一强大的社会背景,得到了社会的保护,他们授与的学位也获得了普遍的认可。

四、课程设置、教材和教学方法

在波伦那大学,法律课程设置从大的方面来说,主要分为教会法和市民法(罗马法)两种。讲授前者的教授中,著名的有巴西阿诺(Bassiano,1197年去世)、莱格纳诺(Giovanni da Legnano,1383年去世)和皮尼(Lorenzo Pini,1542年去世)等;市民法的教授中知名者有前述伊纳留斯、阿佐、阿库修斯等(其中,阿库修斯居住的家现在成了波伦那市政府的一部分,被人们称为"阿库修斯馆")。

当时,作为教会法课程的教材,主要是前述12世纪波伦那教会法学家格拉梯安努斯编写的《格拉梯安努斯教令集》;充作市民法课程的教材,主要是查士丁尼《国法大全》以及各种注释、改写、改编、节录本,如《旧学说汇纂》(Digestum vetus)、《新学说汇纂》(Digestum novum)、《学说汇纂补遗》(Infortiatum)、《敕法汇纂》(Codex)等。

讲义一般分为正讲义、副讲义和祭日讲义。前者要求比较严格,一般要求由取得学位的教授(Doctor)或正教授讲授,上下午都开讲;对副讲义和祭日讲义要求则比较松,有时也允许优秀的高年级学生担任。

新的讲义(新学期)从每年10月10日开始。第一天是教皇令集的课,第二天起其他讲义也开始进行。学生上课是遵照教会的时间区分来进行的,即一时课(早上 6 点)、三时课(上午 9 点)、六时课(中午 12 点)、九时课(下午 3 点)、晚课(下午 6 点)、终课(晚上 9 点),到了时间,教会的钟声就会敲响。大学的讲义,上午从一时课或三时课开始,下午从 9 时课开始。①

当时的教学方法主要分为三种:"讲读"、"对话"和"专题讨论"。前者最为普遍,在法学教授之场合,"讲读"就是对市民法和教会法的作品进行注解;这种"讲读"的内容与形式,均由大学条例予以规定。现存的一份一位中世纪法律教授某次讲课的前言如下:

"在讲述原文之前,我首先要就(《学说汇纂》的)每一章给你们作一个提要。其次,我将尽可能最恰当地、最清楚地和最明确地举出(该章中所包含的)单个法律的各种范例。第三,我要从校正的角度简要地重述这段原文。第四,我将简要地重述(这些单个法律的)范例的要旨。第五,我要解决各种矛盾,进而提出通常称为"brocardica"的一般原则以及划分,或者阐述精细的和有益的问题,并在神圣的上帝给我能力的范围内,提出对它们的解决方案。如果某一项法律由于著名或困难等缘故,值得进行一次重讲,那么我将在晚间重讲时进行深入地讲解。"②

除了阅读原文和注释以及通过划分和质疑对它们加以分析之外,波伦那和其他中世纪法律大学的课程设置中还包括"对话"(Collactio,它类似于现在的"讲演",是与学生进行直接的学术性对话)以及"专题讨论",就是提出设问的人(称为提示者)和对此问题进行论述的人(称为论驳者)之间进行的一种讨论。在此场合,往往教师是提示者,学生为论驳者。

---

① 前揭〔意〕扎卡尼著:《中世纪意大利的大学生活》,第 241 页。
② 前揭〔美〕伯尔曼著:《法律与革命——西方法律传统的形成》,第 156 页。

在教学活动中,也有学生提出各种问题,让老师回答或开课或著书的情况。如有一位教授在其著作的序中,曾这么写道:"我,市民法教授某某,为了满足我的学生的希望和要求,……特写成本著作。"①

此外,还有教授与教授之间在教堂的广场上进行的公开论战。论战一般围绕某个法律课题,并吸收学生参加。波伦那大学兴盛时期留下来的许多著作,都记录了这种论战的情形。

一般而言,讲课主要在教师的家中和教会之小教区中进行。其规模因学生人数的多少而不同,少则十几人,多的则达五百余人。

五、考试和学位授与

当时学生的考试在教会的司教馆、司祭馆中进行,由助祭长或教授监考。其程序一般为先由学生向教授会议提出,经讨论确定日期宣誓后进行。

学位考试的情况则有些不同。它先由指导教授将考生介绍给教授会议的议长,接着进行宣誓,表示忠诚于教授行会规则,然后再由该学位之专业任课教师将该考生介绍给司教或司教代理。这种介绍之后的第8天举行考试。考试采用即席式口试,而后进行投票。同意者说"可以",不同意者说"还要再学一年"等。考试结果,以波伦那司教和教堂参事会的名义发出通知,并随即举行学位授与仪式。此时,有一位教授发表演说。然后考生领取由公证人制作的学位证书,证书上写着:"某某,成为学位取得者",批准他"进行讲课、教书和指导学生","由某某教授授与他头巾,某某教授授与他戒指"等等。② 申请学位的所有费用均由申请人自己承担。

---

① 前揭〔意〕扎卡尼著:《中世纪意大利的大学生活》,第237页。
② 同上书,第139—140页。

在波伦那大学的早期,硕士(Magistratus)是医学和其他文科的学位,博士(Doctoratus)才是法学的学位。一直到13世纪,Dottori都是指法学教授,Magistri为医学和其他文科的教授。13世纪以后,这种区别才渐渐消失。

在波伦那大学,法学专业的学习时间,根据当时所学的科目(课程)来推算,大致需要8年时间。由于学习时间长,以及为了得到学位,学生大多长期住在波伦那,也有的则课程结束回家乡后又来攻学位。因此,当时学生的年龄都比较大。一般都要到30岁以后。其中,著名诗人兼法学教授皮斯多亚(Cino da Pistoia,约1265—1337),直到1314年才得到学位。此时,他已经49岁了。

六、中世纪西欧法律教育对后世的影响

世界上第一所以法律教育为中心的波伦那大学,至14世纪下半叶因大学自治地位的逐步丧失、教师向其他城市和大学的转移、管理制度方面的腐败、生活费用的上涨以及14世纪末瘟疫的流行等原因而开始衰退,但其开创的大学法律教育的内容、模式、方法和传统,却影响了整个西欧。

从12世纪起,意大利其它城市,以及法国、德国、西班牙、葡萄牙和英国等,都纷纷模仿波伦那大学的办学模式,创立了世界上最早的一批大学,如意大利的雷焦(Reggio)大学(约1188年)、维琴察(Vicenza)大学(1204年)、那不勒斯(Napoli)大学(1224年)、罗马大学(1303年)和比萨大学(1343年)等;法国的蒙特利埃大学(12世纪末)、奥尔良大学(1231年)、阿维尼翁(Avignon)大学(1303年)、卡奥尔(Cahors)大学(1332年)和奥朗日(Orange)大学(1365年)等;西班牙的巴利亚多利得(Valladolid)大学(1250年)、帕伦西亚(Palencia)大学(1212年)、萨拉曼卡(Salamanca)大学(1230年)、塞维利亚(Sevilla)大学(1254年)和葡萄牙的里斯本大

学(1290年)等;英国的牛津大学(12世纪末)和剑桥大学(1209年)等;德国的维也纳大学(1365年)和海德堡大学(1385年)等。①

虽然,这些大学在以后的发展中几经沧桑,但大部分都成为中世纪以后各国著名法学家的摇篮,如前述法国人文主义法学派的代表居亚斯、习惯法学的编纂者迪穆林、私法学家朴蒂埃、公法学家博丹、法学大师孟德斯鸠,英国著名法学家布莱克斯通,以及德国法学家胡果、萨维尼、耶林等,都是由这些大学所培养的。

中世纪以波伦那大学为首的大学法律教育,除了为后世留下办学模式、办学体制、课程设置、教材和教学方法、考试与学位授与制度等一系列经验和成果之外,除了复兴罗马法、将世界古典法学遗产加工后传至后世之外,还培养了一种追求科学、追求真理的风气,培育了大学自治、学术自由的传统。中世纪大学法律教育的兴起,与当时西欧的宗教改革、文艺复兴等紧密相连,为近代资产阶级登上历史舞台奠定了坚实的文化基础。②

---

① 前揭〔英〕拉斯德尔著:《大学的起源——欧洲中世纪大学史》(上卷),第32页。
② 关于这方面的详细内容,请参阅何勤华:《中世纪西欧注释法学派述评》,载《法律科学》1995年第5期。

第四章 法国法学

第一节 近代以前法国法学的发展

一、概述

自公元843年法兰克帝国依《凡尔登条约》一分为三之后,西法兰克地区就称为法兰西,它逐渐演变成为现在的法国。11世纪末,以意大利的波伦那大学为中心的罗马法复兴运动,也影响到了法国,并在法国卷起了比意大利更大的法学漩涡。12世纪后半叶,前述波伦那大学的法学教师、注释法学派的代表之一普拉坎梯努斯,率先在法国南部蒙培利埃(Montpellier)大学运用注释法学派的方法讲授罗马法。以此为契机,法国的罗马法教学与研究和教会法并列,开始获得迅速发展。

自此以后,一直到法国资产阶级革命为止,其法学的发展,先后经历了评论法学派、人文主义法学派、习惯法学派、博丹和孟德斯鸠的宪政法学、百科全书派法学派、朴蒂埃的私法学等若干阶段的发展。

二、评论法学派

如前所述,评论法学派是继注释法学派之后在意大利波伦那大学兴起的另一个法学流派。该学派继承并发展了注释法学派的成就,尤其是进一步将罗马法与社会实践结合了起来。自13世纪开始,评论法学派在法国也得到了发展。当时,在法国南部,已形成了采用罗马法和教会法的诉讼程序的法院组织,出现了各种解释这些程序的著作和普及性读物。在奥尔良(Orleans)和蒙培利埃等大学中,出现了法学的博士,一大批在意大利学习过罗马法的专门人才汇集一起,掀起了一个讲授罗马法、评论(注解,Commentaria)罗马法、适用罗马法的高潮。13世纪后半叶,罗马法的教授和研究进一步集中到了奥尔良大学。当时,该校学生主要是教会人士,学校教育的目标主要是为国家培养高级官吏和法官。法学教师除了讲授罗马法外,还兼任教会内的要职和国王的高级官吏。这样,在 1219 年菲力浦·奥古斯都二世(Philippe Auguste Ⅱ,1180—1223 年在位)得到教皇霍诺留斯三世许可、禁止在巴黎大学研究罗马法,从而导致巴黎大学的罗马法教学和研究衰落的同时,奥尔良大学的罗马法研究则由于未受此禁令限制而开展得生气勃勃,形成了以雅各布斯(Jacobus de Ravanis,1296 年去世)和培特鲁斯(Petrus de Bellapertica,1308 年去世)等为首的法国评论法学派,出现了大量的注解罗马法、并使其实用化的作品。

三、人文主义法学派

人文主义法学派(Legal humanism),是法国 15—16 世纪一个重要的法学流派。该学派的兴衰,不仅构成西欧中世纪后期文艺复兴运动的重要组成部分,也为罗马法在法国的复兴、运用乃至融入法国习惯法、最后为资产阶级立法(特别是 1804 年《法国民法典》)吸收架设了一座桥梁。由于我国法学界对该学派的介绍和研究很少,所以,在本小节中,笔者将多花费一些笔墨。

(一)人文主义法学派的形成

人文主义法学派诞生于中世纪后期的意大利。主要创始人是阿尔恰托(Alciati,1492—1550)。他出生于意大利的米兰,曾在意大利帕维亚(Pavia)大学和波伦那大学学习法律。毕业后,于 1514 年在米兰任律师。1518 年,他离开意大利赴法国阿维尼翁(Avignon)大学执教,1529—1535 年在法国人文主义法学的中心布尔日(Bourges)大学执教。在那里,他培养起了一批弟子。晚年回到意大利。

阿尔恰托早在青年时代就培养起了丰富的历史知识和坚实的文学修养,从而为其从事法学研究打下了扎实的基础。还在学生时代,他就发表了《评查士丁尼法典后三卷》一书,从而崭露头角。他不满足于评论法学派的观点和方法,在其教学和研究生涯中,开始反对该学派的活动。他推崇注释古代文献时的简朴和纯正的风格,力主对法律原则问题的自由推论,强调系统地阐述法律观点。阿尔恰托的作品数量虽然不多,但由于他的观点、方法和立场,他理所当然地被认为是意大利人文主义法学派的代表人物。同时,阿尔恰托虽是意大利人,但将自己的观点和方法带进了法国,并在布尔日大学培养出众多的弟子。所以,他也被认为是法国人文主义法学派的创始人。

法国人文主义法学派的主要代表和核心人物,是居亚斯(Jacques Cujas,1522—1590,又名居亚修斯〈Jacobus Cujacius〉),[①]他出生于法国图卢兹(Toulouse),父亲是一位漂洗匠。他先在自己的家乡跟随阿尔恰托的学生、巴黎高等法院院长弗利埃(A. Ferrier)学习法律。在这一点上,他是非常幸运的,因为他一开始就遇到了一位非常优秀的教师。在图卢兹,居亚斯阅读了当时所能找到的所有注释法律的作品,并和他的学生一起,频繁地参加当时的一些公开争论。但此时,居亚斯主要致力于学习和研究古代语言(主要是希腊语)、历史、哲学、伦理学、修辞学、语言学和诗歌。[②] 1547 年,他开始讲授《法学阶梯》,并且马上吸

[①] Sir John Macdonell and Edward Manson, *Great Jurists of the World*, p. 89, Boston, 1914.

[②] Ibid, p. 90.

引了当地的一些富家子弟。也是从此时起,他开始批判当时在法学界占主导地位的评论法学派。

1555 年,居亚斯应邀赴布尔日大学,接替鲍道恩(Baudouin)的教席,后者因宗教观点而被迫离开法国去了德国。① 布尔日大学当时拥有一批有特色的优秀教授,如阿尔恰托的学生、《法律大全》的编者康特(Le Conte)、历史学派的代表德埃伦(Douaren)和德纽(Doneau)以及劳塞尔(Loysel)、埃劳尔特(P. Ayrault)、拉古考(F. Ragucou)、西斯纳(N. Cisner)和庇索(P. Pithou)等。② 居亚斯在布尔日大学时,开始出版其一系列伟大的著作,如关于《法学阶梯》和保罗(Paul)的学术观点的笔记,关于《学说汇纂》的注释和评论以及对《查士丁尼法典》的注释等。这些作品使他一跃而成为当时最伟大的法学家,"他的作品使他获得的声望如此之高,以至于当时的一位法学家穆鲁斯(M. V. Maurus)曾这样说,'从居亚斯的著作中引用一些片言只语已无必要,因为当时的居民每个人手中都已有了居亚斯的作品'"。③ 在以后的几年中,居亚斯基本上在布尔日、巴伦西亚(Valence)、阿维尼翁等大学执教。

居亚斯一生著述甚丰,他的庞大的作品集,几乎都是关于罗马法原始文献的注释研究。这些作品中最重要的是,对帕比尼安著作的评述(在他死后出版),以及全部关于罗马法的《校对修正评注全书》(Observationum et emendationum libri XXVIII,28 卷,从 1556 年起到他去世时止陆续出版)。后 4 卷,是在他死后由庇索出版的。④ 除了这些关于罗马法的作品之外,居亚斯还留下了他的就职演说集和一些关于封建

---

① Sir John Macdonell and Edward Manson, *Great Jurists of the World*, p. 90, Boston, 1914.
② Ibid.
③ Ibid, p. 91.
④ Ibid, p. 95.

法(feudal law)和教会法(ecclesiastical law)的著作。对当时法兰西民族法律中比较重要的部分,如习惯、王室法令、巴黎高等法院的判决和命令等,居亚斯虽然未作出专题论述,但他经常将这些法律渊源融入他注释罗马法的作品之中。[①]

法国人文主义法学派的代表人物,除了阿尔恰托、居亚斯以外,还有德埃伦、德纽、霍特曼、鲍道恩和迪穆林。

德埃伦(F. Douaren,1509—1559),是阿尔恰托的学生。在有了一段司法实践的经验以后,担任了布尔日大学的教授。在学术观点上,他与居亚斯相左,并为了一些方法和见解的不同而经常发生争吵。德埃伦的著作(主要是对《学说汇纂》的评注),是用优雅的古典风格写成的,具有很高的文学价值,即使他的对手对此也极为尊重。他比居亚斯更为重视司法实践。他对巴尔多鲁学派(评论法学派)及其他们的一些方法进行了尖锐的批判。他是最早从前辈(评论法学派)的胡乱注释中将法学独立出来的人之一。

德纽(H. Doneau,1527—1591),是德埃伦的学生。他先在布尔日担任教授,而后,由于他在宗教观点上与当时的正统教派天主教不合,不得不伪装逃离法国,去日内瓦、海德堡、莱顿等地,最后客死他乡。德纽是16世纪一位最有建设性的法学家。与居亚斯不同,他没有致力于法律的历史研究方面,而是着眼于古代罗马法教科书的实际意义和当它们被编入查士丁尼《国法大全》时它们所表示的真实含义。因此,德纽更严格地说是一名法律实际工作者。对他来说,罗马法仅仅是法律,是在民事或社会公共事务方面不变的向导,因此,罗马法应被当作一个系统的古代历史文献,应被加工成一个完备的几何学的产品。他常常

[①] Sir John Macdonell and Edward Manson, *Great Jurists of the World*, p. 96, Boston, 1914.

在一个专题之下,重新处理罗马法素材,作出一些新的编排,进行系统化的工作,抽出各项法律原则,并进行三段论的逻辑推理,有时则求助于辩证法的技巧和学究式的分类,还喜欢用两难推理来说明问题。但他不是一名评论法学派,不是巴尔多鲁的信徒。

霍特曼(F. Hotman,1524—1590),生于巴黎。在奥尔良大学学习法律后,去法院工作。尔后在巴黎讲授法律。由于他参加了新的教派,受到天主教的迫害,不得不逃往瑞士。1555年,他赴斯特拉斯堡大学讲学,在那里,他结识了也由于宗教上的原因而被充军在那里的鲍道恩。不久,霍特曼开始小有名气,并在其朋友的帮助下,于1563年回到祖国,在巴伦西亚大学讲授法律。1566年,又取代居亚斯,担任了布尔日大学的教授。但不久,由于受到宗教的迫害,不得不(如同德纽一样)再次离开法国。[①] 与居亚斯的风格不同,霍特曼并没有严格地运用考古学、哲学和历史学来研究法律,而是注重注释本身,从古典法学家那里引证例子。除研究罗马法之外,霍特曼还写了关于法国封建法和公法的著作。他是最早主张各个民族应有主权观念的人之一,在他于1567年用法语出版的一本小册子中,他要求立法和司法实践相统一。他的贡献主要在于将罗马法研究与法国本民族法的研究结合了起来,从而为法国法和法国法学的发展开辟了道路。

鲍道恩(F. Baudouin,1520—1573),生于艾勒斯(Arras),在卢维扬(Louvain)大学学习法律之后,成为迪穆林的秘书。1546年起在巴黎从事法律教学活动,尔后历任布尔日、斯特拉斯堡、海德堡、巴黎以及昂格尔(Angers)等大学的教授。他是加尔文(J. Calvin,1509—1564)

[①] Sir John Macdonell and Edward Manson, *Great Jurists of the World*, p. 104, Boston, 1914.

的朋友,对新教持友好态度。和居亚斯一样,鲍道恩属于法的历史学派,他曾明确说,"法学存在于历史之中"。[1] 但他与居亚斯不同,他往往只是在他的某些论文的末尾作一些历史的总结,而不是将历史学的方法全部融入法律研究之中。他试图追踪罗马法的起源,在他关于《十二表法》的论著中,他曾自己问自己:这些条文为什么在这个意义上被设定,而不是在那个意义上?[2]

迪穆林(C. Dumoulin,1500—1566),生于巴黎,在奥尔良等地学习了法律之后,先在巴黎从事司法实务工作,但并不成功。之后,他去了斯特拉斯堡大学,在那里教授法律。1557 年,他又回到自己的家乡巴黎。在宗教上,他信奉加尔文主义。在学术上,他呼吁法学应当是一门在当时频繁的神学和政治的斗争中的缓和物,他主张法律与公共事务和司法实际的合作。他继承了巴尔多鲁学派的方法,对居亚斯的对手、巴尔多鲁的信徒福卡德尔(Forcadel)也很尊敬。迪穆林的主要贡献是他出版了研究巴黎习惯法的一系列名著。这些著作显示了他的博学,虽然文字不太好懂。在这些著作中,他调查并收集了数量众多的法国习惯和惯例,指明了进一步统一法国立法的基础。他对法国习惯法所作的工作,如同居亚斯对罗马法所作的工作一样,为 18 世纪法国著名私法学家朴蒂埃的著作的面世以及 1804 年《法国民法典》的颁布开拓了道路。

(二)人文主义法学派的特点

作为取代评论法学派而登上历史舞台的人文主义法学派,在思想观念、政治立场、研究方法和学术风格上都具有一些自己的特点。

---

[1] Sir John Macdonell and Edward Manson, *Great Jurists of the World*, p. 105, Boston, 1914.

[2] Ibid.

第一，人文主义法学派的指导理念和思想基础是人文主义思潮。"人文主义"一词,来源于拉丁文"humanus"(人类的)或"humanitas"(人类性),其基本含义包括两个方面:一是指与神学相对立的人文学科;二是指关于"人"的学说。[①] 人文主义思潮首先在意大利的佛罗伦萨兴起,随后便迅速蔓延到西欧各国,其主要代表有但丁(A. Dante, 1265—1321)、彼特拉克(F. Petrarch, 1304—1374)、薄伽丘(G. Boccaccio, 1313—1375)、瓦拉(L. Valla, 1407—1457)、爱拉斯谟(Erasmus, 1466—1536)以及拉伯雷(F. Rabelais, 1495—1553)等人。人文主义学派的基本立场和理念是用人性否定神性,以人权反对神权,用享乐主义反对禁欲主义,用理性反对蒙昧,用个性自由思想批判封建专制主义,用平等观念反对封建等级制度。

人文主义思潮兴起后,不仅在哲学、文学、艺术、历史研究中掀起了巨大的旋涡,也给当时的法学研究带来了一种全新的观念,使其具有了自己的理性基础。如人文主义法学派的创始人阿尔恰托和居亚斯,都试图用自己拥有的人文主义思想来改造当时的法学研究,他们努力使法律研究从神学中解放出来,成为一门世俗化的学问。此外,德埃伦、德纽、霍特曼、鲍道恩以及迪穆林等人,也都将他们当时接受的人文主义思想以及新的宗教观,运用于自己的学术研究之中。在人文主义法学派的努力之下,当时法学界开始重视法律中的公平、正义和理性,强调个人的平等、自由和权利,以及法律中的人性。而这些,正是区别于评论法学派的一个重要方面。

第二,与上述一点相关,人文主义法学派由于信奉新的思想和新的宗教(如加尔文教、路德教等),反对传统的天主教会和教义,试图将法

[①] 蒋永福、周贵莲、岳长龄主编:《西方哲学》(上册),第181页,中共中央党校出版社1990年版。

律从神那里解脱出来,所以,他们中的绝大多数人都被当时的教会视为异端而惨遭迫害。如德纽、霍特曼、鲍道恩等人,就是因为反对当时的教会而被迫逃离法国,最后客死他乡。人文主义法学派的这种政治立场和政治处境,使他们的作品也带上了强烈的反对封建专制和愚昧的色彩。这也是该学派与注释法学派和评论法学派不同的地方,后两者许多人本身都是当时基督教会的高级教士,有些人则是在教会的支持下开展学术研究的。

第三,在研究的内容上,人文主义法学派既强调纯正,又重视创新。他们摒弃了评论法学派脱离罗马法原始文献的做法,提出了"回到罗马法原文"的口号。他们比评论法学派更加具有历史主义的观点,更加重视对罗马法原文和罗马法历史特点的阐述。他们的目标是要重新发现罗马时代的罗马法。比如居亚斯,他不仅反对巴尔多鲁学派对《国法大全》的任意解释,而且还认为,即使是查士丁尼《国法大全》本身,也在许多方面曲解、割裂了罗马古典时期法学家的作品的真实性和完整性。所以,他认为他的使命,就是要恢复这些经典作品的历史原貌。他的不朽著作即 28 卷的《校对修正评注全书》,原本就是校对、修正罗马著名法学家保罗、乌尔比安、莫蒂斯迪努斯、马赛鲁(U. Marcellus)、尤利安、斯卡喔拉等人的作品的手稿。① 人文主义法学派的这种努力,也大大拓展了当时法律研究的范围和领域,使被评论法学派引入峡谷的罗马法复兴运动出现了"柳暗花明又一村"的景象。

第四,在研究方法上,人文主义法学派跳出了评论法学派的那种就法典注释法典,就法律研究法律的框框,而是引进了当时所能掌握的各种科学方法,如哲学的、文学的、考古学的、历史学的以及比较的方法等,从而使法律研究成为整个科学研究以及文艺复兴运动的一部分,为

---

① Sir John Macdonell and Edward Manson, *Great Jurists of the World*, p. 95.

法学重新成为一门科学奠定了基础。

在人文主义法学派之前,人文主义者已经对评论法学派进行了尖锐的批判。如但丁指责他们满足于文字上和以自我为中心解释法律,背离新的关于真理的科学标准。彼得拉克抱怨他们无视或反对其它学科的援助,浪费自己的精力于徒劳无益的工作中。薄伽丘则更加明确地断言法律已不再是科学。人文主义者推崇罗马法,但不是查士丁尼《国法大全》,不是评论法学派的那种模糊的、淹没古人智慧的注释,而是那些表现古人成熟的智慧和优美语言的罗马法的原始文献。① 正是在这些先驱者的影响下,人文主义法学派在方法上作出了巨大的改革,在收集、整理和注释罗马法原始文献方面作出了自己的努力。

同时,人文主义法学派在条文解释上也进行了新的探索,采用了概括式解释和一般的方法,实际需要已不再是唯一考虑的内容,而更加重视体系的科学性和完整性。比如,居亚斯在其著作中就尖锐地批判了那些无知的实务家和他们在法院中作出的虽然已被认可了的判决。因为这些判决"是建立在偏见、个人想法、狭窄的观点、错误的概念以及不确定的原理之上的。"居亚斯毕生的目标就是要"使法律成为一门合理的科学"。②

(三)人文主义法学派出现的历史原因

人文主义法学派的出现,不是偶然的。一方面,它是西欧文艺复兴运动的组成部分,是人文主义思潮的产物。如前所述,人文主义是文艺复兴的指导思想,是封建社会内部逐渐形成的新兴的资产阶级的世界观和历史观。人文主义者在科学的各个领域进行的一系列变革,不仅为当时科学的发展开辟了广阔道路,而且也为法学的变革创造了条件。

---

① 参阅王兵:《论罗马法的复兴》,1986 年打印稿,第 19 页。
② Sir John Macdonell and Edward Manson, *Great Jurists of the World*, p. 99.

另一方面，当时西欧的文化发展状况，也为人文主义法学派的形成创造了条件：当时关于宗教问题的争论，使得人们摆脱了权威崇拜，创造了一种适宜于自由讨论的学术环境；东罗马帝国的陷落使很多博才多学的人才流落到意大利和法国等地，他们随身携带了图书馆的藏书和艺术品，复兴了希腊和罗马文化；印刷的发明使得知识以前所未有的速度传播，促进了知识的相互融合；民族语言的形成，也为文学、艺术和科学的发展提供了传播思想的工具，给学术研究以新的推动力。①

人文主义法学派的兴起，也是罗马法复兴运动的必然产物。如前所述，罗马法复兴运动始于11世纪中叶的意大利波伦那大学，最早登台的是注释法学派。由于该学派只注重注释查士丁尼《国法大全》，不适应时代发展的要求，所以在13世纪后半叶为评论法学派所取代。而后者在将逻辑推理方法引入法律研究，在将《国法大全》适用于西欧的社会实际的同时，也带来了任意曲解《国法大全》的弊端，使罗马法复兴运动步入峡谷。

正是在克服评论法学派的客观形势的感召下，人文主义法学派应运而生。他们一方面继承了注释法学派和评论法学派的传统，又大胆地纠正了前两者尤其是评论法学派的缺陷，通过将人文主义这一新的世界观引入法学研究，他们在思想观念、研究方法、具体操作技术等方面，都使当时的法学研究的面貌焕然一新。他们既克服了注释法学派只在查士丁尼《国法大全》中做文章的缺陷，开始投身于当时的社会改革运动；同时，又通过对罗马法学家原始文献的认真校对修正，恢复了被评论法学派搞乱了的罗马法的真正面目。而这一步工作的完成，便在罗马法和近代资产阶级法之间架起了一座桥梁。所以，虽然由于信奉巴尔多鲁学派的法院的抵制、教会方面的敌视和冷漠（因为人文主义

---

① 参阅王兵著：《论罗马法的复兴》，第18页。

者大都是新教徒)等原因,人文主义法学派在当时司法实践中的普及没有评论法学派那么广泛和彻底,但该学派对当时法学理论界的影响则是巨大的,对西方法学发展的贡献也是不容忽视的。

四、习惯法学

与罗马法研究中的人文主义和复古主义倾向相对,在中世纪后期法国习惯法的发展中,由于法学家面对实践,带着实用主义态度对习惯法的成文化和法理解释倾注了大量的精力,从而使法国的习惯法学在15世纪以后获得了迅速发展,为后来拿破仑时代的大规模立法提供了一定的前提条件。

事实上,对习惯法的编纂、注释早在13世纪即已广泛开展。1219年,法国王室禁止巴黎大学讲授罗马法之后,就出现了许多政府以及私人对习惯法的系统注释。当然,这种注释使用的原则、概念、体系以及技术和方法,主要是从罗马法中借用过来的。15—16世纪,作为习惯法成文化的成果及法学家对习惯法的法理阐述作品,主要有:迪穆林的关于巴黎习惯法的著作全集;德杰恩特莱(Bertrand d'Argentre,1519—1590)的《布利特努恩习惯法注释书》(Commentarii in patrias Britonum leges)和寇克(Guy Coquille,1523—1604)的《尼韦内习惯法注释;法国法原理》(Commentaire de la Coutume du Nivernais; Institution au droit des Francais)等。[1]

上述三个人中,迪穆林是一位平民出身的人文主义法学家,也是一位主权论支持者和封建制的反对者。他对1510年《巴黎习惯法汇编》的观点和研究意见,在1580年该汇编改正时,被全部吸收和采纳。除

---

[1] A. West, Y. Desdevises, A. Fenet, D. Gaurier, M-C. Heussaff, *The French Legal System: an Introduction*, p. 20, London Fourmat Publishing, 1992.

习惯法之外,他的著作还涉及罗马法和教会法等领域。法国大革命以后的立法,也深受他的影响,如《拿破仑法典》中的分割债务和不可分债务的理论(1217条—1233条)、代位清偿理论(1249—1252条)等,都是以迪穆林的习惯法理论为基础的。① 德杰恩特莱是一位出身贵族的封建制的支持论者,他关于布利特努恩(Britonum)的习惯法的注释,对该习惯法1580年的改正、汇编发生了巨大影响。寇克,既是一位法学家,又是一位政治家,是当时法国等级会议的第三等级代表。他关于尼韦内习惯法的注释,对当时法国各地习惯法的统一工作也有重大影响。②

进入17世纪,法国的习惯法学获得进一步发展,并出现了在各地习惯法中试图寻找其共同因素或精神,以促进习惯法统一的倾向。如洛塞尔(Antoine Loysel,1536—1615)就于17世纪初,为了鼓吹统一的王权,利用当时巴黎、兰斯(Reims)等地的法律谚语,试图探寻法国习惯法之精神的根源。1607年,他出版的《习惯法纲要》(Institutes Coutumieres),成为这种努力的代表作。诚如洛塞尔在该书序中所言:"在唯一的国王的权威下,法国各州应适用唯一的一种法律。"③

17世纪中叶以后,随着自然法思想的传播,出现了从各种习惯法之共同要素中挖掘法国固有的一般法的思想。1679年,根据路易十四(Louis XIV,1643—1715年在位)的命令,在法国的大学中,开设了"法国法的一般原理"课程,进一步推动了法国固有法的研究。17世纪后半叶至18世纪初,代表上述倾向的法学作品有:德玛(Jean Domat,1625—1696)的《法国习惯中的民事法》(les lois Civiles dans leur Or-

---

① A. West, Y. Desdevises, A. Fenet, D. Gaurier, M-C. Heussaff, *The French Legal System: an Introduction*, p.19, London Fourmat Publishing, 1992.
② 前揭〔日〕碧海纯一等编:《法学史》,第189页。
③ 〔日〕野田良之著:《法国法(一)1》,第284页,有斐阁1954年版。

dre Naturel,1694)、拉莫伊能(Guillaume de Lamoignon,1617—1677)的《法令集》(Arretes,1702)、布尔琼(Bourjon,？—1751)的《法国共同法与巴黎地区习惯法原理》(le Droit Commun de La France et La Coutume de Paris Reduits en Principe,1747)、朴蒂埃关于民事法律的著作全集等。其中,布尔琼和朴蒂埃的著作对后来《法国民法典》的制定发生了巨大影响。

法国15—18世纪习惯法著作所代表的习惯法学,其特点主要为：第一,以自然法的精神为依据;第二,以为政治统一服务的法律统一化为目标;第三,具有强烈的现实主义和实用主义色彩;第四,力图寻找一种体现在封建地方习惯法中的法兰西民族精神。这种努力,虽未表现得像后来德国历史法学派那么充分,但对后来拿破仑的卓越的立法活动是有一定影响的。

五、博丹和孟德斯鸠的公法学

（一）概述

中世纪后期,在法国罗马法复兴、人文主义法学派活跃以及习惯法学发展的同时,关于国家和政权形式的公法学也开始获得发展,其代表人物就是让·博丹和孟德斯鸠。他们提出的主权学说和三权分立理论,是该时期法国资产阶级公法学的精华。

中世纪末期法国公法学形成的原因主要是：第一,在封建王权日益强大的情况下,专制政权需要在理论上为自己的统治进行辩护,作出理论上的说明。而资产阶级为了发展资本主义商品经济,建立统一的国内市场,摆脱国家的纷乱,也需要在理论上为君主专制开路。博丹的思想就代表了该时期资产阶级的政治要求。第二,随着资产阶级作为一个阶级日益壮大,它们开始不满足于在封建专制下的生存方式,而是力图寻找自己的统治方式并需要在理论上为此进行论证。孟德斯鸠的思想即是如此。因此,博丹的思想,代表了法国早期资产阶级的意志,而孟德斯鸠的思想,则是资产阶级开始成熟、寻找自己统治的政治方式的表现。

(二) 博丹的公法学理论

让·博丹(Jean Bodin,1530—1596),做过大学法学教师,出任过宫廷辩护官,并长期担任开业律师。著述十分丰硕,涉及法学、政治学、宗教学、天文学、地理学、物理学、医学等。表述其公法学理论的主要是《简明历史认识方法》(1566 年)和《国家论六卷》(1576 年)。

博丹指出,从前的一切法学家和哲学家,都不曾对国家下过他认为是满意的定义,而他认为,"国家是以主权力量对于无数家庭及其共同事务的正当处理"。[1] 这里,主权是国家问题的核心,是国家最重要的定义。主权是"一个国家的绝对的和永久的权力","主权是处理国民与庶民的无上的权力,除了受神法和自然法的约束之外,它不受法律限制",并且"不能分割"。[2] 按照博丹的理解,主权的基本内容包括八个方面,即立法权,宣布战争、缔结条约权,官吏任免权,最高裁判权,赦免权,提出有关忠节、服从的权力,货币制造和度量衡的选定权,课税权。

那么,内容如此广泛、地位如此显赫的主权,其主体是谁呢?这里就进入了博丹主权学说的第二个层次——政体问题。

博丹认为,政体就是主权者的人数的多少。全体人民为主权者的,是民主政体;人民的一部分为主权者的,是贵族政体;单独个人为主权者的,是君主政体。接着,博丹将君主政体进一步分为三种情况:正当的君主制、君主专制(专横制)和暴君制(僭主制)。博丹所大力倡导的

---

[1] 引自谷春德、吕世伦著:《西方政治法律思想史》(上册),第 188 页,辽宁人民出版社 1986 年版。

[2] 同上。

就是正当的君主制。他主张世袭君主行使绝对权力,排斥任何针对君主的人民特权或议会特权,其理由在于政治社会的目的就是为了确立一种统治秩序,而这种秩序唯有在限定一个制定权威的法律的情况下始为可能。

从上述博丹关于国家主权和政体的理论中,我们可以看到如下几点:

第一,他的主权理论,深受资产阶级古典自然法学说的影响,是自然法思想在国家观中的具体体现;

第二,他对国家主权理论的阐述以及关于国家主权的具体内容的分析,既是对古代国家权力内容学说的继承,又对以后资产阶级国家建立、国家权力的划分和行使奠定了基础;

第三,博丹关于国家主权要受自然法和神法约束、不得侵犯人类的自由和财产,以及公(国家的)私(个人的)绝对分离的观念,强化了私有财产神圣不可侵犯的资产阶级原则,以及公法和私法必须严格分开的法理观念。这对后来资产阶级私法学和公法学的发展产生了巨大的影响;

第四,虽然博丹热衷的是君主制,这与他所处的时代有关。因为当时资产阶级需要捍卫新兴的民族主权国家以及资产阶级和王权联姻的君主专制制度。但他关于主权的至高无上性和主权的具体内容,为后来资产阶级的人民主权理论的出台和实践提供了条件;

第五,博丹的国家主权理论,也为资产阶级的宪政理论和国际法学的形成作出了贡献。

(三) 孟德斯鸠的公法学理论

孟德斯鸠(C. L. Montesquieu,1689—1755),出身贵族,获得法学学士学位,后担任律师、郡议会议员、波尔多法院院长。曾进入法兰西科学院,当选为英国皇家学会会员。著有《波斯人信札》(1721 年)、《罗马盛衰原因论》(1734年)和《论法的精神》(1748年)等。孟德斯鸠的法学理论甚为丰富,现仅就其宪政学说作些评述。

孟德斯鸠认为,各国政体大体可以划分为三种:由全体人民或一部分人掌握最高权力、按照法律进行统治的共和政体;由君主掌握和代表最高权力、并按照法律进行统治的君主政体;以及由君主个人掌握和代表国家最高权力,但不是按照法律,而是凭借个人意志独断一切的专制政体。孟德斯鸠指出,各个国家的政体是好是坏,主要应看其是否适合该国社会政治、经济、地理和气候的需要,适合的就是好的政体,否则就是坏的政体。但从孟德斯鸠的总的论述来看,他最赞成的是君主制,尤其是英国的立宪君主政体,因为它最能体现政体之目的,即保障政治自由。①

孟德斯鸠认为,这种由政体追求的目的即政治自由,"并不是愿意做什么就做什么。"而只是意味着"做法律所许可的一切事情的权利。"②

孟德斯鸠认为,为了保证上述政治自由,就必须进行分权,即将国家最高权力分为立法权、行政权、司法权三种,它们彼此应是独立的,由不同的国家机关来行使。否则,当这三种权力,或三种权力中的两种掌握在同一机关或同一个人手中时,法律便会受到践踏,"自由也就不存在了。"③孟德斯鸠认为,国家的立法权、行政权和司法权,不仅必须各自独立,也应当彼此制约,如行政权在服从法律的同时,可拥有对立法的否决权;立法权不能干涉行政,但可以审查、监督对法律的执行,等等。这样,孟德斯鸠在继承前人如洛克等人理论的基础上,以古代罗马、同时代的英国的统治形式和实践经验为根据,通过对国家政体——

---

① 〔法〕孟德斯鸠著:《论法的精神》(上),张雁深译,第155页,商务印书馆1963年版。
② 同上书,第154页。
③ 同上书,第156页。

政治自由——三权分立这一线索,创造了完整、系统的三权分立理论,奠定了资产阶级宪政理论的基础。

从上述孟德斯鸠的学说中,我们可以看到如下几点:

第一,孟德斯鸠关于国家政体的分类,关于其性质原则与目的的论述,都是为他论证所追求的君主立宪制度服务的,他的学说的核心在于建立一个像英国那样的国家权力分立并互相制约的君主立宪政体。

第二,孟德斯鸠的三权分立理论是建立在法治社会的基础上的,他所说的立法权,是制定法律的权力;行政权,是执行法律的权力;司法权,是依据法律规定审理争讼案件的权力。这样,孟德斯鸠的三权分立理论就不仅仅是一个政治学的概念,而是为法学中的重要分支——宪法学奠定了理论基础。

第三,按照马克思主义法学原理,国家权力是统一的,不可分的。在孟德斯鸠的理论中,虽然国家权力被一分为三,但分别掌握的仍都是统治阶级。当然,在孟德斯鸠的时代,由于新兴的资产阶级力图与封建主阶级共享统治权,故孟德斯鸠的理论,其政治意图在于资产阶级与封建势力的分权。但这种分权,一是分权双方都是剥削阶级,都是人民群众的对立面。二是随着封建势力的逐步消亡,三权最后都归于资产阶级一个阶级。因此,孟德斯鸠的分权,就其实质而言,是形式上的。它是一种统治的方法。

第四,尽管如此,孟德斯鸠关于不受限制的权力必然要走向腐败,由同一集团、机关或个人同掌三种权力,法律便不复存在,自由也不复存在的学说,仍接触到了"权力"这一社会现象的本质属性,因而,他的学说具有一定的科学性和真理性。依据三权分立原则建立的国家权力分配形式,对巩固资产阶级的统治十分有效,孟德斯鸠以后资本主义的宪政实践证明了这一点。

第五,孟德斯鸠的以三权分立为核心的宪政理论的提出,对资本主义公法学的产生和发展起了巨大的作用。正是在孟德斯鸠的学说的指引下,法国、美国以及西方发展起了近代的公法学。

第六,关于孟德斯鸠的学说和博丹的学说的联系和区别。首先,博丹是早期资产阶级的代表,他的理论的许多方面不得不依附于封建专制制度;孟德斯鸠则已经开始为资产阶级掌权呐喊。其次,博丹的最高权力是绝对的主权,并归之于专制君主;孟德斯鸠将它一分为三,化为立法权、行政权、司法权,由不同的国家机关行使。再次,博丹的权力,只受自然法和神法的限制,他虽也把私有制作为自然法的体现,但总的论述是比较抽象的;而孟德斯鸠则将最高权力的限制归之于这种权力的自身,即权力之间的限制,其深层原因则是权力的腐化倾向,这在相当程度上揭示了权力这一社会现象发展的规律。最后,博丹的许多思想,为孟德斯鸠的理论所继承、发展,如从主权学说中引出了人民主权思想、三权分立理论等等。

六、中世纪后期法国的私法学

(一) 中世纪后期法国私法学形成的社会条件

中世纪后期,法国社会的经济、政治发生了许多变化。

首先,在经济上,一方面农业中地主经济迅速发展,大量自主农民破产,沦为佃农。而佃农制的发展,在一定程度上推动了法国农业契约关系的发展。另一方面,在工商业中,此时,法国农村中出现了大量的家庭手工业,它对传统的以城市商人为主体的城市工商业是一种冲击,出现了竞争的局面。

其次,在政治上,中世纪后期领主权力日益衰退,第三等级通过经济势力谋取政治权力、迫使政府卖官的制度日渐盛行,由封建领主和僧侣及其他地方贵族垄断的法国最高法院"巴列门"(Parlements)成为限制国王权力的强大堡垒。这些条件,都使法国的政治呈现一种大乱、大治(革命)前的征兆。

再次,在思想上,各种启蒙思想如孟德斯鸠的自由主义和法治主义思想、卢梭的民主主义思想、凯纳(Quesnay,1694—1774)的重农主义思想等的勃兴,唤起了人民的觉悟,冲击了封建专制统治,使法国个人自由主义进一步高涨。

最后,在法律条件方面,通过中世纪后期法国习惯法的发展,罗马法的复兴,路易十四时代法典的编纂,如关于民事诉讼的1667年敕令、关于刑事诉讼的1670年法令、关于商事的1673年法律以及关于生前赠与的1731年敕令,关于遗嘱的1735年敕令等,[1]私法规范在南部和北部两地的适用、发展,具备了对法国传统私法理论进行总结、整理的条件。而具体担当此重任的,就是18世纪法国著名私法学家朴蒂埃。

(二)朴蒂埃的私法学

1. 朴蒂埃的生平

朴蒂埃(Robert Joseph Pothier,1699—1772),出身于奥尔良(Orleans)的一个官宦世家,父亲是一位评定官(Conseiller)。朴蒂埃先在一所教会学院(Jesuit College)学习。在那里,他勤奋地学习了拉丁语、古典文学和古代哲学。毕业后,又进入了奥尔良大学法学院学习,[2]并于1720年继承了父亲的评定官的职位。1749年,在朴蒂埃的老朋友让内(M. de la Jannes)去世后,他受其好友、政府大臣德·阿居瑟(D'Aguesseau)之邀,接替了让内的教席,担任奥尔良大学的法国法教授。从这年起,直到1772年去世为止,他一直在法律教学和实务两方面活动,并在学术上获得了巨大的成功,发表了众多的私法学文献。其代表作有:

---

[1] Sir John Macdonell and Edward Manson, *Great Jurists of the World*, p.461, Boston, 1914.

[2] Ibid, pp.447—449, Boston, 1914.

《奥尔良习惯法》(1740年)、《新编查士丁尼学说汇编》(1748年)、《债权论》(两卷,1761年)、《买卖契约论》(1762年)、《定金设定契约论》(1763年)、《租赁契约论》(1764年)、《善意契约论》(三卷,1767年)、《夫妻财产契约论》(两卷,1768年)、《所有权与占有权》(两卷,1771—1772年)等等。此外,还留下了众多关于生前赠与、遗嘱、继承、抵押权、不动产买卖、民事诉讼、代位继承等内容的手稿。①

西方学者认为,朴蒂埃是当时法国私法学的集大成者,他将当时法国的主要法律渊源罗马法和地方习惯法融于一体,加以阐发,不仅对当时法国的私法理论界和法律实务部门产生了巨大影响,也为1804年《法国民法典》的制定奠定了基础。②

2.朴蒂埃私法学的主要内容

朴蒂埃的私法学理论,大体包括如下几个部分:

第一,私法总论。朴蒂埃认为,受到习惯法调整的是进行民事生活的人,这些人组成了民事社会,他们享有各种权利,是这种社会的主体。民事主体的资格,随着人的死亡、从事圣职以及被判处重罪而消失。与古代罗马和近代西方私法理论不同,朴蒂埃讲的民事社会,是由贵族、第三等级和农奴组成。因此,朴蒂埃讲的民事社会,实际上是当时法国封建专制社会的缩影。与上述民事主体的身份相适应,他将财产分为有体物和无体物、动产和不动产以及采邑(fief)和征收年贡的土地(censive)。前两对财产的概念是传统的罗马法上的,反映了当时新兴的资产阶级发展商品经济的要求;后一对则是当时法国封建社会特有的、带有时代的特色。因此,朴蒂埃的理论,既是当时法国社会的真实

---

① Sir John Macdonell and Edward Manson, *Great Jurists of the World*, pp.467—468, Boston,1914.

② 美国著名法学家庞德指出:"没有朴蒂埃,则无法兰西法。"见彭时编著:《法律大辞书补编》序,商务印书馆2012年版。

写照，又包含了近代资产阶级民法学的雏形。

第二，人的能力。26 岁为成年，在此之前由家长监护。在权利能力方面，由于朴蒂埃讲述的民事社会是封建等级社会，所以各等级的人是有差别的，如贵族有免除公共负担(主要是人头税和赋课金)的特权；而在行为能力的行使上，每个成年人都一样，即都享有从事订立契约的能力(这也反映了当时新兴的资产阶级的法权要求)。此外，在朴蒂埃的理论中，已接触到了法人的概念，但他是用依据法律设立之团体(corps)和共同体(communante)等来表示的。[①] 朴蒂埃认为，这种团体，可以取得诉讼、订立契约、负担自己的债务等等的权利。它们是"观念人"(personne intellectuelle)，作为进行各种行为的机关，拥有单个或复数的代理人，并制定有一定的监督和惩戒的规则。但在不动产取得方面，这种团体则受到来自司法机关以及领主的限制。

第三，物权。朴蒂埃对物作出了自己的理解和划分，在将财产分为有体物和无体物、动产和不动产的基础上，他进一步对不动产作了具体分析。一方面，他将为不动产经营而需要的财产，视为是动产；另一方面，又将设定定期金(rente constituee)和官职视为无体不动产。他认为，和土地这种有稳定收入的不动产一样，设定定期金也永远会带来收益即年额金(arrerages)；同时，设定定期金在当时各家族的财产构成中占有重要比例。而官职作为一项个人财产，也同样如此。

在对物作出分类、阐述的基础上，朴蒂埃提出了著名的所有权定义和分类理论。他认为，所有权"就是随心所欲地处分物的权利。但这种权利不得侵害他人的利益和违反法律"。[②] 这个定义，后来就成了《法

---

① 〔日〕关口晃：《关于法国近世私法的一试论》，载日本法制史学会编《法制史研究》第 14 号别册，1964 年。

② 前揭〔日〕关口晃：《关于法国近世私法的一试论》。

国民法典》第544条所有权定义的原型。朴蒂埃给所有权下了定义以后,又进一步将所有权分为直接的所有权(domaine directe,领主所有权)和有效的所有权(domaine atile,从领主所有权那里让渡来的所有权)。这种分类,是朴蒂埃在理论上的一大创造,反映了当时专制时期封建社会财产等级的现状。

从所有权的理论出发,朴蒂埃对占有权作了精彩的论述。他认为,占有有两种:一种是作为时效取得要件的占有,即应当产生取得所有权效果的占有;另一种是作为占有诉权以及推定所有者的要件的占有,即以事实上的控制为内容的占有。应该说,朴蒂埃的这种分类已经具有了近代资本主义占有制度的若干特点,但仍保留了传统占有理论的浓厚残余。

首先,就作为取得时效要件的占有而言,即使在时效完成前,也可以接受占有诉讼的保护。同时,针对真正的所有者,即使在可以主张时效完成之前,对根据时效的完成而应被清算的物的负担(charges reelles)的权利者,也可以主张时效的完成。在时效完成前,其占有已经受到了权利性保护的理由,在于作为取得时效的要件的占有,在将来作为其效果已经具有作为应被取得的所有权的前提性要件之事实。因此,它与其它场合的占有是不同的。

其次,作为占有诉权以及推定所有者要件的占有而言,必须是拥有所有的意思的占有,不能包括租佃人和承租人的占有,即与用益权者等通过权利的准占有观念而可以受到占有诉权的保护相反,租佃人和承租人都不受占有诉权的保护,因为其不具有所有的意思。

由此可见,朴蒂埃的占有理论,不仅十分严谨细密,也带有他那个时代的鲜明特色。西方学者认为,朴蒂埃的占有理论,已经达到了足以与萨维尼的名著《占有论》相媲美的地步。①

---

① Sir John Macdonell and Edward Manson, *Great Jurists of the World*, p. 469.

第四,债权。在债权理论中,朴蒂埃首先认为,债的核心是契约,它是合意的一种,而合意是指为创设或解除或变更某种债务,两人或多人之间的同意。他认为,与古罗马时代强调契约的约束力的根据在于契约的要式(形式)不同,现在契约的约束力的根据在于当事人之间的合意。这种"意思主义",为资产阶级的契约自由奠定了基础。那么,在有关契约的各种关系中,是如何贯彻契约的"意思主义"的呢?朴蒂埃阐述了如下几个问题。

(1)契约当事人的能力。朴蒂埃指出:"契约的本质,因为是已经看到的那样是'同意',所以,(订立契约时)当事人能够作出同意是必要条件,为了能订立契约,当事人能够'运用理性'(usage de la raison)是必要条件。"[1]基于此,朴蒂埃认为孩子、身心不健全者、狂者(fous)等是无能力者,而所谓不能够"运用理性",是指被市民法规定为无能力者,如妻子、浪费人等禁治产者。

(2)合意的瑕疵。主要有错误,即关于标的物的目的性、标的物的主要特性、当事人的同一性等错误。基于错误的契约,毫无疑问是无效的。关于动机的错误,朴蒂埃介绍了两种对立的见解:一种认为动机的错误缺少了要件,因而合意是无效的,其代表是德国自然法学家普芬道夫。另一种则认为动机的错误并不影响合意的效力,比如在遗赠的场合即如此。除错误外,自由的欠缺(受到胁迫、被强制)、诈欺、买卖契约中的不当提价等,也属于合意的瑕疵。

(3)契约的效力。朴蒂埃认为,"合意仅涉及构成合意目的之事物,而且仅在契约当事人之间有效"是一个原则。[2] 目前,被称为近代法国法上的基本原则之"契约相对性原则",在朴蒂埃的这段话中已初具雏

---

[1] 前揭〔日〕关口晃:《关于法国近世私法的一试论》。
[2] 同上。

形。从这原则派生出了"任何人不能为他人而作出约定"之原则。换言之,为第三人的契约这种法律构成,在朴蒂埃的理论中尚未出现。

(4)契约的解释。朴蒂埃认为,契约解释有各种准则,它们是"在契约中,探寻契约当事人的共通的意思是什么比追究用语的语法、含义等更重要","在契约用语具有两种含义时,与其在认为这种契约用语将不带来任何效果之含义上作出解释,不如在将其理解为它具有何种效果之意义上作出解释。"①现行《法国民法典》第1156—1164条规定的解释准则即来源于此。

(5)损害赔偿。首先,在赔偿因不履行债务而产生损害之场合,朴蒂埃认为,并不是必须赔偿债权者蒙受的所有损失和失去的所有利益,而是应区分各种场合和种类,作出相应的赔偿。比如,债务不履行由债务者的单纯过失造成时,债务人仅就在缔约时,人们一般能够预见到的损害范围作出赔偿。这种预见损害一般是契约标的物自身受到的损害。其次,在债务不履行是出于债务者的故意时,与上述场合不同,债务者应对债权人的所有损失作出赔偿,即不仅对契约的标的物,而且对相关的其他财产的损害也作出赔偿。最后,应当注意的是,朴蒂埃将债务不履行分为不履行和履行迟滞两种,前者也就是不完全履行,如卖主将患有传染病的牛冒充健康的牛卖给买主,结果使买主自己的牛也传染上了疾病等。

在债权理论中,朴蒂埃最后对买卖契约、租佃契约、利息、准契约以及侵权行为等具体作了分析。此外,朴蒂埃的私法学理论还涉及婚姻家庭法中如父权、夫权和继承等众多问题。

3.关于朴蒂埃的评价

综上所述,朴蒂埃是法国中世纪后期一位杰出的私法学家,他的理

---

① 前揭〔日〕关口晃:《关于法国近世私法的一试论》。

论,对 18 世纪末以后法国私法学的发展,尤其是以《法国民法典》为中心的资产阶级民法学的形成和发展作出了不可估量的贡献。

第一,朴蒂埃的作品,为《法国民法典》的条款提供了许多立法原型。如前所述,《法国民法典》第 544 条对所有权作出的规定,来源于朴蒂埃关于所有权的定义。《法国民法典》对契约解释的规定,如第 1156 条关于解释契约,应寻求缔约当事人的共同意思,而不是拘泥于文字;第 1157 条关于在一个条款中有两种解释时,宁舍弃使该条款不能产生任何效果的解释,而采取使之可能产生某些效果的解释;第 1158 条关于在文字可能被作出两种解释时,应采取最适合于契约目的的解释等,均来自朴蒂埃对契约解释的阐述;此外,《法国民法典》第 516 条关于财产的分类、第 1101 条关于契约之合意的规定、第 1109 条关于错误、胁迫和诈欺的规定等,都不同程度地采纳了朴蒂埃的学说。

第二,朴蒂埃的作品,成为《法国民法典》在整体上继承和发展法国传统法律文化的一座桥梁。众所周知,《法国民法典》既吸收了罗马法的成果,又在相当程度上继承了法国大革命前的习惯法要素。然而,它是通过什么途径和中介来吸收和继承法国历史上的罗马法和习惯法要素的呢?国外学者的研究成果证明,这一途径和中介就是朴蒂埃的私法学。

朴蒂埃使罗马私法学的成果融入了法国习惯法之中。朴蒂埃虽是一位法国习惯法学的大师,但他最早的研究成果则是罗马法。从 18 世纪 30 年代初至 40 年代末的近 20 年中,他专心致志于罗马法的研究,1748 年完成的《新编查士丁尼学说汇纂》,成为当时法国研究罗马法的集大成作品。[①] 对罗马法的精深研究,使朴蒂埃在研究法国习惯法中每一个问题时,都可以与罗马法进行对比,从而使罗马法与法国习惯法

---

① Sir John Macdonell and Edward Manson, *Great Jurists of the World*, pp. 464—465.

融为一体。朴蒂埃的劳动,为法国法学界提供了经过消化的罗马私法学成果,使《法国民法典》的起草者们得以在比较短的时间内完成了这篇历史的杰作。

在法律的适用上,虽然自中世纪初叶起,在法国就形成了南北两个地区,即南部的成文法(罗马法)区和北部的习惯法区,但由于习惯法的发展和罗马法的复兴,到17世纪时,事实上罗马法已与法国的社会实际结合在了一起。而在习惯法中,也已渗透进并且充满了罗马法的原则和精神,这种状况,也为路易十四时代(1643—1715)民法(1667年)、刑事法(1670年)、商法(1673年)等系统立法所肯定。① 但是,由于大革命前法国并未能消除法律的不统一局面,所以,在法的解释、说明和适用上,还是十分零碎、混乱的,而朴蒂埃的作品的问世,在将罗马法和习惯法的结合、私法体系的建构和统一方面,都使法国的学术界达到了一个新的高度。从而,在他死后40年,法国就迅速建立起了以《法国民法典》为核心的比较完备的资产阶级私法学体系。

在法国,在15世纪以后,出现了研究习惯法的运动,至16世纪上半叶,这种研究达到了高潮,涌现了一大批习惯法学家,如查昂达(Charondas,1536—1617)、雷内·肖皮安(Rene Choppin,1537—1606)、夏萨纳克斯(Chassaneux,1480—1541)、卢瓦塞尔(Loysel,1536—1617)和卢瓦瑟(Loyseau,1566—1627)以及前述查尔斯·迪穆林等,② 尤其是迪穆林,对当时法国的习惯法学进行了系统的整理、阐述,特别是他对巴黎习惯法的评注,被认为是当时"最伟大的业绩",他的著作,"是庞大的、研究中世纪后期法国法所必须的一座宏伟的宝库。"③但是,一方面,迪穆林的

---

① Sir John Macdonell and Edward Manson, *Great Jurists of the World*, p. 461.
② Ibid, pp. 458—460.
③ Ibid, p. 459.

大部分作品当时未能公开,另一方面,16世纪以后,法国习惯法又获得了重大发展(路易十四时代达到了高潮)。所以,迪穆林以及同时代的法学家的作品还不能起到法国封建法学向资产阶级法学之过渡的桥梁的作用。

担当这个重任的是过了一个多世纪的朴蒂埃。一方面,朴蒂埃生活的时代,法国的封建私法学已发展到成熟阶段;另一方面,罗马法的复兴,到18世纪也已进入后期(即已经与社会实际相结合);此外,法国资产阶级此时也已逐步崛起,资产阶级启蒙思想家的理论已广为传播,而资产阶级的法权要求也已日趋明确。正是在这种大气候之下,加上朴蒂埃本人具有的条件,如出身官僚世家、精通罗马法、长期在大学里讲授法国法、长期兼任法律实务工作、和当时的各著名法学家保持着密切的联系以及勤奋和天赋等,使他推出了众多的作品,成功地建筑起了私法学大厦。他"像提坦(Titan)①一样,辛勤地将当时法律的各个方面(罗马法和自然法的精神、法国的司法实践以及习惯法)糅为一个完美的整体。……没有一个人能够完成这件事,而他作为一个伟大的思想家、伟大的法学家和伟大的司法实际工作者却做了这一切。"②

第二节 近代以后法国法学的发展

一、法国资产阶级大革命和拿破仑立法

法国近代资产阶级法学,被西方资产阶级认为是罗马法学和封建习惯法学的融合与升华,其标志之一是1804年《法国民法典》的制定颁

---

① 希腊神话中的巨神之一,是天神Uranus和大地女神Gaea之子。
② Sir John Macdonell and Edward Manson, *Great Jurists of the World*, p. 476.

布。从封建法解体到《法国民法典》制定,中间经历了一个过渡时期,这就是法国资产阶级大革命时期的立法。该立法虽是一种过渡,但由于提出了一系列资产阶级法制原则和观念,因此,对法国以后资产阶级法制的建立还是发生了巨大影响。

(一) 法国资产阶级革命和法制原则的提出

1789年7月14日,以巴黎人民起义为发端,法国爆发了轰轰烈烈的资产阶级大革命。在革命的过程中,法国颁布了众多的法律和法令,进行了一系列的法制改革:

1789年8月4日至11日,国民议会通过"永远废除封建制度"的法令,铲除教会和世俗封建主在法律上的特权地位;

同月26日,颁布《人权宣言》,提出了一系列资产阶级法制的基本原则,如人人生而平等、权利自由,保障公民的基本人权(自由、财产、安全和反抗压迫的权利),言论和出版自由,私有财产神圣不可侵犯,公民不受非法逮捕和非法处罚,主权在民,三权分立以及法无明文规定不为罪、法不溯及既往、无罪推定,等等;

1790年,废止了巴黎最高法院"巴列门"(Parlements),因为封建势力借助它与资产阶级抗衡。代之以全国统一的审判组织体系以及全国统一的法律,形成了司法权统一原则和成文法原则;

1791年宪法,进一步确立了法律为民众制定,法律必须成文、明确、简洁,法就是"写下来的理性"的原则。

上述资产阶级法制原则,既为拿破仑时代的大规模立法所认可,也为19世纪法国宪法学、行政法学、民法学、刑法学和诉讼法学等部门法学的发展奠定了基础。

(二) 拿破仑的系列立法

作为大革命的直接成果之一,法国在拿破仑(Napoleon,1769—1821)执政时期,开始了系统的资产阶级立法活动。

1804年,制定实施了《法国民法典》(Code Napoleon)。该法典由总则和三编组成,共2281条。它确立了近代资产阶级民法的一系列基本制度和原则,如民事权利人人平等、私人财产所有权无限制、契约自由等,虽然还保留有若干封建制度的残余,但在整体上宣告了封建制度的灭亡和资产阶级法治社会的确立,因而被恩格斯赞誉为是"典型的资产阶级社会的法典。"①

1806年,制定了《法国民事诉讼法典》(1807年1月1日实施),分上下两编,共1042条,对法院的审级、起诉、传唤、证人、鉴定人、回避、辩护、调解以及诉讼费用等作了详细规定,确立了资产阶级的一系列诉讼原则。

1808年,又制定颁布了《法国刑事诉讼法典》,由总则和两编组成,共643条。它以法国大革命时期诸项刑事诉讼程序的成果,如对刑事案件实行陪审、无罪推定和自由心证等为基础。同时,又吸收了1670年路易十四时代的刑事诉讼法令的许多内容,具有实行预审程序、刑事诉讼附带民事请求、只有重罪才实行陪审以及审检合一等特点。

在颁布和实施《民事诉讼法典》和《刑事诉讼法典》的同时,拿破仑政府还施行了《法国商法典》(1808年)。它以法国1673年商事法令为蓝本,共4编,648条,对商业事务、海上贸易、破产以及商事法院和诉讼程序作了规定。该法典确立了调整资本主义商事关系的基本制度和基本原则。

1810年,《法国刑法典》颁布施行。它由总则和四编组成,共484条。该法典虽有一些缺陷,如刑罚残酷、严惩"大逆罪"(危害皇帝及皇族之罪),规定"游民罪"和"乞丐罪"等,但它体系严谨、概念明确、法律术语准确,并且确立了资产阶级的各项刑法原则,如罪刑法定主义、法

---

① 《马克思恩格斯选集》第4卷,第248页,人民出版社1972年版。

不溯及既往等等,因此,它不仅奠定了法国近代资产阶级刑法学的基础,也对其他资本主义国家的刑事立法产生了巨大影响。

(三)拿破仑立法的历史影响

拿破仑的系列立法,对法国法学的发展产生了重大的影响。

首先,拿破仑的系列立法,体现的是经济上的自由主义,哲学上的个人主义,法律上则以自然法的理性为立法原则。而这些,为近代法国资产阶级法学的整体发展奠定了基础。

其次,它保留了法国的传统法律文化。如前所述,在中世纪法国,主要适用法国习惯法和罗马法,中世纪后期,又出现了国王立法、海商立法和城市立法,这些在路易十四时代的法典化时期得以开花结果,从而诞生了民、刑、商、海运、讼诉和水利森林等各大法典。拿破仑的系列立法,一方面摧毁了封建法律和司法制度,但也保留了路易十四时代各大法典中有利于资本主义发展的各种内容,从而为法国资产阶级法学的发展提供了本民族的素材。

再次,因起草委员会的主要成员是法律实务家,故法国各大法典比较简单、明确,条理清楚,便于理解掌握,也便于适用。其理论色彩和理论价值不如近代德国的诸项法典。加上起草者中,既有南部成文法派,也有北部习惯法派,因而制定的各法典尤其是《法国民法典》,主要是罗马法和习惯法的折衷、调和,这体现在法学上,许多方面也具有折衷、调和的特点。

尤其必须注意的是,拿破仑的立法虽为近代法国法学的发展奠定了客观的基础。然而,由于法律规范的完备和系统,使法学的形成、发展,带上了仅仅对法典进行逻辑解释和分析以及只致力于探寻立法者的意思的这样一种注释学风,这对近代法国法学发生了巨大影响,在私法学领域,便形成了统治法国近一个世纪的注释法学派。

二、法国近代私法学的形成与发展

(一)注释法学派

1. 注释法学派的形成和发展

注释法学派①的形成和发展,大体经历了三个阶段:

形成期(1804—1838)

1804年《法国民法典》制定颁布后,马上就有不少注释法典的作品问世。作为初期的注释书,有柯泰尔(Cotelle)的《民法的方法》(1804年)、培勒(Perreau)的《民法原理》(1805年)以及《法国民法典》起草委员之一的马雷维莱(Maleville)的《关于民法典起草会议之讨论的分析和推理》(1805年)等。② 而奠定注释法学派之基础的则是梅兰、图利埃、普鲁东和迪兰顿。

梅兰(Merlin,? —1838),1778年曾担任过比利时佛兰德(Flandre)王室法院的副律师,为国王专制主义唱过赞歌。大革命后,作为立宪会议的议员,又赞成君主立宪制。1793年雅各宾派专政时,作为共和国制宪会议的成员,他又赞成处死路易十六。没过多久,当罗伯斯比尔(M. M. I. Robespierre,1758—1794,雅各宾派的领袖)失势时,这位曾是罗伯斯比尔部下的梅兰,又赞成打倒他的上司。督政府起来后,他又为其效力,并荣升为上诉法院的检察总长。梅兰的这种政治立场多变的性格,一方面反映了当时法国社会动乱、政治形势多变的现实:他如果不这样随机应变,或许早已掉了脑袋;另一方面,也决定了他在法律上的立场,使

---

① 本小节内容曾以"19世纪法国注释法学派述评"为题发表于《南京大学法律评论》1995年秋季号,收入本书时在文字上作了个别订正。

② 作为民法典起草委员编写的最初的注释书,该书虽然有不少精彩的论述,但在解释法典条文时,极为拘谨,极力避免提出自己的见解,从而使整个作品平淡无味。

他必然走上维护现行法典条文、不去自行解释的道路。如他自己所言:"我是法律家,我只按照法律的各项原则说话。"①

作为注释法学派的创始人之一,梅兰还未走到死守法律条文、不敢越雷池一步的程度。作为检察总长,他一方面原封不动地接受新的法律规定,既不从当时的法律原则中去挖掘、诠释立法者的立法理由,也不批判其实际价值。尤其是没有从社会、伦理角度,将抽象的法律原理予以正当化。这一点,即法律原理与社会伦理的隔阂,正是注释法学派勃兴的指导理念之一。另一方面,梅兰也尽可能在将法律原则适用纷繁复杂的案件时,运用比较灵活而富有弹性的解释技术,来解决现实的社会问题。从这一点看,梅兰具有过渡性质,即他既是注释法学派的创始人,又是大革命前法国对法律(主要是罗马法和习惯法)大胆解释学风的继承人。

尤其是,梅兰承认成文法会自然废止,将习惯法视为法源之一,主张法官在没有成文法律可引用时,应按照"衡平"原则判案。他认为,就民法典没有规定的事项,过去在旧时代的法源中,只要不是明显不合理的,即可以援用。他甚至与当时的主流观点唱反调,承认地方习惯法的有关规定,用以解决具体的案件。由于梅兰学说的这种特点,所以,他既被承认为注释法学派的创始人之一,又受到繁荣时期正统注释法学派的批判,也受到萨莱耶和惹尼等科学法学派的肯定和赞誉。

图利埃(Toullier,? —1835),大革命前在雷恩(Rennes)大学法学院取得学位。在拿破仑时代成为雷恩大学教授,开设民法讲座。后成为该大学校长。《法国民法典》颁布后,图利埃即立志于写作对民法典的大规模的综合性注释书《按照法典顺序之法国民法解说》(Droit civil francais suivant l'ordre du Code)。与以往的著作不同,图利埃的注释

---

① 引自〔日〕福井勇二郎编译:《佛兰西法学的诸相》,第 25 页,日本评论社 1943 年版。

按照法典条文顺序进行,既阐述理论,又联系实际,十分系统和完备。1811年出版了第1卷,至他1835年去世共出到第14卷,剩下未完成的6卷后由迪威骥(Duvergier)追补完成。在方法上,图利埃和梅兰一样,也受到了法国大革命前习惯法注释学家的影响。比如,他同样承认习惯法的法源地位。但作为一位注释法学派的创始人,图利埃已经具备了只埋头于法典条文的注释,而忽视社会和法的发展的特点。他甚至对当时的重大历史事件,即罗马著名法学家盖尤斯的《法学阶梯》的发现(该书于1816年由德国历史学家尼布尔在意大利佛罗那图书馆发现。此事曾轰动了当时西欧的法学界)也完全不放在心上。不仅如此,他的著作在内容上也有许多漏洞。这样,图利埃的注释书,除了债权部分比较优秀之外,其他部分已大都成为历史。

普鲁东(Proudhon,?—1838),起先担任律师,大革命时转任司法官,其后担任贝桑松中央法律学校(Ecole centrale de Besancon)的教授。1806年,第戎法律学校(Ecole de droit de Dijon)创设后,即任该校民法教授。在该校改建为第戎法科大学后,又升任第一任代理校长。此后,一直到1838年去世,一直担任第戎法科大学的民法教授。

与图利埃相反,普鲁东未留下大部头的注释全书,只发表数篇独立的专题论著,如1800年发表的《关于人的身份的法国法制中的判例释义》(《法国民法典》颁布后,改名为《身份论》,出了增订版)和1834年出版的《公有财产论》(Traite du domaine public)等,而其代表作,则是1823—1827年出版的《用益权论》(Traite des droits d'usufruit)。该书一直被公认为是权威著作。

与图利埃还保留有旧时代那种重视习惯和判例的法律注释学的影响不同,普鲁东的著作已经呈现了典型的新时期注释法学的特点。用他自己的话来说,《法国民法典》是全新的法律,应将它与以往法律的历史、传统的习惯等完全割开,而只研究法典自身,不必考虑法律条文中没有直接表示出来的经济的、社会的要因。"《法国民法典》的研究,必须在法典中进行。"如果人们感到法律条文不完全、晦涩,那么,这是"诽谤法律"的解释者本人所为。应当巧妙地引用条文,辅以严密的逻辑,摘出条文背后隐藏的原则。的确,普鲁东在这方面是成功的,他的著作逻辑极为严密,几乎达到了无隙可击的地步。但是,他的著作也给人以枯燥无味的感觉。

与梅兰相比,图利埃和普鲁东的理论要远为精致、系统得多,他们的作品一出台,就受到了一致好评,不但在法国不断被再版,还迅速被译成德语和意大利语。他们对当时法国民法学的发展,确实作出了巨大的贡献,尤其是为注释法学派的勃兴奠定了基础。

迪兰顿(Alexandre Duranton,1783—1866),在1822—1856年间的30余年中,一直在巴黎大学执掌教鞭。其著名代表作是从1825年开始问世的《按法典的顺序的法国民法讲义》(Cours de droit civil francais suivant le Code civil,至1837年完成,1844年起出第四版,共22卷)。

迪兰顿的学风处于图利埃和普鲁东之间,基本点也是从法律条文中寻找解决问题的原则和规定。但在具体操作时,他的观点比图利埃更为正确,比普鲁东更加灵活。就他的巨著本身而言,他确立了注释法学派的基础,但在他的学说中,不时表现出与繁盛时期注释法学派不同的特点。比如,他明确指出了民法典第三编(财产取得编)中的编纂瑕疵,他重视民法典与封建时代法律的关系,不时强调习惯法的地位,承认成文法的自然废止,主张重视判例的研究,声称"经过民法典颁布后二十余年的风霜,我国的判例在许多方面已确立起了其原则和原理,判例在某种意义上已取得了与成文法同样的效力。"[①]

梅兰、图利埃、普鲁东和迪兰顿的理论,顺应了当时资本主义发展

[①] 引自前揭〔日〕福井勇二郎编译:《佛兰西法学的诸相》,第42页。

需要社会秩序稳定和法律稳定的客观要求,奠定了注释法学派的理论原则和研究方法,但还不时地表现出旧时代的痕迹。使注释法学派走上繁荣、纯粹的是他们的弟子们。

繁荣期(1838—1880)

将1838年作为划分注释法学派的形成期和繁荣期的分界,是因为这一年,一方面初创期的两位大师梅兰和普鲁东相继去世,而繁荣期的代表人物之一的奥普利(Charles Aubry,1803—1883)和劳(Charles Rau,1803—1877)的合著《法国民法讲义》公开出版。以此为开端,繁荣期的代表人物不断涌现。他们在梅兰等人开创的基础上进一步努力,在理论和方法上拓展了注释法学派的学术领域,取得了辉煌的成果,也使该学派的观点发挥到了极端,从而也为科学(自由)法学派的出台开辟了道路。属于繁荣期注释法学派的代表人物,除了奥普利和劳之外,还有土劳伦、德谟伦伯、瓦莱特。

土劳伦(Troplong,1795—1869),本是一名穷书生,在干活谋生的同时,拼命自学。在街头书肆小店读完了罗马法、习惯法、封建时代判例、民法典注释书以及其他法律文献,开始走上法学研究之路。由于这种特殊的经历,使他的论文和著作既有着许多大胆的观点和奇异的假说,又有许多理论上的漏洞和缺陷,从而在受到年轻人欢迎的同时,也受到学术界的批评。而这样一来,反而使他名声大振。他开始以图利埃的后继者自居。1833年,出版了《买卖篇》,两年后,又出版了《先取特权以及抵押权篇》、《时效篇》等,并冠以全部著作为《按民法典顺序的民法讲义》,附以"本书系图利埃的著作的续编,为了帮助读者理解,采用了评论注释的方式"等用语。随着学术上的成功,他开始步入司法界,先入普通法院当法官,后入上诉法院任庭长,随后又升任院长。

土劳伦的作品,首先充满了乐观和朝气。他认为,民法典是"现代的杰作",尽管1849—1855年在议会中人们已指出了法典中关于抵押权制度的缺点,1848—1863年的劳动纠纷也暴露了法典在这方面的无能为力。但他还是站在完全赞誉民法典的立场之上。其次,土劳伦的作品也包含了诸多的矛盾。他虽冠之以按照法典顺序解释民法典,但又轻视"字句的注释";他批判"衡平"观念,认为应将它作为"最危险的要素"从法律注释中排除出去,但又主张尊重事实,主张按案件的具体情况处理问题;他盛赞拿破仑立法事业的完璧无瑕,但又批判法典立法起草准备工作的匆忙草率等。

德谟伦伯(Demolombe),卡昂(Caen)法科大学的民法教授,长期担任该大学校长,并多次被推荐为当地律师协会会长。无论在理论上还是实务上,德谟伦伯在当时都是第一流的。在相当长的一段时间,他是法国法学界的学术权威,是注释法学派的带头人。虽然他的理论有许多缺陷,特别是为了单纯追求论战性和逻辑力量,从而削弱了他的理论体系的深度和科学性。但他一生的劳作《拿破仑法典讲义》(Cours du Code Napoleon,1844—1882,只完成了31卷,第32卷夫妻财产制以下由其学生、卡昂法科大学教授狄劳阿尔德〈Guillouard〉完成),使法国的注释法学在他手中达到了最盛期。

瓦莱特(Valette,1803—1878),终身不悔埋头于书斋和致力于教学。1835年,担任巴黎大学教授代理(supplant),其后,担任民法教授,一直至1878年去世。期间,也曾担任国民议会议员。1842年,他发表了注释普鲁东著作的书,并使其面貌焕然一新(该书1872年第二次修改后,作为瓦莱特著《民法典讲义》第1卷出版,第2卷在瓦莱特死后出版)。1846年,他出版了名著《抵押权论》(Traite des hypotheques),由他弟子们编纂的《法学立法判例论纂》于1882年公开出版。

瓦莱特的著作质量很高,被西方学者赞誉为"不朽的作品"。他的著作逻辑严谨、推理正确、阐述透彻,既有理论的深度,又有明快流畅的感染力。这些特点,使瓦莱特的作品虽然不多,且几乎都没有完成,但还是被法国学术界尊奉为繁荣期注释法学派的代表作之一。

使法国注释法学达到顶峰的是奥普利和劳。奥普利和劳同年出生于同一个地方阿尔萨斯（Alsace），均毕业于斯特拉斯堡大学。奥普利于 1830 年、劳于 1834 年在母校开始讲授民法。19 世纪法国民法学名著《法国民法讲义》，是他俩通力合作的结晶。

奥普利和劳的学生时代，注释法学派已经崭露头角，随后便统治了法国法学界。对注释法学派的理论脱离实际、拘泥于法律条文、解释前后矛盾等诸多现象，他们都抱有尖锐的批判态度。为了"纯化"注释法学派，阐述他们自己的观点，他们开始翻译德国海德堡大学教授塞哈利埃（Carl Salomo Zacharia）的著作《法国民法提要》（Handbuch des Französischen Civilrechts）。他们在忠实于原著的基础上，从第二版起，慢慢融入自己的观点，除新增加了许多注以外，还大大扩展了论述内容，和原著不同的观点也随处可见。在 1856—1863 年出第三版时，已使原著面貌全变，卷数也从 2 卷增加至 6 卷。到第四版（1869—1879 年）时，进一步增加至 8 卷。他们死后，1922 年由其弟子修订的第五版又增加至 12 卷。

奥普利和劳的作品，之所以被尊奉为是注释法学派的代表性论著，首先在于他们继承了注释法学派的传统，极为重视法律条文，并在解释条文时，着重探求立法者的原意。用奥普利在 1857 年的演说（当时他已担任斯特拉斯堡大学校长）中的话来说，就是"我们研究的是一切成文法，而且只能是成文法"。[①] 同时，他们的作品中只注重逻辑推理、理论阐述，并且论述脱离社会现实的地方也随处可见。在他们的研究方法中，主要也是演绎方法。

但另一方面，注释法学派的发展顶点同时也是其对立学派科学法

---

① 引自前揭〔日〕福井勇二郎编译：《佛兰西法学的诸相》，第 68 页。

学派(自由法学派)的出发点。奥普利和劳的著作在坚持注释法学派的基本观点的同时,已开始包含了科学法学派的思想和方法:

第一,他们在坚持抽象的逻辑注释、理论演绎的同时,已开始具有现实的精神,即将法律原理运用于解决实际问题,主张支配法律条文注释的是"实用"("实际需要")。这在当时显然已与德国自由(科学)法学派的代表人物耶林(R. von Jhering,1818—1892)的观点(法律目的论)站在同一立场上了。

第二,奥普利和劳在研究中,导入了综合性方法。在他们之前的法学派常常拘泥于法律条文自身,以单纯分析开始,以单纯分析结束。而他们,虽然也按照法典条文的顺序进行注释,但已引入了综合的方法,即他们有时会不顾法典自身的体系,在合理的秩序之下构造民法学的体系。尤其是他们对资产论、共有权论、物权性请求权论、继承财产复权论等的阐述,建立起了与法律条文并不直接关联的理论体系。

衰落期(1880—1900)

衰落期,也是科学法学派的诞生期。进入 19 世纪 80 年代,一方面,社会形势发生了巨大的变化,有价证券取代了不动产的地位,成为财产之王。此外,各种保险制度、社会化措施也开始迅速出现。反映在法律生活中,民法典日益不能满足社会生活的需要,从而判例大量出现,它们不管学术界的沉闷空气,自顾自地发展出了不少原则和原理,如嫁资动产的保护、保险制度中为第三者的生命保险契约、劳动灾害中的民事责任,都是其中典型的例子。各种各样的判例集也大量出版,开始摆上了学者的书架。

在这种背景下,法学界也不得不作出应变措施,尽管是很缓慢、很不情愿的。这方面的先驱者,主要是从注释法学派中分化出来的查尔士·布丹(Charles Beudant)、布诺阿尔(Bufnoir,？—1898)、拉贝(Labbe)。前者在《个人权与国家》(le droit individuel et l'Etat,1891)

以及《法国民法讲义》(Cours de droit civil francais,死后由其儿子出版)等书中,除还带有注释法学派的若干特点外,已开始承认习惯法是第二种法律渊源,强调判例的作用。布诺阿尔在《罗马法上条件的研究》(Traite de la condition en droit romain,1866)、《所有权与契约》(Propriete et contrat,1901)中,则对民法典的个别问题作了微观研究。与布丹不同,布诺阿尔除了在其作品中不时提出一些新的观念之外,他的最大贡献是将比较法研究引入民法学。他于1869年设立了"比较法制协会"(Societe de legislation comparee),随后,在巴黎大学以开设民法特殊讲义的形式讲授比较法,并在《比较法制协会报告》中连载关于德国民法典草案的论文。布诺阿尔的这种比较法研究,通过其学生(也是女婿)萨莱耶而得以进一步发扬光大。

与布丹和布诺阿尔是纯粹的民法学家不同,拉贝首先致力于罗马法研究。他在担任巴黎大学罗马法教授时,开创了"既忠实于传统又大胆创新"的方法。这种方法,他首先是在其长期的判例评注中予以实施的。在拉贝步入学术界之时,法国的判例集已是琳琅满目,拉贝就从注释这些判例入手,从中挖掘适合当时法国社会的原理和原则。正是由于拉贝的努力,法国的判决从对法律条文的被动解释中走了出来,促进了法的发达,法官也开始意识到应自觉地创造法律。

布丹的综合精神、布诺阿尔的灵活的分析方法以及拉贝的现实主义立场,都使注释法学开始走出仅仅注释法律条文的峡谷,迎来了法律改革的时代。而这个时代的巨人,则是科学法学派的创始人萨莱耶和惹尼。

2.注释法学派的学术特点

与中世纪注释法学派、人文主义法学派以及德国19世纪"潘德克顿法学派"(《学说汇纂》注释学派)相比,19世纪法国注释法学派具有一些自己的特点,主要为:

第一,只承认法律尤其是成文法的法源性。他们认为,所有法律问题,必须用成文的法律来规律,并且立足于予以规律的确信之上。作为法源,只存在于成文的法律(loi)之中。这里,所谓法律,是技术性的意义上的概念,是指通过由国民的代表组成的议会的意志而决定的法律规范,故这意味着寻找发现国民的一般意志。因此,他们不承认成文法律之外的法源,诸如习惯法、判例法和条理以及其它法的一般原则(当然,该学派当中,对习惯法和判例的看法也不一致)。同时,该学派还认为,法学的任务在于保障法律的严格适用,在严密的逻辑构造中捕捉法律的真正含义,并将其适用于法律条文所预想的具体案件,帮助法律忠实地达到这个目的,不得在解释之名义下另立他说,另行其事。

而中世纪注释法学派和法国16世纪人文主义法学派,虽然也以注释罗马时代留下来的经典文献《国法大全》为己任,但它们并不拒绝解释习惯法,并不否认习惯法和判例的法源性,相反,正是在注释法学派和人文主义法学派的影响之下,在法国开始了对习惯法的大规模发掘和注释活动,形成了习惯法注释学,创造了罗马法和习惯法相混合的普通法,适用于各个法院,并涌现了像迪穆林和朴蒂埃等习惯注释法学大师。

19世纪德国的"潘德克顿法学派",虽然也以严密注释罗马《学说汇纂》为己任,但该学派以历史法学派的思想为基础,而后者坚持认为法是民族精神的体现,法与语言等一样,是在其民族的形成和发展的历史过程中培育起来的。如历史法学派的代表人物萨维尼在其《现代罗马法的体系》第1卷第3章第18节中专门论述了习惯法在现代法律体系中的重要地位。他认为,当时西欧社会存在的两种习惯法,即"一般习惯法和特别习惯法,不仅在过去被承认为是与法律并列的现代罗马法的法源,而且在将来也一样,将是继续组成现代罗马法(民法)的要素。"[1]作为一个在历史法学派的思想影响下发展起来的学派,"潘德克

---

[1] 〔德〕萨维尼著:《现代罗马法体系》第1卷,〔日〕小桥一郎译,第95页,成文堂1993年版。

顿法学派"也不排斥习惯法的法源性。

第二,在解释法律时,唯条文及立法者的原意是问,不敢越雷池一步。对此,惹尼曾说过:"法国的学说,虽不能说是排他性的,但主要的努力在于对法律条文作严格的解释。正是这一点,使得注释法学派获得成功,并长期统治法国学术界。该学派,如同前述卡昂法科大学校长德谟伦伯所言,'一步一个脚印地遵从法律条文,并以能够更加容易发现立法者的想法而自负'"。① 他们的出发点是,"解决所有的法律问题,必须严格依据法典条文;法律的解释,必须依从明示的或推定出来的立法者的意思进行。"②劳兰(Laurent)说得更妙:"用明晰的、正确的语言编纂的民法典,赋予法律以坚固的、不可动摇的基础。然而,解释者却叹息万事总是不确实的(万物总有缺陷)。我认为,这种叹息并不恰当,因为,如果将法律化为疑问之海(对法律充满疑问),那么,其责任在于解释者自身。如果他们对民法典的条文再尊重一点的话,那么,就不会产生疑问、发生争议了。法律条文已经提供给了我们确实的原则,如果远离法律条文,那么,任何事也都变得不确实了。""忽视法律条文,就必然会导致不确实和谬误。"③这一点也和中世纪注释法学派、人文主义法学派以及德国19世纪"潘德克顿法学派"不同,因为,在中世纪和近代德国,还没有像1804年《法国民法典》那样明确的完美的法典。

注释法学派对待法律条文的这种立场,甚至离当时法典的制定者的想法都很远,违背了法典起草委员会某些成员的意愿(虽然符合拿破仑的立法要求)。因为该委员会的负责人、法国著名法学家包塔利斯(J. E. M. Portalis,1746—1807)在其《民法典序说》(Discours prelimi-

---

① 引自〔日〕野田谟良之:《注释学派与自由法》,载《法哲学讲座》第3卷,第214—215页,有斐阁1956年版。
② 引自前揭〔日〕福井勇二郎编译:《佛兰西法学的诸相》,第11页。
③ 引自前揭〔日〕野田良之:《注释学派与自由法》,载《法哲学讲座》第3卷,第215页。

naire du Code civil)中曾说过:"立法者并不试图预见所有应发生的社会现象,即使想预见也是不可能的。立法者不能对抗时势的推移和'不知不觉之间带来变化的习俗的趋向'。无论多么完美的法典,也免不了多多少少的欠缺,并且这种欠缺随着岁月的流逝将不断加深。而不停地克服这种缺陷,就是历史赋予法律解释者的任务。"①

第三,大前提小前提式的形式逻辑演绎方法。受上述两点制约,注释法学派在解释法律条文时,必然要从明确法律条文、字句中的含义入手,将其作为不可改变的前提,来适用于具体的案件。在这种指导思想之下,注释法学派在将法律适用于社会生活时,就将法律条文当作大前提,将具体案件当作小前提,将两者合成,通过形式逻辑的演绎方法,推出结论,如同利阿尔(Liard)所说:"法是成文的法律。因此,(法学院的)工作在于教给学生解释法律的能力。其结果,其方法是演绎性的。法典、条文就是一条条定律,大家面临的问题就是证明其相互的关联和引出结论。纯粹的法学家,就是几何学家。"②那么,即使完全亦步亦趋,沉溺于法律条文之间,有时也会发现这一条文与那一条文之间的矛盾或冲突。对此,应如何办呢?按照注释法学派的观点,成文法的体系是一个完美的整体。因此,为了解决出现的矛盾和冲突现象,就必须运用一些技术,如"类推解释"、"反对解释"、"拟制"等,通过扩张解释、限制解释,来使矛盾和冲突的条文相互协调、一致。

3. 注释法学派出现的社会历史原因

注释法学派的形成和发展,并且统治法国法学界长达近一个世纪,并不只是法学家的主观努力,也有着深刻的社会历史原因。

第一,注释法学派的形成,是接受了法国大革命的法观念的深刻影

---

① 引自前揭〔日〕福井勇二郎编译:《佛兰西法学的诸相》,第14页。
② 引自前揭〔日〕野田良之著:《注释学派与自由法》,载《法哲学讲座》第3卷,第216页。

响。这种法观念,简言之,就是对人类理性的绝对信赖。用布尔德纽(Burdeau)的话来说,就是"所谓法律,就是人类理性的外化的一般意志的表示,是由人民代表表述的人类理性。"①法律是人类理性的表现的思想,作为具体的法观念以及对注释法学派的影响,具有如下特征:

(1)尊重理性,排除经验。在当时人们的观念中,理性是人类社会不变的法则,实定法是自然法的成文化,它必须满足理性的要求,没有经过理性的反省的法律规范不具有真正的法的价值,以没有谬误的人类理性为基础的法律以外不存在法的规范。在早期资产阶级启蒙思想家那里,法律是人类一般意志的表现,这种一般意志是理性的社会形态,而在尊重理性的同时,必然带来对经验的排除和对习惯法的否定。因此,注释法学派认为,他们埋头于法典条文的注释之中,正是一项尊重人类理性的最崇高的事业。

(2)法律是自由的保障。法国资产阶级大革命的成功,首先在于各个阶层的团结,而这种团结的基础之一,就是通过法律对封建专制(在随着而来的资本主义之下,就是对政治权力)进行合理限制的思想。在这个意义上,法律是个人自由的保障。政府也好,司法机关也好,都只是法律的执行者,当它们超越法律之时,便构成了对公民个人自由的侵害。法律必须制定得极为明确,对法律的解释也必须极为严格。在法治社会下,人们才有自由,社会才能繁荣。人为的统治(人治)有百害而无一利。而注释法学派,事实上仅仅是将上述法观念予以固定化、实际化而已。因为,1804年《法国民法典》是法国人民数世纪奋斗的结晶,被认为是人类理性的表现,是自然法的具体化。由上述法观念哺育起来的一代乃至数代处在自由资本主义时期的法学家,强调对法典的尊重,对法律条文的严格解释,是不奇怪的。

---

① 引自前揭〔日〕野田良之著:《注释学派与自由法》,载《法哲学讲座》第3卷,第216页。

(3)法律必须便于掌握、便于执行。立足于上述法观念的法学家，完全接受了孟德斯鸠和卢梭的学说。这种学说强调，法典应当简单、明了、完善，以便于民众直接遵守，以容易地从法典中找出解决具体问题的答案。法典必须是一种针对行政和司法机关专横的坚固堡垒，并且这种堡垒必须是建筑在自然法之上，而自然法则存在于成千上万的国民的心里，法典仅仅通过明快的逻辑性的演绎，将自然法演化成各种规定而已。孟德斯鸠和卢梭的上述学说，在当时已牢牢控制了法国国民甚至国会议员们的思想。如雅各宾派领袖罗伯斯比尔在1790年11月18日的立宪会议上就说："所谓'法院的判例'（jurisprudence des tribunaux）之用语，必须从法语中抹掉。"①拿破仑执政府的第二执政、著名法学家康巴塞雷斯（J. J. R. de Cambaceres, 1753—1824）在1793年提出的第一部民法典草案的报告中也说，民法典是"唯一不可分的真理"，乃至"只有自然才是我们所应追究探寻的神托"等等，都表明了当时国民的心态。

当然，从大革命到民法典出台，已经过了十几年，上述氛围已有所缓解和淡化，这从法典起草委员会的负责人包塔利斯的上述话中可以看出。但当时具有包塔利斯这种见识的人并不很多，绝大多数人仍然受到孟德斯鸠、卢梭、罗伯斯比尔以及康巴塞雷斯等人的思想的支配。而注释法学派就是在这种氛围中诞生的，他们极为忌惮司法权的强大和法律解释的恣意。"法官只不过是重复法律的条文，他们只是法律的工具"这一孟德斯鸠的话，成了他们的座右铭。

第二，当时统治法国国民的对《法国民法典》崇拜的特殊心理状态。1804年《法国民法典》是资本主义最初的伟大法典，也是从16世纪后几代法国人追求的伟大目标，而拿破仑利用其权力，仅在短短几个月中

---

① 引自前揭〔日〕福井勇二郎编译：《佛兰西法学的诸相》，第16页。

便将它制定了出来,这一事被当时法国人认为是天才的壮举和奇迹,从而对法典产生了一种拜物教(盲目崇拜)意识。这种国民心理状态,不是科学的,而是神秘的或是迷信的。然而,这种心理对注释法学派却产生了潜移默化的影响。正如注释法学派的代表之一布格纳特(Bugnet)所说:"我不知道什么是民法,我只教授《法国民法典》。"① 前述注释法学派的代表人物德谟伦伯(Demolombe)则进一步说:"我的口号、我的信仰和座右铭也是:世界上最重要的是法律条文!我公开我的《法国民法典》的讲义,其目的只在于将《法国民法典》自身作为活的法律,应当适用的具有强制力的法律,而予以解释、说明。"② 在这种氛围之下,最初的法学家们拘泥于法典自身,并不是不可理解的。

第三,拿破仑的意向对注释法学派的形成起了决定性的作用。在拿破仑看来,制定民法典的目的在于规范法国的社会秩序,而对法典的自由解释是一种扰乱社会秩序的做法,也是一种无政府主义的危险倾向。同时,拿破仑也认为,他的法典是世界上尽善尽美的杰作,应当与《圣经》一样,成为每个家庭床头柜上的生活指南。任何对它的自由解释,都是对法典神圣性和权威性的亵渎。当他得知第一部《法国民法典》注释书出来时惊叹:"我的法典完了"③,可以说充分反映了拿破仑对待法典的心态。

拿破仑的这种观点,在当时的法律教育中也表现了出来。当时大学里不开设自由解释民法典的讲座,如同有的法学家所言:"拿破仑培养的法律家,只是法律的执行者,而不是法律的批判者,经过这种学校培养的学生,对法典条文非常熟悉,也能作出精彩的逻辑推理和解释,

---

① 引自前揭〔日〕野田良之著:《注释学派与自由法》,载《法哲学讲座》第3卷,第205页。
② 同上。
③ 引自前揭〔日〕福井勇二郎编译:《佛兰西法学的诸相》,第18页。

但因缺少科学精神,在法庭上只是'一个无生命的存在'(孟德斯鸠语)"。在这种环境下,又使法典拜物教更加流行。平庸的教授们将法典视为是神物,是《圣经》。如同斯特拉斯堡大学民法教授梯里埃特(Thieriet)在1808年的一次讲演中所称:"伟大的法律自身已经说明了一切,我们必须力戒偏颇的解释、防止滥用的危险。"[1]

第四,从19世纪初叶起,法国的资本主义进入了一个比较平稳的发展时期,这为注释法学派的形成和发展也提供了客观的经济和政治条件。当时的社会现实要求有一种明确的、稳定的法律秩序来保障经济的发展,而不希望出现过多的争议和动荡。《法国民法典》的出台,以法典为核心的注释法学派,事实上也是适应了这一社会的、历史的要求。他们对普及民法典的知识,阐明法典的结构和层次,理解法典条文的含义,便于法院的执法等,都作出了相当大的贡献。因此,将注释法学派看成是完全脱离社会实际、埋头于法律条文之间,也是不正确的。

综上所述,注释法学派顺应19世纪初法国社会发展的要求而形成和发展,既为19世纪上半叶法国私法学的发展作出了贡献,又由于其思想观点、研究方法、解释理论的局限,抑制了19世纪下半叶法国私法学的进一步发展,从而为科学法学派的诞生准备了条件。因此,注释法学派既有功,又有过,但总体上是功远远大于过(如果用"功"和"过"这种提法可以的话。因为事实上功和过往往是纠合在一起的)。总之,任何社会现象,都有一定的历史根据和存在意义。法国19世纪注释法学派也不例外。注释法学派成功的经验和失败的教训,对我国法学的发展而言,都是一笔应当重视的文化遗产。

(二) 科学法学派

科学法学派(Ecole scientifique)的代表人物是萨莱耶(Raymond

---

[1] 引自前揭〔日〕福井勇二郎编译:《佛兰西法学的诸相》,第20—21页。

Saleilles,1855—1912)和惹尼(Francois Geny,1861—1956)。

萨莱耶,1884年担任格勒诺布尔(Grenoble)法科大学的法制史讲座。第二年回到故乡,在第戎(Dijon)法科大学讲授法制史。1895年,受聘巴黎大学,讲授刑法。后接任岳父布诺阿尔的教席讲授民法。1901年,比较法讲座独立后,他专任该讲座的教授。

萨莱耶留给后世诸多法学业绩,其中主要的有:1890年出版的《德国民法典第一草案中的债权总论研究》,该书刷新了法国民法学上传统的债权理论,展现了比较法研究的强大生命力;1901年出版的《意思表示论》,1907年出版的《动产占有论》和1910年出版的《法人格论》,都是在巴黎大学的比较民法讲义的成果。1904—1914年出版的《注释附法译德国民法典》4卷、1902年《民法季刊》杂志的创刊和《立法研究协会》的设立,也是萨莱耶的功绩。

惹尼,在受聘南希(Nancy)大学法学院之前,于1891—1901年曾任第戎法科大学的民法学教授。正是在第戎大学,他结识了萨莱耶,受到了后者的巨大影响。两人的关系,可以从惹尼的作品中看出。惹尼于1899年出版的划时代名著《实存私法上的解释方法与法源》(Methode d'interpretation et source en droit prive positif)的序言,就是萨莱耶撰写的。1914年,惹尼出版了第二本主要著作《实存私法上的科学与技术》(Science et technique en droit prive positif,全4卷),它的卷头,也写明将此书献给萨莱耶。当然,惹尼的学术风格和学术成就,与萨莱耶是不同的。

首先,萨莱耶的特点是跨越的领域相当多,在其论述中时不断地迸射出闪光的火花。但是,全部完成理论体系,构建一座完整的理论大厦的几乎没有。他的思想闪光,给了其同僚和学生以诸多启示,使他们完成了一系列的学术成果。而惹尼的学风刚好相反,他既有宏观的研究布局,又有朝着目标一步一个脚印迈进的扎实稳健的治学态度,从而攀登了一个又一个的学术高峰。

其次,萨莱耶将"进化"的观念引入了法律解释的领域。在注释法学派的理论中,法律条文是固定不变的,而萨莱耶打破了这一传统,将法律看成是历史的、变化的东西。他认为,法律原则是不停地变化着的,而其基础则是法律条文和判例。这里,一方面,作为在注释法学派的培养下成长起来的萨莱耶,仍然坚持成文法的重要地位,强调法律条文的固定的、不变的要素;另一方面,作为科学法学派的创始人,他从"探寻立法者的意思"这种注释法学派的方法中解脱出来,开始适应时代的变化,用奔放自由的思想来解释民法典的条文,在解释民法典第1382条规定的"过失"时,用"危险"责任来代替即是突出的一例。在1902年发表的《历史学派和自然法》一文中,萨莱耶还主张法律条文、规定的可变性(进化观)和固定不变的"正义"观念的折衷和调和。因此,萨莱耶一方面是一位伟大的革新家,另一方面也是一名对当时各种法学观点尤其是传统的注释法学派理论和新时期要求之间的折衷派。

而惹尼与此不同,他从根本上批判了传统的注释法学派的理论。他认为,注释法学派的方法是僵化的,并不时地滥用抽象原则。在惹尼看来,成文法的确是重要的,而且,作为主权者的命令,在解释法律时,探寻立法者的意思也是非常重要的。但惹尼同时认为,与成文法并列,习惯也是重要的法律渊源(这一点与萨莱耶不同,萨莱耶仍然只承认成文法是唯一的法律渊源),而判例则是习惯的创始者和引导者。那么,当成文法和习惯法仍未能解决社会问题时,应如何办呢?惹尼认为,这时,应求助于"科学性的自由探究"(libre recherche Scientifique)。这里,"科学性的自由探究",则是基于上述原则,在既存的形式法源以外的天地中去寻找法律规范。为了达到这个目的,法学家必须具备两种素质:其一,是"提出前提";其二,是"予以构成"。与前者对应的是"科学",与后者相对应的是"技术"。因此,这里的法学家的技术,不仅仅是以单纯观察、实验等为基础的实证科学,还包括了形而上学的要素。通过这种实存私法上的科学和技术的运用,来发现法律条文之外的潜在的法律规范,弥补因社会发展而造成的成文法不足的缺陷。

总之,进入注释法学派的衰落期后,一方面,注释法学派的许多原则仍被保留,如人们仍注重成文法,注重法律条文的解释;另一方面,学者开始在法律条文之外,运用历史的、社会学的、比较的方法,寻找适合解决社会生活中的新出现的法律问题的原则和规范。从而,使注释法学派过渡到了科学法学派,使19世纪末的法国私法学走出了法典条文注释这种狭谷,进入了一个新的发展时期。

(三) 20世纪法国私法学的发展

科学法学派对法国法学的发展作出的贡献,一是扩大了法国私法学的内涵,将人们的视野从法典引向了社会;二是在方法论上进行了一场革命,使人们从拘泥于立法者的意图、法典的条文中解脱出来,运用社会学的、功能主义的以及经济学、政治学的方法,研究法和法学。这些贡献和影响,在后来法国的立法和法学作品中都表现了出来。

20世纪法国私法学的代表性作品有:

1. 卡皮坦特(Capitant)的《法国民法教程》(Cours de droit civil positif francais,3vol,1914—1916)。

2. 约瑟兰德(Josserand)的《法国民法教程》(Cours de droit civil positif francais,3vol,1930)。

3. 萨瓦蒂尔(Savatier)的《民法教程》(Cours de droit civil,3vol,1943—1946)。

4. 马修德(Mazeaud)的《民法教程》(Lecons de droit civil,4tomes,1956—1963)。

5. 维尔(Weill)的《民法概论》(Precis de droit civil,7tomes,1971)。

6. 利波特(Pianiol et Ripert)的《民法原理和实践》(Traite theorique et pratique de droit civil,14vol,1925—1934)。

7. 贝旦特(Beudant et lerebourg-pigeonniere)的《法国民法教程》(Cours de droit civil francais,14vol,1934—1951)。

其中,卡皮坦特的民法学研究成果最为重要。

卡皮坦特1865年生于格勒诺布尔,1937年在上萨瓦省阿兰日镇去世。1891年经过竞争考试获得法学院教师资格、成为格勒诺布尔大学的教授时,注释法学派的代表基本上已消失殆尽。判例的分析、外国立法的研究、历史性探索的作用、对法律哲学的再行重视等,导致了法学家改革民法教学工作的意向。1897年,卡皮坦特出版了《民法研究引论》,该书可以说是在这方面作出的初步探索。1908年,卡皮坦特担任巴黎大学法学院教授,进一步致力于民法教科书的编撰工作,出版了一系列的经典作品。其中有上述《法国民法教程》(该书是其主要代表作),1934年出版的《民事判例中的重要判例》,1930—1935年出版的、他任总主编的《法学辞典》等。

卡皮坦特一生荣获诸多荣誉,其法律思想也深深影响了当时的立法者。他认为,判例是法的重要渊源,必须加以认真研究;他相信法律统一化的可能性,既反对孟德斯鸠,也反对萨维尼;他和狄骥、惹尼、奥利弗等人一起,对极端的个人主义进行了猛烈的批判,从而在事实上为现代时期法国私法学的形成奠定了基础。①

三、近代以后的公法学

(一) 概述

近代法国公法学,一般是指基于在法国大革命中诞生的法律面前人人平等、人民主权、三权分立等资产阶级宪政原理之基础建立起来的、与国家政权活动直接相关的法学学术领域,包括宪法学、行政法学、

---

① 前揭上海社会科学院法学研究所编译:《法学流派与法学家》,第184—185页。

财政法学和国际法学等部门法学。

按照日本学者的观点,近代法国公法学具有如下三个特点:

第一,以强烈的自由主义为理论基础,具体表现为:在宪法上,与三权分立原则相并列,作为超宪法的权利而被构造的国民基本人权理论;在行政法上,行政是对被统治者的保护的观念;在财政法上,租税法定主义及议会统制财政的思想;以及国际法上的对国家主权原理的纠正等等。

第二,在近代公法原理确立过程中,判例发挥着创造性的作用。与法国私法学主要是以《法国民法典》、《法国商法典》等以法典为基础发展起来的不同,法国公法学,除了少量法国宪法成文规范以外,法国行政法学,主要是在行政法院的长期审判活动中积累起来的判例的基础上发展起来的,这是法国公法学的一个显著特点。

第三,与判例相并列,法国法学家的学说在法国公法学发展中发挥了重要的作用。这与私法学的情况显著不同。在私法学方面,由于法学家们拘泥于健全完善的法典条文,以注释工作为业。而在公法领域,由于没有系统的成文法律,故法学家的学说起到了补充立法之不足的作用。法学学说通过分析、综合判例,并越过此进而创造新的技术概念,构造未知的法律理论,从中抽象出一般原理,建立了系统的公法学体系。这一工作在法国第三共和国时代取得了巨大的成果。因此,西方学者认为,学说和判例的相互结合以及在其基础上的创造性活动,是法国公法学发展的主要推动力。[1]

(二)宪法学

1. 概述

在法国,"宪法学"一词,是用 droit constitutionnel 来表达的。[2] 由

---

[1] 前揭碧海纯一等编:《法学史》,第205页。
[2] 该词在表示"宪法学"的同时,也表示"宪法";而 constitution 一词,则只表示"宪法"。

于法国宪法学的理论基础是在大革命中奠定的,因而,其一开始形成,就具有鲜明的政治学色彩。具体表现为:

第一,在法国,宪法学不包括基本人权,基本人权是由"公众自由"(Libertes publiques)这一特殊的学科研究的。为什么会形成这个特点呢？首先,法国宪法的废、改、立较为频繁,从而在人们的法律意识中,产生了将人权置于宪法之外和之上,作为一种不受宪法变动之影响的自然法的权利来予以强调的倾向。其次,在法国宪法中,并没有规定由司法权实施的违宪审查权,这来源于在法国封建时代就孕育着的对司法权的不信任,以及将违宪审查权——它是民主主义和基本人权的保护者——委托给司法官是一件危险的事情的观念。1958年宪法在普通法院之外设立"宪法委员会"(Conseil constitutionnel),部分地行使违宪审查权就是一个例子。因此,在法国,宪法学不包括基本人权和违宪审查权。

第二,另一方面,其他许多国家的宪法学不包括的内容,如政治制度、比较宪法制度、政党、舆论、压力集团等等,法国宪法学都予以研究。法国当代著名宪法学家狄维尔杰(M. Duverger)对此作了如下解释:作为客观的定义,"所谓宪法是适用政治制度的法",在这个意义上,"宪法和政治制度这两种表现可以视为是同义的"。但政治制度强调的是社会组织和社会事实,宪法强调的是法律规范。因此,1954年法国将宪法讲座改为"宪法与政治制度"讲座,表明"今后对政治制度的分析,不应拘泥于法律,还应广泛使用社会学的分析,即应融入到政治学的分析之中。"[1]这样,就使法国宪法学超出了一般西方国家的宪法解释学的范围,包含了许多政治学的课题。

---

[1] Droit Constitutionnel et Institutions Politiques, p. 4—7, 1968. 引自〔日〕高桥和之:《法国宪法学说史研究序说》,载《国家学会杂志》第85卷,第1,2号,1972年。

法国资产阶级大革命以后,比较系统地阐述宪法学理论的是法国公法学家康斯坦(B. Constant,1767—1830)和谢特布利安(Chateaubriand,1768—1848),前者的主要著作是《宪法政治学教程》(Cours de politique constitutionnelle),后者的代表作是《立宪君主政体》。他们力主实行英国式的议会内阁制,并论证在法国有力量实行这种制度,尤其是康斯坦的"王权"(pouvoir royal)思想,对这种制度下的君主的地位作了深入的说明。

在法国资产阶级宪法学的形成和发展中,宪法学教育发挥了重要作用。1791年宪法(9月3日公布)之后的第23天即9月26日,政府就宣布要在大学中进行宪法教育(事后未能实现)。1819年,在大学中开设了"公法"(droit public)讲座。虽命名为"公法",其实讲的是宪法。1834年,法国在巴黎大学正式开设了宪法学讲座。1852年,该讲座与行政法合并,称"公法讲座"。1878年,该讲座又各自分开,并于1882年开设了宪法学的博士课程,1889年,又正式开设了宪法学学士课程的教育科目。这样,虽然从宪法学一词的出现、使用到固定下来,经过了近一个世纪,但宪法学的内容,却通过大学教育日渐丰富、不断充实。

19世纪后半叶至20世纪20年代末,推动法国宪法学发展的学者,主要有艾斯曼、狄骥和马尔佩。

2. 艾斯曼的古典宪法学理论

艾斯曼(Adhemar Esmein,1848—1913),是法国古典宪法学理论的集大成者,也是法国现代宪法学的创始人。早年攻读罗马法。1872年通过提交一篇研究罗马法的论文而取得博士学位。1875—1879年,在杜埃大学法学院讲授刑法和法制史。之后,担任巴黎大学法学院的法制史教授,发表了众多的成果,涉及内容极为广泛,如罗马法、法国法制史、封建法、教会法和公法等。1889年,以就任宪法讲座之教授为契机,艾斯曼开始了宪法学研究,并利用掌握的法制史、比较法知识,在宪法学领域取得了巨大的成就。

艾斯曼的宪法学理论,主要体现在他于 1895 年出版的《法国宪法和比较法的要素》(Elements de droit constitutionnel francaiset compare)一书中。在该书中,艾斯曼是通过如下几个问题来展开其理论观点的:

宪法学的对象

艾斯曼认为,宪法学研究的首先是国家。这里,他继承了博丹和孟德斯鸠的理论,认为国家是主权性权力的存在,它拥有一定的领土,它不仅可以对其组成人员发布主权性命令,而且还可以拥有物质性的强制力。国家是与自然而然地、历史地产生的国民(nation)相对应的社会集团,国家是在出现国民之社会事实中产生的。国家要生存,必须有一定的国家形态和统治形态,而规定这两种形态的只有宪法。因此,宪法学的对象就是宪法,即国家形态和统治形态。

但是,研究国家形态和统治形态的学问很多,宪法学是从什么角度来研究这个问题的呢?艾斯曼在这里将宪法学与社会学作了对比。他指出,"社会学是自然科学的一个部分,其目的在于发现并抽象出人类社会在形成、组织、发展或分解之际遵循的自然法则,它不是将国家以及政府的形成,置于历史性的偶发事件之上,而是认为国家及政府的形成是有机的、进化的必然过程。……而宪法学则是法学的一个部门,具有完全不同的目的。它通过探讨由习惯和立法所规定下来的形态——国家以及政府,抽出其精神和基本原则,从中再引出各种结论,以构建逻辑性的并且是法的体系。"[①]

国家形态和统治形态的具体内涵

艾斯曼认为,国家是国民内部存在主权之事实的法的表现,在此

---

① 转引自〔日〕高桥和之:《法国宪法学说史研究序说》,载《国家学会杂志》第 85 卷,第 3、4 号,1972 年。

意义上,国家是国民的法人格化。那么,这样的国家,具有哪些形态呢？艾斯曼首先根据主权是单一的还是被分割的这一标准,把国家形态分为单一国家和联邦国家。其次根据主权者是一个人还是多数人,分为单纯国家和复合国家,前者是君主政体,后者又可分为民主共和政体(国民全体为主权者)和贵族或寡头共和政体(国民中的一个阶级或集团为主权者)。可见,艾斯曼的理论与博丹和孟德斯鸠的学说有渊源关系。

关于统治形态,艾斯曼认为,"统治"是主权者行使公共权威,它有各种形态,即统治形态,它与国家形态没有关系,而是如以主权的行使基于何种基础为标准来划分,可以分为专制统治(主权者恣意行使主权)和合法统治(主权者以法律为基础行使主权),如以主权者是否直接行使公共权威为标准来划分,则可以分为直接统治(主权者直接行使主权)和代表制统治(主权者委托代表行使主权)。

对宪法学对象的限定以及宪法的基本原理

艾斯曼指出,国家——国家形态以及统治形态,虽然是宪法学研究的对象,但并不只是宪法学一门学科的研究对象,社会科学的其他部门也在研究,宪法学研究国家——国家形态和统治形态,只是在将其限定在作为以政治自由为真正目的的宪法范围内,即它只研究为保卫自由而限制国家权力的宪法。换言之,只有保障个人权利的宪法,规定国家形态、统治形态、限制国家权力的宪法,才是艾斯曼宪法学研究的对象。因此,近代的政治自由,是艾斯曼宪法学体系的目的和核心,由这个目的和核心派生的宪法的基本原理,来源于英国近代宪法和法国大革命以及为大革命作准备的思想运动,具体表现在英国就是四项制度：代表制、两院制、大臣责任制和议会内阁制,它们是资产阶级民主主义宪政制度的基础。在法国,就是四项理论成果：国民主权、三权分立、个人权利和成文宪法,它们构成了近代资产阶级民主主义宪政理论的基础。艾斯曼接着对这八项宪法的基本原理和制度进行了历史的比较的阐述,从而构造了近代资产阶级宪法学的理论体系。其中,被西方学者认为最重要者就是个人权利理论、国民主权理论和代表制理论。

宪法学的理论体系

第一,个人权利理论,它是艾斯曼宪法学理论体系的核心。这里的个人权利,按照艾斯曼的解释,是政治权力所应当尊重的权利。艾斯曼继承了18世纪资产阶级思想家关于个人权利的理论,并结合19世纪后半叶的法国实际进行了改造和发挥,即18世纪思想家论述的个人权利是以"自然状态"和"社会契约论"为基础的,而19世纪后半叶,随着资本主义进入垄断,"自然状态"和"社会契约论"等理论也开始受到人们的批判和诘难。

为了解决这个问题,艾斯曼指出,一切权利(droit,亦解释为"法")的源泉不是政治社会,而是个人。因为权利来自于人的有意识的自由、责任和正义的观念,而社会上只有人才拥有这种道德性的责任,才是一种能够自由支配自己行为的现实存在,而政治社会不是这种现实存在,不拥有固有的权利。不错,社会需要规则,但规则不能产生法,"法是自由的儿子"。因此,个人的最重要的第一的利益、权利,就是自由地发展自己固有的能力。这样,艾斯曼就使个人权利理论摆脱了"自然状态"和"社会契约论"等在当时已受到实证主义法学派批判、攻击的缺陷,而是从人的本性、人的现实存在上,阐述与现实社会的关系,以维护个人权利理论在宪法学中的核心地位。他的这种观点,为资产阶级古典宪法学向现代宪法学的过渡奠定了基础。

第二,国民主权原理。从个人权利引申到国家权力,就存在一个权力的正当性问题,即国家权力(主权)存在于谁?艾斯曼认为,保障近代自由最适当的就是主权存在于国民之中,即国民主权原理。正是这一原理,构成了"法国大革命宣布的各种原理中最重要的部分。"[①]它也为近代法国的各主要宪法所肯定。而主权存在于国民之中,在18世纪是基于"自然状态"和"社会契约论",在19世纪后半叶则基于"政府只有在代表国民的利益的意义上才能存在"和"法律只能由国民的支持才能被遵守"这两个事实。

艾斯曼进一步指出,在国民主权与国家形态的关系上,国民主权原理与民主共和政体相一致,而与世袭的绝对君主政体则互相矛盾;在国民主权与统治形态的关系上,艾斯曼认为,主权存在于国民,并不意味存在于现实的一个个个人,而是存在于各个集团。所以,单个个人无法行使主权,主权只能由包含各个人的意志(通过大家投票表决)的国民团体来行使,而个人参与这种团体的权利,就是"参政权",拥有参政权的是"有权者",他们构成了"法律上的国民",由有权者就法律草案进行投票表决,并予以执行,即亲身行使主权是"直接的统治",而在他们的名义下,将这种权力的行使委托给他们选出的代表行使,则是"通过代表的统治"。这里,就引出了艾斯曼宪法学的另一个重要内容:代表制原理。

第三,代表制原理。艾斯曼认为,"通过代表的统治"中的代表,是"在主权者人民授予之权限内,以人民的名义自由地决定事务,人民通过他们的口以及行为来表达自己的意志。"[②]这种"通过代表的统治"比国民直接进行的统治要优越。因为,(以立法权的行使为例)广大市民缺少关于法律的专业知识,他们既未受到过这方面的教育,也没有研究这方面知识的空闲,不能对法律或法律草案作出适当评价。同时,"通过代表的统治"并不排斥全体人民参与政治活动的参政权,它是一种为

---

① 转引自前揭〔日〕高桥和之:《法国宪法学说史研究序说》。
② 同上。

表明国民意志而参加评议的权利,属于全体市民,它的行使是国民主权原理的题中之义,它必须与投票方式和多数决(定)原理相结合。在此,艾斯曼还提出了划分选举区、成立选举团、代议士(议员)名额的分配等问题。

综观上述艾斯曼宪法学的内容,可以清楚地看到其具有许多特点:

首先,艾斯曼确立了"近代政治自由"这一资产阶级宪法学的基本理念。在艾斯曼的理论中,"近代政治自由"是一个核心。在他看来,社会、国家、政府以及其运行(国家形态、统治形态等)都是围绕保障国民的政治自由这一中心,宪法是认可这种现实的章程、法律,而宪法学则以此为研究的出发点。这一观点,既受到18世纪洛克、孟德斯鸠和卢梭等资产阶级启蒙思想家的巨大影响,也是19世纪后半叶法国第三共和国建立以后,完备国家机器、向资产阶级法治国家迈进过程的真实写照。如同日本著名宪法学家深濑忠一所言,艾斯曼的关于近代政治自由的宪法理论,"是对作为法国大革命的正统的法律理想之个人主义的、市民社会的自由的积极肯定和继承,并且也是将其与拥有孟德斯鸠以来的传统之英国政治制度的理想的结合,它可以被理解为是西欧自由世界的'共通的基石'这样一种独创性的宪法理念。"[①]由于艾斯曼的这一贡献,尤其是他的"法是自由的儿子"等名句,使他获得了法国现代宪法学创始人的美誉。

其次,艾斯曼的宪法学理论,既是对资产阶级早期宪法学说的继承,又有自己的不少创造。尤其是他的国民主权原理,对发扬光大博丹的国家主权说和卢梭的人民主权说起了巨大的作用。

一方面,艾斯曼继承和发展了博丹的国家主权理论。博丹认为,主权是一个国家绝对的和永久的权力,除受神法和自然法的约束外,不

---

① 〔日〕深濑忠一:《艾斯曼的宪法学》,载《北海道大学法学》第15卷第2号。

受任何限制。博丹在说明主权拥有的基本内容以后,又提出了以主权者人数的多少来划分政体的理论,这些,都为艾斯曼所继承。但与博丹不同的是,博丹大力倡导的是由开明君主个人行使国家主权的"正当的君主制",而艾斯曼则主张应由人民的代表行使国家主权的民主共和制。

另一方面,艾斯曼也吸收并修改了卢梭的人民主权理论。卢梭在博丹学说的基础上,进一步提出了人民主权的思想,并认为人民享有的主权具有不可转让、不可分割的特点,而且是绝对的、至高无上的和不可侵犯的。这一人民主权的思想成为艾斯曼克服博丹学说的缺陷、建立国民主权原理的基石。但艾斯曼与卢梭不同,卢梭认为,人民的主权是不可代表的,"正如主权是不能转让的,同理,主权也是不能代表的;主权在本质上是由公意所构成的,而意志又是决不可以代表的;它只能是同一个意志,或者是另一个意志,而绝不能有什么中间的东西。因此,人民的议员就不是,也不可能是人民的代表……。英国人民……只有在选举国会议员的期间,才是自由的;议员一旦选出之后,他们就是奴隶,他们就等于零了。"[1]艾斯曼则认为,主权是可以代表的,并且认为"通过代表的统治"比人民的直接统治要优越。艾斯曼的理论,既为英国资产阶级革命后的代议制进行了辩护,也为当时法国的代议制提供了宪法学上的根据。

再次,艾斯曼的宪法学理论,在法国历史上最早构造了比较严密完整的资产阶级宪法学体系。"艾斯曼宪法学的最大特色,是将指导、规制法国宪法政治实际的宪法的一般原则,将英国议会制以及法国大革命的精神与经验作为源泉、基础,以历史性的、发展的眼光以及比较的视角进行观察,在西欧'近代政治自由'的大理念之下予以综合,从而构

---

[1] 〔法〕卢梭著:《社会契约论》,何兆武译,第 125 页,商务印书馆 1982 年版。

造了一个宏大的宪法学体系"。① 这一体系,建立在他对当时法国社会事实以及政治的、法律的现实的观察之上,给予了宪法学以经验的、实证的和科学的性格。并且,艾斯曼的这种理论也渗透进了当时的历史学、社会学和私法学之中,并与当时的自然科学,以及科学方法的倾向相一致。艾斯曼的这一贡献,奠定了法国现代宪法学形成时期的基础,是资产阶级古典宪法学的最大业绩,从而被当时的法国学者认为是"公法学上唯一的权威。"

3. 狄骥的社会连带主义宪法学理论

狄骥(Leon Duguit,1859—1928),是继艾斯曼之后的又一位著名宪法学者,也是现代西方社会连带主义法学的创始人。1882年6月在波尔多大学法学院取得博士学位,同年10月,在教授资格竞争考试中合格。1883年1月,取得冈城大学法学院教授资格。1886年10月,取得波尔多大学法学院教授资格。1892年4月,任波尔多大学法学院宪法和行政法教授。1901年,出任该法学院副院长。1919年起任院长。由于狄骥一生都在波尔多大学度过,所以他的学说以及追随者也被称为"波尔多学派"。

与艾斯曼坚持法国大革命中形成的以国民主权原理为核心的传统宪法学不同,狄骥将社会连带主义法学理论和社会学的方法引入了宪法学的领域,开创了新的研究局面,创立了法国社会连带主义宪法学理论。狄骥的理论主要体现在他的《国家、客观法与实定法》(L'Etat, Le droit objectif et la loi positive,1901)、《国家、政府及其代理人》(L'Etat, Les gouvernants et les agents,1903)、《宪法论》(Traite de droit constitutionnel, Ire ed,1911)等一系列著作中。

宪法学与社会学的关系

---

① 前揭〔日〕深濑忠一:《艾斯曼的宪法学》。

狄骥的宪法学理论,是从用社会学来研究国家问题入手而展开的。狄骥认为,社会现象有两种,一种是"摄取营养现象"或"经济现象",一种是"关系现象"或"法现象",这两种社会现象并不是孤立存在,而是交织在一起。研究前一种社会现象的学问是社会学的第一个部门,即政治经济学,研究后一种社会现象的是社会学的第二个部门,即法学。[1] 因此,法学是社会学的一个部门。

那么,作为法学之组成部分的宪法学,又处在一个什么位置呢?狄骥仍从社会现象入手来展开论述。他指出,无论在哪一种社会现象之中,人都离不开社会,人既是个人的,又是社会的,"人是一种不能孤独生活并且必须和同类始终一起在社会中生活的实体。"[2]人们之间存在着一种连带的社会关系。"人们有共同的需要,这种需要只能通过共同的生活来获得满足,人们为实现他们的共同需要而作出了一种相互的援助,而这种共同需要的实现是通过其共同事业而贡献自己同样的能力来完成的。这就构成社会生活的第一种要素,形成杜尔克姆(Emile Durkheim,1858—1917,也译为"迪奥凯姆")所称的求同的连带关系或机械的连带关系。"[3]而"连带关系并不是行为规则,它是一个事实,一切人类社会的基本事实。"[4]而国家,就是建立在社会连带关系之上的人类社会的一个器官(社会有机体说)。宪法学,就是探讨规律与国家的形成、发展以及作用相关连的各种现象之法则的确定的社会学的一个分支。这样,狄骥就在社会连带主义理论的框架之中,将社会学、法学和宪法学连接了起来,并以此为起点,展开了他的国家学说(宪法学说)。

---

[1] 前揭〔日〕高桥和之:《法国宪法学说史序说》。
[2] 〔法〕狄骥著:《宪法论》第一卷,钱克新译,第49页,商务印书馆1959年版。
[3] 同上书,第63页。
[4] 转引自沈宗灵著:《现代西方法律哲学》,第42页,法律出版社1983年版。

国家学说

狄骥认为,国家是社会的一个器官,社会是人们通过共同的欲望结合起来的集团,所以,国家也是以人们的共同欲望为基础的,它是通过发布命令的人(统治者)与接受命令的人(被统治者)之间的分化而形成的,是强者对弱者的统治。为了保障因文明进化而产生的新的共同欲求,就需要国家。在现代社会,国家这个社会器官已变得极为复杂。如一方面,形成了大臣、议会等各种下部器官;另一方面,国家自身也在不断分化,产生出中央政府领导和监督之下的州、市和县等组织。但这些变化,只是国家量上面的变化,而非质的变化。在本质上,国家仍是命令者对接受命令者的统治。

作为这样一种国家,它具有各种命令性的功能和契约性的功能以及其它派生的功能。具体为:国家的功能,首先是命令性功能和契约性功能,后者主要有两类,即管理行为和外交功能,而前者,则分为一般性命令(立法功能)和特殊性命令,特殊性命令又有两种功能,即执行功能和统治功能,在执行功能中,主要是一般的执行功能和特殊的执行功能,后者又包含了司法性执行功能和行政性执行功能两种。[1] 这些功能的分化发展,是与人的意识的发展相对应的,是作为国家等于人格的意思行为而出现的。

对资产阶级古典宪法学理论的批判

狄骥在展开自己的社会学宪法学理论的同时,对传统的资产阶级古典宪法学进行了批判。狄骥认为,以艾斯曼为代表的法国传统宪法学,是建立在法国《人权宣言》的基础之上的,它强调了两个基本点,即以人格化的民族作为主体的国家主权和具有人格的个人的不可转让的自然权利,以及由此派生的国民主权原理、代表制等。

---

[1] 前揭〔日〕高桥和之:《法国宪法学说史序说》。

狄骥认为,到 20 世纪初,这种传统的宪法学已经瓦解,一方面,人们已经认识到这种宪法学的两个基本思想,即国家主权和个人的自然权利,是一种不切实际的幻想,不可能成为法律制度的科学根据。就国家主权而言,神授意志固然是虚构,全民意志也不能成立,因为意志只能是个人的或若干个人意志的总和,而个人意志决无权迫使反对者接受其意志。就个人自然权利而论,由于人是社会的人,根本不可能有个人的自然权利,如果有个人权利,也只能来自社会,个人不能根据这种权利而强迫社会接受其意志。

另一方面,随着 19 世纪末以来社会政治、经济、科学和文化的发展,国家的行政职能大为扩大。因此,传统的公法制度必须由新的制度来取代。这种新的原则是:统治者并无主观的权利,但具有为满足公众的需要而组织公共服务的权力。它的行为只是为了这一目的才具有约束力和法律价值。"因此,公务观念代替了主权观念。国家不再是一个发号施令的主权权力,它不过是一批人,他们必须使用他们所掌握的权力来提供公众需要。公务观念成了现代国家学说的基础。"[①]

狄骥的理论为法国公法学引入了社会学的方法和观念,开阔了宪法学的视野,丰富了其内容,但仍是非科学的。因为,第一,从系统论角度分析,狄骥的社会连带主义虽然具有一定的合理性,如这种理论强调的人既是个人的又是社会的,人们如果想要生存,就必须遵循连带关系的社会法则,人们始终而且只能生活在社会关系中,等等,都是正确的。但是,这种连带主义理论在整体上并不科学,因为它虽然指出了人们之间的社会连带关系的事实,但这种事实与资本主义社会的现实并不相符,它指明了社会性和个性、集体利益和个人利益的共同性,但不能说明其实现的途径和物质力量,对于资本主义社会人们的复杂关系(包括

[①] 〔法〕狄骥:《公法的变迁》序,引自前揭沈宗灵著:《现代西方法律哲学》,第 52 页。

经济的、政治的和伦理的),仅用社会连带关系予以说明,显然是将人们的尤其是阶级社会中人们的社会关系简单化了。

第二,狄骥的社会连带主义过分强调了个人所应当履行的社会义务,不承认或限制个人的主观权利,尤其是他关于工人和资本家分工后都应各自忠于职守等理论,都具有一种对早期资产阶级天赋人权及民主思想的反动的色彩,反映了资本主义进入帝国主义的时代特色。

第三,用社会连带主义解释资本主义社会宪法学的社会基础,一方面,具有历史进步意义。因为这种理论对建立在以自然状态、自然权利以及社会契约等理论基础上的宪法学是一种变革,它将宪法学置于20世纪初叶的资本主义社会现实中来加以研究、分析,扩大了宪法学研究的视野,在内容和方法上都使资产阶级宪法学更为丰富,具有现实主义的色彩。但另一方面,狄骥将宪法学建立在社会连带主义之上,又使他的理论掩盖了社会上划分为不同阶级和阶层的现实,回避了资产阶级宪法学的阶级本质。

第四,在19世纪末20世纪初法国近代宪法学形成和发展过程中,艾斯曼、狄骥和马尔佩都起了巨大的作用,在这三位宪法学巨人中,艾斯曼的理论,是以18世纪法国大革命中形成的宪法原则为基础的,虽然,艾斯曼的理论已经带有垄断时期法国资产阶级的许多特征,但在总体上,仍属于早期资产阶级的思想成果,用西方学者的话来说,就是属于古典宪法学的范畴。马尔佩的理论,如同我们在下面将要分析的那样,是用实证主义法学的方法来研究宪法学的产物,应该说也是一种新的理论。但由于一方面,实证主义在当时的法国,远不如社会学那样受到欢迎。另一方面,马尔佩本人在其生前不如艾斯曼和狄骥那么名声大,所以,其宪法学理论的影响力也远远逊于艾斯曼和狄骥。而狄骥的理论,则以当时盛行于法国的社会学创始人孔德(A. Comte,1798—1857)的理论和另一位著名社会学家迪奥凯姆(E. Durkheim,1858—

1917)的社会连带主义学说为基础,从社会学角度来分析和研究宪法,所以,他的宪法学理论被称为社会连带主义宪法学,在当时是一种崭新的理论,一出台便受到了各国统治阶级的普遍欢迎。直到目前,他的理论对法国宪法学仍有一定影响。因此,说狄骥是法国现代宪法学的奠基人之一是不过分的。

4. 马尔佩的实证主义宪法学理论[①]

马尔佩(Raymond Carre de Malberg,1861—1935),起初在冈城(Caen)大学、南希(Nancy)大学任教。1919年担任斯特拉斯堡(Strasbourg)大学法学院教授。与艾斯曼的经历相仿,马尔佩最早研究的也是罗马法,在大学担任的讲座最初是民法。直到1889年才开始讲授宪法学。1920年,他出版了《国家基本原理研究》(Contribution a la theorie generale de l'Etat),1931年又出版了《法律一般意志的表示》(la loi,expression de la volonte generale)。前者以国民主权观念为核心,后者则以法律的观念为中心。他最后的著作《法阶段理论和法国实定法的对比》(1933年),以凯尔森(Hans Kelsen,1881—1973)的纯粹法学为基础,对法阶段问题作了深入分析。马尔佩的宪法学理论,主要表现在以下几个方面。

法和国家的概念

马尔佩在分析国家的一般理论时,首先阐述了一般理论的概念:"一般的公法、特殊的宪法的研究,都与国家有关,并且以此为前提。实际上,按照广为流传的定义,公法之用语,必须理解为是国家的法,即适用与国家有直接关系的所有人的关系或社会关系之法。而宪法,如其

[①] 就笔者所见到的材料,除上海社会科学院法学研究所编译的《法学流派与法学家》中有一个词条提到了马尔佩(约600字)之外,国内还没有发表过一篇关于马尔佩的研究论著。本小节内容原发表于《中央政法管理干部学院学报》1995年第4期,收入本书时略有删节。

名字显示的那样,是在国家活动的各个领域内包含构成国家制度的各种规范、制度的公法的一部分。因此,如果研究公法或国家制度,就必然涉及国家本体的各种观念。使这种观念明确化,就是'国家的一般理论'的目的和固有对象。论述这一理论的所有问题,在本质上就是要究明具体意义上的国家是什么? 更正确言之,就是抽象意义上的国家是什么?"①马尔佩认为,法的一般理论,不能理解为是公法和宪法体系的基础或出发点,而是其归结点,它是在分析法之后得出的理论。

那么,法是什么呢? 马尔佩认为,固有意义上的法,就是依据握有支配力的"优越的权威"来强制执行的规范,而"优越的权威"就是国家。这样,马尔佩就把国家和法结合在了一起:国家是法的创造者,只有由国家规定的规范,才构成了固有意义上的法规范。这种法就是实定法,它以及通过它形成的法律秩序,就是法律科学的研究对象。而这里的国家,是指在历史上发展起来的政治结合体中一般称之为国家的人的集团,它由一定数量的人即国民、领土和公共权力三个要素组成,研究这种国家,就涉及到了"法的国家的观念"问题。

法的国家的观念

马尔佩认为,在法的意义上的国家,是从一定的法的事实中抽象出来而构成的。从法的观点来看,所有国家共同体的固有本质,首先是其统一性。这是法律科学必须考虑的最重要的事实,其背景是法国大革命以来形成的国民主权原理之下的代表国民之统一意志的议会的意志。这是实定宪法上的法的现实,它构成了法的国家概念的基础。其表现就是国家的法人格。

马尔佩认为,各个国民(法主体)在结成团体共同生活时,有两种形

---

① 引自前揭〔日〕高桥和之:《法国宪法学说史研究序说》,载《国家协会杂志》第85卷第5、6号。

式:一是各人保留自主权利的结合,推举出的管理者仅仅是大家的代理人;二是通过缔结章程组织起来,各人不再保留权利,选出的管理者不是代理人,而是团体的机关。在这种情况下,通过章程这一法的形式,各个个人的意志表现为统一的意志,这就是作为法人格的国家,其章程就是宪法。通过国家、宪法,其统一性得到实现。

马尔佩接着认为,作为国家管理者的机关(Organes)的形成是法的国家的出发点。"国民集团在某一时刻通过拥有以自己的名义表示意志、实施行动的各种机关,就构成了集团性的统一体。国民集团通过有规则地、并且是安定地被组织起来时,就形成了国家。"[1]机关在产生国家的同时,也使国家具有了法人格。因此,马尔佩的法的国家的概念,在逻辑上,是以所有机关的概念为中心。当然,并不是所有具有法人格的团体都是国家,国家只是具有法人格团体中拥有固有的、不可以抵抗的、有组织的社会强制力这种法人格的组织。

统治形态

基于上述法的国家的概念,马尔佩认为,国家的统治形态和统治者的人格应区别对待。"统治的各种形态,是给予国家的政治构成以影响的各种形态。但不能影响国家的本质。因此,国家的概念优越于统治的概念"。[2] 按照这种理解,马尔佩将统治形态分为三种,即君主政体、民主政体和代表制。

君主政体,是指君主是国家权力的唯一保持者或至少是最高保持者的政体。在这种政体之下,君主是主权者,是国家的最高机关,国家由他或他委任的人进行统治。君主在他自己的议会中制定法律,法官在君主的名义下实施裁判。即使是宪法,也要得到君主的批准、裁决和

---

[1] 前揭〔日〕高桥和之:《法国宪法学说史研究序说》。
[2] 同上。

认可以后才可以制定、修改。

与君主政体相对的是民主政体。在这种政体之下,市民团(Corp des citoyens)处于君主政体中君主的那种位置,拥有全部权力。在这种政体中,主权者是人民,他们是权力的源泉,他们制定自己的法律,或批准法律,以自己的名义进行审判。行政官吏仅仅是执行人民的主权性决定。人民还自己制定宪法。那么,这是否就是国民主权(Souverainete nationale)呢?马尔佩认为这还不是,这是超越于国民主权之上的制度,这是人民主权(Souverainete du peuple)。这里的主权者,并不是作为抽象人格的国民,而是作为拥有最初的权利源泉的市民大众。以国民主权为基础的统治形态,则是另一种政体——代表制。

对国民主权原理的分析

马尔佩认为,国民主权原理的最初确立,是法国1789年《人权宣言》的第3条。该条规定:"整个主权的本原主要是寄托于国民。任何团体、任何个人都不得行使主权所未明白授予的权力。"[①]对这条规定,传统上一直有两种观点,一是将国民主权的思想源泉视为卢梭的思想,并将其理解为人民主权的理论;二是不承认该原理在法上的意义,只理解为是政治上理论上的口号或公式。

对此,马尔佩都不赞成。他认为,国民主权原理与卢梭的理论完全不同。他指出,《人权宣言》宣布的国民主权原理,在历史上是为了否定法国封建君主专制时期君主专制政体,即在君主主权原理下,君主是国家权力的私人所有者,君主自己就是国家,国家与君主的人格混为一体。与此相对,《人权宣言》宣布的国民主权原理则试图将它们分开。为此,提出了"国民"(nation)的概念,将国家为君主所有变为国民所

[①] 北京大学法律系宪法教研室、资料室编:《宪法资料选编》第五辑,第1页,北京大学出版社1981年版。

有。由于这种观念的转移,便在国家权力上抹掉了私人财产所有权的性质,让它回到了本原的意义上,即"主权这种国家权力,是实际国民的社会性权力,完全是以国民利益的需要为基础的,它仅仅存在于国民的利益之上,在本质上只能是国民的(national)权力(pouvoir)。"[1]法国大革命通过《人权宣言》这一根本大法,将国家权力的主体规定为国民,强调真正的主权者是国民,这是为公法理论的发展作出的巨大贡献。

那么,作为主权者,国家权力主体的国民是哪些人呢?许多人认为是主权的本原、构成国民之一个个成员的人民,因此,国民主权其实就是人民主权。马尔佩认为这一观点是不对的,其理论根据是法国1791年宪法第三编第1条。该条规定:"主权是统一的、不可分的、不可剥夺的和不可动移的;主权属于国民;任何一部分人民或任何个人皆不得擅自行使之。"[2]这条所讲的主权,是不可分割的,存在于全体国民之中。因此,国民作为"统一了的集团"是国家权力的主体,拥有独立的法人格,超越于一个个的国民(人民)之上,它是抽象的。国民主权是集合的主权,在1789年《人权宣言》和1791宪法的观念中,是否认所有个人性质的主权,个人或集团只有在国民的授权下才能行使主权。

从抽象的"国民"概念出发,马尔佩认为,在实施国民主权原理的国家中,通过各种机关总体行动的国民,才是主权者的机关,即使是制宪机关也不是主权者。"国民主权的原理,是排除严格意义上的民主政体和君主政体的",它采用的统治形态,只能是代表制(regime representattif)。"1971年宪法没有承认君主政体,也没有承认民主政体,它本身已明确显示了应当确立何种统治形态。实际上,所有的权力在本原

---

[1] 前揭〔日〕高桥和之:《法国宪法学说史研究序说》。
[2] 法学教材编辑部《外国法制史》编写组:《外国法制史资料选编》(下册),第545页,北京大学出版社1982年版。

上都存在于国民之中。确立这一原理后,'国民就只能通过委让(delegation)来行使这种权力'"。① 在这个意义上,法国的国家制度是代表制。这里的"委让",是法国古典理论,从国民手里接受委让的人是代表者,而这种代表者,必须通过选举产生,由于在法律上是由代表者表明和形成国民的意志,所以,代表实际上只能是机关。这样,马尔佩通过从机关理论上理解"代表制"而将"国民主权——代表制"纳入到了他的"法人格——机关"的理论框架之中。马尔佩认为,1791年宪法第三编第2条,就体现了这一理论。②

对法兰西第三共和国宪法的分析

马尔佩认为,1789—1791年确立的代表制,是作为国民主权原理的逻辑性归结点而构成的体制。这里的代表,实际上只是机关,只有通过这种机关,国民的意志才得以形成。这种"国民主权——代表制"体制,在第三共和国时期在原理上是存在的。说它在原理上存在,是说在"国民主权——代表制"确立后,事实上已经历了诸种变迁,即代表制最初的纯粹性正在丧失,在代表制的名义下,其他各种体制开始出现。

造成这种变化的原因,一是选举制度的变化,即代表往往只代表其选区的利益,而不是代表全体国民,从而使代表成为特定地区、特殊集团、特殊阶层的利益的代理人。当代表只代表一部分人民或个别人民时,国民主权开始演变为人民主权(国民是抽象的、整个的,人民是具体的、个别的),要求利益代表制和比例代表制制度化的主张可以说是这方面的典型例子。人民中间存在的多种多样的物质的和精神的欲求,通过其在议会中的代表得到反映,得到一定程度的满足。二是议会制

---

① 前揭〔日〕高桥和之:《法国宪法学说史序说》。
② 该条规定:"一切权力只能来自国民,国民只得通过代表行使其权力。""法国的宪政是代议制;代表就是立法议会和国王"。参见前揭《外国法制史资料选编》(下册),第545页。

(regime parlementaire)的导入。这种议会制,以通过选举来施加影响为手段,对自己或至少是其选出的人,在按照自己的意志来进行统治的意义上,给与自己进行统治的可能性。这一特点在议会制的固有的各项制度,如会议、投票的公开制度、投票的表决制中体现了出来。议会制最具特色的制度,是"解散"制度,这是以通过解散来反映人民的最终意志为目的的制度,以人民的意志的存在为前提。在这个意义上,与在代表者意志存在之前不存在国民的意志的代表制是不相容的。大革命时期的宪法并不承认这种解散制度。在代表制下,由于人民不必表明自己固有的意志,所以,也没有必要通过解散议会来直接倾听人民的意见。因此,议会制是对大革命时期宪法的重大修正。

马尔佩指出,法兰西第三共和国的宪法已不保持严格意义上的代表制了。一方面,由于在实质上否定了国民主权原理要求的宪法制定权和立法权的分离而向议会制倾斜,而使宪法脱离了国民主权原理;另一方面,主权性议会事实上受人民的意志控制因而也脱离了代表制,所以,在总体上出现了介于"国民主权——代表制"和"人民主权——民主政体"之间的"半代表制"。

由上可见,马尔佩是极力推崇国民主权而反对人民主权原理的,他的这一立场,在他后期的著作中开始有所变化,即开始接受人民主权的观点。

在马尔佩生前,其宪法学理论并未引起人们的足够重视,其知名度也远远低于艾斯曼和狄骥。但二次大战以后,对马尔佩理论的研究开始受到法国学术界的重视,这方面的作品也不断出现。这一倾向逐步扩大到英美和日本等国。出现这种情况的原因,主要是马尔佩对法国宪法和宪法学发展作出的贡献得到了人们的承认,他在法国宪法学说史上的地位开始为人们所认识。那么,马尔佩在法国宪法学说史上到底占据何种地位呢?

首先,马尔佩的理论是当时欧洲分析实证主义法学在宪法学上的集中体现。19世纪上半叶,以英国法学家奥斯汀为代表的分析实证主义法学开始影响西欧各国。该理论认为,法学仅研究"实在法或严格意义上的法律,而不管这种法律好坏与否。"[1]而这种实在法,在本质上是主权者的命令。"严格意义上的法律或规则是命令的形式。"[2]法学研究的目的,就是把现实的具体的法律加以分析,从中抽出各种原素,进而找出法律共通的一般原则、概念和特征。受这种理论的影响,马尔佩提出了法的一般理论必须在分析法之后得出的观点,强调法就是"优越的权威"(国家)来强制执行的规范,主张只有由国家制定的规范才是法律、法学只以它以及通过它形成的秩序为研究对象的理论,以及要求对自然法宣扬的"自然状态"等进行批判等。

马尔佩的这一理论,对传统(早期)的资产阶级宪法学理论是一种变革。因为后者建立在"自然状态"、"自然权利"以及"社会契约"等基础之上,虽罩上了理性主义的光环,但与垄断资本主义时代的法国社会毕竟有差距。而马尔佩的理论,则克服了这种缺陷,使宪法学变得更加适合垄断时期统治阶级统治的需要。因此,马尔佩的理论是现代法国宪法学的历史基础之一。

其次,在马尔佩的理论中,对现代资产阶级宪法学的一些基本原则和观念都有精辟的分析。比如,关于公法是与国家有直接关系的所有人的关系或社会关系之法的分析,国民主权与人民主权原理的区分,介于"国民主权——代表制"和"人民主权——民主政体"之间的"半代表制"的理论,第三共和国宪法实践的不足是缺少对议会的制约力,因此对其进行改革是法国宪法学发展的方向的观点,统治形态的分类(民主

---

[1] 沈宗灵著:《现代西方法律哲学》,第26页,法律出版社1983年版。
[2] 张宏生主编:《西方法律思想史》,第365页。

政体、君主政体和代表制),国民主权是国民的社会性权力,仅存在于全体国民的利益之上,国民主权必须采用代表制的主张等等。尤其是他关于国民主权和人民主权的理论以及对议会限制的理论,成为法兰西第五共和国(戴高乐时代)实行的公民投票制、总统公选制以及违宪审查制的直接渊源。

总之,法国近现代宪法学的形成、发展是一个不断成熟的历史,法国近代特有的宪法迅速变迁、政权频繁更迭,使法国宪法学获得了丰富的实践素材,而资本主义从自由转入垄断,社会价值观从单纯个人本位转入国家和个人并重本位,等等,都使法国宪法学印上了深刻的时代烙印。

(三) 行政法学①

法国是现代行政法和行政法学的发源地。要了解现代行政法的各项制度和原则,理解现代行政法学的精神和原理,必须对法国行政法和行政法学的形成和发展过程,对其具有的各种特点进行分析研究。

1. 法国行政法院的建立和发展

与法国宪法、民法、刑法等其他部门法不同,法国行政法的渊源,主要是法国行政法院的判决。因此,为了了解法国行政法和行政法学的形成和发展,必须先对法国行政法院的建立和发展作一个简单的回顾。

法国行政法院(Conseil d'Etat,当时称"国政院")创建于1799年,但起初它无权决定和判决从大臣处转来的公民的上诉,只能向国家元首提出自己的建议。从19世纪30年代起,行政法院中的诉讼处开始独立行使审判权。1872年5月24日的一项法律,使行政法院在法律上有了决定权,但审理案件仍要由有关大臣转。1889年的卡多一案

---

① 本节内容,作为阶段性成果,已以《法国行政法学的形成、发展及其特点》为题,发表于《比较法研究》1995年第2期。收入本书时,略有删节。

(Case Cadot),使行政法院获得了直接从公民那里受理行政案件的权力。与此同时,行政法院内部的组织也开始得以完善,内设的内政处、公共工程处、社会处、财政处和诉讼处的分工合作渐趋合理。从 19 世纪 80 年代起,行政法院中的诉讼处作为全国最高的行政审判机构,独立地担当起了行政审判的事务。从此,法国行政法院开始以完备的组织系统在世界上显露它的辉煌历史。①

2. 法国行政法学的形成和发展

法国行政法学的形成和发展,与上述行政法院的建立和发展紧密相连,它源自对行政法院活动的学理阐述和对行政法院判决的注释、解说。

根据法国著名行政法学家莫理斯·奥利弗的观点,法国近代行政法学的形成和发展,大体可以分为三个时期,即"潜在的创造期"、"明显的形成发展期"、"组织化的时代"。② 到第二次世界大战以后,法国行政法学进入了成熟期。

潜在的创造期(1800—1818)

该时期,法国行政法院的审判职能还不健全,处理行政案件的判例尚未公开,有关行政法研究的系统著作也还未面世。但随着法国行政法院活动的展开,学者们已注意到它在法国政治和法律生活中的重要意义,并开始对其未公开的判例进行诠释。1814 年出版的马卡雷尔(Macarel)的《行政判例要论》(E'lemens de jurisprudence administrative)就是这方面的代表性成果。特别应当重视的是,对法国近代行政法学的产生具有决定性意义的围绕法国行政法院的功能和改革等的学

---

① 龚祥瑞著:《比较宪法与行政法》,第 340 页,法律出版社 1984 年版。当然,行政法院诉讼功能的健全完善与行政法的形成并不完全一致,此点在后面将作详细分析。

② Maurice Hauriou, de la Formation du Droit Administratif Francais Depuis L'an Ⅷ. 1893, p.7. 引自村上顺:《法国行政法学的诞生》,载《神奈川法学》第 19 期第 2、3 号, 1981 年。

术争鸣,就开始于1814年。因此,该时期也是法国行政法学诞生的准备期。

明显的形成发展期(1818—1860)

该时期,在法国行政法学界出现了几件比较大的事件,这些事件,有力地推动了法国行政法的发展,从而最终导致了行政法学的诞生。

第一,1818至1830年围绕法国行政法院改革的大论战。如前所述,法国行政法院自1799年建立之后,它的功能并未完善。当时,一方面,法国大革命留给人们的公法遗产是国民主权、议会权力至上以及权力的分立等观念,在人们的思想中,作为行政机关,只能行使行政权,作为行政机关之一的行政法院(国政院)的主要职责应是国王的咨询机关,因此,由它行使行政审判事务是否合法?另一方面,在自由资本主义时代,国家对公民生活和社会事务的介入还没有像现在这样繁多。这些,是行政法和行政法学落后于宪法和宪法学发展的客观原因。但是,随着法国资产阶级国家事务的发展,国家官员对公民个人的侵害活动也日益明显。面对这种新的形势,如何充分发挥法国行政法院的作用,保护公民的个人权利和自由,就成为公法学界关心的热点。围绕这一热点,法国学术界出现了三种不同的观点:

一是"行政国家论"。倡导者是法国行政法院的律师西雷(Jean-Baptiste Sirey)。他在1818年出版的《论1814年宪章下的行政法院——政治、行政性审判的思考方法》一书中,站在"行政国家论"的立场上,主张维持现有的法国行政法院的行政审判制度,反对对其进行改革,认为行政审判起着调整行政上的利益、公益和私人权利之间利害关系的作用,为了不损害行政上的利益,行政法院的法官中半数以上必须是非终身制的评定官。这些评定官必须反映政府的意志。因此,"行政国家论"的要点是将行政审判看作是行政上的事,维护的主要是政府的利益。

二是"司法国家论"。倡导者是法国行政法院法官、上议院议员布劳耶公爵(duc de Broglie)。他在1828年发表的论文《评马卡雷尔著〈行政裁判所论〉》中认为,行政法院的行政审判,应限定在对市民权利保障外的利益事项,予以诉讼上和行政系统上的统制,而涉及市民财产权的事项,则应由普通法院(司法系统)管辖。可见,"司法国家论"的目的是在扩大普通法院对公民权利保障的同时,限制行政法院的审判权。

三是"行政裁判国家论"。由长期担任法国行政法院法官、1848年就任副院长的科姆南男爵(de Cormenin)所提倡。他在1818年出版的《作为我国立宪君主制度下的咨询机构和裁判机构的行政法院》一书中,对行政法院的现状作了批判,竭力主张对其进行改革。科姆南认为,对涉及立宪君主制度下的市民的自由(人身自由、表现自由和财产权等)的行政活动,必须通过准司法的审判予以保障。而这一任务,应当由通晓行政法规之整体的属于衡平法院性质的行政裁判所来承担。这种行政裁判所独立行使行政审判权,为保证其判决的公正,其法官必须是终身制。而这种裁判所的审判权以及法官的终身制,都应由法律来予以明确规定。

经过论战,科姆南的"行政裁判国家论"成为主流观点。这一观点,对1831年敕令和1849年《法国行政法院组织法》的颁布产生了重大的影响。根据这两项法律,法国行政法院内部的"诉讼处"(section du contentieux)开始与行政事务脱钩,专事行政诉讼,从而使行政法院进一步趋于完备。

第二,行政法讲座的开设。1819年3月24日,根据国王的敕令,在巴黎大学法学院创设了"行政法讲座"(une chaire de droit administratif),以适应有产阶级与市民了解国家租税、警察行政、土地征用、公共工程建设事业等方面的行政法知识的需求。该讲座的首任教授是杰兰德(de Gerand,1772—1842)。随后,图卢兹(Toulouse)、普瓦捷(Poitiers)等大学的法学院也开设了此讲座。至 1837 年 12 月 12 日,根据国王的敕令,在法国全国各个大学法学院中全部设立了"行政法讲座"。这一举措,对法国行政法学的形成和发展产生了深远的影响:首先,由于各大学法学院开设了行政法讲座,使行政法专业的教师和法官的培养有了制度性的保证;其次,担任行政法讲座的各位教授,在其讲义中讲授和探讨的内容,当然不仅仅局限于法国行政法院的判例,而是涉及到了行政法律、法规的各个领域,其成果便是大批行政法教科书和专著的出版;再次,在各大学开设讲座、出版各种行政法教科书的过程中,必然会产生诸种不同的观点和学说,从而引发了百花齐放、百家争鸣的局面,促进了法国行政法学史上有名的"巴黎学派"和"普瓦捷学派"的形成。

第三,"巴黎学派"和"普瓦捷学派"的形成和发展。"巴黎学派"(Ecole de Paris)的创始人是巴黎大学法学院行政法讲座的首任教授杰兰德,他曾作为法国行政法院法官长期从事法规汇编工作。1829 年即担任这讲座之后的第十年,杰兰德出版了世界上最早的行政法教科书《法国行政法提要》(Institutes du droit administratif francais,初版时 4 卷,1842 年再版时改为 5 卷)。在该书中,杰兰德强调应创建一门与宪法学相区别的"行政法学"(la science du droit administratif),其任务在于阐明近代行政以及行政法(droit administratif)的真正含义。杰兰德认为,近代行政是指各种旨在充实社会之一般需要的各种服务。行政法,就是这种追求作为社会性作用(机构)的行政所进行的公益的法律。它具体分为两个方面:管理人的行政"警察行政"和管理物的行政"各种服务行政",前者包括保全人们的生活、管理公民权、处理教育文化事务、保卫各种产业和管理公共财产;后者则指涉及管理财政、军事、公共工程、交货契约的事务。① "巴黎学派"除杰兰德之外,还有其后任马卡雷尔和曾任上议院议员、文化部部长,后任巴黎大学教授的巴比(A. Batbie)。

"普瓦捷学派"(Ecole de Poitiers)形成于 1834 年,其创始人是普瓦捷大学法学院首任行政法讲座教授福卡尔(E. Foucart)。他在《公法、行政法要论》(Elements de droit public et administratif,初版 1834 年,全 3 卷)一书中,将公法分为"政治法"和"固有的行政法"两大类,后者仅仅是关于国家、地方团体以及行政裁判所的组织与物的管理行政的一种行政组织法。与此相对,具有占当时行政法制主要内容的警察行政法属性的行政作用法,仅仅是政治法中的一种对人权的限制法,换言之,"普瓦捷学派"坚决反对"巴黎学派"关于将行政作用法从人权宪法中分离出来以形成一门独立的科学的观点。如同奥利弗所言:"'普瓦捷学派'的思想方法的特点,在于通过将行政法规范理解为是对个人自由限制,以尽可能地与人权研究相结合。因此,在解释公用事业征用时,并不认为它是行政作用的一环,而是视为对私人所有权的一种限制"。② 继福卡尔之后,其后任狄克劳柯(Th. Ducrocq,后担任巴黎大学教授)在《行政法讲义》(Cours de droit administratif,1861 年初版,全 6 卷)之中,进一步发展了"普瓦捷学派"的观点。

"巴黎学派"和"普瓦捷学派"的形成及其活动,积极地推动了法国行政法学的发展。

---

① 杰兰德的理论,首创了法国包括大陆法系行政法学学科。我国有的学者引用美国学者的观点,认为大陆法系最早创立行政法学学科的是德国行政法学家奥托·迈尔(Otto. Mayer,1846—1924),见张焕光、胡建淼著:《行政法学原理》第 31 页,劳动人事出版社 1989 年版。这种说法似可商榷。因为在迈尔的处女作《法国行政法理论》(1886 年)出版之前,在法国行政法的体系书已经大量出现。参阅本小节"第五,论述行政法各论的作品大量出现"。

② 转引自〔日〕兼子仁等著:《法国行政法学史》,第 17 页,岩波书店 1990 年版。

第四,行政法总论研究的出现。1840年以后,在法国出现了以行政法院成员为核心层的构筑行政法总论体系的活动,其早期代表人物是行政法院副院长、建设部部长和国会议员维因(Vivien)。他在1845年出版的《行政研究》(Etudes Administratives)一书中,首次将行政法分为总论(总则)和各论(分则)两大部分,从而在法国(也是在世界上)最早开始了对行政法总论的研究。

第五,论述行政法各论的作品大量出现。除上述西雷、布劳耶、科姆南、杰兰德、福卡尔、狄克劳柯等人的作品外,还推出了科姆南的另一部重要作品《行政法的诸问题》(Questions de droit administratif, 1822)、庞塞(Henrion de Pansey, 法国行政法院法官)的《关于行政法院之诉讼的建议》(Un nut sur le contentieux du Conseil d'Etat, 1830)、马卡雷尔(Macarel)的《行政裁判所论》(Des tribunaux administratif, 1828)和《行政法讲义》(Cours de droit administratif, 4vol, 1844—1846)、巴比的《公法、行政法的理论性和实务性研究》(Traite theorique et pratique de droit public et administratif, 1861—1868年初版,全7卷)。这些作品,不仅阐述了各种行政法各论涉及的问题的理论观点,而且也创造了一系列行政法领域内的制度、原则、概念和术语,如"行政法"、"行政法学"、"越权诉讼"、"公益"、"行政事务"、"公共服务"、"警察行政"、"公权力国家"、"权力行为"等等。从而为该时期行政法学的定型奠定了基础。

组织化的时代(1860年至20世纪20年代)

从1860年至20世纪初叶,法国行政法学界进一步出现了一批开创性的学者,其代表人物为奥柯、莱菲利埃尔以及贝泰勒米、狄骥和奥利弗等人,他们推出的数量众多的成熟作品,使法国行政法学最终定型。

第一,奥柯和莱菲利埃尔的行政法理论。奥柯(Leon Aucoc),1864年担任法国行政法院诉讼处官员,后又担任评定官(法官),并任政府公共工程部部长。其间,从 1865 年起,担任国立公共工程大学行政法讲座的教授。他的理论主要体现在其讲义《行政法述义》(Conferences Sur l'administration et le droit administratif, 全 3 卷, 1869—1876 年初版)一书中。奥柯认为,行政机关进行的公共服务这种管理行为,均属于"行政行为"而应当接受行政审判的管辖。行政作用,除传统的警察行政之外,还包括了占行政作用之大部分内容的公共工程行政和事业行政即公共服务管理行为。奥柯的理论,虽然未能充分展开,但他继承和发展了"巴黎学派"的观点,并且也是后来狄骥提出著名的"公共服务理论"的源泉。因此,奥柯的理论,在法国行政法学史上占据着重要地位。

莱菲利埃尔(Edouard Laferriere, 1841—1901), 1870 年进入法国行政法院,历任调查官、评定官、诉讼处处长, 1886 年 45 岁时担任了副院长(Vice-president)。在以后的 12 年中,他一直担任此职。由于行政法院院长由法国司法部长挂名兼任,所以,副院长事实上是法国行政法院的最高首长。其间,莱菲利埃尔以 1883 年在巴黎大学法学院担任博士课程的行政法讲座为契机,于 1887 年出版了名著《行政裁判论》(Traite de la juridiction administrative et des recours contentieux, 全 2 卷)。

在该书中,莱菲利埃尔认为,法国行政法中,"最一般最具有法的属性的方面,就是行政诉讼",正是通过行政法院的判例而得以阐明的"法的一般原理",成为行政法的主要源泉,而作为行政诉讼之重要对象的是行政行为。接着,莱菲利埃尔通过对各种行政判例进行分析、综合,提出了国家行政行为的二元理论。该理论将国家行政行为一分为二,一种是"权力行为"(actes de commandement),另一种是"管理行为"(actes de gestion)。前者在性质上带有行政特色,应服从行政审判权,而后者则属于私法管辖范围,在没有特别法规规定的限度内服从司法审判权。

这一理论,其基础是 19 世纪资产阶级的自由主义,强调了行政审判权只及于国家行政行为中的"权力行为"的观念。它与继承"巴黎学派"的奥柯的公共服务管理行为理论不同,更接近"普瓦捷学派"主张的权力性行政法和法律执行性行政法的观点。但与奥柯一样,莱菲利埃尔的理论已经大大超越了两派的观点,而是立足于从统一服从于行政审判的行政行为之行政法的一般基础概念入手来分析问题。换言之,通过行政行为的二元理论,莱菲利埃尔发展了法国传统的以公共权力来划分公法与私法、行政法院与普通法院管辖权的标准,从而使公共权力(行政行为)成为法国行政法学的基本观念。这种公共权力说适应当时的法国情况,故在理论界也站住了脚。[1] 因此,莱菲利埃尔的理论,为 19 世纪末法国行政法总论体系的完成奠定了基础,被赞誉为"现代行政法学说的创设者"。[2]

第二,贝泰勒米的行政法学理论。亨利·贝泰勒米(Henry Berthelemy,1857—1943),生于奥克,1884 年任里昂大学法学院教授,1892 年出任里昂市市长助理。后任巴黎大学法学院教授,1922 年升任该院院长。1900 年,贝泰勒米出版了《行政法要论》(Traite elementaire de droit administratif)。在该书中,他继承了"普瓦捷学派"的基本观点,仍然否认作为行政法总论的行政行为论。在其仅有 8 页的序论中,他分述了行政组织、行政作用和行政审判。贝泰勒米认为,行政权是议会通过法律的授权而派生出来的权力,并且只有在这个意义上才可以行使。就权力行为而言,与行政审判管辖一起,应适用国家性的不负责任原则,而这种行为以外的管理行为,因为是一种服务事业,所以不得损害公民个人的自由,必须服从司法权的管辖。可见,贝泰勒米

---

[1] 前揭张焕光、胡建淼著:《行政法学原理》,第 81 页。
[2] 前揭〔日〕兼子仁等著:《法国行政法学史》,第 21 页。

的理论明显地因袭了狄克劳柯和莱菲利埃尔关于行政行为和管理行为区分的观点。

第三,狄骥的行政法学理论。19世纪在法国行政法学界占据统治地位的上述"公共权力说"到了该世纪末开始受到了挑战。一方面,法国行政机关的活动大大超越了行使公共权力的范围,有许多行为明显地只是为了满足某些公共利益的需要而提供服务的行为,如教育、卫生、救济、交通、公用事业等。这些活动以公共利益为目的,不同于私人行为,因此,不受民法规则支配,而适用行政法规则。在这种形势面前,传统的"公共权力说"开始动摇,"公共服务"的观念逐步代替了"公共权力"的观念。其倡导者,就是前述法国社会连带主义法学派创始人、著名公法学家狄骥。

狄骥的行政法理论,主要集中在其《宪法概论》(Traite de droit constitutionnel,1911年初版)和《公法变迁论》(Les transformations du droit public,1913年)两本著作之中。狄骥指出,"公法是公共服务的法,……现在,公法已不以国家权力和主权为基础,而是以植根于公共服务的组织和运营为对象的统治者的社会性作用的观念之中。"行政行为,也是"以公共服务为目的的个别性行为。"它只是与行政契约相异的"单方性行为"(actes unilateraux)。"行政诉讼,是提起关于公共服务的运营问题的所有各种诉讼"。行政行为不产生个人的主观性法律状态,只能带来"客观性或法定的关系",由此,取消对此的"越权诉讼",也具有"客观诉讼"的性质。原告国民,没有必要(义务)援用所谓权利,只须说明拥有特别的利益(un interet special)就足够了。所谓"滥用权限"的审判,是指行政行为超越了公共服务之目的。针对公共服务的运营给国民个人带来损害之"行政性危险",国家一般必须承担这种危险责任。[①] 很清

---

① 参阅前揭〔日〕兼子仁等著:《法国行政法学史》,第28页。

楚,狄骥的公共服务的行政法理论,其立足点也是其社会连带主义理论,并以"客观法"(le droit objectif)为基础的。

由于狄骥的行政法理论以公共服务为核心,所以也被称为"公共服务理论"。又由于有杰塞①和鲍那尔②等人追随其后,故历史上又称其理论为"公共服务学派"或"波尔多学派"(Ecole du Bordeaux)。它是20世纪初叶法国行政法学的主流学派。该学派的重大贡献,在于强调公共服务在现代行政法上的意义的同时,开始引出国家责任的原则理论。从而对各国行政法理论界和实务界产生了深远的影响。但狄骥否认公共权力的行政行为理论则带有明显的缺陷。

第四,奥利弗的行政法学理论。莫理斯·奥利弗(Maurice Hauriou,1856—1929),1879年向波尔多大学提交了关于罗马法的博士论文以后,1882年在教授资格考试中合格(同批合格者中有狄骥和贝泰勒米等20余人,奥利弗名列第一)。第二年赴图卢兹大学讲授法史学。由于当时行政法教师甚少,故于1888年转而讲授行政法。这一转变,使奥利弗在行政法方面的才能得以充分发挥。1892年,在为法国行政法院的判例作出定期评释的同时,奥利弗出版了名著《行政法精义》(Precis de droit administratif)。该书是法国历史上第一本关于行政法总论的体系书。正是通过此书,法国的总论性质的行政法学最终定型。③ 该书的体系如下:

---

① 杰塞(Gaston Jeze),曾任里尔(Lille)大学和巴黎大学法学院教授,1904年出版《行政法的一般原理》(Les principes generaux du droit administratif)一书。在该书中,他提出了行政法就是"关于公共服务的法规范的总体"的定义。当然,他对狄骥的理论也进行了批判。

② 鲍那尔(Roger Bonnard),是狄骥的嫡传弟子,历任伯尔多大学法学院教授、法学院院长。在1926年出版的《行政法要义》一书中,他采取了与狄骥和杰塞相同的观点,但在1935年该书出第二版时,鲍那尔的观点开始与狄骥相左,肯定了"权利"和"公权"的存在。

③ 此外,奥利弗在行政法方面的著作还有《公法之原理》(1910年初版)、《行政法要论》(1926年初版)等。

前　言　各种定义

第一章　行政制度

第二章　行政法

第一篇　行政组织

第二篇　行政的权利行使、行政诉讼——权利行使中对行政特权的各种限制

第一章　由执行性决定实施的程序

第二章　诉讼的各种形态

第三章　行政审判制度

第四章　行政的赔偿责任

第三篇　行政的各种权利

第一章　维护公共秩序的权利以及从事公共服务的权利

第二章　各种公共服务的公的管理

第三章　私的管理①

与贝泰勒米强调主权执行性的公共权力性和对其不负赔偿责任的传统立场相对，在上述体系中，奥利弗和狄骥一样，都主张基于公共服务的过失而国家必须承担赔偿责任，但与狄骥的基于行政的公共服务性质而否定公共权力的法的属性不同，奥利弗基于"制度理论"（theorie de l'institution）更强调行政的公共权力性和公共服务之目的性的共存和均衡。

在《行政法精义》第 11 版（1927 年）的序中，奥利弗指出，公共服务是行政要实现的目的，而"公共权力"（la puissance publique）则是实现这种目的的"手段"。在法国行政法中，"公共权力"是第一位的基本概

---

①　引自前揭〔日〕兼子仁等著：《法国行政法学史》，第 30 页。

念,而"公共服务"则是第二位的基本概念。依据"公共服务"之目的,公共权力必须对自己作客观性的限制,"越权诉讼"发挥的就是这种自我限制的作用,这是法国行政法的特点。因此,行政法制度是受客观上限制的拥有公共权力的一种制度。

奥利弗还认为,行政法的渊源,在于行政的活动必须符合于社会的组织原理这一基本观念。行政为了完成自己的使命,坚持上述客观地限制自己的权力(即不做越权之事)的立场,和行政为实现自己的目的,同时履行广泛的公共服务的职能的立场,这两者并不矛盾,两者应互相补充,以完善行政法的社会功能。从这一点讲,奥利弗的制度理论带有狄骥和莱菲利埃尔理论的折衷的色彩。

奥利弗的"制度理论"其后便统治了法国行政法学界。这一方面,是因为他关于"公共权力"和"公共服务"之目的的共存、均衡的观点适合法国行政法院运行实际;另一方面,也是因为在相当长的一段时间里,奥利弗一直从事法国行政法院判例的整理评释这一权威工作。所以,他的学说对法国整个行政法学界起着领导作用。[①]

贝泰勒米、狄骥和奥利弗以后,法国行政法学又获得了进一步的发展。在两次世界大战之间,随着国内外形势的巨大变化,法国行政法学的内容更加丰富、领域也更为扩大,但基本上仍是沿着"公共服务理论"和"制度理论"这一线索展开的。由于以上三个阶段的划分是奥利弗的观点,所以,笔者将奥利弗死后法国行政法学的发展,尤其是二次大战以后的新发展,称为"成熟期"。

成熟期(二次大战以后)

第二次世界大战以后,随着世界法西斯势力的垮台,各国民主主义

[①] 从1892年至奥利弗去世前一年1928年,他在《系列法律年鉴》上,共完成了334个行政法院判例的评释笔记工作。1929年,这些笔记汇集成三卷《行政判例》出版。

运动的高涨,依法行政观念的深入人心,以及国家干预行政事务范围的扩大,法国行政法和行政法学也有了进一步的发展,在行政法各论、总论和判例研究方面都进入成熟的发展时期。其表现为:

第一,在狄骥和奥利弗奠定的"公共服务理论"和"制度理论"的基础上,行政法学界又进一步衍化出了诸多分支学说。其中,有肯定"公共服务理论"并予以修正的劳巴德学说①、否定"公共服务理论"、主张以公共权力概念和公益概念等为行政法基础的维德-瓦利尼学说,②将传统的公共权力理论与"公共服务理论"折衷起来的利维洛学说③,以及在深入钻研行政法判例之基础上,将划分行政审判管辖之判例法上的基准视为区分"公管理"和"私管理"的查普——贝诺学说④等。

第二,在行政法总论方面,开始形成了成熟的体系。1962年,在各家学说的基础上,法国教育部发布规定,给法经学院法学科二年级学生开设的《行政法》讲义,必须以如下体系为基准:一、行政与行政法;二、行政审判制度与行政诉讼;三、行政组织;四、行政作用总论(警察以及各种公共服务);五、行政的各种行为(单方的行政行为和契约);六、国家赔偿责任。⑤

---

① 劳巴德(A. de Laubadere),主要著作有《行政法概要》(Fraite Elementaire de Droit Administratif,1970)等。

② 维德(G. Vedel),1939年在母校图卢兹大学法学院取得教授资格,1948年转任巴黎大学法学院教授,1962—1967年为法学院院长。主要著作是《行政法》(Droit Administratif,1973);瓦利尼(M. Waline),1931年为普瓦捷大学法学院教授,1941年起为巴黎大学法学院教授。主要著作是《行政法提要》(Manuel Elementaire de Droit Administratif,1936)和《行政法》(1949年初版)。

③ 利维洛(J. Rivero),1939年任普瓦捷大学法学院教授,1954年起任巴黎大学法学院教授。主要著作是《行政法精义》(Precis de Droit Administratif,1958年初版)。

④ 查普(R. Chapus),原为格勒诺布尔(Grenoble)大学教授,后任巴黎大学法学院教授。主要著作是《国家赔偿责任与民事责任》(Responsabilite Publique et Responsabilite Privee,1952)。贝诺(F. P. Benoit),原为雷恩(Rennes)大学教授,后任巴黎大学法学院教授。主要著作是《法国行政法》(Le Droit Administratif Francais,1968年)。

⑤ 前揭〔日〕兼子仁等著:《法国行政法学史》,第60页。

第三,在行政法教学方面,二次战后继承了战前的传统,推出了一系列的课题,作为博士学位论文的选题。这些课题涉及到行政法的各个领域,如《法国行政法上的公共服务的法的概念的危机》、《行政判例中的法的一般原理》、《关于行政性公共服务中私法适用的研究》、《行政法中的公共权力的观念》、《行政审判官运用的法律技术》、《行政性公共服务的利用者》、《法国行政法院判例中的一般利益的概念的功能》、《单方行政行为无效理论的研究》、《公共权力的不作为》、《行政行为的越权取消判决的诸效果》、《行政行为不溯及的原则》、《行政性处罚》、《行政立法权研究》、《法国行政法中的执行性决定的概念的变迁》、《越权诉讼审判官和行政行为的理由》、《行政审判和行政活动分离原则的历史性变迁》、《国家赔偿责任的特别立法》、《法国行政法上的公务过失》、《行政契约一般理论的研究》等等。这些课题被学位研究生们完成后,除在各大学被打印出来贩卖外,其中的优秀者还被列入《公法丛书》①公开出版发行。到 20 世纪 90 年代初,这套丛书已出至 150 余卷。② 这些成果的出版,有力地推动了法国行政法学的发达。

第四,20 世纪 60 年代以后,法国在行政法各论的研究(包括法令、判例的整理、解释)方面,有了长足的进步。特别是在分支部门法和特别法的研究方面,取得了巨大的成果,如公务员、国有财产、公共工程工事、征用土地、地域开发、交通通信、能源保护、教育、国防、卫生等。此外,与行政法相关的特别法,如财政法、租税法、运输法、社会保障法、建设法、消费者保护法、环境法、情报法等的研究,也都有相应的发展。同时,行政法学者运用行政学、社会学方法研究行政法的作品也大量涌现,如德巴修(ch. Debbasch)的《行政学》(1971 年)、格雷塞(J. J. Gle-

---

① 该丛书由瓦利尼(M. Waline)创刊,维德监修。
② 前揭〔日〕兼子仁等著:《法国行政法学史》,第 65 页。

izal)等人合著的《法国行政法的生成与变化》(1985年)以及拉舍(B. Lasserre)等人合著的《公开行政》(1987年)等等。

3. 法国行政法学的特点

受近代法国特定的经济、政治和法律发展状况所决定,法国行政法学在其形成和发展过程中也具有了一些不同于其它西方国家的鲜明特征。

第一,法国行政法与英、美以及大陆其它国家的最主要区别,在于其建立在行政法院判例的基础之上,直至现代,虽然成文性行政立法已大量出现,但主体仍然是判例法。① 以此为基础,法国行政法学的第一个特点就是以行政判例注释为基点,以从各种判例中探寻出法的一般原理来指导政府行政活动(包括行政诉讼)的实践,保护公民的权利和自由为目的。因此,法国行政法学事实上是一种判例注释学。尤其是在行政法学总论体系方面,如行政行为法、行政契约法、国家赔偿法以及行政诉讼法等,均奠基于行政判例法之上。②

第二,法国行政法学,是在法国行政法院法官和大学教授通力合作之下形成和发展起来的。一方面,在法国行政法学的发展过程中,法国行政法院的法官发挥了重大作用,法国近代行政学家中,有相当一部分来自法国行政法院,如布劳耶、科姆南、杰兰德、维因、奥柯、莱菲利埃尔等。另一方面,法国各大学法学院中担任行政法讲座的教授们,如福卡尔、贝泰勒米、艾斯曼、狄骥、奥利弗、维德、利维洛、查普等,也为法国行政法学的发展作出了巨大贡献。这些特点的形成,与19世纪初叶法国行政法院创建后特定的社会条件是分不开的。正如许多学者指出的那样:"判例与学说的紧密协力,是法国行政法学的主要特征。"③

---

① 见〔日〕雄川一郎、盐野宏、园部逸夫主编:《现代行政法大系》第一卷,第222—223页,有斐阁1983年版。
② 前揭〔日〕雄川一郎等主编:《现代行政法大系》第一卷,第222页。
③ 前揭〔日〕兼子仁等著:《法国行政法学史》,第3页。

第三,法国开始得比较早的大学行政法教育,为法国行政法学的形成和发达起了推波助澜的作用。1819年,在巴黎大学法学院开设行政法讲座以后,到1837年迅速普及到全国所有的大学,使行政法教育成为近代法国法学教育的重要组成部分,促进了人们对行政法学的重视和研究活动的开展。

特别值得一提的是20世纪初法国确定的行政法博士学位论文题目选择制度,从另一个侧面促进了行政法学的发展。最早(1882年法令规定),在法国要取得博士学位,必须完成一篇关于罗马法的论文和一篇自选题目的论文。1895年法令放宽了这一要求,规定法学专业的博士生只要自选一篇法学题目的论文即可。1925年的法令又规定,学位论文的题目,应当是取得相当于研究生院课程的"高等研究修了证"(diplomes d'etudes superieures:D. E. S)的科目。这样,随着法学教育的正规化以及法国行政法院活动范围的扩大,行政法专业的博士学位论文题目数量日益增多,其内容也不断丰富多彩。比如,仅巴黎大学法学院,1910年通过评审、合格通过的公法专业(包括行政法和宪法等)的学位论文就达95篇之多,1920年为56篇,1938年为81篇。[1] 这些论文涉及行政法各个领域。从而有力地推动了法国行政法学的发展和繁荣。

第四,法国行政法学涉及的范围虽然很广,但其核心内容是"公共权力理论"、"公共服务理论"和"制度理论",它贯穿了法国行政法学发展的整个过程,它既与科姆南的"行政裁判国家论"和杰兰德的"警察行政"与"各种服务行政"之分类理论相连,在莱菲利埃尔、狄骥、奥利弗之后,又与国家赔偿理论、行政契约理论、行政诉讼程序理论相结合,奠定了现代法国行政法学的基础。因此,要了解、认识法国行政法学,就必

---

[1] 前揭〔日〕兼子仁等著:《法国行政法学史》,第43页。

须研究历史上和现代法国的"公共权力"、"公共服务"和"制度"等理论。即使在目前,二次大战后的法国社会发生了诸多变化(如国家大量地直接从事经济活动或者把私人企业国有化,出现了大量由私法调整的公务活动以及有些私人性的公益活动带有行政法的色彩等)、因而出现许多新的行政法学派的情况下,这一核心内容在法国行政法学中仍占据着重要地位。①

第五,在法国行政法学形成和发展的过程中,出现了众多的学派和观点,从19世纪初因对法国行政法院的改革态度的不同而形成的"行政国家论"、"司法国家论"和"行政审判国家论",到1830年前后形成的"巴黎学派"和"普瓦捷学派",以及以后的劳巴德学说、维德—瓦利尼学说、利维洛学说、查普—贝诺学说等等,法国大大小小的行政法学派、观点,不少于十几种。这从一个侧面展示了法学发展的一条基本规律:法学的形成、发展和繁荣,离不开宽松的学术环境以及百花齐放、百家争鸣的学术氛围。法学基础理论是这样,各部门法学的形成和发展也一样。

(四) 刑法学

1. 贝卡利亚的刑法思想对法国的影响

中世纪末,在刑法学发展中作出划时代的贡献,并为近代刑法学开拓道路的,是意大利刑法学家贝卡利亚(C. B. Beccaria, 1738—1794)。

1764年,贝卡利亚出版了《论犯罪与刑罚》(Dei Delitti E Delle Pene)一书。在该书中,贝卡利亚主张将刑罚权划归世俗国家的司法机关掌管,以排除在封建制度下刑法渊源的多元性和刑事司法的擅断性;认为经济上不平等、贫富差别等不合理的社会现实以及人们趋利避害的心态,是产生犯罪的主要原因;强调犯罪的本质在于对社会契约、

---

① 前揭张焕光、胡建淼著:《行政法学原理》,第81—82页。

对法律的违反,因此,刑事责任的根据当然也只能是法律;倡导刑法的形式应当是成文的、明确的和肯定的,以为执法者提供确切的标准,为每个公民提供具体的行为准则,并由此得出凡法律没有规定的不得为罪(罪刑法定主义)的著名论断;认为刑罚是为实现一定的社会目的的手段,它只有威慑作用,而无改造罪犯的作用,其使用范围应当尽量地狭窄,除了在万不得已的"必需"情况下,不得随意使用;主张刑罚必须及时、与犯罪相对称(罪刑相适应原则)、与犯罪有因果关系(罪刑因果律),强调刑罚的"人道化",反对野蛮的、残酷的、摧残人性的刑罚包括死刑;等等。①

贝卡利亚《论犯罪与刑罚》一书的出版,震惊了整个西欧:封建刑法制度的种种不合理被他揭示得如此彻底,新的刑法制度和原理被他阐述得又是如此清楚,而作者仅仅是一位26岁的意大利青年!他的书迅速被译成法语、英语、西班牙语等各种语言,他的思想也迅速成为西欧大陆刑法改革的理论基础。

就法国法学界而言,贝卡利亚的影响是全方位和深远的。早在革命前,在1766年的一次会议上,当时的检察总长塞文(Servan)就强调了贝卡利亚思想的重要性。② 革命中和革命后,贝卡利亚的思想进一步深入到法国的刑事立法领域,成为法国摧毁旧的封建刑法体系、确立资产阶级刑法制度的强大理论武器,并成为法国刑法学发展的指导思想。

2.大革命前后的刑事立法改革

在贝卡利亚思想的影响下,18世纪以后,法国的刑法改革也开始

---

① 关于贝卡利亚的刑法思想,详细请参阅〔意〕贝卡利亚著:《论犯罪与刑罚》,黄风译,中国大百科全书出版社1993年版;黄风著:《贝卡利亚及其刑法思想》,中国政法大学出版社1987年版。

② 由嵘主编:《外国法制史》,第326页,北京大学出版社1992年版。

受到资产阶级启蒙主义者和政治家的重视,并迫使国王的专制政府逐步减轻刑罚的残酷性:1780年8月,废除了拷问制;1788年5月,宣布禁止使用跪椅、有罪判决必须提出理由、被宣判无罪的人有权要求恢复名誉等。

法国资产阶级革命成功后,1789年8月26日,《人权宣言》宣布了罪刑法定主义等一系列资产阶级刑法原则。1790年1月的法令,又具体规定:犯罪和刑罚必须公平划一,不论犯罪者的等级身份如何,凡属同一种犯罪,均处同一种刑罚;刑罚的后果只能触及犯罪者本人,不能株连家庭成员,不能有损于他们的人格和名声,不能影响他们的职业。1790年的一项法令规定,刑罚必须与犯罪相适应,而且必须限制在确实需要的范围内。

1791年10月,法国制宪会议制定了近代法国第一部刑法典。该法典分总则和分则两部分,虽存有不少缺陷,但在改革旧的刑法制度和原则方面继续作出了努力,如规定法律只有权禁止有害于社会的行为;减少犯罪的种类;减少适用死刑的犯罪;废除无期刑及其它酷刑;对重罪实行陪审;贯彻"罪刑法定主义"原则,对各种犯罪的刑罚均作硬性的规定,等等。

1810年,法国又制定了世界历史上第一部系统完备的近代刑法典。该法典吸收了以贝卡利亚为首的近代启蒙主义刑法学家的理论,总结了大革命前后法国资产阶级刑事立法的成果,在刑法原则、刑法体系、刑法制度以及概念、术语等各个方面,都为人类作出了巨大的贡献。它的颁布实施,不仅为西欧大陆各资本主义国家的刑事立法树立了楷模,也为近代法国刑法学的发展奠定了基础。

3. 19世纪上半叶法国的刑法观念

在贝卡利亚刑法思想的影响下,在上述刑事立法改革运动的推动下,19世纪上半叶,古典的法国刑法学理论开始登台。这种理论,强调法律是规制刑事审判活动的手段,要求将市民大众从任性恣意的、野蛮残虐的刑罚制度中解放出来,改变"审判方等于国家"和"被审判方等于国民"这种不合理、不人道的局面;主张刑法的使命,不在于与罪犯作斗争,而是对国家制裁行为作出适当的分配、限制和引导;认为刑法应当成为市民保护自己权利、防止国家侵害的盾牌;强调刑罚的运用必须合理,并受严格的限制,它应当是教育民众的一种手段。①

这种刑法观念,不仅由1810年《法国刑法典》所具体化,而且影响了整个19世纪法国的刑法学家,包括著名刑法学家、犯罪学家塔尔德。

4. 塔尔德的刑法学理论

塔尔德(G. Tarde,1843—1904),生于萨拉特一个法官的家庭,先后在图卢兹和巴黎大学深造,毕业后回到萨拉特担任兼司法的地方长官。1893年担任法国人类犯罪学档案馆副馆长,1896年以后,历任私立政治科学学校和私立社会科学学院讲师、法兰西现代学院教授等职。

塔尔德在刑法学方面的论著主要有:《比较犯罪论》(1896年)、《刑法哲学》(1890年)等。在这些著作中,他对龙勃罗梭(C. Lombroso,1836—1909)和意大利学派发展起来的关于犯罪原因的生物学理论,进行了在当时是最为有力的批判。他认为,犯罪在本质上是一种社会现象,可以用一般的社会规律来加以说明。②

以此为前提,塔尔德提出了职业犯罪与模仿犯罪的理论。他指出,犯罪行为是一种手工业,一种职业。职业犯罪者受过专门技术训练。他经过一段漫长的学徒期,使用一种特有的行话,根据一种确定的行为惯例对待犯罪同伙。按照塔尔德的观点,解释包括犯罪行为在内的一切社会现象的强大的、无意识的神秘动力是模仿,一种就其本来意义上

---

① 日本刑法理论研究会编:《现代刑法学原论》(总论),第37页,三省堂1987年版。
② 前揭上海社会科学院法学研究所编译:《法学流派与法学家》,第374页。

的社会运动方式,借此一个人的思想传播给另一个人。人与人的关系越密切,他们就越是彼此模仿。①

塔尔德虽然相信犯罪的原因在于社会,但他不同意迪奥凯姆关于犯罪是"正常"社会现象的观点,他认为犯罪行为的责任仍应由罪犯本人负担。起先,塔尔德曾主张对刑事犯罪分子处以死刑或流放到罪犯殖民地去。但到他发现犯罪率和判刑的严厉性之间在实质上、在统计上并没有必然的联系之后,他的观点发生了变化。

塔尔德的业绩,虽然主要集中在犯罪学方面,但他对此进行的深入研究和对刑罚问题的卓越见解,对当时法国刑法学的发展,无疑作出了巨大的贡献。

5. 20 世纪以后法国刑法学的发展

20 世纪以后,适应时代发展的潮流,法国的刑法学也发生了巨大的变化。原来,法国的刑法学体系,是建立在三大部分之上的。即第一部分,总则,包括犯罪规定、未遂、罪刑法定原则、刑的吸收和合并;第二部分,刑以及其效力;第三部分,应受处罚的人、应受宽恕的人、具有责任的人,包括共犯、丧失心神者、强制宽恕理由、未成年等。这三部分概而言之,就是犯罪构成要素论(包括犯罪的法律要素、物质要素和精神要素)、犯罪行为人论和刑事制裁论。

20 世纪后,一方面,19 世纪形成的刑法学三部分的基本框架仍被保留了下来;另一方面,随着新派刑法学理论的崛起,新社会防卫论之影响的扩大,法国的刑法制度和原则也发生了巨大的变化。这些变化,主要表现在对正当化事由、未遂、不能犯、过失、法律错误、共犯等理论的修改,以及对行政性处罚、法人的刑事责任、醉酒者的刑事责任、计算机

---

① 〔德〕汉斯·约阿希姆·施奈德(Hans Joachim Schneider)著:《犯罪学》,吴鑫涛、马君玉译,第 109 页,中国人民公安大学出版社 1990 年版。

犯罪、毒品犯罪、集团犯罪和都市犯罪等新问题的讨论、研究方面。由于法国的传统是成文法主义,因此,这些对刑法理论的修正和对刑法学领域新问题的解决,不是通过判例而是通过立法以及学理解释来进行的。①

6. 安塞尔的新社会防卫论

20世纪以后,法国刑法学发展中,值得特别提及的是新社会防卫论。该理论的倡导者就是法国现代著名刑法学家马克·安塞尔(Marc Ancel, 1902—1990)。

安塞尔长期担任法国上诉法院法官和巴黎大学比较法研究所刑事学科负责人,1966年在第7届国际社会防卫协会总会上当选为会长。他的新社会防卫论,主要体现在其名著《新社会防卫论》(La Defense Sociale Nouvelle, 1954)中。

安塞尔认为,新社会防卫论是相对于以前的或旧的社会防卫理论而言的。它强调将犯罪问题置于立法、司法和行政行为的对策之中,基于一种新的时代精神,在承认意识形态的差异的基础上,通过改革实定法(各部门法)来予以把握和处理。即新社会防卫论强调通过对犯罪进行预防以及对犯罪人进行妥善安置来消除犯罪、保护社会。②

安塞尔指出,一般而言,社会防卫理论是在19世纪末实证主义学派掀起的刑事学革命后出现的,但它事实上可以追溯到遥远的古代社会。当时,已出现了三种关于犯罪的观念:(1)赎罪性质的惩罚观;(2)通过报复性的刑罚来教育犯罪人;(3)通过技术性诉讼严格禁止非人道的处罚的观念。③ 当这三种观念中任何一种出现时,社会防卫理论也就开始登台。在古希腊、古代中国、中世纪伊斯兰、中世纪德国,

---

① 前揭日本刑法理论研究会编:《现代刑法学原论》(总论),第321页。
② 〔法〕安塞尔著:《新社会防卫论》,〔日〕吉川经夫译,第14页,一粒社1968年版。
③ 前揭〔法〕安塞尔著:《新社会防卫论》,第26页。

都已经出现了社会防卫思想。在法国大革命中,在人文主义思潮和罪刑法定主义思想的熏陶下,经过一系列的刑事改革和刑事立法,社会防卫理论开始进入法典。

安塞尔指出,社会防卫理论的发展经过了若干阶段,其中,意大利犯罪学家龙勃罗梭、加罗法洛(R. Garofalo,1851—1934)、菲利(E. Ferri,1856—1929),德国刑法学家李斯特等人为此作出了卓越的贡献。然而,早期的社会防卫理论的着眼点在于加大对急剧增多的犯罪进行镇压的力度,以保护社会。随着时代的发展,社会的进步,犯罪问题的复杂化,这种社会防卫思想已不适应形势发展的要求。这样,1945年,格拉玛梯卡(Gramatica)在意大利的热那亚(Genova)设立了世界上第一个社会防卫研究所。1947年,在意大利的圣雷莫(San Remo)召开了第一届国际社会防卫会议。1949年,在比利时的列日(Liege)召开的第二届国际社会防卫会议上,成立了国际社会防卫协会。[①] 1950年,在联合国之下,设立了社会防卫局。1953年,在巴黎大学比较法研究所中,又成立了社会防卫研究中心,并每年举行国际社会防卫会议。此外,自1960年以后,在每年召开的法国犯罪学会议上,也将社会防卫作为一个重要问题。正是在这种背景之下,新社会防卫论开始兴起。

在对新社会防卫论的内涵和历史作出说明之后,安塞尔进一步对社会防卫理论的刑事政策对现代法体系的影响、旧的社会防卫理论的消极的侧面、新社会防卫论的积极的、建设的侧面(考虑犯罪人的人格、修改刑事制裁的体系、全面理解和掌握刑事责任的观念、改良刑罚等)作了详细阐述。最后,安塞尔对学术界关于新社会防卫论提出的一些异议,如对犯罪人作出妥善处理、使其复归社会,会不会影响刑法的镇压功能和忽视刑法的一般预防的必要性;新社会防卫论强调了对犯罪人的法

[①] 前揭〔法〕安塞尔著:《新社会防卫论》,初版序。

律外教育,会不会导致社会的非法律化倾向,等等,逐个进行了解答。

在结论中,安塞尔指出,新社会防卫论,继承了近代资产阶级刑法学的历史遗产,尤其是它保留了刑罚的法定性、平等性、一身性、均衡性和人道性的主张,吸收了20世纪以来刑法改革和刑法学的各项成果,如科学进步、刑罚改革、人格的重视、使犯罪人回归社会的措施等。新社会防卫论与其说是一种学说,不如说是吸引全体民众参与的一场热情高涨的社会运动。①

安塞尔的新社会防卫论一提出,就受到了世界各国的重视,其著作在短时期内就被译成英、日、意大利等多国文字。作为战后西欧大陆刑法学理论发展的一个重要倾向,其提出的许多思想,也值得我国学术界重视。②

四、法国现代社会法学的形成

进入20世纪,资本主义从自由进入垄断,国家加强了对经济以及其他社会事务的干预,法律也从个人自由本位转为国家社会本位。

在政治上,进入帝国主义时代后,各种矛盾日趋尖锐,马克思主义的产生和传播,工人运动的高涨,第一次世界大战的爆发,苏联的诞生,等等,都使资产阶级加强了他们的政治统治,不断改进其统治机器,"自由放任的政府是最好的政府"的时代已经过去。

在法律发展方面,20世纪以后,除个别领域如婚姻家庭领域个人主义的倾向有所加强,如出现了离婚的容易化,结婚手续的简化,夫权

---

① 前揭〔法〕安塞尔著:《新社会防卫论》,第341页。
② 70年代中叶以后,随着法国新刑法典起草工作的逐步展开,法国学术界对刑法学的研究也更趋活跃。从卡斯东·斯特法尼等著:《法国刑法总论精义》,罗结珍译,中国政法大学出版社1998年版,一书得知,目前法国刑法学界关注的理论热点为犯罪现象及其原因、刑法的重大原则、犯罪的特有要件、犯罪人与刑事责任、有关刑事制裁的各项原则、制裁的适用等。

的弱化,妻子能力的扩大,非婚生子女的继承权的扩大等之外(事实上这一倾向也是在当时的社会运动,尤其是广大劳动妇女和社会进步人士斗争中,以及统治阶级为了稳定社会之考虑等因素之下实现的。故婚姻家庭法领域的个人主义倾向,从整体上讲,也是法的社会化的内容之一),在法的其他领域,都出现了"社会化"(Socialisation)的倾向。

由法的形式的平等以及自由主义经济的构造所产生的国民间的实际上的不平等,加剧了社会的矛盾,统治阶级一方面基于民主主义的思想,将个人的权利置于社会利益之内,并对经济的、社会的弱者予以保护;另一方面,从自由资本主义进入垄断资本主义,标志着资产阶级的统治由不成熟走向成熟,由上升处于保守。为了维护自己的长治久安,迫使它采取一些更加实用的立法政策。

这样,在传统的私法和公法之间,形成了所谓"社会法"(droit social)的法域,试图将传统的个人人格尊严与现实的强调社会利益协调起来。这种社会法的具体发展,除了表现为在传统的民法典、商法典等中增加强调社会利益的内容外,还表现在经济立法、劳动立法、社会保障立法、消费者保护立法以及环境保护立法等各个方面。

20世纪以后法国关于社会法的作品,主要有:

斯凯尔(Scelle)的《产业法简明教程》(Precis elementaire de legislation industrielle,1927);

杜兰德(Rouast et Durand)的《劳动法》(Droit du travail,1957)和《社会安全的现代对策》(la politique contemporaine de securite sociale,1953);

盖兰德(Brun et Galland)的《劳动法》(Droit du travail,1958);

罗伊昂·肯(Camerlynck et lyon-Caen)的《劳动法》(Droit du travail,1965);等等。

第五章 德国法学

第一节 中世纪后期德国法学的发展

一、罗马法学的继受

如前所述,中世纪后期德国法学的发展,导源于对罗马法学的继受。受波伦那大学罗马法复兴运动的影响,自13世纪起,德国各大学也开始教授罗马法学。在弗赖堡(Freiburg)等大学,学者如查修斯(Udalricus Zasius,1461—1535)等人,通过法律教育,使罗马法成为通行整个德意志的学问;而在其他大多数场合,在波伦那大学受过罗马法教育的专门人才,或通过担任城市和领主(诸侯)的法律顾问,或直接担任行政官吏,而使罗马法成为指导德国司法实践的强大的理论武器。

1495年成立的帝国法院,规定其法官的半数以上须是学过罗马法知识的人,其诉讼过程中适用的也必须是罗马法上的程序,这一点有力地推动了罗马法在德国的进一步传播。当然,由于当时德意志罗马神圣帝国已名存实亡,帝国法院的设立,实际上受到各诸侯贵族的很大制约。因此,该法院适用的法律,首先是各种地方封建法,在这种法欠缺的情况下,才将改造过的罗马法作为"普通法"适用于德国全境。但由于各地封建习惯法太具体,又不成文,缺乏系统性,因此,在实践中逐步丧失优势,"普通法"的适用范围则越来越广泛,并渗透于地方封建法的发展之中。

这样,到 17 世纪,即使是封建法也被罗马法化,出现了所谓"《学说汇纂》在现代的应用"(usus modernus pandectarum,也称"潘德克顿运动")的现象。为这一运动作出突出贡献的是著名法学家康林(Hermann Conring,1606—1681)、卡普草乌(Benedikt Carpzov,1595—1666)、梅维乌斯(David Mevius,1609—1670)等人。这些学者,不仅通过他们的著作指导了懂得罗马法知识的法官们的实务活动,而且还直接参与了各诸侯法院的审判,包括各种判决及鉴定的起草等。[①]

二、自然法学的形成和发展

上述被继受了的罗马法,到 18 世纪末,一直被当作"写成文字的理性"(ratio scripta)而得到尊重。但这种理性的法,并不意味着它是与世俗实定法相对立的一种法律,而是包含在实定法中的一种内在要求,这种思维继承了自亚里士多德以来的西方实践哲学传统。这种传统认为,实定法的发展是作为逻辑存在的自然的一部分。

然而,随着 12 世纪以后教会势力的日趋衰落,"国家教会制"的崩溃,教会和世俗世界开始分离。在此形势下,人们在承认世俗秩序的独自性的同时,也产生了自然法不包含于实定法秩序中,而是与之对立的基督教的正义的法的观念。前述托马斯·阿奎那的法律思想可以说是这种观念的代表。

这种观念在 16 世纪后自然法学说中,以及在 16 世纪西班牙向外扩张实践中获得了进一步的体现。自然法学说被说成是一种普遍的人类正义。然而,这种自然法学的进一步发展,便逐渐脱离神学而开始独立。推动中世纪末期德国世俗自然法学发展的是普芬道夫(Samuel

---

[①] 前揭〔日〕碧海纯一等编:《法学史》,第 125—126 页。

Pufendorf,1632—1694)。他和英国自然法学家霍布斯相一致,认为人都受自爱和自私的强烈推动,并且人性中天生都有某种程度的恶意和侵略性。但与此同时,他又与荷兰自然法学家格劳秀斯一样,确信人身上还有一种寻求与别人联合并在社会中过一种安静、友善的生活的强烈倾向。

普芬道夫认为,自然法是存在于人性中的这种二重性格的表现。与人性的这两个方面相一致,自然法有两个基本原则:告诉每个人尽其所能去保护自己的生命和肢体,并保全他自身和财产;一个人不去扰乱人类社会。他把这两个自然法的原则结合起来,合成一条单独的格言:"每个人都应当专注于保存自己,人类社会就不受骚扰。"[①]同时,普芬道夫从自然法的第二条原则中推导出了下列重要法律要求:"不让任何人去挤压别人,以致别人可以正当地抱怨他的权利的平等受到了侵犯。"[②]这条规则表述了常常为普芬道夫所强调的法律平等原则。他虽然仍承认以《圣经》为代表的"神法"(ius divinum)的权威,主张除通奸之外,不承认任何其它的离婚原因。但他已将"神法"的约束范围限制得很狭小,而代之以强调自然法的普遍的拘束力。

继普芬道夫之后,托马修斯(Christian, Thomasius, 1655—1728)和沃尔夫(Christian Wolff, 1679—1754),进一步发展了德国自然法理论。比如,他们不仅仅停留在将自然法从神法中分离出来这一步,不仅仅将自然法看作是单纯理性的产物,而是将其社会化、实定法化。如托马修斯认为,人类不是作为上帝创造之物享有天生的权利,而是因为这种权利植根于社会,因此,包含自然法的法不是一成不变的东西,而是

[①] 〔德〕普芬道夫著:《法理学基础》第二卷第四章第四节。转引自前揭〔美〕博登海默著:《法理学——法律哲学和方法》,第41页。

[②] 同上。

随着社会一起变化。而沃尔夫则认为,人类的最高义务是为至善而奋斗。在他看来,这种自我完善的道德义务,加上努力使他人更趋完善,就是正义和自然法的基础。自然法命令一个人去做有助于改善他本身和他的条件的事情。沃尔夫从这一基本原则出发,严格地演绎出一个庞大的、用以实现自然法的基本目的的实在法体系。[①] 尤其是随着霍布斯的实证主义命题"法不是真理而是权威所创"的引入,德国的自然法理论具有了历史主义、实证主义的色彩。这种趋势的进一步发展,便导致了德国近代前期的一系列自然法典的编纂事业。

三、自然法典的编纂

随着自然法思想的传播,适应中世纪末期资本主义商品经济的发展,统一的市场、统一的主权国家(或邦)的政治需要,在德国各地开始出现了对德意志流行的普通法和领邦法的汇编、统一运动。有些邦进一步将其体系化,开始了法典的编纂活动。

最先从事这一事业的是拜恩邦(Bayern),1756年,它在克莱特玛伊尔(W. A. F. Kreittmayr,1704—1790)的主持下,颁布了《巴伐利亚市民法典》(Codex Maximilianeus Bavaricus Civilis)。

1794年,普鲁士进一步颁布了《普鲁士邦法》(Allgemeines Landrecht für die Preuβischen Staaten,ALR)。该邦法,可以说是德国近世自然法典中典型的一部,它代表了德国自然法学者沃尔夫的观点。沃尔夫认为,法律秩序并不是流动的,而应该使其固定化、正当化。为此,就必须使身份制(德国封建社会的)实定秩序作为"义务的体系"而使其法典化,而《普鲁士邦法》体现了这种思想。比如,该法典用86条条文,对现行

---

① 〔德〕普芬道夫著:《法理学基础》第二卷第四章第四节。转引自前揭〔美〕博登海默著:《法理学——法律哲学和方法》,第42—43页。

的家长与奴婢的权利义务关系作了详尽的规定,如"在讲好供应奴婢伙食的场合,必须使其得到温饱";"必须给与其参加教堂礼拜的时间";"不得要求奴婢干有损其健康的劳动",等等。

然而,进入 19 世纪以后,以义务体系为目标的沃尔夫的自然法理论和《普鲁士邦法》,开始不能适应时代发展的需要,西方社会随着资本主义的发展,人们要求个人有进一步的自由。1812 年,在塞勒(F. Zeiller, 1753—1828)的主持下,奥地利起草颁布了《一般民法典》(Allgemeines Bürgerliches für die deutschen Erbländer, ABGB)。它通过承认一般的权利能力而试图构筑私法的自治体系。当然,除上述原因外,1804 年《法国民法典》的颁布,也不可能对《一般民法典》没有影响。总之,进入 19 世纪,《普鲁士邦法》的时代已经结束,自由资本主义的时代已经开始。

第二节 近代以后德国的基础法学

在各邦编纂自然法典的同时,近代德国的法哲学也开始获得发展。但由于德国经济发展的缓慢和落后,资产阶级的软弱保守,决定了近代德国的法哲学理论具有明显的两重性,即一方面,受启蒙思想的影响,在其法哲学中"浸透着市民的自由主义",而这种自由主义,正是"法国自由主义在德国所采取的特有形式。"[①]另一方面,又无法与封建贵族一刀两断,而主张通过妥协和改良的方法去革新旧的制度。这种状况一直持续到 19 世纪末才开始有所改变。反映近代德国资产阶级法哲学这种状况的代表人物,主要有普芬道夫、沃尔夫、康德、黑格尔、萨维尼、耶林、祁克等人。关于普芬道夫和沃尔夫的自然(启蒙)法哲学,上面已作过论述。这一节,我们将从康德和黑格尔开始。

---

① 前揭《马克思恩格斯全集》第 3 卷,第 213 页。

一、康德和黑格尔的法哲学理论

(一)康德的法哲学理论

康德(I. Kant,1724—1804),18世纪德国最伟大的哲学家,唯心主义法学的主要代表。其法哲学理论主要表现在四个方面:

1.法(权利)的含义以及法学研究的对象。康德指出:"权利是那些使任何人的有意识的行为,按照普遍的自由法则,确实能与别人的有意识的行为相协调的全部条件的综合。"[①]由于德文"权利"一词 Recht 也表示"法",因此,康德这里所说的权利的含义也具有法的含义。[②]

从对权利和法的上述理解出发,康德认为,研究权利和法的科学,既可以理解为"权利科学",也可以称为"法学",其研究的对象就是"一切可以由外在立法机关公布的法律的原则。"[③]由于在实际工作中运用这门科学时,立法就成为一个实在权利和实在法律的体系,所以,法学或权利科学实际上也是以"实在权利和实在法律的实际知识"为对象的,它"研究的是有关自然权利原则的哲学上的并且是有系统的知识。从事实际工作的法学家或立法者必须从这门科学中推演出全部实在立法的不可改变的原则。"[④]

2.法律和伦理:自由法则的外部运用和内在自由。康德认为,在人类社会中,除了自然法则以外,还有自由法则,它既是道德的法则,又是法律的法则,两者(包括道德和法律)的区别,主要在于对内对外的关系。"就这些自由法则仅仅涉及外在的行为和这些行为的合法性而论,

---

[①] 〔美〕C.摩里斯编:《伟大法律哲学家》,第242页,1971年版。引自前揭张宏生主编:《西方法律思想史》,第323页。
[②] 当然,尽管如此,法和权利的含义仍是有区别的,参阅本节"三、耶林的法哲学理论"。
[③] 〔德〕康德著:《法的形而上学原理》,沈叔平译,第38页,商务印书馆1991年版。
[④] 同上书,第38页。

它们被称为法律的法则。可是,如果它们作为法则,还要求它们本身成为决定我们行为的原则,那么,它们又称为伦理的法则。如果一种行为与法律的法则一致就是它的合法性;如果一种行为与伦理的法则一致就是它的道德性。前一种法则所说的自由,仅仅是外在实践的自由;后一种法则所说的自由,指的却是内在的自由。"①"因而,法理学,作为权利的科学,以及伦理学,作为道德的科学,其间的区别并不太着重于它们的不同义务,而更多的是它们的立法不同。不同的立法所产生的不同的法规便与这一类或那一类的动机发生联系。"②康德的这一观点,对后世的法理学家产生了巨大的影响。

3.权利(法)的义务的分类。康德从乌尔比安关于权利和法的义务的三个公式开始进行分析。第一,"正直地生活!"康德认为,法律上的严正或荣誉,在于与别人的关系中维护自己作为一个人的价值。因此,他认为,"这项义务可以用下面的命题来表示,'不能把你自己当作仅仅成为供别人使用的手段,对他们说来,你自己同样是一个目的'。"③第二,"不侵犯任何人!"康德认为,这个公式可以转换成这样的含义,"不侵犯任何人,为了遵守这项义务,必要时停止与别人的一切联系和避免一切社交。"④第三,"把各人自己的东西归给他自己!"康德指出,这个公式可以改为"如果侵犯是不可避免的,就和别人一同加入一个社会,在那儿,每个人对他自己所有的东西可以得到保障。"康德认为,这三个古典的公式,同样是法律的义务体系分类的原则,把义务分成:内在的义务、外在的义务以及联合的义务。

4.国家和法治学说。康德认为,国家是人类为了限制在自然状态

---

① 〔德〕康德著:《法的形而上学原理》,沈叔平译,第14页,商务印书馆1991年版。
② 同上书,第21页。
③ 同上书,第48页。
④ 同上。

下各个个人滥用自由,以及保护每个人免受他人侵害而成立的。"人民和各民族,由于他们彼此间的相互影响,需要有一个法律的社会组织,把他们联合起来服从一个意志,他们可以分享什么是权利。就一个民族中每个人的彼此关系而言,在这个社会状态中构成公民的联合体,就此联合体的组织成员作为一个整体而言,便组成一个国家。"①这种国家的基础,就是法律。"国家是许多人依据法律组织起来的联合体。"②康德认为,国家或"文明的社会组织是唯一的法治社会,"在这种国家或组织中,人们过着"一种用法律来规定的秩序"的生活。③ 从国家和法治理论出发,康德还对国家的三种权力(立法权、执行权和司法权)和国家的三种形式(一人主政政体、贵族政体和民主政体)等作了阐述。

应当说,康德的法哲学理论,虽包含有不少保守的内容,但却充满了真理的光芒。它不仅为德国后来的法哲学家,如黑格尔、耶林、耶利内克、施塔姆勒等所继承和发展,也对西欧其他法学家如前述奥地利法学家凯尔森等人的学说产生了重大影响。

(二) 黑格尔的法哲学理论

黑格尔(G. W. F. Hegel,1770—1831)是继康德之后又一位伟大的哲学家和唯心主义法学的代表,其法哲学理论主要体现在他的《法哲学原理》一书中,内容包括:

1. 法哲学体系。黑格尔的法哲学是以客观唯心主义为其理论基础的。他在《法哲学原理》一书中,开宗明义地指出:"法学是哲学的一个部门。"④因此,为了了解黑格尔的法学或法哲学在其理论体系中的地位,可以将其哲学体系图示如下:

---

① 前揭〔德〕康德著:《法的形而上学原理》,第 136 页。
② 同上书,第 139 页。
③ 参阅前揭张宏生主编:《西方法律思想史》,第 322 页。
④ 〔德〕黑格尔著:《法哲学原理》,范扬、张企泰译,第 2 页,商务印书馆 1979 年版。

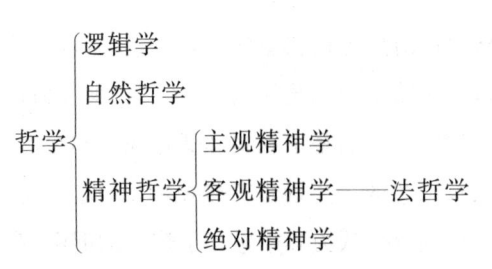

```
        ┌逻辑学
        │自然哲学
哲学────┤       ┌主观精神学
        │精神哲学┤客观精神学——法哲学
        └       └绝对精神学
```

在这里,黑格尔首先认为,在自然界和人类出现以前,就存在着一种"绝对精神",它是所有事物的本原。"绝对精神"经历了三个发展阶段:逻辑阶段、自然阶段和精神阶段,而与这三个发展阶段相适应,黑格尔将他的哲学体系确定为逻辑学、自然哲学和精神哲学。随后再从精神哲学中演化出各门其他学科包括法哲学和法学。由于黑格尔哲学的基础是唯心主义,所以建立在其上的法哲学和法学虽然包含了许多辩证法成分,但却是非科学的。

2.法的本质论。与"绝对精神"相适应,黑格尔认为法律是精神的东西,自由意志便是法律的实质。他指出:"法的基地一般说来是精神的东西,它的确定的地位和出发点是意志。意志是自由的,所以自由就构成法的实体和规定性。"①"任何定在,只要是自由意志的定在,就叫做法。所以一般说来,法就是作为理念的自由。"②而意志和自由又是不可分离的。这里,黑格尔的观点虽然是唯心主义的,但他强调的法与自由的依赖关系则值得我们重视。

3.立法论。从法的本质论出发,黑格尔推导出了他的立法理论。他认为,"法的东西要成为法律,不仅首先必须获得它的普遍性的形式,而且必须获得它的真实的规定性。"③这种规定性,就是立法。从这个

---

① 前揭〔德〕黑格尔著:《法哲学原理》,第10页。
② 同上书,第36页。
③ 同上书,第218页。

理论出发,黑格尔反对用习惯代替法律,主张公布成文法。针对历史法学派强调习惯,反对制定全德统一法典的主张,他反驳说:"习惯法所不同于法律的仅仅在于,它们是主观地和偶然地被知道的,因而它们本身是比较不确定的,思想的普遍性也比较模糊。"[1]基于同样的理由,黑格尔也反对英国的普通法,认为其中包含了惊人的混乱,容易给法官的专断提供条件。他认为,法律只有普遍地被人知晓,然后它才有拘束力。他强调在全德制定统一的法典是"无限的需要,"是"现代的不断要求。"他极力主张,一个文明民族应当自己编纂法典,建立自己的法律体系。很清楚,黑格尔的立法论虽也有诸多局限,如他否定习惯法和判例法的地位等,但他关于立法的论述则是正确的,对促进德国后来的立法事业也产生了巨大的影响。[2]

二、萨维尼和历史法学派

与黑格尔活动的时期大体相同,在德国形成了以胡果(Gustav Hugo,1764—1844)和萨维尼(F. C. von Savigny,1779—1861)为首的历史法学派(Historische Rechtsschule)。该学派强调法律源自民族精神,是民族精神的体现,主张继承历史传统,重视习惯法,反对在没有对历史上的法进行深入研究之前制定普遍适用的法典。

历史法学派诞生之初代表了德国封建贵族的利益,在以后的发展中逐步演变成为资产阶级的重要法学流派之一,并统治欧洲法学界长达近一个世纪。如美国著名法学家庞德所说,在 19 世纪,有各种各样

---

[1] 前揭〔德〕黑格尔著:《法哲学原理》,第 219 页。
[2] 关于康德和黑格尔的法哲学理论,国内已有一些研究。参阅前揭张宏生主编:《西方法律思想史》,第 320—345 页;张乃根著:《西方法哲学史纲》,第 130—155 页,中国政法大学出版社 1993 年版。近期的研究成果可参阅林喆著:《黑格尔的法权哲学》,复旦大学出版社 1999 年版。

的法理学理论,"但这一历史进程的主要线索则是历史法学派的兴起、称雄和衰落。""在上个世纪(19世纪),历史法学派基本上代表了法学思想发展的主流。萨维尼创立的历史法学派的兴衰史虽不构成整个19世纪的法学思想史,但它却是这个历史的核心和最主要的内容。"①

历史法学派的代表人物,除了胡果和萨维尼之外,还有普赫塔(Georg Friedricg Puchta,1798—1846)和 K. F. 艾希霍恩(Karl Friedrich Eichhorn,1781—1854)等人。在历史法学派内部,虽然都强调法是民族精神的体现,法学研究的首要任务应是对历史上的法律渊源的发掘和阐述,但在哪一种法体现了德意志民族的精神、哪一种法最为优越这一点上有分歧。因此,便形成了强调罗马法是德国历史上最重要的法律渊源、主张对罗马法进行深入研究的罗马学派和认为体现德意志民族精神的是德国历史上的日耳曼习惯法(德意志法),强调应加强对古代日耳曼法研究的日耳曼学派。前者的代表人物是萨维尼、普赫塔等人,后者的核心人物有艾希霍恩等。这两派在19世纪后半叶又分别为耶林和祁克所继承和发展。两者的学说,最后则在1900年施行的《德国民法典》中得到统一。

由于历史法学派的主要观点集中体现在萨维尼的学说之中,所以,这里对萨维尼及其理论再作些分析。

萨维尼,1779年2月21日生于法兰克福一个贵族家庭。父辈原是法国阿尔萨斯(Alsace)骑士阶级,17世纪初叶因宗教原因而被迫离开故乡,移居德国。但萨维尼并没有沾多少家庭的光,因为在12岁时,他就成了一个孤儿。他父亲的一个朋友,当时任帝国法院(Rechtskammergericht)法官的纽拉特(M. de Neurath)收养了他。② 纽拉特让萨

---

① 〔美〕R. 庞德著:《法律史解释》"作者前言",曹玉堂、杨知译,华夏出版社1989年版。
② Sir John Macdonell and Edward Manson, *Great Jurists of the World*, p. 562. Boston, 1914.

维尼和其儿子一起跟他学习法律。15岁时,他又让他们学习一些比较深的课程,包括法学概论、自然法、国际法、罗马法、德国法等。通过系统的问答,一些基本的原则和概念都被灌输进了这两个孩子的头脑中。1795年,在萨维尼16岁时,他进了马尔堡(Marburg)大学。在该大学中,他结识了"人文主义法学派"学者维思(P. F. Weis),并在后者的指导下研究《学说汇纂》。1800年,以论文《论犯罪观念的竞合》获得马尔堡大学法学博士学位。同年,留校担任讲师,主讲刑法以及乌尔比安《学说汇纂》的最后十册书、继承法、债法、法学方法论和罗马法史。[①]在当时的德国,贵族家庭出身的青年,学习法律之后,一般都步入仕途,像萨维尼这样甘心当一名教师者可谓极少。

1803年,萨维尼出版了处女作《占有权论》(Das Recht des Besitzes)。此书一问世便轰动了西欧法学界,连在大洋彼岸的英国分析法学派的代表奥斯汀都被此书所折服。他在《法理学范围的确定》(1832)中,赞誉该书"是所有论述法律的著作中,最完善和最出色的。"[②]该书分为六篇,分别论述了占有的概念、占有的取得和丧失、占有的保护、围绕占有发生的各种财产权利,以及作为一个法律领域占有所涉及的理论问题等。

1804年,萨维尼与布伦塔诺(F. Kunigunde Brentano)结婚。之后,赴海德堡、斯图加特、图宾根、斯特拉斯堡以及巴黎等大学的图书馆进行学术访问。通过朋友和学生的帮助,他查阅了大量的原始文献,包括法国"人文主义法学派"的代表居亚斯的极为珍贵的未公开出版的手稿。[③]

[①] Sir John Macdonell and Edward Manson, *Great Jurists of the World*, p. 563. Boston, 1914.
[②] Ibid, p. 568.
[③] Ibid, p. 571.

1810年,柏林大学建立,萨维尼应邀担任法律学教授,并一直到1842年退休时为止。他在柏林大学讲授《学说汇纂》以及继承法、乌尔比安和盖尤斯的理论和《普鲁士邦法》。1812年,萨维尼出任柏林大学校长(时年33岁)。在他培养的学生中,有霍尔威格(Hollweg)、克兰兹(Klenze)、鲁道夫(Rudorff)和普赫塔等。其中,普赫塔最为出名。

1813年,伴随着拿破仑帝国的衰落,德国学者雷布格(A. W. Rehberg)发表文章,提倡摆脱拿破仑的统治,从《法国民法典》的支配下解放出来,重新回到传统的日耳曼法中去。第二年,德国自然法学家、海德堡大学教授蒂鲍特(A. F. J. Thibaut, 1772—1840)发表了《论德意志统一民法典的必要性》一文,对雷布格的论点进行了尖锐的批判,强调在德国制定一部像《法国民法典》那样的统一的民法典的重要性。

对此,萨维尼发表了《当代立法和法理学的使命》(Vom Beruf unserer Zeit für Gesetzgebung und Rechtswissenschaft, 1814)的著名论文。他在这篇文章中,既批判了雷布格的"复古"和"倒退"的倾向,也反对蒂鲍特的"盲目"和"急进"。萨维尼认为,雷布格对《法国民法典》的批判和法的形成源自民族传统的观点是对的,但试图恢复旧的制度则是不对的。另一方面,蒂鲍特对当时立法的形势的分析,以及基于这种分析而提出的要确保法的稳定性的观点是正确的,但要求立即制定一部统一的德国民法典则不能同意,因为,在当时的德国还不具备制定统一法典的条件。这些条件就是立法者和法学家必须对历史上的法进行深入的研究,必须具备渊博的法律知识。在不具备这种条件时,立法者和法学家的使命就是对德国历史上的法律渊源进行深入的研究。

在这个观点的支配下,1815年,萨维尼与艾希霍恩等共同创办了《历史法学杂志》。事实上,萨维尼与蒂鲍特的争论包含了更为深刻的历史和社会因素。美国学者弗里德曼在评价这场争论时曾作了如下论述:

"在法典化这一实践问题的背后,存在着理性对传统、历史对革新、人的创造的有意图的行动对制度的有机的成长这一更为重大的问题。"①

1815 至 1831 年,萨维尼出版了《中世纪罗马法史》(Geschichte des römischen Rechts im Mittelalter,6 卷。第二版 7 卷,1834—1851)。在该书中,萨维尼将中世纪罗马法史分为两个时期,即 11 世纪末波伦那大学"注释法学派"成立前和成立后两个时期。在前两卷中,他对前一个时期罗马法律渊源,包括在勃艮第(Burgundy)、德意志、英国、东哥特(Ostrogoths)、意大利、伦巴第等王国和地区的罗马法作了论述,时间起点为 5 世纪。在第三卷中,萨维尼收集整理了"注释法学派"之后各种关于罗马法的原始文献资料,其中有一章还对中世纪欧洲各个大学的法律教育作了专题论述。这一卷的时间跨度为 12 世纪至中世纪末。第四卷之后,萨维尼对"注释法学派"以后的各位著名法学家,如该学派的创始人伊纳留斯以及该学派的代表阿佐、"评论法学派"的代表人物巴尔多鲁以及法国"人文主义法学派"的代表居亚斯等的著作作了总结和整理。萨维尼在本书中提供的资料,直至今日仍然是极为珍贵的。

1840 至 1849 年,萨维尼出版了其经典作品《现代罗马法的体系》(System des heutigen Römischen Rechts,8 卷)。1851—1853 年,又出版了以作为该书分论(或者说是续编)的《债权法》(Obligationenrecht,2 卷),进一步构造了一个现代民法学的体系(尽管这个体系尚未完成,但基本点都已有了)。

萨维尼的法哲学理论,主要体现在他的上述著作中,包括法的产生、法的本质和法的基础三个基本内容。

1. 法的产生。萨维尼认为,"法律只能是土生土长和几乎是盲目地

---

① W. Friedman, *Legal Theory*, p. 210. 5th ed. New York, 1967.

发展，不能通过正式理性的立法手段来创建。"①他指出："一个民族的法律制度，像艺术和音乐一样，都是他们的文化的自然体现，不能从外部强加给他们"。"在任何地方，法律都是由内部的力量推动的，而不是由立法者的专断意志推动。"②在《论当代立法和法理学的使命》一文中，萨维尼指出："法律和语言一样，没有绝对中断的时候，它也像民族的其他一般习性一样，受着同样的运动和发展规律的支配；这种发展就像其最初阶段一样，按照其内部必然性的法则发展。法律随着民族的发展而发展，随着民族力量的加强而加强，最后也同一个民族失去它的民族性一样而消亡。"③

萨维尼认为，法的这种产生也不是毫无规律可言的，它的发展呈现几个阶段。第一阶段，法直接存在于民族的共同意识之中，并表现为习惯法。第二阶段，法表现在法学家的意识中，出现了学术法。此时，法具有两重性质：一方面是民族生活的一部分，另一方面，又是法学家手中一门特殊的科学。当然，能够促使该阶段法发展的法学家，必须是那种具有敏锐的历史眼光，又有渊博知识的人，而这样的法学家现在在德国还很少，所以，在德国还未具备开展统一立法的条件。第三阶段就是编纂法典。但即使是到了此阶段，也要谨慎立法。从当前的眼光来看，萨维尼的这种观点，既有保守的地方，也有不少精辟的见解，不能全盘否定。

2. 法的本质。萨维尼认为，法并不是立法者有意创制的，而是世代相传的"民族精神"的体现；只有"民族精神"或"民族共同意识"，才是实在法的真正创造者。萨维尼指出，法律的存在与民族的存在以及民族的特征是有机联系在一起的。在人类历史的早期阶段，"法律如同一个

---

① 引自前揭张宏生主编：《西方法律思想史》，第369页。
② 同上。
③ 引自本书编写组：《西方法律思想史资料选编》，第527页，北京大学出版社1983年版。

民族所特有的语言、生活方式和素质一样,就具有一种固定的性质。这些现象不是分离地存在着,而是一个民族特有的机能和习性,在本质上不可分割地联系在一起,具有我们看得到的明显的属性。这些属性之所以能融为一体是由于民族的共同信念。"[1]而这种共同信念,就是各个民族的不同个性。法律反映的就是一个民族的共同意识和信念。

萨维尼最后得出结论:法的真正发展动力乃是民族精神,人的意志决不能参加法的发展过程。立法者不能修改法律,正如他们不能修改语言和文法一样。立法者的任务只是帮助人们揭示了"民族精神,"发现了"民族意识"中已经存在的东西。

3. 法的基础。萨维尼认为,法的基础就是习惯法。他指出,法的最好来源不是立法,而是习惯,只有在人民中活着的法才是唯一合理的法;习惯法是最有生命力的,其地位远远超过立法;只有习惯法最容易达到法律规范的固定性和明确性。它是体现民族意识的最好的法律。

萨维尼的这一观点,是将历史法学派关于习惯法的观点发挥到了极端。该学派的创始人胡果曾认为,法律并不是法的唯一渊源,在一切国家里,法不仅是立法的结果,而且也是在立法者活动范围以外形成的。应当说,胡果的这一观点是正确的,它既是对当时法国学术界不承认习惯法的法源地位之观点的一种批判,也符合历史事实。但萨维尼认为习惯法是法的基础却是走到了极端,因为习惯法是法的基础的状况只是法律发展的某一阶段,即古代成文法出现以前的现象。在大规模开展编纂法典的近代社会,这种观点就不科学了(当然,萨维尼关于习惯法的论述包含了许多真理的成份)。

关于历史法学派的评价,我国学术界已有不少论述(尽管其中有些

---

[1] 〔德〕萨维尼著:《论当代立法和法理学的使命》,载前揭《西方法律思想史资料选编》,第526页。

观点笔者不敢苟同),故这里仅补充如下一个观点。虽然,人们一般认为,历史法学派是作为一种对自然法的反动的思潮登上历史舞台(历史法学派自己最初也是这么认为的),但现在愈来愈多的学者认识到,历史法学派只是在一些理论观点和主张上与自然法学说相左,而在本质上是一样的,它仅仅在自然法的内容上加上了人文主义、国民意识等内容,使其更为丰富、更加适应社会的现实。尤其是在历史法学派的孕育下诞生的"潘德克顿法学",其体系和概念,大都属于自然法学。①

历史法学派和近代自然法学都以罗马法作为自己的历史基础,都是适应资本主义生产方式和资产阶级的统治需要而产生,因此,虽然历史法学派在形成之初,是作为一种对自然法的否定而出现,但随着其与资本主义的同步发展,它在基本点上与自然法愈来愈接近,也是一种历史的必然。

三、耶林的法哲学理论

鲁道夫·耶林(Rudolph von Jhering,1818—1892),与萨维尼和祁克并列,是19世纪西欧最伟大的法学家,也是新功利主义(目的)法学派的创始人。其思想不仅对西欧,而且对全世界都产生了巨大的影响。②

耶林于1818年8月22日生于德意志北部的一个小镇上。父亲是一位律师。耶林先后在柏林、海德堡、慕尼黑、哥廷根接受法律教育。1843年,在柏林大学通过论文审查,取得教授资格,开始讲授罗马法。随后,历任巴塞尔(Basel,1845年)、罗斯托克(Rostock,1846年)、基尔

---

① Franz Wieacker, *Privatrechtsgeschichte der Neuzeit unter besonderer Berücksichtigung der deutschen Entwicklung*. Göttingen, 1952.〔日〕铃木禄弥译:《近世私法史》,第465页,创文社1978年版。

② Sir John Macdonell and Edward Manson, *Great Jurists of the World*, p. 592. Boston, 1914.

(Kiel,1849年)、吉森(Giessen,1852年)各大学的教授。1872年,赴哥廷根大学任教。在该大学,他一直工作到去世。①

耶林的主要作品有《罗马法的精神》(全四册,1852—1863)、《为权利而斗争》(1872)、《法的目的》(全2卷。1877—1884)。他的法哲学理论的内核,也集中在这三本书中。

《罗马法的精神》(Geist des römischen Rechts)是耶林早期的主要著作。在该书中,耶林首先批判了历史法学派关于"法的素材源自存在于国民自身和其历史之间最深层的本质中"的观点,认为应从正面来认识法的继受和同化的可能性。他关心的是通过对罗马法的历史进行批判的检讨,将罗马法中"不变并且普遍的要素"从"变化的、纯粹是罗马的要素"中抽出来,作为各文明国家共通的法的原理。耶林的这种立场,明白无误地表明了19世纪下半叶在经济上已经强大起来的德国资产阶级的自主意识。

在该书第一部中,耶林就"罗马法的本源的诸种要素"作了论述。他认为,罗马法首先是以个人的"主观的意思"为基础的,因此,在罗马,权利行使最初是以自力救济为本质特征的。比如,罗马诉讼制度中的"争点决定"(litis contestatio)的程序,对以当事人进行自力救济的可能性为前提、通过特别的合意成立的诉讼,就是不可少的要素。②

在第二部第一卷中,耶林指出,在罗马,法形成的动因,一是对自主性的志向;二是对平等的志向;三是对力量和自由的志向。罗马法是"自由的体系",它与私法的各种特征相对应。耶林认为,市民社会作为私的自治社会,必须纯化。为此,所有的政治权力必须集中到国家的手

---

① Sir John Macdonell and Edward Manson, *Great Jurists of the World*, p.591. Boston,1914.

② 〔日〕村上淳一:《耶林》,载〔日〕伊藤正已编:《法学者——人与作品》,第26页,日本评论社1985年版。

里。与此相对应,法必须从道德和宗教中独立出来,采取由一手掌握强制力的国家权力的命令,即制定法的形式。因此,耶林批判了历史法学派关于习惯法优越的观点,强调应重视立法上形式承认的要素。为此,耶林认为,为了将法的价值判断(利益衡量)融入制定法之内,法的技术是不可少的。

在该书第二部第二卷上半部分中,耶林就法的技术,尤其是法律构成的分析作了阐明。这里,耶林进行的就已经不是历史的研究,而是对以温德海得为代表的19世纪"潘德克顿法学"的方法发表自己的看法。虽然耶林对这种方法进行了批评,但他并没有否定它可以作为将现实的利益放在制定法之下组合起来的法律学上创造性技术的价值。在第二部第二卷下半部分,耶林对罗马法的形式主义作了阐述。

在第三部第一卷的前半部分,又通过讨论诉讼制度、法律行为以及各种法律概念、法律制度,对法的技术进行具体探讨。而在后半部分,则分析了权利的概念。萨维尼将权利定义为"意思的力",耶林不同意这一定义,而主张应将权利定义为"在法律上受到保护的利益"。[1] 这一定义,在将权利的本质视为利益这一点上,是与将"利己心"作为普遍的要素的私的自治体系(市民社会)相对应的,在以"法的保护"为前提这一点上,则与国家独占强制力的状况相对应。

到此,耶林中止了《罗马法的精神》的写作,开始了阐述个人利益以及目的和社会利益以及目的的《法的目的》一书的创作。

西方学术界认为,《罗马法的精神》是耶林著作中"最有价值、最有独创性的作品,它是以广博的知识写成的,充满了独到的见解。"[2] 尤其是耶林在该书中对罗马法的精神("不变并且普遍的要素")的表述,对

---

[1] 前揭〔日〕村上淳一:《耶林》,载〔日〕伊藤正己编:《法学者——人与作品》,第28页。
[2] Sir John Macdonell and Edward Manson, *Great Jurists of the World*, p. 593.

制定法的重要地位的强调,对法的技术价值的肯定和分析,以及关于权利的定义等,后来都成了他创立的新功利主义法学的基础性内容。在某种意义上,《罗马法的精神》也是对孟德斯鸠《论法的精神》一书中的基本思想的继承和展开。

《法的目的》(Das Zweck im Recht)是对《罗马法的精神》提出的论点作进一步展开的作品,在该书中,耶林首先对在物质世界起作用的原因(Ursache)和在人的意志中起作用的目的(Zweck)之间的区别作了阐述。他指出,在形式上,没有无原因的行为,反之也一样,没有无目的的行为。接着,他又对人的目的和动机作了研究,这种目的或动机形成两个大的系列——个人的和社会的。个人对社会行为的利己动机有两种:报答(Lohn)和力(Zwang);社会动机也有两种:义务的观念和爱的观念。最后,耶林对这些动机的具体内容作了详细的分析。[1] 在第二卷中,耶林论述了道德问题,包括目的论和道德的理论以及礼貌、谦恭等问题。

通过《法的目的》一书,耶林既为他关于法的定义即"法是国家权力通过外部强制手段来保证其实现的最广义的社会生活条件的总和"进一步提供了理论基础,[2] 也为克服只重视逻辑、形式和概念的"潘德克顿法学"(《学说汇纂》解释学,也称概念法学)的缺陷、使强调个人利益和社会利益相结合的新功利主义法学出台创造了条件:目的是法的创造者,而目的就是利益,利益又有个人的和社会的,两者不可偏废等等。这些思想,对以后的社会学法学的勃兴也产生了重大影响。

《为权利而斗争》(Kampf ums Recht)是耶林为在德国普及法律(权利)意识而写的一部通俗性著作,但其中阐述的权利论则具有重大

---

[1] Sir John Macdonell and Edward Manson, *Great Jurists of the World*, p.595.
[2] 《中国大百科全书·法学》,第692页,中国大百科全书出版社1984年版。

的理论价值。① 在该书中,他首先阐明了为权利而斗争的意义。耶林认为,"权利等于法的目标是和平,为达到此目标的手段就是斗争。"② "这种斗争,从权利被侵害、被剥夺时开始。由于与主张自己权利的权利者的利益相对,社会上还存在着试图无视这种利益的人的利益,因此,个人的权利也好,国民的权利也好,都免不了受侵害的危险。这样,为权利而斗争,无论在法的哪个领域,即从下面的私法,到上面的宪法以及国际法等领域,都在反复进行。"③

有人认为,权利人有选择权利的自由,也有放弃权利的自由,因此,当权利受到侵害时,可以起诉、斗争,也可以放弃。耶林认为这是一种误解。"针对向人格本身进行挑战的无礼的侵权行为,以及无视权利、侮蔑人格的行为而进行抵抗,是国民的一种义务。……它首先是对权利者自身的义务,因为这是实现法所必要的。"④

其次,耶林对权利和法的关系进行了分析。如前所述,在德文中,权利和法都是用同一个词 Recht 来表述的,人们一般只能根据场合的不同来理解该词表示的是权利还是法。

耶林认为,尽管如此,事实上,权利和法毕竟还是有区别的。正因为如此,所以必须搞清两者的关系。一般而言,两者是客观意义上的 Recht(法)和主观意义上的 Recht(权利)的关系。以前,在德国占统治地位的学说认为,法是权利的前提,具体的权利只存在于由抽象的法规规定的满足权利存在要件的场合。

耶林认为,这是一种片面的观点。因为,还存在着相反的关系,即法

---

① 在完成本书稿时,笔者看到了《为权利而斗争》的中文译本(胡宝海译,载梁慧星主编:《民商法论丛》第二卷,法律出版社 1994 年版),读者可以参阅此译本。
② 〔德〕耶林著:《为权利而斗争》,村上淳一译,第 29 页,岩波书店 1984 年版。
③ 同上书,第 42—43 页。
④ 同上书,第 49 页。

也是以权利为前提的,如果抽象的法没有权利内涵、不能实行,它就失去了法的生命和本质。宪法也是,民法和刑法也是。罗马法规定,法律如不能施行,就构成了其被废止的原因。而公法与刑法的实行是国家的义务;私法的实行是私人的权利。在前者之场合,法律通过国家机关、官吏履行自己的义务而得以实行;后者则通过私人主张自己的权利而实行。

耶林认为,"权利,一方面从法律内获得自己的生命;另一方面,也反过来给予法律以生命。客观的和抽象的法与主观的具体的权利之间的关系,可以比喻为从心脏流出来又流回到心脏的血液循环。"①他指出,保护受到攻击的权利不仅是对权利者自身的义务,也是对国家共同体的义务。如前所述,权利者通过保护自己的权利,同时也捍卫了法律,通过捍卫法律,同时也维护了对国家共同体来说是不可缺少的秩序。如果这一观点是对的,那么,也可以说权利者作为对国家共同体的义务就是必须保护权利。"在某个国家内,为了弘扬法和正义,光靠法官一直坐在法官席上,警察从事刑事侦破工作是不够的。无论是谁,都必须发挥他们各自的作用,当恣意、侵权这条'九头蛇'一伸出头,任何人都负有踩住它将其碾碎的使命和义务。受到权利这一恩惠的人,都必须为维持法律的力量和威信而作出各自的贡献。简言之,无论是谁,都应当成为为社会的利益主张权利而生活的战士。"②

最后,耶林强调了培养公民的权利感觉的重要性。他指出,权利感觉的培养,要靠持续不断的教育,尤其是社会现实中各种活生生的事例的教育。否则,"即使你把罗马《国法大全》全部背诵下来,也不能说你就知道了权利是什么。"③耶林强调:"培养国民的权利感觉的涵养,是

---

① 前揭〔德〕耶林著:《为权利而斗争》,第81页。
② 同上书,第86页。
③ 同上书,第74页。

对国民进行的政治教育中最高、最重要的课题之一。每个国民健全的、有力量的权利感觉,对国家而言,是自身力量中最丰富的源泉,是对内对外生存独立的最确实的保障。"①

《为权利而斗争》一出版,就迅速被译成匈牙利、希腊、荷兰、罗马尼亚、丹麦、捷克、波兰、西班牙、葡萄牙、瑞典,以及英、法、意、俄、日等国文字。对缺少权利意识、权利感觉的东方民族来说,《为权利而斗争》一书中包含的思想尤为珍贵。日本学术界80年代初在翻译出版《为权利而斗争》时,曾配合当时在国民中普及法律(权利)意识的活动,由著名出版社岩波书店邀请该书的译者、东京大学法学部教授村上淳一以"市民讨论讲座"的名义,连续发表了一组辅导文章(后结集出版,即村上淳一著:《读〈为权利而斗争〉》,岩波书店1983年版)。可见,日本法学界对该书以及对权利之保护的重视。在我国当前全面推进依法治国、建设法治国家、普及法律(权利)意识工作中,了解耶林关于权利的思想无疑是非常重要的。

一般而言,后人对耶林的法哲学理论都给予了相当的评价。虽然,耶林的上述代表作中,除《为权利而斗争》外,其他两部均没有完成:《罗马法的精神》写到第三部第一卷(第四册)时就中断了,《法的目的》也只完成了二卷。同时,耶林的法哲学理论,也存在着诸多的矛盾和缺陷,比如在几部著作中的有些观点的前后矛盾,以及如同耶林自己所承认的那样,在哲学领域,他对某些问题的分析还表明他只是一位"半瓶子醋",等等。② 但耶林关于法哲学的基本观点,是极富创造力和极为精辟的。"作为一名法学教授,他享有巨大的声誉。他的作品影响更大,其发行量超过同时代任何一位法学家的著作。……他被认为是历史法

---

① 前揭〔德〕耶林著:《为权利而斗争》,第108页。
② Sir John Macdonell and Edward Manson, *Great Jurists of the World*, p. 595.

学派中罗马学派的最后一位代表人物。……他是一名学者,又是一名法学家,但他也渴望成为一个哲学家。通过他的论述法学的一些基本问题的作品,如《为权利而斗争》等,他成为19世纪最为知名的学者。"[1]

耶林一生留下了许多闪光的语言,如"经由罗马法,但高于并超过罗马法。"(through roman law, but above and beyond it),[2]"目的是一切法律的创造者"(der Zweck ist der Schöpfer des ganzen Rechts),[3]以及"罗马曾三次征服世界,三次与各个民族结缘。第一次通过它的武力,第二次是宗教,第三次是法律"[4]等,这些,都将作为人类共同的知识遗产,永存于世。

四、祁克的法哲学理论

祁克(O. F. von Gierke,1841—1921)生于普鲁士什切青(Stettin,现在波兰境内)市一个官吏世家,14岁时失去双亲,为其舅父所收养。舅父母在历史学上颇有造诣,祁克受此影响,从小就对历史学产生了浓厚的兴趣。

1857年,祁克进了柏林大学学习法律,后转入海德堡大学,到第四学期又回到柏林大学,师从当时研究日耳曼法学的大师贝塞拉(G. Beseler,1809—1888)。受贝塞拉的影响,祁克在大学期间就树立了专攻日耳曼(德意志)法的历史的志向。[5] 1860年,祁克获得博士学位。毕业后,先在自己的家乡开业当律师。1865年通过司法官考试,成为见习司法官。1866年,普鲁士和奥地利爆发战争,祁克入伍当了一名炮

---

[1] Sir John Macdonell and Edward Manson, *Great Jurists of the World*, p. 592.
[2] Ibid, p. 591.
[3] Ibid, p. 594.
[4] 前揭〔日〕村上淳一:《耶林》。
[5] 〔日〕石川武著:《祁克》,载〔日〕伊藤正已编:《法学者——人与作品》,第37页。

队的军官。1867年复员回到柏林大学,担任讲师,开始讲授"公法和私法的关系"的课程。①

1868年,祁克出版了处女作《德意志团体法论》(Das deutsche Genossenschaftsrecht)第一卷。该书是他在1867年申请教授资格论文的基础上修改而成,是一部1100多页的重要著作。在该书中,祁克从游牧时代的日耳曼血族团体起笔,依次阐明了共产制村落的成立以及内容,这种团体的性质和关于土地的法律关系,并在论述这种血族团体解体的过程中,考证了中世纪土地支配关系成立的经过,区分了作为人的团体的空间地域性团体和作为资本的利益性团体的不同点,即前者后来从地方团体发展成为国家,后者则发展成为后世的各种公司、合伙组织。②

在1870—1871年的普法战争中,祁克再次入伍,复员后受聘担任柏林大学副教授。1872年,任布雷斯劳(Breslau,现在波兰境内)大学的法学教授,讲授教会法和萨克逊地方习惯法,并发表了一系列关于德国法制史的专题论文。

1873年,祁克出版了《德意志团体法论》第二卷,在此卷中,祁克对日耳曼法上的法的观念、权利主体的观念、物的观念、团体的观念以及团体的权利关系进行了详细的阐述,并对日耳曼法的思想和罗马法的思想之间的区别作了深入的探讨。祁克的团体论和法人论的基础,就是在此卷中奠定的。

1881年,《德意志团体法论》第三卷出版,在该卷中,祁克首先对希腊哲学上的国家论作了说明,接着,将罗马法制史分为未受基督教影响的时代和受影响的时代,以此阐明罗马法上的国家论和法人论,并沿着中世纪前后期注释法学派的变迁这一线索,详细阐述了罗马法上的法

---

① 〔日〕石田文次郎著:《祁克》,第5—6页,三省堂1935年版。
② 同上书,第6页。

人理论是如何为德国所继受的过程和原因。该卷是祁克这套书中的力作,是西方私法学的基本文献。①

相隔 32 年,祁克于 1913 年出版了《德意志团体法论》第四卷。在该卷中,他对至 17 世纪中叶为止的国家以及团体的历史作了详细的描述,并对至 19 世纪初期为止的自然法理论史作了论述。以后,祁克想接着撰写第五卷,继续对国家和团体的理论史进行研究,但他自己也感到,他的生命可能已不允许他这么做了。事实也确实如此,《德意志团体法论》只完成了四卷。

除《德意志团体法论》之外,祁克于 1895 至 1917 年,出版了三卷《德意志私法论》(Deutsches Privatrecht)。在第一卷人法中,祁克将私法体系分为个人法和团体法两类,并对各个法域中发生的各种法律关系作了统一归类和系统阐述。第二卷物权法,被认为是当时私法理论中的名著。第三卷债权法,包含了债务与责任、雇佣契约的起源和持续性债权关系等重要课题。

在这期间,祁克于 1884 年担任海德堡大学的法学教授。1887 年,他继其授业恩师贝塞拉,出任柏林大学的私法学教授,并一直工作到他 1921 年去世时止。这当中,还曾两次担任柏林大学的校长。② 祁克致力学术研究 50 多年,发表的研究成果约 1 万多页。西方学术界评论说,"耶林死后,世界法学界尚健在的最伟大的学者就是祁克"。③

祁克的法哲学理论主要集中在他上述几部著作中,其内容非常广泛,这里仅就法的本质、法和道德的关系以及社会法思想作些论述。

1. 法的本质及其目的。在《德意志私法论》第一卷中,祁克指出:

---

① 前揭〔日〕石田文次郎著:《祁克》,第 9 页。
② 〔日〕石川武著:《祁克》,载伊藤正已编:《法学者——人与作品》,第 38 页。
③ 前揭〔日〕石田文次郎著:《祁克》,第 20 页。

"所谓法,是指法规以及法律关系的整体,而法规则是将人的自由意欲置于外部并且以绝对的方法予以制约的规范。"①他认为,"法以国民对法的确信为根据,法规是规定(国民)各自意志的界限,要求正确生活秩序的理性的表白。"②"法是表示出来的社会的确信,所以是人类社会生活的准则。法的渊源是(人类)的共同精神。……法的理念是正义。各法规的最高目的是实现正义。"③康德认为,如果丧失了正义,人类就丧失了在地球上生存的意义,祁克予以展开说,"法的直接目的是实现正义,正义是不可丧失的人类的价值。……如果法律不忠实于正义,只以实利为目的,那么,法的公正严肃就不复存在,实利也得不到。"④可以说,祁克关于法的本质的这种立场,基本上是历史法学派的,但也已受到了自然法学的不小影响。

2. 法和道德的关系。1917年,祁克发表了最后一篇重要论文《法律与道德》。在这篇论文中,祁克对法律与道德的关系作了深刻阐明。他指出,法和道德具有紧密的联系,以1900年《德国民法典》为例,其中相当多的条款规定,如果违反了社会道德义务(第138条违反善良风俗的责任、第226条规定不得以损人的目的来行使权利、第2333条规定继承人有不道德行为将被剥夺特留份等),法律将给予处理。

同时,法和道德都是精神性社会的生成物,法的渊源有在社会中无意识发生的信念中产生和在自觉创造的信念中产生两种情况,前者是习惯法的场合,后者是立法机关的场合。道德也有从无意识的信念中发生和从个人自觉形成的一般信念中产生的场合。前者是社会的共同行为规范,后者是被形式化了的伦理规则。

---

① 前揭〔日〕石田文次郎著:《祁克》,第174页。
② 同上书,第178页。
③ 同上书,第180页。
④ 同上书,第221页。

祁克认为,法与道德也有根本的区别,即法具有强制力,它依靠外部(国家的)强制力来实行。由于文明社会中强制力由国家独占,所以法和国家互为因果。道德则不然,它的目的是人的内心服从,它与国家的强制力遥遥相对。同时,法律源自社会信念,而道德则源自个人信念。法律是允许、命令和禁止人的行为的规范,而道德则以人的思维为对象,着重于人的内部的意志决定。两者有交叉又有区别。在相交叉的领域,两者都有拘束力,而越出了交叉的范围,则属于两者各自管辖的领域。当然,一般而言,道德管辖的范围比法律要大得多。

此外,法和道德也有冲突之时,即对道德允许的,法有时会禁止,如某些宗教活动以及杀死暴君、家长处死十恶不赦的败家子等;对道德禁止的,有时法律却是允许的,如许多不道德但却尚未触犯法律的行为等。因此,必须协调两者的关系,既要发挥道德的规范作用,也要倡导法律的教化作用。[1]

3. 社会法思想。在《德意志私法论》第一卷中,祁克指出,"与人的本质一样,在法律上也存在着个人法和社会法的差别。这是因为,人作为个人在其是一种独立的存在体的同时,也是构成社会的成员。"[2]祁克认为,"个人法是从主体的自由出发,规律个人相互平等对立的关系的法律;社会法将人视为拥有社会意志的成员,将人视为整体的一分子。……所以,社会法是从对主体的拘束出发,规律有组织的全体成员的法律。"[3]在《国家法的基本观念》之论文中,祁克进一步指出:"社会法,是从人的结合的本质出发,对人的共同形态的内部存在进行整理,

---

[1] 前揭〔日〕石田文次郎著:《祁克》,第 213—214 页。在传统理论中,道德只具有教化的作用,法律只具有规范的作用。祁克这句话的意思在于,要使道德也发挥法的作用(规范作用),法律也发挥道德的作用(教化作用)。
[2] 同上书,第 76 页。
[3] 同上书,第 77 页。

从小的团体到大的团体,从低的团体到高的团体,日积月累的建设性的法则;是从夫妻到家庭、从家庭到村落,逐渐向上、逐渐扩大,最终至国家的构造起来的组织法。"①

那么,社会法的出现,对传统的公法和私法的理论将产生什么样的影响呢?在《德意志私法论》中,祁克对此问题作了分析。他认为,公法和私法的分类来自于古代罗马,当时,私法事实上相当于个人法,而公法一般也相当于社会法。但是,在现代社会,法律关系发生了巨大的变化,国家和社会的活动范围也已大为扩大,传统的公法和私法已无法囊括社会法和个人法了。在公法之外,存在着与公法相类似的社会法,如寺院法、地方团体的自治法、公的各种团体的规约以及国际法等。与此同时,"私法,原则上是个人法,但除此之外,还存在着与由国家法规定的公法不一致的私法性的社会法,如亲族法以及关于与组合的团体并列的私法上的法人的规范等。"②所以,在现在,"个人法也好,社会法也好,都已经跨越了公法和私法的领域。"祁克认为,在目前,区分公法和私法已很困难。尽管如此,祁克所说的社会法的概念还是很明确的,这就是规范统一体内部的关系的组织法。

在明确了社会法的定义之后,祁克对社会法的各项原则,如与个人法上的意思主义相对立的公示主义、与个人之间合意相对的多数意思的合同行为、与个人代理相对的机关的代理等。此外,祁克还对团体所有权的各种形态如总有权、合有权等作了论述。

总之,祁克的法哲学理论,既是对自然法思想和历史法学派观点的继承,又有许多创新,尤其是他的社会法思想,对后来社会学法学的诞

---

① 前揭〔日〕石田文次郎著:《祁克》,第78—79页。
② 同上书,第88页。

生发生了巨大的影响。诚如西方学者指出的那样:"祁克首次在个人法领域之外,提出还存在着社会法领域,这是对现代法学的最大功绩。"①

五、19 世纪末至二次大战前其他法哲学理论

除萨维尼、耶林以及祁克等人的法哲学理论外,19 世纪以后在德国还存在着其他许多法哲学理论。限于篇幅和资料,这里仅对其中几种比较重要的理论作些介绍。

(一)毕尔林等人的"一般法学"

19 世纪后半叶,实证主义开始侵入德国法学界,在法哲学上,出现了所谓"一般法学"(Allgemeine Rechtslehre)。其使命是综合各门实定法学(如宪法学、行政法学、私法学、国际法学等)中最一般的理论,将其置于社会学或心理学的基础上,将法纳入实证主义的世界之中即运用经验的、实证的方法(自然科学的方法)予以说明。② 而毕尔林(E. R. Bierling,1841—1919)的《法律学原论》就是这种"一般法学"的代表作。

在该书中,毕尔林采用归纳与分类的方法,从成为实定法学之基础的素材中抽出了共同的要素,区别出各种不同的材料,再在类概念之下对其整理、总结,最后在这种类概念的内部确立法的种的特征。他认为,法律学含义上的法,"是被共同体内共同生活的人互相认可的共同生活规范或规则。"③除毕尔林之外,"一般法学"的倡导者还有麦克尔、贝尔格勃姆(K. Bergbohm,1849—1927)、宾丁(K. Binding,1841—1920)等人。

---

① 前揭〔日〕石田文次郎著:《祁克》,第 73 页。
② 参阅《现代法讲座·第一卷·法学的基础理论》,第 81 页,〔日〕天野和夫执笔,法律文化社 1952 年版。
③ Karl Larenz, *Rechts-und Staatsphilosophie der Gegenwart*, 2Aufl, 1935.〔日〕大西芳雄、伊藤满译:《现代德国法哲学》,第 26 页,有斐阁 1942 年版。

（二）黑克的"利益法学"

黑克（Philipp Heck）在其名著《法律解释和利益法学》（Gesetzesauslegung und Interessenjurisprudenz, 1914）中指出："法律是所有法的共同社会中物质的、国民的、宗教的和伦理的各种利益相互对立、谋求承认而斗争的成果。在这样一种认识之中，存在着利益法学的核心。"[①]他认为，法学的解释，并不仅仅停留在法律的文字或立法者的主观观念上，而是应追溯到成为法律的原因的"利益"。"立法者决不是幽灵，他的使命是概括地表述作为原因的利益的记号。"[②]他要求将"利益的历史探求作为法律解释的基础。法官，应给予被承认为在法律中占支配地位的利益以优先权。"此时，利益法学的赞成者都以如下的事实为前提，即法，至少是私法，都是或主要是以规范利益斗争作为课题的。因此，常常敌对性地将两种利益对立起来，而考虑一种，忽略另一种，并以此为前提。这种观念在作为市民法典型的债权法中表现得最为典型。当然，黑克也认识到，以上观点仅仅适用于法的个人主义，而不适用于社会法或共同体思想。

（三）施塔姆勒的新康德主义法哲学

施塔姆勒（R. Stammler, 1856—1938）基于康德的认识论，对法的概念作出了规定。他认为，法是"意志"的一种，法不是决定目的的活动意义上的"意志"，而是认识论上一种意识性的"意志"，它相当于康德的纯粹理性。他认为，在作为意志显示的形式主义的方法中，应分清意志内容中两种可能的种类，即分离意志和结合意志（集体意志），并以此来规定法的概念。

施塔姆勒指出，结合意志是将若干人的意志互相充作对方的手段

[①] 前揭卡尔·拉伦茨（Karl Larenz）著：《现代德国法哲学》，第33页。
[②] 同上。

而予以规定的欲求。这里,既有某人将他人的意志作为达到自己目的的手段;反过来,他人又将他的意志作为达到自己目的的手段。比如,买主将卖主试图出卖货物、获得钱款的努力,作为得到货物、达到自己目的的手段等。他认为,这里,结合意志还与追求目的的意思表示相关联:要买货物或想出卖货物的人,都在于追求一种特定的行为目的。他指出,结合意志产生出了"利益社会"的概念,此时,结合意志也就成了这一概念的形式要素。①

基于上述分析,施塔姆勒认为康德关于法的定义混淆了法的概念和法的理想。法的概念是上述集体意志,即康德所说的"纯粹理性",而法的理想则是康德的"实践理性",它是法的目的,即实现正义,而正义要求社会生活实现最完善的调和,使个人目的和社会目的相调和。社会的理想是建立自由意志的人的共同体。这一社会理想要求:"(1)人的意志不应隶属于他人的专横权力;(2)在提任何法律要求时,必须使承担义务人保持人格尊严;(3)法律共同体的任何成员不应专横地被排斥在共同体之外;(4)授予法律权力的前提是保持被控制人的人格尊严。"

施塔姆勒还认为,法的理想就是自然法,自然法的内容是可变的。这一观点又使他成了一名新自然法学派的代表。②

(四)雷纳赫和富塞尔法的现象学

最早将现象学的研究方法运用于法学研究之中的,是雷纳赫(A. Reinach)。他在《市民法的先验的基础》中,将构成"先验的基础",理解为是约束、义务、所有权、质权那样的一个个"法形象"(Rechtsgebilde)的本质构造,而不是私法上一般的可能条件,即范畴。雷纳赫认为,这

---

① 前揭卡尔·拉伦茨(Karl Larenz)著:《现代德国法哲学》,第43—45页。
② 前揭《中国大百科全书·法学》,第535页。

些"法形象",既与所有的法命题相分离,也不混杂于法律学,而是一种独立的"存在"。"法形象"与我们日常所见到的家、树等一样,是一种看得见的"存在",实定法并不是创造"法形象",而仅仅是以它为前提,只是在利用它。

在将现象学方法运用于法学研究的学者中,富塞尔(也译为胡塞尔E. Husserl)的理论也很有特色。他在其著作中,将法的"妥当"问题视为其理论的中心。法的妥当是法的存在方式,它最显著的性格是所谓"不变性",同时,在特定的法规范的妥当性上存在着时间的开始与结束:法超越于时间,但仍和时间相联系。富塞尔认为,法是"抽象的时间"。法关系着行为着的人,与时间的现实相联系。因此,法的"时间化"的可能性必须与法的"超时间性"相一致。这种可能性在法的适用中被实现。"法规范,在社会现实中的规范内容中,通过被抽象的法律要件的形式被适用,从而被时间化。我们所说的法实现之事,实际上是说从超时间的法律世界的彼岸,进入自然的时间流动中存在的现实意志的此岸之事。法规作为一种社会规范,具体与这种'现实意志'发生着关系。"富塞尔认为,通过法官适用规范的时间化,抽象的"法的妥当性"(Rechtsgeltung)成为具体的"规范力"(Rechtskraft)。

(五)利克尔特、柯勒和萨瓦等法的文化哲学

利克尔特(Rickert)是当时"西南德意志学派"的代表,他在其作品中,首先试图明确作为一种价值科学的法律学的形式构造,并尽量避免进入形而上学的领域。他将法律解释学的方法和法哲学的方法的对立,作为法的现实观察和法的价值观察的对立而规定下来。

在这种法哲学的方法和经验法律学的方法之间的对立之外,关于法律学的方法上还有一种对立,即法律解释学和法律社会学之间的对立。这种对立,是将法或者视为实在的文化要素,即社会生活的过程;或者视为规范意义上的总体。利克尔特认为,"社会意义上的法,可视

为实在的文化要素,法律解释学意义上的法,可视为仅仅是被思考着的意义上的总体。"①因此,法律解释学如同哲学一样,不以现实为问题,而是以被思考着的世界为对象。在这一点上,它与其他文化不同,与哲学更为接近。但是,为哲学研究的"当为"是在绝对的价值性中确立自己的基础;相反,法的"当为",是在共同体意志的实定命令中拥有自己的根据。因此,法律学的方法是一种对"被思考着的意义上的纯粹经验的作业"这样一种方法。

与利克尔特相比,柯勒(J. Kohler,1849—1919)对法的文化哲学的阐述更为清楚。作为一名新黑格尔主义法学派的代表人物,他在《法哲学》(1909年)一书中认为,法哲学应当是文化哲学的一部分。法为文化服务,"文化就是创造,就是建设。它决不会完结,而是永远处在发展之中,是一个永无止境的进步运动。"②西方学者认为,柯勒的法文化哲学是第一次世界大战前西欧流行的文化享乐主义、文化促进主义的产物。

以柯勒的学说为起点,进一步发展法的文化哲学的是萨瓦(W. Sauer)。他认为,法是文化的一部分,同时也应当是为文化服务的规范。他将文化的本质归结为"完善、改良自然,努力提高自然(的价值),克服自然,将自然状态变为有价值的状态等"。追求人的价值是文化的现实基础,价值实现是文化的目标。"文化是所有价值追求的总体,是完满的没有矛盾的整体结合。"③萨瓦并不像幸福主义那样,认为个人幸福是最高的价值,而是认为最高价值是由人的整体的思想规定的,所有科学的对象的统一性和全体性,也是由这个根本法则规定的。萨瓦认为,将一切文化科学作为价值科学来研究的要素,就是"价值模式"。

---

① 前揭卡尔·拉伦茨著:《现代德国法哲学》,第96页。
② 同上书,第103页。
③ 同上书,第104页。

（六）巴姆加丁的幸福主义法哲学

与法的文化哲学相关联，巴姆加丁（A. Baumgarten）等人提出了幸福主义的法哲学理论。巴姆加丁继承了法文化学研究的基本倾向，认为文化的意义，应从促进个人幸福中去认识，即法的、国家的存在主义，应当是实现"最大多数人的最大幸福"，或是在提高人们的生活能力的同时，促进生活形式的不断发展，即"文化进步"。① 正是在这个意义上，巴姆加丁的学说被认为是幸福主义的法哲学。在方法论上，他是一名经验主义者。在政治立场上，他与马克思主义的立场比较接近。他要求用"无阶级的国际社会"来取代现在的国家。

《现代德国法哲学》一书的作者拉伦兹（Karl Larenz）指出，19世纪末至二次大战前德国法哲学的基础，既不是自然法思想，也不是单纯的法实证主义，而是超越于这两者的、建立在客观的观念论和实体辩证法基础上的具体理论，它是对18世纪以后自然法思想、历史法学派的民族精神论、耶林的功利主义法哲学以及祁克的团体法哲学思想的综合。他认为，对此基础作出清楚说明的是当时的一本名为《法哲学、法律解释学和法学》的著作。该著作指出，法哲学是形而上学，它来自于古代希腊；法律解释学作为一门技术，源自古代罗马。"但罗马人的技术性感觉和希腊人的高层次的形而上学都不适合德国法学的方法。德国法学'由于不是实务的预备课程，不是法律解释学，也不是自然法学，而是现实科学，所以也不是形而上学'。德国法学是科学，换言之，它是法的思维性意识，它为了形成自我、超越自我，因而意识到自身的生命，即在德国法学上，纯粹理论和单纯实务这两种倾向的对立已被扬弃。"②

拉伦兹教授的这些论述发表于1935年。当时，纳粹政权破坏法制

---

① 前揭卡尔·拉伦茨著：《现代德国法哲学》，第101页。
② 同上书，第247页。

的罪恶还没有全部展露。然而,德国后来的历史表明,正是拉伦兹教授没有充分意识到的近代以后德国法哲学中的国家主义、绝对理念以及法实证主义等,为后来纳粹政权制定"恶法",镇压国内外人民提供了理论根据。对这一历史教训作出深刻反省,反映德国二次大战前后法哲学变化的是现代德国著名法哲学家拉德勃鲁赫。

六、拉德勃鲁赫的法哲学

拉德勃鲁赫(Gustav Radbruch,1878—1949),生于吕贝克,先后入慕尼黑、莱比锡和柏林等大学学习法律,师从李斯特、施塔姆勒等著名学者。1902年,以论文《相当因果关系论》获得博士学位。第二年成为海德堡大学的私讲师,主讲刑法和法哲学。在海德堡大学,他受到了"海德堡新康德主义学派"的重大影响。1914年,他受聘担任柯尼斯堡大学教授。以后,又任基尔大学和海德堡大学的教授。1921—1923年,担任德国司法部长。二次大战期间,拉德勃鲁赫受到了纳粹政权的迫害。战后,又重新回到海德堡大学教书。拉德勃鲁赫的法哲学理论主要体现在他的《法学导论》(1910年)[1]和《法哲学》(1914年初版,1932年第二版)之中。[2]

拉德勃鲁赫最初是以相对主义法哲学闻名于世的。他以康德的先验唯心主义哲学作为出发点,认为一切文化都在于实现某种价值,它不是纯粹理性,而是实践理性。法作为一种文化现象,最终在于实现正义。但正义又是非常模糊的,所以必须有功利原则来补充。然而功利

---

[1] 该书自出版后至1980年已被重版13次。1997年中国大百科全书出版社出版了中译本(米健、朱林译),它译自1929年由拉德勃鲁赫亲自修订的第7/8版,故保留了该书的原始风貌。

[2] G. Radbruch, *Rechtsphilosophie*, 5Aufl, herausgegeben von Erik Wolf. 1955.〔日〕田中耕太郎译:《法哲学》译者序,东京大学出版会1963年版。

也是相对的,不同的人有不同的功利性和价值观。所以,为了维护社会的安定,就需要法的确定性。因此,法律制度由正义、功利和确定性三种原则构成,它们相互补充又相互冲突。而在一种法律制度的三种原则中,其比重也是相对的,无法科学地确定。尽管如此,在战前,拉德勃鲁赫的基本倾向是当这三种原则发生冲突时,法的确定性应占优先地位。①

纳粹政权对法制的摧残和在法西斯主义法律之下干的大量暴行,深深地刺激了拉德勃鲁赫,促使他对自己以前的观点作出深刻的反思。其结果,便是对他战前法哲学理论的重大修改。这种修改,表现为:

第一,基本上放弃了相对主义的法哲学理论,认为法应具有绝对的价值准则,在法的正义原则和实在法发生不可调和的冲突时,正义原则应占优先地位。

第二,开始承认自然法思想。在他战后的论著中,他不仅使用了"自然法"的用语,而且强调自然法并不仅仅是诸多法哲学理论中的一个学派,而是一切实在法的正当化的根据。虽然,他未能把这一观点系统化,提出一种完整的自然法的正义论,但他从相对主义转向自然法的立场则是非常明确的。②

第三,在相对主义的法哲学理论中,拉德勃鲁赫曾认为对各种学术观点和信仰必须宽容。纳粹政权的暴行,促使他改变了这一立场,从而在战后提出了一个著名的法哲学命题:对不宽容者,宽容也必须不宽容。这一命题,不仅对德国,而且对日本以及东南亚地区的法哲学研究,也都产生了巨大的影响。③

---

① 前揭〔德〕拉德勃鲁赫著:《法哲学》,〔日〕田中耕太郎译,第65页。
② 同上书,第87页。
③ 参阅〔日〕铃木敬夫著:《法律哲学上的相对主义》,载《札幌学院法学》第七卷第1号,1990年9月。

第四,鉴于纳粹政权利用法实证主义的"法律就是法律"的理论为他们的不人道法律辩护的历史教训,拉德勃鲁赫在战后批判了法实证主义,强调法的正义性,强调"法必须是良法"的观点。

七、韦伯的法社会学理论

马克斯·韦伯(Max Weber,1864—1920),是西方最伟大的思想家之一,也是现代法社会学的主要创始人。虽然在生前并不太显赫,但随着时间的推移,人们对他的理论愈来愈重视。这一点从他作品的出版上即可以看出一端。他生前只出版了《德国东部地区农业工人的境况》(Die Verhältnisse der Landarbeiter im Östlichen Deutschland, Berlin, 1892)等三部著作,而死后,由他人编辑出版的他的作品却有七种。目前,他的作品中被译成英文的已有16种,其中主要者为《社会科学的方法论》(1949年)、《中国的宗教:儒教和道教》(1952年)、《马克斯·韦伯论经济和社会中的法律》(1954年)等。① 已被译成中文的有《经济与社会》(林荣远译,商务印书馆1997年版)、《论经济与社会中的法律》(张乃根译,中国大百科全书出版社1998年版)、《儒教与道教》(有两个版本,即商务印书馆1999年版,王容芬译;江苏人民出版社1995年版,洪天富译)、《新教伦理与资本主义精神》(三联书店1987年版,于晓等译)等。

韦伯的法社会学理论,主要包含如下几个问题:

第一,关于法的概念。韦伯指出,"当人类的统治者(干部),通过强行使人类遵守一定秩序,或对人类造成的侵害施加惩罚等手段,依赖实行物理的或心理的强制,从外部保障秩序的效果时,这种秩序,

---

① A. T. Kronman, Max Weber, *List of Works by Max Weber*, Stanford University Press, 1983.

就称为'法'"。① 这里,"秩序"是指在构成某种社会关系的行为向着一个明确的规则所显示的方向之场合,这种社会关系所体现出来的内容;"效果"是指在某种秩序下,其规则具有约束力或模范力,能有效地规制人们的行为;"外部保障"是指相对于行为者自己主动遵守秩序的内部保障而言的,它突出了法的强制性。因此,韦伯关于法的概念,包括了有效果(正当)的秩序和从外部保障该秩序的强制装置两个要素。

第二,以上述对法的概念分析为基础,韦伯提出了他的法思考的四种类型:

(1)形式非合理性,即法的创造和发现,并不是通过一般性规范引导出来,而是通过超越理性的制御的各种手段(如神判、神托等)以及其礼仪上的形式主义程序进行的场合;

(2)实质非合理性,即法的创造和发现,并不是通过一般性的规范引导出来,而是通过一个个事例那样的感情评价,完全是恣意性地决定进行的场合;

(3)形式合理性,以形式主义为特征,重视在诉讼程序上的单纯性明确要件标记的场合;

(4)实质合理性,通过打破外在的形式主义或逻辑的形式主义那样的逻辑性、功利性、政治性、合目的性原理,对法的创造和发现给予决定性的影响的场合。德国的自然法理论、美国的实用主义法学以及实质意义上的自然法,就具有这种特点。②

韦伯认为,这四种法的起源的思考是理念型的,现实中的法,或是

---

① 引自〔日〕六本佳平著:《法社会学》,第56—57页。有斐阁1988年版。中译本《经济与社会》上卷第64页,关于此段的译文与六本佳平的译文有较大差异。相比较而言,日译文比较通俗,也更准确。

② 参阅〔日〕盐原勉著:《韦伯》,载潮见俊隆主编:《社会学讲座9·法社会学》,第197页,东京大学出版会1974年版。

接近于其中的某一种,或是这几种类型的复合。他通过运用这四种类型,追求法的合理化的途径。而对他而言,最高层次发展的法的合理性,只不过是"逻辑形式的合理性"而已。

第三,法的合理性的发展。对此,韦伯指出,法的合理性发展,是一个从"法的预言者(Rechtspropheten)神赐般地启示法的阶段,向法的名誉层经验性地创造、发现法的阶段,再向世俗的权力以及神权政治式的权力授予法的阶段,最后接受通晓法的人(Rechtsgebildete,即法律专家)系统地制定法律,并且以文献为基础基于形式逻辑的修习而进行专门'审判'(Rechtspflege)的阶段发展的过程。此时,法的形式上的性质,按照如下的步骤发展,即由原始诉讼中的魔术支配的形式主义和启示支配的非合理性相结合的阶段,或有时也通过神权政治制或家族财产制赋予条件的实质的、非形式的目的合理性的阶段,向专门法学家的,即逻辑性的合理性和系统性增大、并与此同时,法的逻辑性净化和演绎的严格程度增大、诉讼的合理性技术增强的阶段发展。"[①]

非常清楚,韦伯这里所描述的法的发展过程,是对西方从神法、习惯,向成文法(法官或法学家)控制、解释法的过程的高度理论抽象,虽然未必适合一切国家,但却是运用社会学方法对法的发展作出的深刻分析。

第四,法的形式合理性和实质合理性的对立。韦伯指出,近代以及现代的合法性的统治,是法的合理化的最终结果,它是通过若干互相关联的原理成立的,即(1)任何规范都必须制定为法,并要求所有的成员遵守;(2)构成抽象规则体系的法是被有意识地制定的,基于此的司法,只是发现法,而行政则是执行政策;(3)合法性的统治者,在一定期间内

[①] 〔德〕马克斯·韦伯著:《法社会学》,〔日〕小野木常译,第368—369页,日本评论社1959年版。

就任官职,在此限度内拥有一定权限;(4)服从合法构成的统治权力的市民,服从的只是法。①

韦伯认为,这样,在合理的国家中,如果没有人民以及由人民通过正当程序选出的代表的合意,就不得干涉人民的生活、自由和财产。因此,任何法都必须以合法行为为基础。而这样一种法秩序的正当性,是由自然法所赋予的,它是在对宗教启示、传统的神灵的信仰衰微之后残存的唯一的正当性。"'自然法'(Naturrecht)并不是依存于所有实定法,而是优越于它们的合理的各种规范的总体。这些规范的威严,并不是通过人为的制定法而确立的,而是相反,是从最原始的负担义务的权力被正统化的结果(即,它)的源泉并不是来自有权限的立法者,而是通过纯粹内在性质而予以正当化的特殊的形式。……'自然法'的援用,作为反抗既存秩序的阶段,给予它们法创造的要求以正当的形式,而反复进行。"②

韦伯指出,这种近代的自然法概念,在与关于财产的获得与处分的自由权和契约自由之基本原理相一致的限度内,包含了制定法是可以被正当化的假定,并且这也确实与资产阶级的利益是相一致的。但是,到了帝国主义时代,近代自然法受到了各种各样的挑战,比如,契约自由包含了实质上的不合理;继承权,又是一种不劳而获的权利。它们都冲击了自然法的形式主义的合理性。历史法学派强调的法的民族性,在意识形态上批判了自然法。此外,统治阶级内部,也表现出了对自然法的不确定性、抽象性的怀疑等等。而体现这种挑战背后的社会现实是人们对社会保障的关心,人们在法律之外寻找迅速解决民事纠纷的

---

① 前揭〔日〕盐原勉著:《韦伯》,载潮见俊隆主编:《社会学讲座9·法社会学》,第202—203页。
② 前揭马克斯·韦伯著:《法社会学》,第351页。

途径，法官对伦理的判断、刑罚的伦理的或功利的考虑，商品交换中的诚实信用原则，以及实质性的民主主义、福利国家和福利社会等等，都要求从形式的合理向实质的合理的转变、形式的自然法向实质的自然法的转变。

韦伯认为，形式的正义和实质的正义之间的对立和紧张，归根结底是无法解决的。一方面，任何形式化发展下去，对超越实定法的价值论的法秩序的正当性的信仰也不会消失；另一方面，对实质性的正义的要求不论如何强烈，也不会超越法律工作者对法的形式要求的志向。并且，不管上述对立如何紧张，都不会影响实质意义的正义与形式的正义的互相独立的存在与发展。这就是"通过由正当的秩序进行的立法，可以创造法"的信念，而近现代的法秩序，就依存于形式的自然法和实质的自然法这两者之间的对立关系，依存于两者之间的互相对立又互相依存的组合的现实。

韦伯的上述理论，确实不同凡响。

第一，他从社会强制、社会秩序、有效约束等方面来理解法的概念，将法完全置于社会生活之内。

第二，他的关于法的进行的四种思考类型，实际上也是对法的发展史的描述，这与当时的法律史学并无区别，但他从这种历史描述中，得出了法的发展最终阶段是与现代资本主义社会相一致的依照制定法的合理统治的民主主义的法治社会。这里，既与自然法学派、历史法学派和分析实证主义法学派相区别，又与前三者密切相关，并且是这三种理论的总结。

第三，韦伯与历史法学派、分析实证主义法学派不同，他拥护并倡导自然法，但他又指出了自然法的形式的合理性的缺陷，强调应将其发展成为实质上的合理，即自然法的形式正义应向实质正义升华。这无疑是相当深刻的，而这种认识，源自他对他所处的时代的社会矛盾和社会问题的观察和思考。

第四,在韦伯以前,耶林等人已经向 19 世纪概念法学发起了批判,强调法的目的、法的社会功能。韦伯作为现代法社会学的主要奠基人,则从更加众多的知识领域、更加广阔的视野来认识法,阐述法的社会意义,从而使人类对法的认识达到了一个更为深刻、更高的层次。

正因为如此,韦伯被认为是 20 世纪上半叶最博学的人,在经济学、政治学、宗教学、社会学、历史学、法学等各个学科均有巨大的影响力。他的"法的合理发展过程论"、"法的形式正义向实质正义转变"的理论,与埃利希的"活法论",给了当时的法学界以全新的视角,对庞德等法学家都有启迪作用,直至今日,仍保持着强大的活力。

第三节 近代以后德国的私法学

一、黑格尔的私法学理论[①]

黑格尔在《法哲学原理》一书中,对私法领域的问题也有许多精辟的说明。这主要表现在他对人、物、所有权、契约以及婚姻、家庭和继承等领域的研究上面。

黑格尔认为,法的本质是意志自由和权利,而意志自由的直接定在和权利的直接内容是作为自然界的物。而物,恰恰是民法研究的基本课题。这里,黑格尔所说的意志,就是指人,它是法和权利的主体。按照黑格尔的说法,构成法的意志,一开始仅仅是抽象的或一般的意志;

[①] 在黑格尔之前,康德也提出了丰富的私法学理论,主要集中在他著的《法的形而上学原理》第一部分"私法"(也译为"私人权利")中。康德在此对占有、所有权、物权、对人权、契约以及婚姻家庭等作了详细的阐述。这里,限于篇幅,笔者就不再展开。参阅〔德〕康德著:《法的形而上学原理》,沈叔平译,第 54—135 页,商务印书馆 1991 年版。

当它自己发展成为实在意志时,"意志就成为单一的意志——人(Person)"。① 这里指的是各个具体的人。意志既然属于人的,那么唯有人才能成为法或权利的主体。所以黑格尔说,"人间(Mensch)最高贵的事就是成为人。"②人的本质是人格,而人格就是意志的自由。在民事法律关系中,作为主体的人,同时又应当能认识法的精神、自觉地接受法的约束,依照法的规定行为;他能享有法律上的权利,又能尽法律上的义务。这样的人,才是完善的、理想的主体。

与人相联系,作为法和权利的客体的是物。"跟自由精神直接不同的东西,无论对精神说来或者在其自身中,一般都是外在的东西——即物,某种不自由的、无人格的以及无权的东西。"③黑格尔反对将人和物、主体和客体混为一谈,并进一步反对罗马法上将奴隶作为物的制度。可以说,黑格尔关于人和物的理论,基本上是资产阶级的。

从人和物的理论出发,黑格尔对所有权这一民法的核心问题作了说明。他指出,"人把他的意志体现于物内,这就是所有权的概念。"④黑格尔认为,所有权必须具有合理性,"如果把需要当作首要的东西,那末从需要方面看来,拥有财产就好像是满足需要的一种手段。但真正的观点在于,从自由的角度看,财产是自由最初的定在,它本身是本质的目的。"⑤"所有权所以合乎理性不在于满足需要,而在于扬弃人格的纯粹主观性。人唯有在所有权中才是作为理性而存在的。"⑥黑格尔认为,在所有权中,体现了人的意志,而人是单个的,所以所有权就成为这

---

① 〔德〕黑格尔著:《法哲学原理》,范扬、张企泰译,第45页,商务印书馆1979年版。
② 同上书,第46页。
③ 同上书,第50页。
④ 同上书,第59页。
⑤ 同上书,第54页。
⑥ 同上书,第50页。

种单个人格的东西,而这就是关于私人所有权的必然性的重要学说。通过私有财产所有权的必然性,黑格尔进一步为资本主义的财产(财富)所有制现状作了辩护。

与人、物、所有权相联系,黑格尔对契约作了阐述。他指出:"人使自己区分出来而与另一人发生关系,并且一方对他方只作为所有人而具有定在。他们之间自在地存在的同一性,由于依据共同意志并在保持双方权利的条件下将所有权由一方移转于他方而获得实存。这就是契约。"①这种契约,具有三个特征,第一,契约是从两者的主观需要和任意产生的一种偶然性的关系。第二,契约中表达的同一意志的定在,仅仅是双方当事人的设定,仅仅是"共同意志"。第三,契约的客体是个别外在物。因为,只有个别外在物才受当事人的单纯任性的支配,而被转让。

从契约的定义和特征中,黑格尔抽象出了对等的价值。"在实在的契约中,两个对应的所有权之间存在着'永恒统一的东西',即'自在地存在的所有权。'它与因交换而变更其所有人的外在物是有区别的。这个'永恒统一的东西'就是'价值'。'契约的对象尽管在性质上和外形上千差万别,在价值上却是彼此相等的。'"②

关于婚姻、家庭和继承,黑格尔也有许多精辟的论述。他认为,"家庭是扩大了的个人,家庭是自然伦理之内的一种排斥其他关系的伦理关系。"③黑格尔认为,在家庭中,主要涉及两类关系,一类是父母子女关系,这是自然的属性;另一类是夫妻关系,这是一种伦理关系,它比前者更为重要。

---

① 前揭〔德〕黑格尔著:《法哲学原理》,第48页。
② 吕世伦著:《黑格尔法律思想研究》,第61页,中国人民公安大学出版社1989年版。
③ 〔德〕黑格尔著:《哲学史讲演录》第2卷,贺麟等译,第263页,商务印书馆1983年版。

黑格尔指出,婚姻的精确规定在于,它是"具有法的意义的伦理性的爱。"①他反对在婚姻上的三种观点,即片面强调婚姻的自然属性、认为婚姻是民事契约和唯爱情论。黑格尔认为,这三种观点,都歪曲了婚姻的本质。从维护婚姻的神圣性出发,他强调婚姻中的一夫一妻制原则,反对血亲通婚,反对轻率的离婚。所有这些思想,都说明黑格尔的婚姻观的进步性。但是,黑格尔的"重男轻女"思想,则显示了他在这个问题上的保守立场。

在继承法上,黑格尔一方面主张财产继承中的遗嘱制度;另一方面,也反对罗马法上任性的遗嘱权原则。②

二、罗马学派

罗马学派(Romanisten)的代表人物,除前述胡果和萨维尼之外,还有普赫塔、温德海得、耶林等人。

该学派强调法是民族精神(Volksgeist)的体现,它和民族意识和语言一样,是随着民族的生成和发展一起形成的。当前,德国法学家的任务,并不是急于制定法典,而是对德国历史上的各种法律渊源穷根究底,进行深入的研究,发现其中内含的原理,区别其中哪些是有生命力的,哪些是已经死亡了的。而各种法律渊源中主要的并不是古日耳曼法,也不是中世纪复兴了的罗马法,而是古代罗马法的原典,研究的任务是要恢复罗马法学的本来面目(在这一点上,它与法国人文主义法学派的观点非常接近)。

基于这种信念,该学派对历史上的罗马法制度、原则以及术语等进

---

① 前揭〔德〕黑格尔著:《法哲学原理》,第 177 页。
② 关于黑格尔的私法学理论,吕世伦教授有精深的研究,参阅吕世伦著:《黑格尔法律思想研究》第三、第七章,笔者这里不再多叙。

行了全面系统的研究。比如,胡果在《作为实定法哲学的自然法》(Naturrecht als Philosophie des positiven Rechts,1798)等著作中,对罗马法的诸项原则、制度进行了研究,并在历史上首次提出了"法人"(juristische Person)和"法律行为"(Rechtsgeschäft)这两个现代民法学上重要的概念。萨维尼在《中世纪罗马法史》和《现代罗马法体系》等著作中,也对罗马法的各种渊源、制度、原则、概念以及与近代民法学的关系进行了系统的、全面的研究。无论是胡果,还是萨维尼,都试图在研究罗马法的基础上构造一门概念清楚、体系完整的民法学学科,正是在他们的努力下,罗马学派开始向概念法学发展。

19世纪中叶以后,罗马学派开始分为两派,一派以温德海得等人为代表,在研究《学说汇纂》的基础上,使概念法学发展得更为充分、更加系统化,从而形成了"潘德克顿法学",为1900年《德国民法典》的出台奠定了基础。另一派则以耶林为首,逐步意识到概念法学的弊端,主张一种新的研究方法。在《罗马法的精神》和《法的目的》中,耶林主张对法不应当仅仅作历史的、概念的研究,还必须从法的目的、法的技术、法的文化等角度来研究,应当自由地阐述法律中内含的价值,从而在德国建立了"利益(自由)法学派"(功利主义法学),为19世纪末20世纪初社会学法学的诞生作了准备。

三、日耳曼学派

日耳曼学派(Germanistik),与罗马学派一样,原来也属于历史法学派,只是由于他们埋头于德国本民族法(日耳曼习惯法)史料的收集、整理和研究而形成为一个独立的支派。其创始人是艾希霍恩,代表人物有米特麦尔(K. J. A. Mittermaier,1787—1867)、阿尔普莱希(W. Albrecht,1800—1876)、格林(Jacob Grimm,1785—1863)以及祁克等。该学派自1830年以后,开始与罗马学派决裂,而1846年在吕贝克召开的"日耳曼法学家大会"(Germanistenversammlung)则是这种决裂的公开化。

日耳曼学派坚持历史法学派的基本观点,认为法是"民族精神"的体现;该学派也赞成罗马学派的研究方法,主张用逻辑的、概念的、体系的手段来研究历史上的法律。但是,与罗马学派不同,该学派主张发掘德国私法自身发展的历史,即作为日耳曼民族的德国,它的法律并不等于罗马法,而是具有自己的特点。

如阿尔普莱希在对德国历史上有名的 Gewere(占有)制度进行深入的研究之后指出,将德国法上的所有权、他物权和占有权与罗马法上的等同起来是完全错误的。比如,在德国物权上的 Gewere,就是一个独自的具有德国色彩的概念。"所谓 Gewere,是指在对物的人的关系上被授予具有物的效力即物的诉权的一种权利。不拥有 Gewere 的人的利益,只及于人的债权的效力。此时,德国法上的特色,通过这个物的性质不在于某种权利的绝对的性质,而是与对物的人的关系的性质无关的、依据独自的法则被分配于物权法领域这一点显示了出来。"[①]贝塞拉(G. Beseler, 1809—1888)进一步指出,继受罗马法,对德国人民来说是一种"不幸",应当克服在继受罗马法基础上发展起来的法律家法和德国民众法的分离倾向,复活德意志自身的法律传统。

盖尔伯(C. F. W. von Gerber, 1823—1891)在 1846 年发表的《普通德国私法的学术原理》以及后来的论著中认为,为了使德国法学从"其只是一种事实的关系形态"这种传统观念中解脱出来,必须将内含于德国法律关系之中的各种理念抽象出来,并使其成为一种历史的、有机联系的、精炼过的法律命题和法律制度。这种使德国私法理论化、体系化的理想,在 1857 年他与耶林合作创刊的《民事法学年报》(Jahrbücher für die Dogmatik des bürgerlichen Rechts)中得到了实现。

[①] 前揭〔日〕碧海纯一等编:《法学史》,第 151 页。

与罗马学派为近代民法学的体系、原则、概念和术语奠定了基础相对,日耳曼学派的贡献除了为近代提供社会团体主义理念之外,还表现在促进了近代商法学和有价证券法学的发达方面。而对日耳曼法学的总结、整理和定型化作出巨大贡献的则是祁克,他在其一系列名著《德意志团体法论》、《团体理论》和《德意志私法论》中,对罗马学派作了批判,并使德国私法学成为一个完整系统的理论体系,成为现代资产阶级民法学的重要组成部分之一,成为 1900 年《德国民法典》的重要渊源之一(关于祁克的私法学理论,我们将在后面予以展开)。

四、萨维尼的私法学理论

如前所述,萨维尼是历史法学派以及罗马学派的代表人物,由于他的理论对德国乃至西方私法学的发展具有特别重大的贡献(笔者认为称他为"近代民法学之父"也不为过),所以,这里单列一点作详细阐述。

萨维尼的私法学理论,主要集中在《现代罗马法的体系》一书中。

如前所述,该书共有 8 卷,另附有一卷《事项·出处索引》。其出版年月为:第一卷至第三卷为 1840 年,第四、第五卷为 1841 年,第六卷 1847 年,第七卷 1848 年,第八卷 1849 年,《事项·出处索引》是在该书出第二版(1856 年)时加进去的。[①]

《现代罗马法的体系》的内容,在第一卷开头原预订如下:第一编,法源,包括第一章,本书的课题;第二章,法源的一般性质;第三章,现代罗马法的法源;第四章,法律的解释。第二编,法律关系,包括第一章,法律关系的本质和种类;第二章,作为法律关系承受者的人;第三章,法律关系的发生和消灭;第四章,对法律关系的侵害。第三编,对法律关

[①] 〔德〕萨维尼著:《现代罗马法的体系》第一卷,〔日〕小桥一郎译,第 376 页,成文堂 1993 年版。

系适用的法规。第四编,物权法。第五编,债权法。第六编,亲族法。第七编,继承法。在这些编排当中,第一编至第三编,是体系的总论;第四编至第七编,是体系的分论。

但后来在正式出版时,内容有了很大的变动,即实际出版的8卷为:第一编,现代罗马法的法源,包括第一章,本书的课题;第二章,法源的一般性质;第三章,现代罗马法的法源;第四章,法律的解释。第二编,法律关系,第一章,法律关系的本质和种类(以上为第一卷);第二章,作为法律关系承受者的人(此章为第二卷);第三章,法律关系的发生和消灭(此章为第三、第四卷);第四章,对法律关系的侵害(此章为第五、第六、第七卷)。第三编,针对法律关系的法规的支配,包括第一章,针对法律关系的法规的支配的场所界限;第二章,针对法律关系的法规的支配的时间范围(以上为第八卷)。[①]

这样,《现代罗马法的体系》一书,实际上只出了总论,分论中,只出了两卷《债权法》。由于萨维尼的谢世,全书最终未能完成。但萨维尼构造的现代民法学的体系,已大体显现。

《现代罗马法的体系》一书尚未有中文译本,笔者又不懂德文。故这里仅依据小桥一郎的日译本以及相关的英文资料,对萨维尼的民法学理论(法源、法律解释和法律关系)作一些介绍和评述。

(一) 法源论

萨维尼首先对什么是法源作了阐述。他认为:"一般的法的成立原因、法律制度的成立原因以及通过对法律制度进行抽象而形成的一个个法规的成立原因,就被称为'法源'(Rechtsquellen)"。"这个概念,具有两种比较相近的要素,因此,也必须防止这两种要素的混同。"[②]

[①] 前揭〔德〕萨维尼著:《现代罗马法的体系》第一卷,第376—377页。
[②] 同上书,第39—40页。

这两种要素以及容易混同的情况就是:

"第一,一个个法律关系也有其成立原因,由于法律关系与法规(法律制度)比较相近,所以,法律关系的成立原因和法规的成立原因很容易混同。"①比如,要列举某项法律关系的各项条件时,"存在某种法规以及与此法规相应的事实,即承认契约的法律和已经缔结的契约本身,都可以被列进去。但它们的条件是不一样的,都有各自的特定条件,如果将契约和法律都列为法源,就会造成概念的混乱。"

"第二,另一种是名称的混同,即法源与法律学的历史渊源的混同。"②属于法律学的历史性渊源的要素,是应当成为汲取法律事实的知识的源泉的事项。因此,这两者的概念彼此是独立的。即使它们有时重合,也完全是偶然的。比如,查士丁尼《学说汇纂》就具有这双重的性质。它作为《国法大全》的组成部分,作为查士丁尼的法律,在当时是帝国的法律渊源,以后,通过继受,成为德国中世纪后期的法律渊源,而最后,作为一种法律经典文献,是现代法律学的渊源。但在大多数情况下,法律渊源与法律学渊源并非一回事。许多历史上的法律文献,在当时是有效的,是施行着的法律渊源,但以后便失去效力,仅仅成为法律学的渊源。

在对法源的含义作出说明以后,萨维尼进一步对一般的法的成立原因是什么? 即法源存在于何处等作了阐述。这里,萨维尼提出了为后世所广泛论证(有拥护也有反对)的命题:法是民族精神的体现,法源自民族精神。

萨维尼指出,一般的法或实际通用的法,从其性质上来说,可称为"实定法"(positives Recht)。由于"在民族的共通意识中,生存着实定

---

① 前揭〔德〕萨维尼著:《现代罗马法的体系》第一卷,第 39—40 页。
② 同上。

法,因此,我们称实定法为民族法(Volksrecht)。"①但决定这种法的要素,并不是民族中某些人或某个人的恣意,而是整个民族的意识。"是所有一个个个人中共通生存着的、活动着的民族精神(Volksgeist)产生出了实定法。因此,实定法对各个人的意识而言,不是偶然的,而是必然的,是一种同一的法。"②人们对这种法的确信,"在民族中生活的时间越长,在民族中扎根就越深。"③

萨维尼指出,按照上述对实定法本质的理解,现代罗马法的法源主要包括三大类:法律(立法)、习惯法和学问法。这种现代罗马法,就是由中世纪后期复兴、并成为德国等西欧国家的普通法的《国法大全》。它影响了近代社会的法律生活,也导致了一系列近代法典的出台。

法源问题,在私法学上,早就引起了学者的高度重视。在古代罗马著名法学家盖尤斯的作品中,对法源就曾作过详细的论述。盖尤斯指出:"罗马国民的法(市民法)由法律、平民会议决议、元老院决议、皇帝的敕令、拥有告示发布权的官员发布的告示和学者的解答构成。"④但是,在盖尤斯的理论中,是不承认习惯法的法源地位的。中世纪"注释法学派"在注释、解明《国法大全》时,也同样涉及法源问题,并且其主流派伊纳留斯也不承认习惯法是法律渊源。⑤ 1804年《法国民法典》颁布实施后,各种注释作品大量出现,法源问题也成为民法学界争论的一个重要问题。然而,在法典神圣、法典至上主义的影响下,19世纪上半叶的法国民法学家如普鲁东、土劳伦、德谟伦伯几乎无一例外地否认习

---

① 前揭〔德〕萨维尼著:《现代罗马法的体系》第一卷,第42页。
② 同上。
③ 同上书,第43页。
④ 前揭〔古罗马〕盖尤斯著:《法学阶梯》,第59页。
⑤ Ernst Andersen, *The Renaissance of Legal Science after the Middle Ages*, p. 20. Copenhagen, 1974.

法的法源地位。[①] 正是在这种历史背景下，萨维尼在创作《现代罗马法的体系》这部巨著、构造现代民法学的体系时，将法源作为第一个问题提出来予以详细阐述。这既是为他的法是民族精神的体现，研究、探讨法的精神和本质必须从古代历史上的民族习惯入手提供论证，也是对法、德两国法学界在这个问题上的困惑作出自己的回答。

（二）法律解释论

法源问题，解决的是法的形式和来源问题，而法律在实际运行中，学者是如何看待的？法官是如何适用的？每个国民又是如何理解和遵守的？这种社会上各类人们在对待法律上的精神活动涉及的就是法律解释问题。

萨维尼认为，包含在法律解释中的精神活动，是我们将法律置于其真实性上来认识的活动。这对任何进入社会现实生活时的法律都是必要的。这种解释，是将内含于法律中的思想予以再现。只有经过这种工作，才能确实洞察法律的内容，也只有这样，才能达到法律的目的。萨维尼认为，这样的法律解释，与所有其他被表现的思想的解释并无多大区别。但是，法律解释又有自己的特殊性，这种特殊性体现在法律解释的四种要素中。

第一，法律解释的语法要素。这种要素，以将立法者的思考转变为我们的思维的媒介的用语作为对象。因此，其本质在于说明立法者使用的语言法则。

第二，法律解释的逻辑要素。它存在于思想的组合（Gliederung），以及由此而来的思想的各个部分之间相互关连的逻辑联系之中。

第三，法律解释的历史要素。以由现行法律中关于法律关系的各

[①] 前揭〔日〕野田良之著：《注释学派与自由法》，载《法哲学讲座》第 3 卷，第 214—215 页；〔日〕福井勇二郎编译：《佛兰西法学的诸相》，第 11 页。

种法规规定的状态为对象。这种法律,应当以一定的作用方式介入这种状态。并且,通过这种介入方式,即通过这种法律,使新法和旧法互相关联(或使旧法适应新的形势)。

第四,法律解释的体系要素。所有的法律制度以及法规,都是一个大的统一体,是互相连结、彼此结合、具有内在的联系。这种联系,与历史的联系一样,曾为立法者所意识到。因此,我们在解释某项法律时,通过认识该法律对整个法律体系是一种什么关系? 它应当如何有效地介入这种体系之中等问题,来充分认识立法者的思想和意图。[①]

萨维尼认为,通过上述四种法律解释的要素,我们可以完全洞察法律的内容。他指出,法律解释的目的,无论对哪一种法律,都在于从该法律中尽可能多地获得真正的法的知识。他认为,法律解释之所以必要,除了人们必须通过解释来认识法律、适用法律之外,还在于法律往往带有缺陷。这种缺陷,主要表现为两个方面:第一,暧昧;第二,错误。前者的问题在于不完整和多义性。如某项法律规定了钱款,但未规定数额和币种(这是立法的不完整性),以及一个规定可以作出多种理解,或一个用语可以作广义和狭义的理解等(这是立法的多义性)。后者即错误虽然明确地表述了可以适用的法律要求,但这种要求表述与立法的真实用意是相悖的,它产生了法律之间的矛盾以及在各种不同规定中应选择哪一项的问题。针对立法的暧昧表述,应采取联系立法的内在目的、参酌立法的理由和通过解释来发掘法律中内含的价值三种对策。而对立法的错误,则应采取理解立法者的真实用意的对策,即由于立法的错误是对立法的真实用意或表述得不充分,或表述得太过分,故对表述不充分者,应采用扩张(ausdehnend)解释,对表述得太过分者,则应采取限制性(einschränkend)

---

① 前揭〔德〕萨维尼著:《现代罗马法的体系》第一卷,第 200 页。

解释。①

此外,对古典时代法律文献(如查士丁尼《国法大全》等)的解释(甄别内容、确定版本、翻译解说原文等),对作为一个整体的法律渊源的解释(消除矛盾、补充内容、纠正缺陷等),萨维尼也作了详细论述。

对法律进行解释,在古罗马时代以及中世纪末期就已经广泛进行,如罗马法学家乌尔比安、帕比尼安、前述中世纪前后注释法学派的代表阿佐、巴尔多鲁,以及18世纪法国著名私法学家朴蒂埃等人的工作,其主要内容是对各种法律、法令、敕令、告示以及《国法大全》原典进行解释。但对法律解释作出详细的理论阐述的,萨维尼是第一人。他提出的扩张解释、限制解释、立法解释(又包括有权解释和习惯解释)和学理解释等学说,②对近代西欧乃至日本、旧中国等都产生了巨大的影响。

(三) 法律关系论

这里的法律关系(Rechtsverhältnisse),被萨维尼限定在私法领域。萨维尼认为,在自然界,人是最重要的因素,人为了生活,必然地要与他人发生各种各样的关系。在这种关系中,既要让每个个人自由地发展,又要防止对他人造成损害,这就需要法律来进行规范,由法律规范的人与人之间的关系,就是法律关系。"各个法律关系,就是由法律规定的人与人之间的关系。"③其本质,就是划定个人的意思所能独立支配的范围,这构成了法律关系中的事实要素,而这种事实要素所采取的法律形式,则是法律关系的形式,它也可称为法律关系中的形式要素。

这里,个人的意思,首先是作用于当事人自己;第二是作用于外人。意思支配涉及三个对象,即本人、无自由意思的自然以及他人。据此,可以将所有法律关系认可为三种:

---

① 前揭〔德〕萨维尼著:《现代罗马法的体系》第一卷,第215页。
② 同上书,第196页。
③ 同上书,第298页。

第一种是人自出生起就拥有的权利,它在其生命期间是不可剥夺的,一般称为"原权"(Urrecht),它与后天从他人处获得的权利形成对照。由原权引发出来的是思想的自由、人的不可侵犯性等。

而将这种权利(法律关系)排除开,将取得的权利作为唯一研究的对象,剩下来的就只有两种法律关系,即与自然的关系和与他人的关系。要全部支配自然是不可能的,可以为人所能够支配的那部分自然界,称为"物"(Sache)。关于物的权利,就是所有权。它属于比较简单的法律关系。

与此相比,第二种即将他人作为对象的法律关系,就并不这么简单了。在拥有对他人的人身权利的场合,就是古代奴隶制关系;在对他人的某种特定的行为拥有权利的场合,就是债权。它不仅在包含我们的意思被扩张支配于外界某部分这一点上和所有权具有相类似的性质,而且与所有权也发生着一种特别的关系。具体表现为:第一,通过对债权进行金钱评价,可以使债权转换成为所有权;第二,最普遍最重要的债权,都是以取得所有权或一时利用所有权为目的的。在这个意义上,我们将这些关系的总体称为财产,将关于财产的所有法律关系称为财产法。[①]

但是,人与人之间仅发生这种财产关系的话,单个人的主体性作为人类的整体性,还是不完全的,需要补充。这种补充,分两个方面:其一,是来自于性的区别和性的联系的补充,这构成了婚姻关系;其二,人生活在世界上,有一个时间限制,即人有一个从孩子成长为大人,又变为老者乃至死亡的问题,这就涉及到了生殖、子女的扶养以及死亡后财产的继承问题。由人的婚姻、人的生殖,又产生了其它一系列的关系,如夫妻、父母子女以及家族和亲戚等,以及调整这些关系的法律体系,构成了又一个法律部门——亲族法。

[①] 前揭〔德〕萨维尼著:《现代罗马法的体系》第一卷,第 303 页。

这样,与各种法律关系相适应,形成了三个大的法律部门:亲族法、物权法和债权法。①

由上所述,可以看到萨维尼从法律关系入手,在理论上循序渐进地构建了民法体系的各个部分,显得十分合理,也充满了逻辑的力量。这里我们接触的虽然只是萨维尼《现代罗马法的体系》的第一卷,但已可以看出萨维尼民法学理论的大体轮廓和精妙之处。

《世界上伟大的法学家》一书的作者在评价萨维尼时,曾说了这么一段话:萨维尼对法律史的贡献是不可估量的,"甚至在他去世后半个世纪的今天,指明他的著作在法律发展史上、他在世界上的伟大法学家中间的地位仍然非常困难。"这位许多世纪人类法律活动成果的收藏者,对各种前人的法律研究成就作出详细阐述的先驱者,他对社会科学领域的贡献,或许很容易被人们轻视或被过高评价。"就我们而言,我们认为他是法学(the science of law)上的牛顿或达尔文,他的成就与这两位伟大人物的相类似。他通过对法的现象的了解,发现了(如同牛顿发现了)一个现象的世界,并且以穿透黑夜、引导人们呼唤法的精神的文艺复兴的勇气来努力研究它。"不管怎么说,"萨维尼把文艺复兴的阳光带进了法学,这是可以肯定的。他告诉我们,法自身(law itself)属于法(law,这里也可译为"规律"、"法则"),它不是立法者的意志的任意表述,而是服从宇宙(发展的客观)进程。"②

萨维尼的理论,为19世纪德国资产阶级的法律改革、民法典的制定以及民法学的诞生奠定了基础。

五、温德海得的私法学理论

温德海得(R. Windscheid,1817—1892),是后期历史法学派的主

---

① 前揭〔德〕萨维尼著:《现代罗马法的体系》第一卷,第307页。
② Sir John Macdonell and Edward Manson, *Great Jurists of the World*, p.586.

要代表,也是"潘德克顿法学"的核心人物。1847年任巴塞尔(Basel)大学教授,后历任格赖夫斯瓦尔德(Greifswald)、慕尼黑、海德堡等大学的教授。1874年任莱比锡大学教授后,一直工作到去世。其间,1880至1883年参加民法典编纂工作,并担任主要负责人。1888年提出的民法典第一草案基本上是他理论的产物。

温德海得的代表作品有:《论拿破仑法典中关于法律行为无效的理论》(1847)、《关于前提的罗马法理论》(1850,以下称《前提》)、《条件成就的效力》(1851)、《从现代法的立场来看罗马民法的诉权》(1856,以下称《诉权》)以及《潘德克顿教科书》(以下称《教科书》)。温德海得的私法学理论主要集中在这几本书中。

在《前提》中,温德海得试图将位于"条件"和"动机"之间的"前提"之概念引入法律行为论中。这里,所谓"前提",是指意思表示者虽尚未达成条件,但是已经作出了预定行为的状态,是"未展开的条件"。如果这种条件以后未能实现,意思表示者表示的意思就不生效,从而意思表示者可以请求对方当事人返还基于意思表示所取得的利益。该理论后来虽未被学术界接受,但现代的行为基础论在某种程度上受到了它的影响。[1]

《诉权》是温德海得的第二部重要著作。这里的"诉权"(actio),是罗马法上的概念,在当时(19世纪)被理解为"诉"或"诉权",即它不是"受侵害权利的保护手段",而是权利或请求权(Anspruch)的独立的表现。基于这种观念,温德海得试图将罗马法上的这一概念移入现代民法学,并为此展开了详细的论述。通过本书,请求权的概念被引入了德国民法学。温德海得的目标一是要将罗马法的各项制度和现代法(即德国普通法学)相结合;二是通过"请求权"这一媒介,将actio的实质性

---

[1] 〔日〕奥田昌道著:《温德海得》,载伊藤正己编:《法学者——人与作品》,第17页。

内容移入实体法体系中,并树立起权利中心的实体法体系。"请求权"概念当时很快为民法学所吸收,虽然人们对其概念的内涵、功能的看法并不一致。民事立法中最早吸收此概念的是民事诉讼法典,它将此概念规定为诉讼上的"请求";其次是民法典,该法典第 194 条作了如下的规定:"要求他人作为或不作为的权利(请求权),因时效而消灭。"①但该法典将"请求权"分散规定为债权性请求权、物权性请求权以及其他亲族法上、继承法上的请求权。

温德海得对近代德国民法学贡献最大的是他的《教科书》,该书是德国"潘德克顿法学"的集大成。其特点为:第一,在对所有潘德克顿法学文献进行概括、整理和阐明内容的同时,站在客观的立场上对其进行了公正的批判;第二,体系完整、理论结构严密,不仅在各项制度研究上运用了由概念的形式逻辑性操作构成的系统的法学方法,而且将其推广到了整个私法学领域;第三,具有实用的性格。传统的潘德克顿法学作品,或偏向于理论,或偏向于实用。而本书则第一次将理论和实用结合在一起,它是对以往"德国普通法"理论的集大成,在理论界和实务界都具有极大的权威,不仅支配了整个德国的民法学,而且也深深地影响了 1900 年德国《民法典》(1888 年的《民法典》第一草案,曾被说成是"小温德海得"。温德海得对民法典的影响可见一斑)。②

温德海得作为历史法学派的后期代表,在整体上继承了萨维尼的理论观点。但是,温德海得不仅重视罗马法,而且也致力于日耳曼法在德国的确立工作。他终身所为,就是要使罗马法更为正确和完美。温德海得与同时代的耶林关系甚好,他们共同使 19 世纪的德国法学达到了最高的发展阶段。他们以萨维尼的后继者开始了学术生涯,但后来

---

① 〔日〕奥田昌道著:《温德海得》,载伊藤正己编:《法学者——人与作品》,第 18 页。
② 同上书,第 20 页。

却走上了不同的道路:温德海得继承了历史法学派的学风,并成为"潘德克顿法学"的代表;而耶林,则与该学派诀别,创立了法学上的"利益"和"价值"学说,成为19世纪末"利益法学派"的创始人。

六、潘德克顿法学

19世纪中叶以后,历史法学开始转变为"潘德克顿法学"(Pandektenwissenschaft),人们更为重视制定法的作用。出现这一变化的原因主要为:19世纪初,德国的政治和经济是不统一的,当时还未出现编纂统一的法典的基础。因此,出现了强调法的历史性、民族性以及历史上习惯法的作用的历史法学派。而19世纪中叶以后,德国开始出现统一的趋势,统治阶级开始认识到,要使德国强大,首先必须使德国获得统一。为此,在德国出现了统一立法的趋势。1848年以后,《德意志一般票据条例》(Allgenmeine Deutsche Wechselordnung)开始在德意志关税同盟的绝大多数盟国实施。60年代,《德意志一般商法典》(Allgemeines Deutsches Handelsgesetzbuch, ADHGB)在绝大部分德意志同盟加盟国实行。其后制定民法典的呼声也甚高。而在这些现象的背后,则体现了国家的意志。这无疑刺激了"潘德克顿法学"的成文法至上主义。

"潘德克顿法学"的体系,是由专事研究《学说汇纂》的学者海塞(Heise)创立,而其起源则可追溯到德国著名法学家沃尔夫的学生达埃斯(Darjes,1714—1791)和纳特布莱德(D. Nettelbladt,1719—1791)。[①] 致力于19世纪中叶"潘德克顿法学"的学者,主要有凡格罗(K. A. Vangerow,1808—1870)、布林兹(A. Brinz,1820—1887)、阿恩兹(L. Arnts,1822—1880)、耶林、温德海得、贝克(E. I. Bekker,1827—1916)、

---

① 前揭维亚克尔(Franz Wieacker)著,〔日〕铃木禄弥译:《近世私法史》,第465页。

莱格尔斯伯格（F. Regelsberger，1827—1916）、戴恩布格（H. Dernburg，1829—1907）等等。其中，最有代表性的是温德海得。

"潘德克顿法学"的特点，一是对概念的分析、阐述非常完善。如近代资产阶级民法中的各种基本概念和术语，在"潘德克顿法学"中都已得到阐明。二是注重构造法律的结构体系，尤其是温德海得在《潘德克顿教科书》中确立的五编制的民法学体系，成为1900年《德国民法典》（包括后来的日本和旧中国等的民法典）的渊源。三是以罗马《学说汇纂》作为其理论体系和概念术语的历史基础。"潘德克顿法学"，顾名思义，它是《学说汇纂》（Pandekten，潘德克顿）在近代的复活。这是近代德国民法学明显区别于《法国民法典》的地方（后者以查士丁尼《法学阶梯》为蓝本）。四是在一定程度上具有脱离现实、从概念到概念、从条文到条文的倾向。正是为了克服这种倾向，后来在德国（法国也是）出现了"自由法学"（从概念、条文中脱离出来，自由地解决社会现实问题）的运动。

七、祁克的私法学理论

祁克的私法学理论，主要体现在他三大卷共达3000多页的《德意志私法论》、四卷《德意志团体法论》以及一系列专题论文，如《无权利能力的社团》、《债务与责任》和《持续性的债权关系》等当中，涉及面很广。这里，仅就对现代民法学影响比较大的法源论、法人本质论和团体人格论作些论述。

（一）法源论

将法学的价值下降到法典以下水平、认为法典解释是法学的唯一任务的解释法学，往往忽视习惯法、判例法以及各种团体的自治性条例和章程，而只承认法典是唯一的法源。祁克与这种观点进行了坚决的斗争，强调法的渊源至少包括成文法、习惯法、判例法和自治性规范（团体章程）四大类。

1. 成文法。祁克认为,成文法是由根据宪法成立的立法机关制定的法律。它的适用,必须经过解释。在有疑义时,必须遵循法官的解释,其方法有文理解释、逻辑解释、反对解释和扩张解释,以及有权解释和习惯解释等。作为解释的根据,一般有法律草案、立法理由书、立法调查书等。立法者的见解当然也是解释的依据,但它仅仅是明确法的内容的辅助材料。与法律解释相联系,是类推。类推虽是解释的一种形式,但其本质是一种立法。因为类推不受法典是否有明确规定的限制,可以演绎出新的规范。但是,类推与一般的立法不同,它不是制定新法律,而是在已有的法律条文中发现隐含的规范。

2. 习惯法。它不是成文法,而是通过习惯在社会生活中表示出来的法的规范。祁克认为,在德国中世纪,习惯法比制定法更为重要,更加神圣,制定法不能变更和破坏习惯法。但是,习惯法后来受到了教会法的极大限制,并因罗马法的复兴而不断衰落。自然法学派以及后来的法典编纂运动,对习惯法都造成了巨大的冲击。尤其是近代各大法典中都明确规定了习惯法仅仅在极小的范围才可以充作补充性的法源。当时,只有历史法学派才公开承认并强调习惯法的创造力价值。

祁克认为,习惯法是法的原始的表现形式,因此,习惯法的效力和一般法的效力并没有区别。在古代罗马,共和国时代的法学家宣称习惯法的效力必须得到国民的默示认可,到帝国时代,这种国民的默示认可就为皇帝的默示批准所取代。这种思想为中世纪德国所继承,人们认为,习惯法的效力必须得到立法者的默示许可。

祁克指出,在德国,对习惯法的效力问题的研究是比较广泛的,发表了不少观点。比如,历史法学派的代表普赫塔将习惯法的效力置于人们对法的确信乃至社会的确信上。而其他的学者则认为,习惯法的效力存在于习惯的惯力,即人们对一种习惯的心理依赖和顺从。[1]

---

[1] 前揭〔日〕石田文次郎著:《祁克》,第136页。

祁克认为,真理存在于中庸之中,关于习惯法的效力也是。即它基于人们对法的确信和习惯的惯力两个方面。习惯法可以是一般法,也可以是特别法,它们都具有和制定法一样的效力。习惯法不仅是制定法的补充,而且也能够变更制定法,新的习惯法应当拥有优先于旧的制定法的效力。

3. 判例法。祁克认为,一般而言,审判是一种司法活动,不属于立法范畴,它是将抽象的法律适用于具体的案件、引出一定的判决规范的活动,比如,在将法律适用于现实生活,从而演绎出具体的审判规范即判决这一点上,它似乎具有创造法的功能,但由于这种判决只适用于该具体案件,所以,它仍然是一种法的适用,它不能超出诉讼的领域。然而,在近代社会,由于下级法院常常受上级法院的判决的约束,同级法院也往往受自己以前的判决的约束,法院在没有特别理由的情况下,一般不会轻易改变原有的判决,这样,当一项判决被多次引用时,它就成为一个判例,在判决中,也就演化出了判例法,它开始具有和法一样的效力,法律的适用也就变成了法律的创造。祁克认为,判例法事实上也是习惯法的一种,只是习惯法直接来自于社会生活,而判例法则来自于法院的活动;习惯法的效力在于国民对法和习惯的确信,而判例法的效力在于法院的确信。

4. 自治性规范。自治是国家中的各种团体拥有自行制定法律(规范)、进行管理的形态。基于自治而发布的法是与国家的法律相对立的规范和章程。只有有组织的团体才有权力制定自治性规范,这种规范是一种客观法,是法源的一种。祁克认为,制定自治性规范的主体是地方团体、寺院以及其它公法和私法上的组织。有些大的贵族家庭也拥有制定家族宪章的权力。自治性规范的范围,只限于团体内部的法律关系,从这一点来说,自治性规范也是一种社会法。为了使自治性规范生效,制定这种规范的必须是团体内的某个机关,如社员大会、代表者会议等。特定的团体规范必须得到官厅的认可。自治性规范也必须以一定的方式公布于众。

(二) 法人本质论

祁克是法人实在说的创设者。作为一名私法学家,他对民法学的巨大贡献之一,就是从理论上批判了法人拟制说,确立起了法人实在说。在其长达50余年的学术生涯中,孜孜以求的就是排斥法学上的个人主义和形式主义,而法人拟制说,在他眼里就是典型的个人主义和形式主义的产物。祁克在这方面的理论说明,集中体现在法人本质论中。

祁克认为,由人组成的团体是一个实实在在的组织体,它在法律上的人格是团体固有的人格,因而,团体的人格具有实在性。他指出:法人拟制说"是长期以来的一种统治理论,得到了具有个人主义观念的人们的支持。这种学说认为,法人是为了一定的目的,通过法律创造的拟制物,它是一种假想物,是一种从无到有的创造物。真实存在的只能是完全主观的单一个人。各种人的结合形态仅仅是基于特别的关系形成的各个人的集合。个人由于具备自然的身心,所以能够成为权利主体,而团体不是事实上具备自然的身心的单一体;个人由于是自由的有意识和欲望的本体,所以可以取得人格;而团体既不具有意识和欲望,也不能自由地行动。……因此,法人是拟制人。……团体的人格事实上是不存在的。"[1]

祁克认为上述观点是站不住脚的。他从有机体说的立场出发,认为法人决不是假想物,而是活生生的物体。当法律把团体看作法人时并没有歪曲现实。股份公司、教会、行会如同国家本身一样是真正的法人集体。不论国家是否给与承认,它们都是存在的,国家的作用只是说明现实,而不是创造现实。公社是有机统一体,它由个人和其他社团组

---

[1] 前揭〔日〕石田文次郎著:《祁克》,第145—147页。

成,具有固有的目的。它通过自己的"社会法"体系把自己组织起来,有自主意志和行动,从而它具有真正的个性,是权利与义务的适当的主体。赞赏社团的现实性质,就为唯一符合事实的法律理论以及在伦理上唯一令人满意的社会组织开辟道路,这种社会组织解决了人类为争取统一和自由必然产生的冲突。[①]

祁克认为,法人拟制说的缺陷还在于,个人只凭感情和知觉了解实在,这容易导致误解,因为肉体性的自然人常常在变化(生老病死),而其中永不变迁、永不消失的则是统一的人格,而这种人格仅凭感觉是无法认知的,法人团体恰恰具有这种人格。祁克认为,从人类历史来看,与国民并列的团体,创造了权力关系的世界,它们像自然人一样,也具有思维能力,能够认识建立在物质基础之上的精神性文化发达的规律。这些文化,虽然是一个个个人创造的,但个人的行为都是作为社会性行为出现的,只有通过精神和肉体的社会性协作、相互作用,才能创造人类的文明。国家、法律、习惯、经济以及语言等,都是全体人的劳动的产物。活动着的社会,并不是单单的构成社会的个人的聚合,而是进行超个人的活动的整体。这样,我们在认识个人的同时,也认识到了作为人的整体的团体。[②]

(三) 团体人格论

为了阐明法人的本质,祁克进一步对团体人格作了论述。他指出:"法人作为社会性组织,是拥有独立的意志,进行独立的行为,自己单独进行社会生活的团体。由于团体作为团体成为权利义务的主体,所以,法人的人格是与个人的人格不同的团体独自具有的人格。"[③]

[①] 前揭上海社会科学院法学研究所编译:《法学流派与法学家》,第 206—207 页。
[②] 前揭〔日〕石田文次郎著:《祁克》,第 149—154 页。
[③] 同上书,第 154—155 页。

在《德意志团体法论》第三卷序中,祁克进一步认为:我"研究的结果,得到了关于超越个人的存在的团体法本质的固有观念。即人类的存在分为共存的侧面和孤立的侧面,控制涉及全体存在的秩序的规范和规定涉及实现个人自由的秩序的规范,其性质是不同的。这一点也意味着,在个人这一权利主体之下,由个人的有机结合而产生的全体也是权利主体。与有机性的个人不同的无形结合体也是法律上的人格者。"[①]

祁克认为,法人拟制说和法人实在说的根本差异,在于对能够成为权利义务主体的资格,即法律上的人格的把握上。法人拟制说基于"人并且只有人才具有法律上的人格,只有个人才是法律上的人"的基本观念之上,声称非个人的团体或者"目的财产"(财团),作为事实上权利义务的主体进行活动是因为将它们还原成为个人、拟制为个人的缘故,而只有拟制的个人才能成为权利义务的主体。因此,尽管出现了非个人的各种团体,尽管它们被还原、拟制为个人,成为法律上的权利义务的主体,但"只有个人才是法律上的人"这一根本原则没有改变。即法人拟制说实际上只是个人人格主义向团体的扩张。反之,法人实在说认为,团体或者"目的财产"并不是还原为或拟制为个人,而是本身就是一个单一体,构成社会生活中的一个独立单位,它具有法律的人格,成为权利和义务的主体。因此,在个人人格之外,还有团体自身的人格。

基于上述分析,祁克得出了关于团体人格的基本理论:"团体是一种实际存在。团体的人格作为法的观念,当然是抽象的,但是,个人的人格也同样是抽象的。我们,根据我们内心的经验,得知存在着个人生活的内涵和社会生活的内涵。即一方面,个人作为自己的存在具有单一性,另一方面,也存在着作为共同的存在的活的单一性。在法律世界

---

① 前揭〔日〕石田文次郎著:《祁克》,第155页。

中,在个人人格之外,存在着团体人格是当然的事理。当然,团体人最先是通过法律获得认可而成为法律人的,但它与个人一样,不是由法律制作的,而是与个人一样,在法律认可的范围内被赋予了法律上的人格。……团体人作为团体,是一种拥有欲望、能够从事行为的活的本体。当然,由于是无形的组织体,所以是通过由个人组成的机关来形成意志、进行决策、从事行为,但它与自然人用嘴说话、用手活动一样。团体机关的活动,不是为了他人的一个人的代理,而是由部分来直接表达的全体。此外,团体人不是如自然人那样的生理学上的有机体,而是社会的组织体,其内部的组织与自然人不同,即团体必须是法的组织。具体而言,成员以及机关如何组成? 在什么界限内其成员为了团体而失去了他的人格? 在什么条件下,基于机关意志的行为成为基于团体人意志的行为? 这些,都必须由章程来规定。在这一点上,团体人与自然人是有差别的。此外,团体还可以成为更高级团体的成员,直至组成国家。"①

祁克最后认为,如果认为法律上的权利主体性是法律上的人格,拥有法律上人格者为法律上的人(person),那么,不管是自然人还是团体人,都是法人;法人的观念是包含了自然人和团体人的高层次的法律上的人格观念。自然人的人格也好,团体人的人格也好,都必须以法人格的观念为基础,都必须据此构成。

当然,祁克的私法学理论还涉及其他许多领域,限于篇幅不能一一详叙。但仅从上述内容,也已可看出他关于法源、法人和团体理论的博大精深。

祁克对德国私法学的贡献,得到了许多西方学者的首肯,日本学者石田文次郎的评价:"拥有祁克的德国人民是幸福的",②可以说表达了

---

① 前揭〔日〕石田文次郎著:《祁克》,第169—171页。
② 同上书,第13页。

这种基本看法。

祁克学说中的某些内容,后来一度为日耳曼种族优越论者以及纳粹分子所利用;他对普鲁士和君主政体的忠诚,以及晚年对魏玛宪法的批评,也受到了一些学者的批判。但这些,都无损于他的理论的基本价值。作为一名刻苦、执著、创新和多产的法学家,祁克的学术品位理应受到后世的敬重。他的名言:"没有(学术)争论就没有生活。"[①]也应当成为我们的座右铭。[②]

八、1900 年《德国民法典》及其法学成就

1900 年施行的《德国民法典》(Bürgerliches Gesetzbuch,略称 BGB),是资本主义进入帝国主义时期第一部最重要的法典。它反映了最新的科学成就,并以现代的思想、技术和手段面对现代社会,"使许多世纪中法律研究的成果适应了现代社会的需要,作为对现行法律完备和科学的阐述,它使德国人(在法律领域)获得了一个独一无二的地位。"[③]

《德国民法典》的民法学成就,首先体现在它的编排体系上。该法典分总则、债权法、物权法、亲属法和继承法五编,这是受了罗马《学说汇纂》影响的结果,与 1804 年《法国民法典》受《法学阶梯》的影响,采用人、物和诉讼三编制形成鲜明的对照。一般而言,五编制的结构,要比三编制的更科学更合理,因为"任何科学的安排方法都不会在一本书(《法国民法典》)中把继承和捐赠、契约和侵权行为、婚姻财产、特殊契约、抵押和时效等这类毫不相干的内容都纠合在'取得财产的不同方法'题目之下。"[④]

---

① 前揭〔日〕石田文次郎著:《祁克》,第 10 页。
② 关于对祁克私法学理论的评价,详细请参阅何勤华:《近代德国私法学家祁克述评》,载《法商研究》1995 年第 6 期。
③ 〔英〕斯库司特(E. J. Schuster):《德国民法原理》序,第 5 页,伦敦 1907 年英文版。
④ 《外国民法资料选编》,第 33 页,法律出版社 1983 年版。

笔者认为,采用五编制,并将总则独立出来,单独成为一编,无疑是民事立法中的一个创新。通过总则,以对整部法典的基本制度和原则作出抽象、概括的说明,并对一些概念和术语作出解释。如有关民事权利主体(自然人、法人)和它们之间的权利义务关系(法律行为)的规定,关于物、所有权、契约、代理、时效、正当防卫、紧急避险、担保、土地抵押的概念等等。至于以后的四编,只是"总则"编的扩展和具体化而已。这种体例,使民法规范在反映社会经济关系内容方面,比以往的法典更趋合理和完善。这一成就的取得,当然是与前述德国19世纪"潘德克顿法学"的发展分不开的。

根据"潘德克顿"学者的观点,法典应是法律科学的具体体现,因此,必须有完备的体系、严密的逻辑、抽象的概念和术语等等。尤其是一部民法典,必须对民事权利义务关系作出总的概括的规定,而实现这一要求,设立总则是必要的。同时,《德国民法典》的制定,经过了22年的磨砺,立法者深感当时社会变动的迅速,预见到靠一部法典是不能全部规定未来社会发展的,因此,必须使条文概括、抽象,以便让法官在实践中自己掌握和灵活运用。而规定一个抽象的总则,是实现这一目标的手段之一。此外,自温德海得的《潘德克顿教科书》问世之后,德国法律界对五编制的民法体系极为熟悉,设立总则也被德国法学界认为是理所当然的事。

《德国民法典》的民法学成就,其次体现在它的编纂技巧上。该法典条文排列十分严谨,逻辑性很强;大量运用互引条文的方法,虽然实际部门适用时要麻烦一些,但可省去许多重复条文,可缩短法典的篇幅;使用了许多抽象、精确的概念术语,如法律行为、法人、代理、占有、要约与承诺、不当得利、无因管理等。这些概念,有些来自以往的法律,是人类几千年法律文化发展的结晶;有的则是《德国民法典》的首创,后为各国民法所普遍接受,作为人们的物质和精神生活关系在法律语言上的表现,也已成了人类的优秀文化遗产。

《德国民法典》的民法学成就,最后表现为以立法的方式创建了许多重要的民法制度和原则。其中,对民法学贡献最大的是"法人"和"法律行为"两项制度。

法人组织源远流长,早在罗马法上,就有社团和财团的规定。但是,明确的法人(juristische Person)概念,直至 1798 年才由胡果在《作为实定法哲学之自然法》一书中提出。1804 年的《法国民法典》出于当时资本主义发展的早期性、资产阶级对封建团体的仇视以及对自然人的自然权利的重视与对拟制的法律权利的忽视,并未规定法人。而《德国民法典》顺应时代的发展潮流,在总则编中对法人作了详细的规定,这一方面正确反映了德国资本主义经济发展的客观要求,具有历史的进步性;另一方面,对法人制度的肯定,有效地促进了资本的积累和集中,并能够更好地保护各种社会团体的利益。

法律行为,是权利主体所从事的,旨在设定、变更和废止民事法律关系的行为。首次使用这一概念的也是胡果,他于 1805 年在《潘德克顿法学》一书中,把人们在民事法律关系中的各种行为概括起来,用"法律行为"(Rechtsgeschäft)一词加以表述。经萨维尼及其学生进一步宣传、解释,该词成为"潘德克顿法学"上的重要概念,并最终为《德国民法典》所吸收。实践证明,"法律行为"是对民事法律关系中各种具体行为的共同特征所作的概括,是符合社会客观经济规律的科学概念,它不仅为各资本主义国家所继承,也为各社会主义国家所沿用。

九、《德国民法典》施行后民法学的发展

《德国民法典》施行以后,德国民法学继续获得发展。

以祁克为首的私法学家,通过对民法典规定的各种法律制度,如法人制度、法律行为、雇佣契约、代理、时效等的研究,既帮助了民法典在

现实生活中的实施,也使本来一直以学问法方式发展的民法学与立法一起向前发展,并导致了一批补充调整民事法律关系的单行法规的出台,如1901年的《出版契约法》、1908年的《动物饲养人条例》、1909年的《不正当竞争法》和1915年的《取缔高价买卖令》等。

1919年《魏玛宪法》的颁布,对德国民法学的发展产生了巨大的影响。该宪法强调社会公益,对德国原有的民法学理论和民法典规定有许多修改,如在"社会化"的口号下,对私有制进一步加强了限制;在男女平等、保护妇女和儿童等原则下,进一步提高了妇女和子女的地位,在宪法的精神指导下,制定了一批修改补充、发展民法典的单行法规等。

1933年1月,纳粹党上台执政,民法典的许多规定被废弃,民法学的许多原则也遭破坏。第二次世界大战以后,德国的民法学研究重新获得发展。一方面,关于民法典的注释书陆续出版,如1957年出版了由斯托丁杰和布兰德尔编写的《德国民法典注释》(柏林版),1974年出版了由原帝国和现联邦法院的法官编著的《德国民法典注释》(柏林版)等。另一方面,关于民法典个别条文的研究也有许多成果面世,如斯托廷格和韦伯的《德国民法典第242条评注》(柏林1961年版),威克尔的《民法典第242条对权利理论的修正》(图宾根1956年版)等。此外,在民法典总论以及各项民法制度、原则等的研究方面,也推出了大量成果,如拉伦兹的《德国民法总论》(慕尼黑1977年版),罗伯特·霍恩等的《德国民商法导论》(克拉伦登出版社1982年版),[①]沃尔夫和诺齐克斯的《自然人权利能力的开始与终止》(法兰克福1955年版),克雷默的《契约合意的基本问题》(慕尼黑1972年版),莱塞的《论契约的解除》(图宾根1975年版),保尔的《物权法》(慕尼黑1992年版)等。

[①] 此书已由中国大百科全书出版社译成中文,楚建译,1996年版。

第四节　近代以后德国的公法学

一、国法学(宪法学)

(一) 19 世纪以后德国统一和民族独立思想的抬头

在中世纪很长一段时期,德国人是一个没有政治性的民族。在神圣罗马帝国的一些小国中,人们没有什么重大的政治问题要考虑;在一些大国,他们又被排斥于政治生活之外。法国大革命使德国人民觉醒了,他们意识到了国家,看到了人民一旦接管国家利用它来达到自己的目的时的那种巨大价值。他们羡慕法国人:他们使自己上升为公民,成为自由人;他们需要一个包括所有德国人在内的统一的国家,全民族被一种新的自由意识所凝聚,从而凌驾于欧洲各国之上。这样,德国人开始对自己政府的专制、国家的分裂,各诸侯对内争权夺利、对外丧尽尊严的嘴脸感到愤怒。这样,很自然地,19 世纪以后的德国,出现了政治统一和民族觉醒的运动。[1]

1814—1815 年的维也纳会议,使德意志成为拥有 39 个公国的联邦。1848 年的德国革命,促使在法兰克福召开了全德国民会议,颁布了 1849 年《法兰克福宪法》。该宪法虽然最后没有得到实施,但却使德国统一的进程加快了一步。1862 年,俾斯麦(O. F. von Bismarck-Schonhausen,1815—1898)就任普鲁士王国宰相。1867 年,在普鲁士战胜奥地利之后,俾斯麦建立了北德意志联邦,1871 年,在普鲁士战胜法国之后,德意志帝国建立了起来,德国最终得到统一。

---

[1]　R. R. Palmer, Joel Lolton, *A History of the Modern World*, 1978. 帕尔默·乔尔著:《现代世界史》中卷,孙福生等译,商务印书馆 1988 年版。

(二) 盖尔伯的国法学理论

德国政治上的统一和民族独立运动,促使德国法学发生了划时代的变化,即德国资本主义法学开始破土而出。在国法学方面首先必须提及的是上述运用"潘德克顿法学"的方法使德国私法体系化的盖尔伯。他适应19世纪60年代普鲁士立宪君主制的现实,构思了德国国法学的体系,提出了国法学的基本原则。1865年,他出版了《德国国法体系纲要》(Grundzüge eines Systems des deutschen Staatsrechts)。在此书中,盖尔伯指出,在国家之中,民族获得了共同生活的法律秩序,被承认为一个伦理的统一体,拥有法的效力,并发现了保护与增进自身整体利益的手段。作为维持整个民族的力量(这种力量旨在道德地完成共同生活)和显示这种力量的国家,在可知的法律秩序限度内,是最高的法人格。与黑格尔和休泰尔一样,盖尔伯认为,只有国家,才享有旨在"道德地完成共同生活"的权力。所有法的渊源,也只有从国家意志中才可能求得。即使君主的地位,在用法说明的限度内,也只能从国家中引出。君主,是最高法人格的国家的一个机关(Organ)。这样,盖尔伯使"潘德克顿法学"的方法(体系化方法)渗入到了国法学研究之中。

(三) 拉邦德的宪法学理论

继盖尔伯之后,进一步从事国法学研究,并完成了实证主义宪法学体系的是拉邦德(Paul. Laband, 1831—1918)。1871年4月16日,《德意志帝国宪法》颁布施行。该宪法为公法学家提供了研究的基本素材和内容框架,在宪法颁布后的几年内,德国涌现了一批阐述宪法原理、构造宪法体系的公法学家,拉邦德和耶利内克是其中的代表。

拉邦德生于布雷斯劳(Breslau)一个犹太医生的家里,后进入海德堡大学学习,对法学表现出了浓厚的兴趣。在他17岁时写给其双亲的一封信中,曾称赞法学是"超越精魂的理性的科学,是英知的产物。"[①]

---

① 〔日〕芦部信喜著:《拉邦德》,载伊藤正已编:《法学者——人与作品》,第30页。

1861年,拉邦德取得大学教授的资格,在母校工作一段时间后,于1872年任斯特拉斯堡大学教授,一直到1918年去世时为止。其间,1879年任邦政府枢密院的顾问官,随后担任邦议会的议员。

拉邦德最初的专业是法史学、私法以及交易法。博士论文写的是"保护妻子的特有产而设的担保特权"的问题,教授资格申请论文也是中世纪的《士瓦本法典》和日耳曼法。在法史学上,虽未有大的成果,但在私法学上,留下了诸多业绩。1871年,伴随着《德意志帝国宪法》的制定,拉邦德转入了公法领域,其标志是在该年出版了《预算论》,随后又出版了代表作《德意志帝国宪法论》(Das Staatsrecht des deutschen Reiches,全3卷,1876—1882年。1900—1904年出版了6卷本的法译本),以对联邦国家的德意志帝国、皇帝、实质意义上以及形式意义上的法律等的性质的精辟论述,以及其作为法实证主义的、体系完整的标准作品而确立了他在学术界的地位。

拉邦德宪法学的基本特征,是将19世纪中叶在私法学上形成的"法律学的方法"(juristische Methode)运用于宪法学研究。该方法是指专由法学家使用的、从法现象中抽象出来的规范技术和演绎技术。在公法领域,最早主张"法律学的方法"的学者是前述盖尔伯。他在《公权论》(1852)和前述《德国国法体系纲要》等著作中,已经开始运用这一方法。他从视国家为意志的主体(法人格)、宪法是这种国家意志的表露之立场出发,将国法学(宪法学)从其他学科中分离出来,强调宪法理论的课题在于法的构成、法的要素的分析,以及纯化法制度的必要性,从而奠定了德国的法实证主义宪法学的基石。但是,使这种将法从所有的"附政治的以及国家哲学的理由"中纯化出来,使新的逻辑的、形式的方法在宪法学中占据统治地位的是拉邦德。[①]

[①] 〔日〕芦部信喜著:《拉邦德》,载伊藤正己编:《法学者——人与作品》,第32页。

拉邦德作为盖尔伯的学说的继承人,在继承国家法人说的同时,也采取了法学须成为"纯粹的逻辑性思维行动"的立场。拉邦德认为,法学的对象,只能限定在成文法,通过对成文法进行逻辑性的操作和整理,找出一般性的法律概念,再据此构成综合的体系。这就是法学的课题。因此,宪法学是一门纯粹的规范科学,宪法问题可用逻辑的、形式的方法来处理。即一切政治的、社会的、历史的、伦理的较量均应被视为非法律的东西而被排除出去。法学上剩下的,只是对法的素材进行逻辑的形式的整理和阐述。

对拉邦德而言,法解释学的科学性课题,是将法制度的构成、一个个法律规范还原为一般性的概念,探究从这种概念中产生的结果,为了解释课题,只能使用逻辑的方法,其他任何手段都无济于事。"所有历史的、政治的以及哲学的考察,对具体的以法的素材为对象的解释学都不重要。"①在这一点上,他与同样采用"法律学的方法"的耶利内克(后述)的宪法论不同。耶利内克并不将研究对象只限于成文法,也致力于将国家生活中的现实案件置于法的构成上予以正确理解,以及将宪法纳入运动着的超出法律规定的政治生活中考察。此外,耶利纳克不满足于拉邦德的逻辑性、形式主义的方法,而是肯定目的论的概念构成,他的论点是:"在确定所有法规的内容时,光靠纯粹的逻辑是不可能的。"②

不管对"法律学的方法"的评价如何,该方法由于《德意志帝国宪法》的制定以及宪政安定期的到来,而成为德国宪法学中占统治地位的研究方法。法学家并不将宪法视为"应实现的东西",而是当作"被给与的东西",只须对其进行实证研究就足够了。时代赋予他们的使命是在法学上解明联邦制等帝国当前面临的问题。

---

① 〔日〕芦部信喜著:《拉邦德》,载伊藤正已编:《法学者——人与作品》,第33页。
② 同上。

但是,逻辑性、形式主义的拉邦德的"法律学的方法"以及实证主义,事实上从法律上给予了帝国以支持,在政治生活中发挥了重大作用。比如,拉邦德在其《预算论》中指出,"预算是形式意义上的法律,不是实质意义上的法律,它是一种计算,是对将来的开支的估算。所以,预算与立法没有实质性的关系,在本质上是行政(行为)。"[1]预算的议定是以立法的形式进行的行政行为,因此,对预算案议会不拥有自由承认和否决权,政府没有预算也可以支出。

这一观点,为1862—1866年普鲁士宪法争议中俾斯麦政府的行为的合法化提供了理论根据。这一宪法争议涉及的是一项扩充军备的预算没有获得下院的通过,俾斯麦就在没有预算的情况下动用了财政,此争议后来以议会承认政府提出的免责法案而得以解决。在这争议中,拉邦德的《预算论》起了巨大的政治作用。由此,他的法实证主义也被称为"俾斯麦—拉邦德法实证主义"。

基于"法律学的方法"构成的《德意志帝国宪法论》(出第五版时为四卷,共两千多页)有十五章,即第一卷包括了德意志帝国成立史、帝国的法的性质、帝国和各个邦的关系、帝国的自然基础(人民和土地)、帝国权力的组织(皇帝、联邦参议院、帝国议会、帝国各个机关以及帝国官吏)等五章;第二卷涉及帝国立法、条约、行政、帝国领土和受帝国保护的领地等四章;第三卷为外交问题、公共事务、交通机关、内政和帝国裁判制度等,也有四章;第四卷包括帝国的军队和财政制度两章。下面,对该书的特点作一些分析。

拉邦德认为,法律是国家统治阶级意志的最高表现形式,由法律命令和法律内容两种要素构成。给予法律以拘束力的真正意义上的立法,是"国家权力保持者"发布的法律命令(具体含义是君主的裁定和认

---

[1] 〔日〕芦部信喜著:《拉邦德》,载伊藤正已编:《法学者——人与作品》,第34页。

可),议会对立法的协赞只拥有确定法律内容的意义。① 拉邦德认为,法律,可以分为"划定一个个主体相互的权利义务之界限"或者"涉及在何种意义上个人或国家的共同体的权利领域"的规范,即所谓"法规"(Rechtssatz)的实质意义的法律,和因君主与议会的合意而成立的国家意志的形式意义上的法律两类。因此,与实质意义上的法律有时并不构成形式意义上的法律的内容一样,形式意义上的法律以实质意义法律之外的关系作为内容的场合也是存在的。比如,1850 年《普鲁士宪法》规定变更国境(第 2 条)、发行国债(第 103 条)由法律来进行即是一例。但是,法规必须以形式意义上的法律,或者基于形式意义上的法律而成立(法律的法规创制权)。

基于逻辑性、形式主义的拉邦德的"法律学的方法"的实证主义宪法理论,经过魏玛共和国末期的政治性(精神科学)的宪法论,到二次战后被否定了。但是,他的有些理论,如国家法人说等,则至今仍对德国宪法学产生着影响。

(四) 耶利内克的宪法学理论

耶利内克(G. Jellinek,1851—1911),生于莱比锡一个犹太教牧师家庭,父亲是一位神学家。耶利内克从 1867 年起先后在维也纳、海德堡和莱比锡等大学学习哲学和法律。在莱比锡大学,他受到了温德海得的深刻影响,从而成为一名新康德主义者。1872 年在莱比锡大学获哲学博士学位,1874 年又在维也纳大学获法学博士学位。1889 年担任巴塞尔大学公法学教授,1890 年转任海德堡大学教授,并一直工作到 1911 年去世。其间,曾于 1907 年担任该大学的副校长。②

耶利内克对德国宪法学作出巨大贡献的是他的三部代表作品,即

---

① 〔日〕芦部信喜著:《拉邦德》,载伊藤正已编:《法学者——人与作品》,第 35 页。
② 〔日〕阿部照哉著:《耶利内克》,载伊藤正已编:《法学者——人与作品》,第 51—52 页;前揭上海社会科学院法学研究所编译:《法学流派与法学家》,第 249 页。

1892 年出版的《主观的公法体系》(System der subjektiven öffentlichen Rechte)、1895 年出版的《人权及公民权宣言》(Die Erklärung der Menschen-und Bürgerrechte)和 1900 年面世的《国家通论》(Allgemeine Staatslehre)。[1]

在《主观的公法体系》一书中,耶利内克将公民个人权利依各种特定"地位"作出了著名的分类,即(1)消极地位,即对国家的一般服从;(2)否定地位,即防备国家的权利;(3)积极地位,即由国家授予采取积极行动的权利;(4)主动地位,保证参加政治、特别是选举的权利。

在《人权及公民权宣言》一书中,他提出了一个重要论点:法国 1789 年的《人权宣言》不是受卢梭的影响而写的,而是受了美国《权利法案》的影响。而《权利法案》起源于争取良心和宗教自由的斗争。该书出版后广为流传。美国普林斯顿大学因此书而授与他该大学的荣誉学位。耶利内克在该书中提出的观点,至今仍有相当的影响。

耶利内克最出名的著作是《国家通论》(也有译《一般国法学》)。该书是一部国家与宪法理论的综合的体系书,被奥地利著名法学家凯尔森称为"19 世纪国家学的完整概括"。[2] 该书共分三编,第一编为序论,包括国家学的课题、方法、历史,与其他学问的关系;第二编"国家的一般社会学",包括国家的本质、国家正当化的理论、国家的目的、国家类型、国家与法;第三编"一般国法学",涉及公法的区分、国家的三要素、国家权力的特点、宪法、国家机关、国家的功能、国家形态论、国家结合和公法的保障等。[3] 其最主要的特点是将全书内容清楚地分成社会学和法学两大部分。这种分类法源自耶利内克本人的新康德主义观点。

---

[1] 《〈人权与公民权利宣言〉:现代宪法史论》中译本,李锦辉译,商务印书馆 2012 年版。
[2] 〔日〕阿部照哉著:《耶利内克》,载伊藤正己编:《法学者——人与作品》,第 54 页。
[3] 同上书,第 54 页。

耶利内克认为,"存在"与"应该"必须分开,与此相应,在国家和宪法理论的研究方法上则是二元论,即耶利内克认为,认识社会的现实与确定法律的概念之间没有内在的联系。比如,社会学的国家概念是"具备原始的统治权力、居住着的多数人的团体统一体";而作为法的概念,则为了表现团体统一体和法律秩序之关系而进行法学上的综合,将国家视为是权利义务主体的社团。耶利内克认为,不能将国家作为法的客体,因为这样做,是将国民当成了有产阶级的奴隶群。应将国家看成是一种法的关系,是法的主体。依据法的自我限制,国家也必须服从法,它是一种权利义务的承受者。国家(政府)与国民间的关系由权利义务关系构成,君主是国家的一个机关。耶利内克的这种"国家法人说"为当时的君主立宪制的现实提供了法学理论根据。

作为19世纪德国宪法学理论的完成者,耶利内克也致力于法实证主义的宪法学的完整化和系统化。但与另两位法实证主义宪法学家盖尔伯和拉邦德不同,耶利内克不仅在方法论上有重大改革,而且也进一步扩大了研究的对象。比如,他比较重视某些道德准则对维护社会秩序的重要作用等,并据此提出了一个著名的论点:法是"伦理的最低限度"。

综上所述,19世纪中叶以后发展起来的德意志国法学,是运用"法律学的方法"研究当时德国国家体制的产物,是德国君主立宪制的理论阐述,具有鲜明的德国特色,它对日本近代宪法学的形成与发展也产生了巨大影响。

二、行政法学

(一)莫尔、冯·迈尔和休泰尔的行政法学理论

在德国国法学发展的同时,近代行政法学也开始登台。

一般认为,德国近代行政法学的起源可以追溯到17世纪。当然,此时,它和行政学是混合在一起的。只是到了19世纪上半叶,行政法

学才发展成为一门独立的学科。最早为此作出贡献的是莫尔(R. von Mohl,1799—1875)、冯·迈尔(F. F. von Mayer,1816—1870)和休泰尔(F. J. Stahl,1802—1861)。

莫尔对德国行政法学形成的贡献,主要在于他通过自己的教学活动,使各公国旧的"警察学"(Polizeiwissenschaft)转变为新的行政法学(Verwaltungsrechtswissenschaft)。同时,在莫尔的努力下,1842年在图宾根大学开设了德国历史上第一个行政法讲座,并由其弟子霍夫曼(K. H. L. Hoffman,1807—1881)首任该讲座的教授。①

冯·迈尔,生于施瓦本哈尔(Schwäbisch Hall),毕业于图宾根大学。在其短短的一生(54岁)中,他对德国近代行政法学的形成的贡献主要在于:(1)致力于将各个公国分散的行政法统一成为一种通行整个德意志的行政法;(2)排除了传统的国法学的方法,而代之以法学的方法;(3)运用比较方法,对各公国(邦)的行政立法进行系统研究;(4)引入法国行政法学的成果,作为其立论的参照系;(5)将上述莫尔和盖尔伯运用过的法实证主义引入行政法研究之中;(6)最先将行政行为作为中心来构造行政法总论的体系;(7)将行政和国民的关系视为权利和义务关系,并将此贯穿于整个行政法体系中。②

而休泰尔则在德国历史上第一次依据"国家法人说"原理,强调君主及其政府进行的行政,必须符合作为国家意志的表现的法律。当然,这里表达的"国家法人说"(包括"法治国家"〈Rechtsstaat〉)的观念,已开始了从约束君主权力的"神法"观念向世俗的"依法行政"的原理的转化。休泰尔认为,所谓法治国家,指的不是国家的内容与目的的概念,

---

① 〔日〕石川敏行:《德国近代行政法学的诞生》,载中央大学法学会编:《法学新报》第89卷第5、6号,1982年。
② 前揭〔日〕石川敏行:《德国近代行政法学的诞生》。

而是实现这种目的或内容的方法的概念。这种被理解为形式的、程序的法治国家的观念,恰恰是19世纪德国实证主义国家观的反映。

继承莫尔、冯·迈尔和休泰尔的理论,用法律学的方法构造起系统的德国近代行政法学体系的学者,是被称为德国行政法学之父的奥托·迈尔(Otto Mayer,1848—1924)。

(二)奥托·迈尔的行政法学理论

奥托·迈尔生于巴伐利亚邦,就学于海德堡和柏林等大学。毕业后在斯特拉斯堡和米尔豪森(Muhlhausen)开业当律师,随后取得斯特拉斯堡大学的教授资格,作为员外教授从事教学科研活动。1903年转入莱比锡大学,任公法学教授。1917年任该大学校长。次年退休。其后移居海德堡,直至去世。[①]

奥托·迈尔对法学的贡献,主要集中在德国公法学尤其是行政法学方面。其代表作是《德国行政法》(Deutsches Vewaltungsrecht,全2卷,1895—1896),另外,还有于1886年出版的《法国行政法》和许多关于行政法的论文。20世纪70年代,这些论文被汇编成论文集出版。

奥托·迈尔的《德国行政法》第一版面世后,由于它第一次系统地运用"法律学的方法"来研究行政法,取代传统的"国法学的方法",因而,在德国行政法学史上具有划时代的意义。第二版于1914—1917年出版,因增补了许多迈尔反驳来自各方面批评的内容而引人注目。第三版于1924年面世,当时,德意志帝国的体制已被推翻,1871年帝国宪法也为魏玛宪法所取代,德国宪法学无论在体系上还是在内容上都有重大变化。但奥托·迈尔构造的行政法学体系却大体被延续了下来,这说明该作品还是有巨大生命力和科学价值的。正是在这个意义上,奥托·迈尔在第三版序中说:"宪法已被消灭,行

---

① 〔日〕盐野宏著:《迈尔》,载伊藤正已编:《法学者——人与作品》,第44页。

政法则被保存。"①

奥托·迈尔的著作,使德国行政法学最终成为一门系统的科学,使其具有了和当时民法学同等的地位。该著作的特点主要有:

第一,在此之前的德国行政法教科书,运用的是国法学的方法,往往先简略地论述一下总论部分,然后进入由内务行政、外务行政和军事行政等各个课题构成的各论部分,并仅仅着眼于制度方面的外部的论述。因此,从法学角度来看,往往给人一种总论和各论之间缺乏有机联系的感觉。与此相对,《德国行政法》一书,在序说中,设置了行政、行政法和行政法学等节;在总论中,又设置了行政的概念、行政法秩序的基本特征、关于行政案件的权利保护等三章。在各论中,也与传统的按照行政部门分类编排的做法不同,而是从法的角度,设置了警察权、财政权、公物法、特别的给付义务、特别的受益和有权利能力的行政等各章。②

第二,虽然该书的体系自身,都是按照法的形式组合排列,但构成这一体系的法概念、法原则,又都编入各自适当的位置,这样,法律的统治、行政行为、特别权力关系、公的损失补偿、营造物以及公法与私法的区别等,直至今日仍然是德国行政法学的基础性概念和原则。当然,所有这些,并不是全部由奥托·迈尔创造的,同时,现代行政法学也没有将其原封不动地继受下来。但是,在奥托·迈尔的行政法学上,这些内容作为法的工具性概念,都得到了归纳、整理和锤炼。因此,不可否认,现代行政法学者要真正全面理解和把握这些概念,离开奥托·迈尔的学说是不可能的。

第三,《德国行政法》的基本支柱,是德国式的法治国原理。奥托·

---

① 〔日〕盐野宏著:《迈尔》,载伊藤正已编:《法学者——人与作品》,第46页。
② 同上书,第47页。

迈尔将其以"行政的司法化"之用语来表现。奥托·迈尔认为,在19世纪前半叶,德国是一个警察(行政)国家,在这种警察国家(Polizeistaat)中,只有君主才是主权者,他是不受任何制约的公权力的承担者。臣民对君主没有任何权利。"只有对神与自己的良心的责任和对合目的的事物与可能的事物的理性思考,才对君主有约束力。至于法律,对此全无关系"。① 在这样的国家体制下形成的行政法学——警察学(Polizeiwissenschaft),也仅仅是列举出一些国家的行政活动,对行政的法的问题并无明确的认识。

奥托·迈尔的这种观点,无疑是以法律实证主义为前提的。他将19世纪中叶以前的德国专制主义时代,说成是"警察国家"时代,虽有种种值得推敲之处,但正是通过"警察国家"这一概念,进一步提出了与之相对立的"法治国家"的概念,并据此描绘出近代德国行政法学的蓝图。他认为,作为形式的程序的"法治国家"的结果,就是否认了行政是福利行政的观念,而是将行政看成是政府行为。这样,在排除了围绕公共福利的各种事实要素,就有了依据"法律学的方法"而使行政法体系化的可能性,并具有了通过司法类推使行政程序理论化的可能性。这样,构造的行政法学体系,具有了"社会行政"的含义,并使其与"潘德克顿法学"相互连接了起来。

第四,奥托·迈尔作为19世纪德国实证主义式的公法学者,可以归入前述拉邦德的学派。但是,《德国行政法》中提示的法概念、法原则,并未完全贯彻逻辑性的法实证主义。这方面最典型的表现就是公所有权的概念。奥托·迈尔以一种发展的历史观为背景,主张一种正确的法的公所有权制度。②

---

① 前揭〔日〕碧海纯一等编:《法学史》,第163页。
② 〔日〕盐野宏著:《迈尔》,载伊藤正已编:《法学者——人与作品》,第48页。

时过境迁,至目前,奥托·迈尔的《德国行政法》一书中的许多内容都已过时,该书也成为德国行政法学上的文化遗产。但如前所述,该书所包含的一些基本原则和基本概念,仍是现代行政法学所不可忽视的。从 20 世纪 70 年代起,对奥托·迈尔的研究日渐活跃。1971 年在德国国法学学会大会上,就以奥托·迈尔的《德国行政法》为中心,讨论了传统的行政法学的意义。目前,在德国国内还出版了一批研究奥托·迈尔行政法学的作品。

奥托·迈尔的行政法学理论,对日本也产生了巨大的影响。《德国行政法》第一版出版后,就受到了日本著名公法学家上杉慎吉、美浓部达吉等的积极评价。随后,该书又被美浓部达吉译为日文,成为日本行政法学者的必读书。[①]

三、刑法学

(一) 18 世纪以后德国刑法学的观念:康德和黑格尔的学说

进入 18 世纪,在刑法哲学上通行的主要是同态复仇主义。在这方面,康德具有代表性。康德认为,犯罪者必须受到惩罚,否则,社会便失去了正义,"如果没有了正义,那么这个世界上人类的生命就没有任何价值了。"康德指出,"谋杀人者必须处死。在这种情况下,没有什么法律的替换品或代替物能够用它们的增减来满足正义的原则。……处死他,但绝不能对他有任何虐待,使得别人看了恶心和可厌,有损于人性。"[②]康德的这种要求惩罚的平等原则的刑法学理论,当然是一种落

[①] 关于 20 世纪 80 年代以后德国行政法学发展的汉语文献,可参阅由德国学者新创作并由中国政法大学出版社于 1999 年出版的两部作品:平特纳著:《德国普通行政法》(朱林译)和 R. 斯特博著:《德国经济行政法》(陈少康译)。关于这方面的德语文献,主要有:Battis,Ulrich 著:《普通行政法》(1985 年版);Bull, Hans Peter 著:《普通行政法》(1993 年第四版);Erichsen,Hans,Martens,Wolfgang 著:《普通行政法》(1992 年第九版);Faber,Heiko 著:《行政法》(1992 年第三版);Loeser,Roman 著:《行政法体系》(1994 年,第一、二册)等。

[②] 前揭〔美〕C.摩里斯编:《伟大的法律哲学家》,第 258 页,1971 年英文版。

后的观点,其效果是为同态复仇提供理论依据。但他强调贯彻刑法中的人道主义,以及他在其他场合多处提出的要求法律上的人人平等,反对将犯人当作工具,应尊重人的尊严等等,则是进步的思想。[①]

继康德之后,黑格尔进一步发展了同态复仇主义的刑法思想。黑格尔认为,刑罚是对不法的否定,是对强制的强制,是一种扬弃。黑格尔指出,刑罚在本质上也是一种报复,是对侵害的侵害。但这种报复不等于复仇。复仇只与个人有关,而报复已具有社会公共意志的性质,是犯罪本身不可避免的后果。他认为,通过刑罚使法得到恢复,这样,刑罚就体现了一种目的。这种目的主义的刑罚观与费尔巴哈的以威慑作为惩罚原则的观念是不同的。因为威慑主义践踏了人的尊严。由此可见,黑格尔的刑法思想,既接受了康德的理论,又有进一步的发展。他的报复主义的目的刑思想,是建立在他的唯心主义辩证法(否定之否定)的理论基础上的。这种理论,相对于康德的刑法思想来说要进了一步。

(二) 费尔巴哈的刑法学理论

费尔巴哈(P. J. A. Feuerbach,1775—1833)是德国近代著名刑法学家,也是近代德国刑事古典学派的代表。最初在耶拿大学学哲学,后改学法律。毕业后出任基尔大学教授,为起草拜恩州刑法典而于1805年移居慕尼黑。1814年任彭贝克上诉法院副院长,1817年任昂巴赫上诉法院院长。主要作品有《实证刑法的原理和范畴》(1799—1800年,全2卷)、《德国现行刑法教科书》(1801年)等。在这些著作中,他提出的刑法理论,主要有如下几个方面:

第一,同害报复法,是建立在亲族原理之基础上的单纯社会的惩罚规范,它是阻碍复杂社会中法发展的因素。

---

① 前揭张宏生主编:《西方法律思想史》,第327页。

第二,在近代复杂社会中,惩罚规范必须以法律作为其表现形式。"罪刑法定主义"(nulla poena sine lege)正是适应这种社会要求,预先向人们宣告什么是犯罪行为,应受何种处罚等等,它与同害报复法是对立的。依据"罪刑法定主义",费尔巴哈进一步提出了一般预防的理论。

第三,与一般预防理论相联系,费尔巴哈提出了威慑主义刑罚理论。他认为,刑罚是一种威慑手段,对于被判刑者,是一种惩罚;对于社会一般民众,具有威慑作用,迫使他们不再犯罪,以达到一般预防的目的。因此,罪刑法定与刑罚,构成了一般预防的有力手段。

(三) 麦克尔的刑法学理论

继费尔巴哈之后,前述一般法学的代表之一麦克尔(A. Merkel, 1836—1896),也为德国近代刑法学的发展作出了贡献。

如前所述,19 世纪 40—70 年代,是黑格尔刑法学风靡的时代。麦克尔受耶林的影响,将实证主义引入刑法学领域,对康德和黑格尔的观念论刑法学进行了批判,提出了目的刑的决定论思想。

在 1889 年出版的《德国刑法教科书》(Lehrbuch des deutschen Strafrechts)中,麦克尔指出,传统的刑法观是否认因果的法则可以适用于人的行为,这是不对的。"行为与性格,并不是一种偶然的存在关系,性格在行为中得以实现。行为人在所实施的行为中可以再次认识自己,当然可以要求将其所作的行为视为他的有才气的精神的体现。"[①]"反之,行为表示着性格。其中,可以看到因果性的说明。在所作行为中,消极和积极的价值都是与行为人的人格性结合在一起的,这是合理的。……对其确认的法,就是从将因果律视为适合于人的行为的领域,以及行为和性格是相关连的这一点出发的。这一理论的基础

---

① 〔日〕山口邦夫著:《19 世纪德国刑法学研究——从费尔巴哈到麦克尔》,第 167—168 页,八千代出版社 1979 年版。

就是决定论。"①

麦克尔指出,观念论刑法学的基础,是承认在因果律上不受支配的自由领域,并且仅仅以此领域来考虑犯罪人的意志和犯罪现象,其代表性的观点就是"自由的因果性"。而这种理论,是无法说服法实证主义者的。即麦克尔等法实证主义者认为,在经验世界内,所有领域都受因果法则支配(决定论)。因此,麦克尔强调,观念论设想的人,是"反省着的人";而他设想的人,才是"行为着的人"。

麦克尔在批判观念论刑法学的基础上,确立了他的决定论刑法学。在这一刑法学理论中,麦克尔首先强调的是"归属"Zurechnung,也可译为"归责"和"责任"(Schuld,也可译为"罪责")。即他认为,构成刑法之功能的核心是"归属"问题,它包括因果性判断和分配性判断两种,前者着重于将行为视为行为人的意志和性格的产物;后者在前者的基础上,进一步讨论行为人承担的责任问题。与观念论刑法学主张的归责理论不同,麦克尔强调在因果律之外,不存在独立的行为,即他认为所有的行为都包含了因果关系。

从"归属"和"责任"理论出发,麦克尔进一步阐述了当时广泛受到刑法学界重视的"报应"(Vergeltung,也可译为"报复")问题。麦克尔认为,刑罚的普遍性质是"恶害"(übel),"刑罚,是适应现实的或推定的违反法律义务的态度,而对某人施加的恶害。"②麦克尔认为,国家通过将"公共的刑罚"规定为"法定的刑罚",使刑罚与报应结合了起来。所谓报应,是对恶害行为和善良行为的积极和消极的反作用。"我们将针对恶害行为和善良行为的'反作用'(Gegenwirkung),称为报应。"③其

---

① 前揭〔日〕山口邦夫著:《19世纪德国刑法学研究——从费尔巴哈到麦克尔》,第168页。
② 同上书,第175页。
③ 同上书,第176页。

目的在于调和、平衡社会上采取积极的、消极的人们的各种行为。为此,国家将历史上早已存在的各种报应思想和报应措施吸收过来,予以普遍化和公正化,这就是刑罚。

上面,我们对麦克尔的刑法学理论作了简要的说明。西方学者认为,麦克尔刑法学理论的核心是决定论和报应刑论。在19世纪末20世纪初,西欧大陆国家新旧两派刑法学理论之间曾爆发了激烈的争论。麦克尔的学说可以说是介于新派和旧派之间的一种折衷理论(也有人称之为"第三种理论")。他既对黑格尔的观念论古典刑法学进行了批判,而他的理论又受到了李斯特等近代刑法学派的批判。从这个意义上说,麦克尔的刑法学在德国近代刑法学史上具有承前启后的作用(虽然其影响远不及费尔巴哈和李斯特的学说)。

(四) 李斯特的刑法学理论

在批判麦克尔刑法学理论的同时,进一步发展费尔巴哈的刑法思想,并在刑法理论上有许多创新、建立刑事社会学派的是德国另一位著名刑法学家李斯特(F. Liszt,1851—1919)。

李斯特,生于奥地利的维也纳,父亲埃德华·冯·李斯特(Edward von Liszt)是奥地利总检察长。李斯特18岁进入维也纳大学学习法律,四年后又赴哥廷根(Göttingen)和海德堡等大学学习。在维也纳,他深受其老师耶林、麦克尔和瓦尔堡(E. Wahlberg)等人的影响。

1875年,李斯特以《伪誓和虚伪的证言》的论文,成为格拉兹(Graz)大学的私讲师。1879年,成为吉森大学的教授。其后,历任马德堡(1882—1889)、哈雷(1889—1899)等大学的教授。1899年入柏林大学任刑法学教授,一直到1917年退休。随后移居南德的塞哈伊姆,1919年病死。李斯特身材矮小,精力充沛,讲课生动活泼,充满哲理,富有魅力。他的研究室集中了来自世界各地的留学生。

李斯特的刑法学理论,涉及许多领域,其核心内容主要包括三个方面:①

第一,目的刑主义。1882年,李斯特在就任马尔堡大学教授的讲演《刑法上的目的观念》中,批判了传统的建立在古典学派立场上的报应刑主义,提倡目的刑主义。李斯特认为,刑罚在原始形态上,是盲目的、本能的冲动。而现在,既然是作为国家的统治手段,那么,就必须有目的,必须以保护一定的法律交往作为自己的目标。这一观点,是继承耶林的社会功利主义的目的思想,并将其在刑法学领域展开的结果。该观点刚提出时,由于是以保护一定的法益为目的,故称保护刑主义;后来,其立场开始转向改善、教育犯罪人,使其复归社会上,故也称为教育刑主义。

第二,特别预防主义思想。该思想,是针对费尔巴哈等古典学派提出的一般预防主义而倡导的。李斯特继承了其老师、维也纳大学教授瓦尔堡的观点,进一步将犯罪人分为机会犯人和状态犯人两类,分别对机会犯人施以威吓、对可能改造的状态犯人以改造、对不可能改造的状态犯人以排除危害等各不相同的所谓"个别化的刑罚",以取得社会防卫的效果。

第三,行为者主义。又称为主观主义,它在理解作为刑罚对象的犯罪之意义上,与古典学派着重于研究犯罪人的行为这种外部表现的行为主义,或者客观主义相对,倡导犯罪人的反社会性格,即通过犯罪行为表现出来的犯罪人的社会危害性应成为刑罚的对象。关于此点,最能反映李斯特的观点的是他的口号:"应当被惩罚的,不是行为,而是行为者。"②当然,他的行为主义事实上不是很彻底的,在他的刑法学体系

---

① 前揭〔日〕伊藤正已编:《法学者——人与作品》,第60—61页。
② 同上书,第62页。

中,还带有许多客观主义的成分。同时,他也主张"刑法应是犯罪人的自由大宪章",强调应当尊重罪刑法定主义的精神,担心在追究犯罪人危险性时,刑法会被不必要的扩大适用。

李斯特的上述刑法学理论,主要包含在他在吉森大学期间撰写的《德国刑法》(Das deutsche Reichsstrafrecht)一书中。该书分序论、总论和各论三大部分,其中,总论包括第一部"犯罪论"和第二部"包括保安处分在内的刑罚论"。"犯罪论"涉及犯罪的各种标识和犯罪的各种形态,前者如作为违法行为的犯罪、作为有责行为的犯罪、作为可罚的侵权行为的犯罪等,后者为犯罪的既遂与未遂、正犯与共犯、犯罪的单数和复数等。第二部"包括保安处分在内的刑罚论",则涉及各种刑罚的处置。1884年,经过李斯特的补充、修改,该书出了第二版。至他去世时止,该书已出至第22版,发行四万多部,成为当时西欧发行量最大的法律著作之一。李斯特死后,其学生休密特(E. Schmidt, 1891—1977)又对该书进行改订,1927年出了第25版(总论、各论),1932年又出了第26版(仅总论部分)。该书是19世纪末、20世纪初德国刑法学的代表性教科书,对其他国家也产生了重大影响,先后被译为葡萄牙、西班牙、希腊、芬兰以及法、俄、日、中等国文字。

(五) 第一次世界大战后至二战结束时的刑法学

第一次世界大战结束后,德国建立了魏玛共和国。该时期,对德国刑法学贡献最大的是李斯特的学生、新康德主义法学的代表拉德勃鲁赫和麦兹加(E. Mezger, 1883—1962)。拉德勃鲁赫作为魏玛政府的司法部长,对当时刑法理论的发展十分关心,他将其相对主义的法哲学观作为指导思想,站在自由主义的政治立场上,对当时德国刑事立法中的一些重大的敏感问题作了深入研究。1924年发表的《确信犯人论》(Der Überzeugungsverbrecher)是这种研究的代表性成果。他对德国刑法史的研究业绩(包括对德国中世纪著名刑法典《加罗林纳法典》

(Carolina)的注释)等,对当时德国刑法典的修改也起了重要作用。[1]而麦兹加则在确立主观性违法要素、客观性违法论方面作出了贡献。拉德勃鲁赫和麦兹加的研究成果,被称为魏玛共和国时期的"自由主义刑法学理论"。[2]

然而,时间不长,纳粹势力崛起。1933年建立的纳粹政权,不仅破坏魏玛宪法确立的民主共和体制,而且也猖狂地破坏各项资本主义的私法和刑法原则。迎合纳粹的政治需要,提倡法西斯主义刑法学理论的是被称为"基尔学派"的代表达姆(G. Dahm,1904—1963)和谢夫斯丁(F. Schaffstein,1905生)等人。他们认为,法律是民族的伦理秩序,犯罪是违反这种伦理秩序的、破坏民族共同体的行为,刑罚是与这种行为相适应的赎罪报应。这种刑法理论,其构成要件不仅包括实际危害的行为,而且还包括人们的意思、思想等。这种理论,完全排除了自费尔巴哈以来建立起来的德国资产阶级刑法基础,即"刑法的自由",否定了"罪刑法定主义"的基本原则,是一种极端野蛮的、不人道的理论体系。[3]

(六)二次大战后德国刑法学的发展

二次战后,德国刑法学界清算了纳粹主义的刑法学理论,在加紧刑事立法改革(1976年5月18日公布实施了新的刑法典:《1975年1月1日修订的1871年5月15日刑法典》)的同时,恢复了罪刑法定主义原则,强调刑法对人权的保障,确立起了新的民主主义的刑法学理论。然而,在战后的德国刑法学界,在许多观点上认识是不一致的。一般而言,学者们主张在传统的客观主义的刑法学理论(古典学派)之框架内,

---

[1] 前揭〔德〕拉德勃鲁赫著:《法哲学》,第62页。
[2] 日本刑法理论研究会编:《现代刑法学原论(总论)》,第33页,三省堂1987年版。
[3] 同上书,第34页。

糅入主观主义（近代学派）的各种刑事政策。反映这一新的倾向的,主要是威塞尔(H. Welzei,1904—1977)倡导的"目的的行为论"。这一理论,以"存在论"为基础构造犯罪论体系,给传统的刑法论体系以巨大的冲击。即以行为的存在构造为基础,将故意从责任中突出出来,作为构成要件的要素,认为责任的实质是违法性的意识,并将其纯化为规范性要素,认为违法性的实质在于基于人的违法观的行为无价值。

与威塞尔的目的的行为论相对立的是以麦兹加为首的传统的刑法学理论。但这种对立,并不是很大的分歧,争论只在于刑法解释论和体系论的顺序上。当然,这一争论,与战前德国刑法学界的斗争也有关系,并且也可以认为是这种斗争的继续。[①]

---

① 前揭日本刑法理论研究会编:《现代刑法学原论(总论)》,第 34—35 页。

第六章 英国法学

近代西方法学的发展,除西欧大陆法学以外,另一系统就是英美法学。由于英美法学的历史基础是中世纪英国的法学,因此,我们先考察中世纪英国的法学。

第一节 中世纪英国法学的发展

一、概述

11世纪以前,英国适用的基本上是盎格鲁·萨克逊习惯法。这种法律是日耳曼法的一个分支,其特点是比较分散,也不成文。即使有一些盎格鲁·萨克逊习惯法的汇编,也很不系统,很不完整,在文字及内容上比大陆的各蛮族法典的水平还要低一些。在这种情况下,是不可能发展出一种作为理论形态的法学的。

1066年,诺曼人在威廉公爵(William Ⅰ, the Conqueror, 1027—1087)率领下,侵入英国并确立了其统治,威廉加冕为王,称威廉一世(1066—1087),并建立了中央集权的统一国家。这一事件,使英国的法律发生了重大变化,并为英国法学的形成和发展奠定了基础。

依据强大的王权,威廉开始着手统一全国的司法机关。他从御前会议中分设出王室法院,并派遣法官到全国各地实行巡回审判。这种做法到12世纪以后又得到了加强,并形成制度。巡回法官在判案时,既根据国王的敕令,又吸收各个地方的习惯法。这样,当各个巡回法官回到伦敦一起审理案件、磋商判决时,不知不觉地就把各地的习惯法糅合在一起,创造出一些具有普遍意义的法律原理、原则和制度,然后通过判决,适用全国各地。这种过程的不断反复、继续,到12世纪以后,便形成了通行于全国的普通法(Common Law)体系。这种体系是一种法官的判例汇集,因而是一种判例法。它保留了日耳曼法中的一些原始民主制痕迹,维护的是封建统治阶级的利益,并具有形式主义和保守性质。

普通法的产生,对英国法学的形成起了巨大的作用。随着法官与法律家对普通法的编纂、注释、阐述,在英国形成了普通法学。

由于普通法的形式主义和保守性质不能适应13世纪以后商品和货币经济关系的发展,当事人在得不到普通法保护的情况下,就求助于象征着"公平"、"正义",并行使最高审判权的国王。国王即命令大法官审判。大法官在审案时,采用比普通法简便的方式和程序,如不需要令状、不设陪审等,凡普通法法院不予受理的案件,他均接受。在判案的根据方面,大法官也不受普通法的拘束,而是以"衡平"原则,以自己的判断来判决。这样,通过大法官的实践活动,至14世纪逐步形成了一套区别于普通法的法律体系,这就是"衡平法"。它的出现,又为英国衡平法学的产生提供了前提。

在普通法和衡平法发展的同时,13世纪英国国会的诞生,揭开了英国制定法的历史。这些制定法,从13世纪的200多件,发展到了16世纪的近2000件。制定法的大量出现,又推动了英国制定法解释学的形成和发展。

因此,在英国近代以前,随着普通法、衡平法和制定法的产生,已形成了中世纪封建的法学理论,它构成了近代英国资产阶级法学的历史基础。

二、英国历史上最早的法学著作

如前所述,在盎格鲁·萨克逊时代,还谈不上有系统的法学作品,但是,该时期也已经开始出现一些记载法律发展的文献,如公式文书、国王制作的法的宣言书以及敕许状等,还出现了一些法律汇编作品和个别法律著作(主要是法官就若干法律原则的简单说明、声明等)。

诺曼人入侵后,到 12 世纪前后,英国出现了最早的法学著作,其中最重要的是《亨利一世的法》(Leges Henrici Primi)。从流传下来的残篇来看,该书主要是在参照罗马法、教会法、法兰克法的基础上,重点描述了盎格鲁·萨克逊法的发展及其内容,使用的是不很熟练的拉丁语。① 虽然此书比较粗俗、简陋,但梅特兰还是给予了很高的评价:"他(该书作者)从事的是全新的工作,即他写了法的注释书,写了既不是罗马法,也不是教会法的(盎格鲁·萨克逊)法的注释书。……这发生在 1118 年,应该是一个不小的功绩。"②此外,反映该时期国家的政治和法律状况的作品,流传下来的还有《爱德华忏悔王的法律》等。

三、格兰威尔的法学理论

格兰威尔(R. Granville,1130—1190),1163—1174 年间,曾在普通法形成时代之亨利二世(Henry Ⅱ,1154—1189 年在位)手下分别担任约克郡和兰卡郡的郡长(Sheriff)。1176—1179 年间任巡回法官(Justice in eyre)。1178 年起任司法长官(Justiciar)等职。③ 格兰威尔的理

---

① T. F. T. Plucknett,*A Concise History of the Common Law*,1956,London. 伊藤正己译:《英国法制史》,第 471 页,东京大学出版会 1959 年版。
② 同上。
③ Sir William Holdsworth,*A History of English Law*,Vol Ⅱ,pp. 188—189,London,1936.

论，主要体现在其《中世纪英格兰王国的法和习惯》(Tractatus de legibus et consuetudinibus regni Angliae,1187)一书中。①

该书分十四章，内容主要涉及关于直属受封地的诉讼，圣职推举权的诉讼，关于身份的诉讼，寡妇产的诉讼，嫁资、赠与、遗嘱以及法定继承人，请求遵守和解转让诉讼，关于与臣属的誓言以及继承费并列的公有地侵害的诉讼，俗人的金钱债务诉讼，诉讼代理人，关于不履行领主的裁判、隶农的回复诉讼以及州长官所掌的民事诉讼，各种权利诉讼的审判，在国王法院中的刑事诉讼等等。对不动产法、契约法以及世俗管辖和宗教管辖的关系问题也有充分的论述。② 格兰威尔的著作，在英国法学史上具有如下重要意义：

第一，通过记录、整理、汇集国王关于各种诉讼的令状，使后世法学家得以了解当时的审判实践、诉讼程序以及普通法形成时的状况。比如，通过《因对方当事人不出庭而让当事人占有的令状》，我们可以了解到当时的土地占有情况：

"国王对州长官说，朕对你命令如下：在朕的法院中，她(M)与R之间进行了诉讼，请你立即让M占有该村庄中某某面积的一块土地。因为该土地的占有，由于R的不出庭而被朕的法官判给了M。特此证明。"③

在该书中，格兰威尔整理的这类令状(writ)共有76个，可以说极具价值。

第二，对与令状相关的诉讼方式、程序作了论述，阐明了国王法院

---

① 关于《中世纪英格兰王国的法和习惯》的作者是否是格兰威尔，英国学术界是有争议的。有人认为，该书是由格兰威尔等三名最高法院法官一起执笔的；也有人认为，该书是当时的司法大臣或正在研修的法院书记官撰写的。但最近，认为该书是格兰威尔所著的观点又重新受到了学术界的重视(B. Lyon, Dictionary of Middle Ages)。引自格兰威尔著，松村胜二郎译：《中世纪英格兰王国的法和习惯》译序注一，明石书店1993年版。
② 前揭，〔英〕格兰威尔著：《中世纪英格兰王国的法和习惯》。
③ 同上书，第39页。

的管辖权,并立足于当时普通法的审判实践,带有学术分析的特色。比如,在分析不出庭的理由时,作者就列举了在家生病、出庭途中病倒、因海外经商、因正在为国王做事、因去圣地巡礼、因避同村人之嫌等各种场合,并逐个作了详细论述。这一点对英国后世判例法学的发展产生了巨大的影响。

第三,吸收了教会法和罗马法的法律观念和法律形式,来构筑自己作品的概念和体系。比如,在序文一开始,作者就模仿查士丁尼《法学阶梯》的做法,宣称:"王权,不仅在于装备镇压反抗国王的反乱者和各个民族的武力,也在于装备为统治臣民和和平者所需要的法律。"①在对诉讼进行分类时,也将其分为公诉和私诉两种,并详细说明了各自的管辖主体和对象等。这种做法,虽然使格兰威尔的作品带上了模仿罗马法和教会法的特点。但这一点,丝毫没有损害其著作的历史贡献。因为,正是由于有了这种特点,才使经过格兰威尔等人的手发展起来的、在王室法院中适用的法,优越于其他法院所适用的习惯法和程序法,使其逐步演变为通用全国的普通法。②

四、布雷克顿的法学理论

布雷克顿(H. D. Bracton,约 1216—1268),生于德文郡(Devonshire)。曾担任过寺院的主教,1246 年,出任巡回法官,1248 年以后,又担任英国西南部的巡回法官和王座法庭的法官。布雷克顿的法学理论,主要体现在他的《关于英国的法和习惯》(De legibus et consuetudinibus Angliae libri quinque,1250)一书中。该书分为两大部分。第一部分是一个比较长的绪论,残留至后世的是几篇关于各种诉讼方式的

---

① 前揭〔英〕格兰威尔著:《中世纪英格兰王国的法和习惯》,第 21 页。
② 前揭〔日〕碧海纯一等编:《法学史》,第 223 页。

论文。在这些论文中,布雷克顿对仿照罗马法之分类而成的人法、物法和诉讼等作了说明。在第二部分中,他继承了格兰威尔的传统,通过对令状进行注释的方式,对各种诉讼方式作了详细的分析、阐述。

布雷克顿的著作虽然有模仿格兰威尔的地方,但在法学史上的地位比格兰威尔的作品要高得多。

第一,该书是从宏观角度,对英国普通法的整体作系统说明的第一部作品,直到五百年以后布莱克斯通(W. Blackstone,1723—1780)的作品问世,还没有一个学者的成果可以超过它。

第二,布雷克顿为了自己司法实务和理论研究上的方便,以笔记的方式记录、整理、解释了众多的判例(数量共达 2000 余例)。在他的著作中,他又引用和参照了这些判例,或对其进行赞扬,或对其进行批判,从而使判例成为他阐述法理的基本素材。[1]

布雷克顿当时这么做,虽然并没有意识到应从遵循先例原则的高度出发,因为该原则得以确立是以后的事情,但他这样做,却为以后的法学家提供了范式:人们形成了阅读他作品中的判例,进行讨论,再予以适用的习惯。这一习惯的再进一步发展,就开始了编纂判例集和法律年鉴的伟大工作。即一旦当法律实务工作者养成了阅读判例、依据其阐述法理创造新原则的习惯、而布雷克顿收集的判例又变得陈旧时,他们便萌发了收集、整理和汇编新判例的工作的想法。因此,布雷克顿的作品,对实行判例法主义的英国来说,具有划时代的伟大意义。

第三,与格兰威尔相比,布雷克顿接受罗马法的影响更深。当然,对此,英国学术界有诸多争论,但根据大家比较一致的看法,布雷克顿曾深受由意大利注释法学派的代表人物阿佐等人改造过的罗马法的深

---

[1] 前揭〔英〕普鲁克内特(T. F. T. Plucknett)著:《英国法制史》,〔日〕伊藤正已译,第478 页。

刻影响。

英国著名法制史学家霍兹沃思曾就这个问题指出:"我们不能说布雷克顿论述的法在本质上都是英国法,罗马法的影响只是形式上的。毫无疑问,(在布雷克顿的著作中)记录了一系列纯粹的英国法的原则,并且在许多方面,布雷克顿的论述都与罗马法的原典不同。但是很清楚,布雷克顿使用了罗马人的术语、罗马人的格言、罗马法的原理,并在英国本土比较贫弱的基础上确立起了比较合理的体系。他在其著作中,论述了纯粹是英国法的部分,在论述巡回审判(assizes)、进入令状(writs of entry)、权利令状时,布雷克顿的心中便自然而然地浮现出了罗马法的实例和罗马法的用语。"①

在当时普通法尚很少涉及的法域(如契约和过失等),布雷克顿借用了罗马法的原则予以说明。同时,在构造普通法体系时,他也借用了罗马法的原则和术语以及分类等等。因此,虽然布雷克顿作品的基本内容都是英国的司法实践,但在形式(包括部分内容)上,受到了罗马法的巨大影响。所以,布雷克顿的著作,在一定意义上,也是罗马法和英国法相结合的产物。

布雷克顿在生前,就已受到法学界的尊崇。1350年以后,他的著作的手抄本受到了进一步的欢迎。随着印刷术的出现,1569年布雷克顿著作的第一版面世。由于布雷克顿思想中包含有反抗王权、法律至上的精神,对当时的市民阶级极为有利,所以人们争相传阅他的作品。我们后面将要叙述到的科克,就是依据布雷克顿的上述思想与国王斗争的。在1640年资产阶级革命过程中,布雷克顿的著作又出了第二版。他的影响,一直持续到近代以后。②

---

① Sir W. Holdsworth, *A History of English Law*, Vol Ⅱ, p. 286.
② 前揭〔英〕普鲁克内特著:《英国法制史》,第486页。

五、布雷克顿同时代的其他法学作品

与布雷克顿大约同一时期,在英国还出现了一些具有新的风格的法学作品。这些作品主要由令状、诉答以及其他关于诉讼程序上的法律关系的著作组成,其中之一是1290年出版的《法官之镜》(mirror of justices)。这些文献,尚处在从简单的令状、判例或诉答汇编向有理论分析的法学著作过渡的阶段,内容包括教会法和盎格鲁·萨克逊习惯法等。英国著名法制史学家温斐尔德(Winfield)对此作了很好的叙述:

"从这些作品中可以看到,这个时代是人们在暗中摸索表现法的形式的时代。对他们来说,法律书中,应该以什么为内容?并且,这些内容,在书中应该如何安排组织?同时,将这种书中的某些部分编入其他著作中时应如何处理?此外,这种书的标题应如何确定?对此,他们都不是很清楚的。这个时代,是一个对这一切问题进行实验的时代。而到了下一个时代,判例成为一种著作(形式),令状为另一种形式,而诉答成为又一种文献形式,并且判决要录也从判例集中分离了出来,在一部著作中,也不再同时论述土地法和国王的诉讼。……这样,处在英国法文献的黎明时期的我们,可以看到当时人们在法学研究中的徘徊状态。有人认为,正确的道路是判例报告加诉答书面文件加说明再加入门书式的法学提要,有人认为从这几种材料中选择两者之结合或三者之结合……"①

此外,从这些作品中,我们还可以看到英国早期法学教育的情况。有些人认为,在中世纪英国,法律工作者是依靠自学懂得法律的,而这些作品告诉我们,在当时,已有了青年人旁听法庭辩论,并在行业(法院

---

① Winfield, *Chief Sources of English Legal History*, pp. 161—162, 170. 引自〔英〕普鲁克内特著:《英国法制史》,第491—492页。

系统)法律学校进行讨论,以及通过这些作品获得对初级法学(注释法学)的入门知识的活动。①

六、利特尔顿的法学理论

利特尔顿(D. Littleton,1407—1481),担任过沃思特郡(Worcestershire)的地方官、教会传教士,1453 年担任上级法院律师,1455 年任巡回法官,1466 年任民诉法院法官,1475 年被封为骑士。他的法学理论,主要体现在他的《土地法论》(Tenures,1481)一书中。该书共分三个部分,第一部分,不动产物权;第二部分,土地保有及附随负担(incidents);第三部分,关于共同所有与不动产的种种特殊法则。它以英国中世纪最复杂的不动产法作为中心,对其作了非常系统的论述,使当时原本极为庞杂无序的不动产法规范、判例、令状以及诉答等,变为极为明确、纲目清楚、内容易懂的理论知识,被 16 世纪英国著名法学家科克誉为"普通法的荣誉(ornament),人文科学领域著作中最完善和最纯粹的作品"。②

在利特尔顿的著作之前,在爱德华三世时代(Edward Ⅲ,1312—1377),英国已出版过一本《旧土地法》(Old Tenures)的著作,利特尔顿自己也谦虚地称,他的作品只是对《旧土地法》的发展而已。但事实上,利特尔顿的著作所达到的成就,远远超过了《旧土地法》。③ 根据西方法学家的看法,利特尔顿的《土地法论》具有如下几个特色:第一,传统的法律著作以程序法为中心,而本书不单单是诉讼和程序的法律原则的汇编,而是一部实体法的系统著作,并有理论与实践的叙述,以实体

---

① Winfield, *Chief Sources of English Legal History*, pp. 161—162, 170. 引自〔英〕普鲁克内特著:《英国法制史》,第 492 页。
② Sir W. Holdsworth, *A History of English Law*, Vol Ⅱ, p.573.
③ Ibid,p.575.

法为核心构造的法学体系。这在当时的英国,是具有划时代意义的。第二,本书也重视判例,它以法律年鉴为基础写成。但是,本书不只是对判例的简单概括,在结尾中,作者还超出了一个个判例,追求"法的议论和理由",试图以一定的主题,通过各个领域的判例的累积,建立一个综合的法律原则体系。第三,本书出版后,得到了广泛的好评,到1600年,该书被多次再版。直到19世纪,它一直被当作最权威的教科书。第四,与格兰威尔、布雷克顿等人的作品不同,利特尔顿的此书是英国历史上第一本完全不受罗马法影响的、而且不是用拉丁文写成的英国法的伟大作品。① 因此,在法学史上,本书被看作是与布莱克斯通的著作并列的作品。

七、福特斯库的法学理论

与利特尔顿同时代的是福特斯库(Sir John Fortescue)。他在林肯学院(Lincoln's Inn)学习法律之后,1430年成为上级法院的律师,1442年任王座法院首席法官。因涉及政治纷争而亡命国外,后屈服于爱德华四世(Edward Ⅳ,1461—1483年在位),被授予枢密院议员之职。和利特尔顿一样,福特斯库在发展普通法的技术方面也作出了贡献。只是与利特尔顿在土地法研究上取得巨大成功不同,福特斯库的成就主要在中世纪西欧宪法理论的比较方面,其主要表现是他的《英国法赞美论》(In Praise of the Law of England)。

《英国法赞美论》以教育1470年时的皇太子爱德华为目的,试图用立宪君主政体论来教育皇太子。它采用了福特斯库与皇太子对话的方式,而内容除了英国的法律制度外,还包括了法国的政治制度。实际上是英法两国宪政制度的比较。因此,西方学者认为,福特斯库此书,是

---

① Sir W. Holdsworth, *A History of English Law*, Vol Ⅱ, p.575.

英国最早的比较法学著作,开了英国比较法研究的先河。①

同时,福特斯库在此书中,还向我们展示了"英国法律学院、法律教育以及法律职业阶层活动的最初状况,"并说明了普通法中的若干根本理念。对此,霍兹沃思评论道:福特斯库的著作,"是大概能够为非法律专业人员(layman)接受教育法律之初步知识的最早的法律书吧。它语言明确、文体流畅、论述富有逻辑性,通过其内容表现出来的某种知识的独特性格,使我们了解了福特斯库的著作在法律家之间为什么能够博得广泛好评的理由。"②

除《英国法赞美论》之外,福特斯库还用英语创作了《英国统治论》(Governance of England)一书,它否定专制政治,否定审判中使用拷问方法以及其他司法中压制人性的做法,极力主张立宪君主的政体。该书表明了福特斯库在宪法理论上的立场,证明他也是英国早期立宪君主政治思想的倡导者之一。

八、杰曼的法学理论

与福特斯库同时,还应提到杰曼(Christopher St Germain,1460—1540)。杰曼是当时著名的法哲学家和教会法学家。他在其《神学博士与普通法学生的对话》(Dialogues between a Doctor of Divinity and Student of the Common Law)中,运用法哲学和教会法的知识,对普通法进行了批判。该书第一部于 1523 年用拉丁文出版,第二部于 1530 年用英语出版,并于 1532 年再版,此时,第一部也被译成英语。这部著作在英国法律史上占据着极为重要的地位,也是我们了解构成衡平法之基础理念的重要资料。

---

① 〔日〕水田义雄著:《英国比较法研究》,第 86—88 页,劲草书房 1960 年版。
② Sir W. Holdsworth, *A History of English Law*, Vol II, p.570.

杰曼认为,衡平法中所附的哲学理由,应该从教会法中寻找,而依据教会法,由于人的生活条件是无限变化的,创造所有包含这些条件的那种一般性法则是不可能的。因此,如果想要防止非正义现象的出现,那么,衡平法就是必要的。但是,无论花多大的工夫,想创造出一种依据法则来实现政府的体制是不可能的,因为人类的生活是无法穷尽的。因此,基于良心的裁量具有重要的意义。如果适当的话,应当融入任何法律体制之中。杰曼明确宣布,衡平法的原理就是良心。显然,这是伦理性的神学以及教会法的典型的思考方法。

如同普鲁克内特所说的那样,本书是在危机中出版的,即作为当时宗教改革的结果,自古以来形成的由僧侣担任大法官的传统即将结束,而如果新上任的世俗大法官们能够牢记该书中宣扬的基本观念的话,那么,就是本书的一大成功。事实上,该书确实如杰曼所期望的那样获得了成功。世俗出身的大法官们,从杰曼的书中获得了关于良心的传统理论,从而使衡平法理念从僧侣大法官传至世俗大法官。杰曼的书出版后,马上出现许多模仿的小册子,就说明了杰曼的作品在社会上取得的巨大成功。[1]

九、科克的法学理论

17世纪初,在英国爆发了一场激烈的政治斗争,一方面,詹姆士一世拼命扩张国王的特权,插手在传统上属于普通法法院管辖的事务;另一方面,法院则依据普通法的传统,竭力抵制国王势力的扩张。这种政治斗争扩张到法律方面,引出了关于国王、法院的管辖权争论。科克的法学理论,就是在这样一种背景下产生的。

爱德华·科克(S. Edward Coke,1551—1634),曾在剑桥大学就

---

[1] 前揭〔英〕普鲁克内特著:《英国法制史》,第517—518页。

学,后在教会学习法律。1578年,担任律师。以后,又担任市法院的法官、法务长官、王室法院首席法官。在他任内,曾力主排斥国王对司法权的干预,确立了对后世宪法的发展有巨大意义的"法的统治"(Rule of Law)原则,强调国王必须服从神和法律,而国会则必须服从普通法。

科克后任国会议员,起草了有名的《权利请愿书》(Petition of Right, 1628)。由于这些政治业绩,科克被公认为英国法制史上著名的划时代的活动家。

科克的法学理论,主要体现在他的《英国法概要》(Institutes of the Laws of England,1628—1644)一书之中。该书分为四个部分。第一部分在科克生前即已出版,是对利特尔顿的《土地法论》的精密注释,当然,其注释大大超越了利特尔顿的原有内容;第二部分是从1215年《大宪章》颁布以后至詹姆士一世之间约39部主要的制定法的注释,其中大量是关于公法的内容,它们阐述了宪法的一些基本原则;第三部分为刑法,以叛逆罪为中心,对各种类型的犯罪作了解说,并对刑的执行、恩赦等也作了阐述;第四部分涉及法院的管辖权,主张普通法的审判权应优先于其他法院。由于该书内容十分丰富,所以被西方学者称为英国法的百科全书。[①]

科克的法学理论,影响英国法学界直到19世纪初。19世纪以后,他的学说开始受到批判。

首先,历史学家开始对他进行了批评,说他不注意历史事实,在许多论述中搞混了历史线索,具有故意歪曲历史的倾向。当然,即使英国历史学家的这种批评是对的,科克有这种缺陷的话,也磨灭不了他对法学史的巨大贡献。事实上,科克对英国法制史的造诣极深。在与他同时代以及比他晚一个世纪的法学家中,唯有科克对日积月累、数量众多的《法律年鉴》最为精通。许多研究《法律年鉴》的人,往往只引用科克

[①] 前揭〔日〕碧海纯一等编:《法学史》,第228页。

使用过的判例,并以科克对这些判例的评价为准,而不再去查《法律年鉴》本身,就说明了科克在英国法制史上的地位。①

其次,分析法学派对他进行了批判,认为科克的理论缺少逻辑的体系。确实,科克的法学理论不如当代一些著名法学家的作品那样精密,但作为一位承上启下、将英国中世纪法学近代化的法学家,这种缺陷是可以原谅的。当然,科克的作品确有一些不足之处。比如,他仅限于使用普通法尤其是《法律年鉴》中的资料,对此以外的文献包括罗马法、法国法等不屑一顾。这与他的前辈如布雷克顿、福特斯库等人相比,应该说是一种不足。

按照英国法制史学家霍兹沃思的观点,科克法学理论的历史地位表现为:第一,以16世纪的观点对英国法的整体作了叙述;第二,将分散在《法律年鉴》中的判例意见归纳整理,抽象出实定法的规范;第三,将《法律年鉴》和近代的判例集,即将中世纪的法律文献和近代法律文献融合于一体;第四,博采当时各种法院之审判经验,以推动法的发展;第五,科克的作品,使英国普通法在这个因文艺复兴、宗教改革、罗马法继受而急剧变革的世纪(16世纪下半叶至17世纪上半叶)内,保持了其历史发展的连续性。②

十、弗兰西斯·培根等人的法学理论

与科克相对立,站在拥护君主专制制度的立场上,阐述法官、法院和议会权限的是英国近代伟大的哲学家、思想家和科学家弗兰西斯·培根(Francis Bacon,1561—1626)。

---

① 前揭〔英〕普鲁克内特著:《英国法制史》,第525页。
② Sir W. Holdsworth, *A History of English Law*, Vol. 5, pp. 489—490. Third Edition, Third Impression, London, 1978.

弗兰西斯·培根生于伦敦,父亲尼柯拉斯·培根(Sir Nicholas, 1509—1579)是伊丽莎白女王(Elizabeth Ⅰ,1533—1603)的掌玺大臣、大法官、枢密院顾问。弗兰西斯·培根和其父亲一样,在剑桥大学接受了法律教育。毕业后,于1584年当选为下议院议员,1604年任王室律师,1607年任副司法大臣,1613年任司法大臣,1617年任掌玺大臣,1618年就任衡平法院大法官,1621年因受贿事件被逮捕,经国王赦免后下野,随后不再任官,专心著书立说。

弗兰西斯·培根的家庭背景和经历,使他在政治立场上很自然地站在国王一边,成为"英国强大君权的代言人。"[1]

在他的著名论文:《论司法制度》中,他和詹姆士国王一样,强调在法庭和君权问题上要持明确的态度,处理得体。他认为,法官应该是狮子,但他们是"国王宝座下的狮子"。在这篇论文中,培根还拐弯抹角地提到科克问题,毫无疑问,培根认为科克是属于坏法官的类型。

1616年,当詹姆士国王宣布,在普通法和衡平法的管辖权相冲突时,以衡平法为准,试图以此决定来表明,他自己"是所有法官之上的法官"时,培根对此大加赞颂,认为这确立了衡平法院是由国王的"绝对权力"支配的法院的原则。

培根的立场和讲话,尤其是"绝对权力"概念的提出,在事实上为詹姆士扩张权力的行为提供了法律依据。虽然,培根在提出这一概念的信中提到,"绝对的权力"并不是他的发明,该词早在15世纪《法律年鉴》中就已出现。的确,1469年的《法律年鉴》中是这么说的:"大法官认为,在衡平法院中,没有因诉答(pleading)的错误或方式的瑕疵而受到损害,只是因正确的事实而受到损害。即我们必须依据良心,而不是依据诉答进行裁判。因此,当某人在诉状中,提出被告害了他,而被告

---

[1] 前揭萨拜因(G. H. Sabine)著:《政治学说史》(下册),第508页。

又什么也未表示时,如果我们知道了被告事实上并没有害他时,就不能对原告进行救济。在处理这类问题时,有两种权力以及程序,即通常权力和绝对权力。通常权力是遵守实定法上的一定程序的场合。但自然法上没有'一定程序',如果能发现真实的手段,那么,任何手段都可以使用。由此,我们称这种自然法上的程序(手段)为'绝对权力'(absolute power)"。[1]

培根声称,"绝对权力"早在15世纪时就已存在,以证明他提出这一概念是在于强调国王办案要遵循自然法,要按照传统来保持普通法和衡平法之间的平衡。但事实上,正如普鲁克内特教授所说,英国15世纪的情况和17世纪的情况完全不同。在15世纪的《法律年鉴》中,"绝对权力"确实只是一个法律救济程序概念,但到了17世纪培根的嘴里,它就完全是一个政治概念了。[2]

总之,培根虽然在内心未必信奉詹姆士的绝对君主专制理论,但他留下的政治法律作品表明,他对建立强有力的君主政治是充满热情的。[3]

由于在国会与国王、资产阶级和封建势力的斗争中,最后以国会和资产阶级的胜利而告终,又由于科克的理论符合新兴资产阶级建立法治国家的要求,因此,虽然培根在哲学、自然科学方面留下了巨大的足迹,但他在法学上的学说则很少为后世所提及。鉴于此,笔者在本书中单列一点,试图通过对培根法学理论的介绍和评述,帮助读者加深对资产阶级革命前夕英国法学状况的理解。

与弗兰西斯·培根的政治立场比较接近、对17世纪上半叶英国法学发展产生影响的法学家还有塞尔登和海尔。

---

[1] 前揭〔英〕普鲁克内特著:《英国法制史》,第357页。
[2] 同上书,第358页。
[3] 关于此点,萨拜因有很好的分析和论述,笔者就不再展开了。参阅前揭萨拜因著:《政治学说史》(下),第508—509页。

塞尔登(Selden,1584—1654),是英国17世纪伟大的法制史学家,精通英国古代法、罗马法以及犹太法。他的《桌上闲谈》(Table Talk)围绕众多重要的法的课题展开论述,发表其权威意见,长期被视为伟大的古典作品。

海尔(Hale,1609—1676),也是17世纪最伟大的法学家。他以为受到议会攻击的大司教劳德(Lawd)等辩护为契机而成为王党派,在处死查理一世(Charles Ⅰ,1600—1649)时,海尔因赞成共和制而于1654年成为民事诉讼法院的法官。与此同时,他也为斯图亚特王朝复辟尽心尽力,为此,他被复辟王朝任命为财务法院的首席法官,1671年,又升任王座法庭的首席法官。海尔的作品,有研究《法律年鉴》的解释书(被保管于林肯学院的图书馆内);《普通法的历史》(History of the Common Law),被认为是关于普通法的最早的概括性的历史书,具有重大的价值;《贵族院的管辖权》(Jurisdiction of the Lord's House),也是该研究领域的经典作品。而海尔的代表作,则是《王权诉讼史》(History of the Pleas of the Crown)。该书一出版就受到了广泛的好评,并一直持续到现代。

十一、中世纪英国的《法律年鉴》

《法律年鉴》(Year Book),又译为《法律年书》、《判例年书》等,是指在中世纪英国,人们将法庭上的辩论以及律师和法官的工作程序(方法)以笔记方式记录下来,作为培养有志成为律师和法官的年轻人的教材,因以年度为单位编集,故称《法律年鉴》。

《法律年鉴》最早于12世纪前后面世,至爱德华二世时期(Edward Ⅱ,1307—1327年在位)便大量出现。普鲁克内特教授在其《英国法制史》一书中对《法律年鉴》曾作了这样描述:

"这种记述(《法律年鉴》)各自通过若干的手抄本而流向社会。资料的丰富,观点和记述角度的分歧,使爱德华二世时期《法律年鉴》的

'英雄编辑们'承担了沉重的负担。从中我们可以看到许多繁忙的专家们几乎是以狂热的精神从事这项工作的现象,即判例报告为独立的、众多的人手记述,其后被互相转借、被誊抄、被阅读、被注释。此外,在伟大的法官就重大问题发表论述的时代,在这些法官说出意见之前,执行实务的充满机智的上级法院的律师就会热心地等待法官们发表自己的意见。……面对热心的、在法院受过竞技规则(诉讼程序)训练的读者,这种初期的《法律年鉴》,如同那些关于水平很高的、活生生的体育运动的报道一样,分外受到青睐。因此,与案件无关的语言(如插科打诨、笑话等)也占了一定篇幅。当然,法学毫无疑问以《法律年鉴》为最终目的,但由于《法律年鉴》满载着围绕法庭斗争的有趣之事,因此,人们并不将《法律年鉴》视为现代那种干燥无味、没有个性的判例集或教科书,而是将其当作与小说一样的文学作品来看待。"[1]

因此,这种《法律年鉴》在一定程度上,不太像判例集,而是像现在的法制新闻或法制文学作品。它不但显示了爱德华二世时期的法学水平,也表明了当时充满法律专家感情的法律教育方法。

从流传下来的《法律年鉴》来看,其内容是极为丰富多彩的,除涉及当时人们最为关心的诉讼程序、询问与应答方式、调查证据和事实的方法,辩论技巧之外,还包括当时所有的实体法领域以及新法和旧法的关系。

进入爱德华三世时代,《法律年鉴》的情况并无大的改变。使《法律年鉴》发生实质性变化的是理查二世(Richard Ⅱ,1367—1400)时期。此时,《法律年鉴》的数量开始减少,内容更为精炼,案例的选择比较严格,用语比较规范、严肃、简洁,各种《法律年鉴》之间的分歧、差异开始缩小,逐步变得统一,并且向明确化、实用化、专业化方向发展。这种状

---

[1] 前揭〔英〕普鲁克内特著:《英国法制史》,第498—499页。

况说明,至 15 世纪,《法律年鉴》的编辑、出版已经趋于正规、成熟。

在英国历史上,《法律年鉴》从 1283 年前后开始出现,至 1535 年前后开始衰落、消失,总共存在了二百五十多年。虽然,它的编辑目的与现代的判例集不同,即它不是为了记录前一判例以约束后来的审判活动,而仅仅是记录当时的法院审判活动,提高居民的法律知识,满足许多人对法庭活动、对某些案件的好奇心。但由于它忠实地反映了当时英国法学发展的状况,因此,《法律年鉴》至今仍是英国法学界研究的一个重要领域。

开始,《法律年鉴》仅以手抄本的形式流传,至 15 世纪以后,开始以黑墨铅字版(black letter edition)的形式印刷。而对其进行校订并将其译为英语(《法律年鉴》使用的是法语)的工作,则是到 19 世纪中叶以后才得以开始,但也只是出版了一小部分,如罗尔斯系列(Rolls Series, 1863—1911)的《法律年鉴》,共出了 20 卷(1292—1307、1337—1346 年部分),埃姆斯基金系列(Ames Foundation Series, 1863—1911)的《法律年鉴》,出了 8 卷(1388—1391 年部分),由塞尔登出版学会(Selden Society Publications)编辑的《法律年鉴》,从 1903 年至 70 年代已出了 26 卷(1307—1317、1321、1422、1470 年部分)等等。[①]

十二、《判决要录》

与《法律年鉴》出现的时间大体接近,《判决要录》(Abridgments)也开始被编辑出版。《判决要录》与《法律年鉴》关系密切,它基本上是精选后者中的内容而成,只是《法律年鉴》是按年代顺序编排,而它则是按内容、专题编辑在一起。

《判决要录》的出现,与当时法律教育的状况相关,即在一定意义

---

① 〔日〕田中英夫著:《英美法总论》(上),第 78 页,东京大学出版会 1980 年版。

上，它也是为学法律的年轻人便于阅读、引用和理解《法律年鉴》而写，而《法律年鉴》本身因为数量太多，所以起不到这种作用。为了阅读的方便，《判决要录》还往往将各个案例的要点以大字标题的形式写在《判决要录》的封面或醒目之处。

在《判决要录》中，最早的是《斯塔萨姆判决要录》(Statham's Abridgments)，它一出版就受到了社会的欢迎。但时隔不久，它就被另一本《判决要录》即《弗兹哈伯特判决要录》(Fitzherbert's Abridgments)所取代。后者初版于1516年，最早未署作者名字，弗兹哈伯特的名字是1565年再版时附上去的。[①] 该要录共有三大卷，与《斯塔萨姆判决要录》一样，也是用特定的方法对案件进行分类。该书出版后即成为权威作品，人们广泛运用它来获取判例法知识。自从它面世后，几乎没有人再越过它去直接阅读《法律年鉴》，因为后者中的重要案例几乎都被它收了进去。

1887年，布雷克顿关于判例的笔记被发现、出版后，人们进一步知道了《弗兹哈伯特判决要录》曾引用了亨利三世(Henry Ⅲ，1207—1272)时代的许多案件，同样，人们也知道了该要录中的许多案例还来自于理查二世时代。而这些案例，还没有其他一部作品正式登载过。

由于《弗兹哈伯特判决要录》使用了新的引用方法，即大字标题，并按罗马字母顺序予以排列，案件通过各自的标题附上编号，如要查找"某某不动产权令状"的内容，只要在该要寻的令状标题栏中按照该案名称的字母顺序和不动产权编号一直往下看，即可以查到。《弗兹哈伯特判决要录》的编辑出版，大大推动了英国判例集的发展，现代英国的《法律百科全书》和《判例要录》的编辑出版，无疑得益于《弗兹哈伯特判决要录》开创的英国判例集的编辑传统。

[①] 前揭〔英〕普鲁克内特著：《英国法制史》，第507页。

十三、《令状方式集》

令状,在英国法制史和法学史上占据着重要地位。它是指诉讼当事人感到自己受到了不公正的司法处理时,向代表正义的国王提出申诉,要求得到公平的司法待遇。国王收到这种申诉后,认为当事人有理者,则发给该当事人一张署名的令状,凭此,当事人可以提起诉讼。随着这种情形的日益增多,后来国王就委托大法官办理此事。而令状的越发越多,则在英国形成了没有令状无法起诉的局面。换言之,令状成了当事人能否提起诉讼的一种权利凭证,即使当事人拥有实体法上的权利(如他的财产被盗等),但如果他没有得到令状,那么,他也不具有程序上的权利,就无法起诉,获得实体法上的权利。

与《法律年鉴》和《判决要录》的出版相联系,编辑《令状方式集》也构成了中世纪英国法学研究的一个重要内容。从中世纪英国学者留下的作品来考证,《令状方式集》的编辑出版,大约始于亨利二世(1154—1189年在位)时期。因为,在格兰威尔的作品中,已大量使用令状的资料。同时,科克手中也拥有数部《令状方式集》。据他自己声称,这些《令状方式集》最早可以追溯到亨利二世时代。残存下来的《令状方式集》一般都是手抄本,这种手抄本从13世纪开始便大量出现,如1227年,英国政府曾向爱尔兰当局赠送过《令状方式集》。

在英国,现代学者研究《令状方式集》的成果,最权威的当数梅特兰发表于《哈佛大学法律评论》上的论《令状方式集》的论文。[1]

十四、中世纪开始发展的英国法律教育

几乎与普通法和衡平法的产生、发展,判例的编辑出版,法学家作

---

[1] 前揭〔英〕普鲁克内特著:《英国法制史》,第512页。

品的出现同时,英国中世纪的法律教育也开始发展起来,并反过来为法律的发展、法学家的成长以及各种法学作品的面世作出了贡献。

与欧洲大陆的中世纪法律教育发端于大学不同,英国最早的法律教育是在法院系统内部进行的,1292 年,根据国王的令状,要求就法律工作人员的培养,法院应予以指导,而在这种教育中显示了卓越能力者,可以在法庭上从事实务工作。当时的审判员(Serjeant)就是通过这种教育方针培养出来的。当时,接受教育的人称为 Apprentice(即"辩护律师"),他们是现代辩护律师(Barrister)的前身。Apprentice 学习生活的中心是法律学院(Inns of Court,也译为"律师公会")。学院(Inn),在中世纪英国,原是指在法院开庭期,各地来的法律职业者住宿的地方。后来,开庭期结束后,法律职业者仍在那里教育年轻人。这样,就慢慢演变成了法院内行业性的、私塾性的教育机构。至 14 世纪,这种学院已发展到了十多个。[①]

在法律学院下面,有作为当事人代理人的 Attorney(代理律师),他们在 15 世纪,也形成了自己的教育培训机构,称 Inns of Chancery。这样,在中世纪末期,英国的律师分成三个等级,即高级律师(Serjeant)、辩护律师(Apprentice)和代理律师(Attorney)。他们的关系和以后辩护律师与诉状律师的分工关系不同,而是上下级的关系。一名法律工作者,只有从代理律师开始逐级上升,直至高级律师,才能被国王选为法官。

进入 15 世纪,英国虽然已创办了牛津大学和剑桥大学,也开始了法学教育,但它们教育的科目只是罗马法,培养法律实务工作者的工作仍然集中在法律学院。这种大学法学院和法律学院的双轨制(前者培养少数法学家和教师,后者培养法律实务人才)的局面,一直到 18 世纪

[①] 前揭〔日〕田中英夫著:《英美法总论》(上),第 77 页。

中叶才得以改变。1753年,牛津大学第一次开设了英国法讲座,1758年又设立了"维纳·英国法教授讲座"(Vinerian Professor of English Law),两者都由布莱克斯通担任。稍迟,剑桥大学也于1800年设立了"达尔文·英国法讲座"(Downing Professorship of English Law)。①

在大学开设英国法讲座,是近代英国法学教育体制的一大变革。因为,在此之前,法律人才的培养主要是由法律学院(这种学院至近代,已浓缩为四个,即林肯学院〈Lincoln's Inn〉、内殿学院〈the Inner Temple〉、中殿学院〈the Middle Temple〉和格雷学院〈Gray's Inn〉)承担(一定意义上也可以说是垄断)的,而在大学中讲授英国法之后,大学也开始成为培养法律专业人才的阵地。虽然,由于传统的原因,在近代英国,培养法律实务人才的基地仍是法律学院,但到20世纪70年代,大学已逐步成为法律教育的主要阵地,如1970年,在大学学习并获得法学士学位者,英格兰和威尔士相加,已达1449名。新成为辩护律师的人中的80%、诉状律师中的40%,都是大学法学院的毕业生。②

近代英国大学法律教育的发展,大大促进了英国近代法学的形成和发展,洛克、梅因、边沁、奥斯汀、波洛克、梅特兰以及戴雪等世界级的法学巨匠,都诞生于牛津、剑桥、伦敦等大学,就说明了这一点。

但是,即使是英国学者,也承认现代英国的法律教育,落后于美国以及西欧其他国家。为此,从70年代初开始,英国多次酝酿改革原有的法律教育思路和体制。这中间,1971年公布的"奥姆罗德报告书"(Ormrod Report)具有代表性。该报告指出,在英国法学教育中,必须放弃"学问"与"职业"、"理论"与"实务"相对立之二律背反的思考方法,加强法律实务界与大学法学院之间的联系和协作,共同提高法学教育的水准。

---

① 前揭〔日〕田中英夫著:《英美法总论》(上),第186页。
② 同上书,第150页。

经过政府、法律实务部门和大学当局多年的努力,目前,英国的现代法律教育体制已经基本形成。在这一体制下,法律教育被分成三个阶段:

(一) 学术(基础)教育阶段

这一阶段的学制为 3 年(学习语言者加 1 年),由大学承担。著名的牛津大学、剑桥大学、伯明翰大学、伦敦大学等大学的法律院系是这一阶段的代表。这一阶段开设的课程很重视基础理论的学习。开什么课以及学分、学习方式、考试等,原则上由学校自行决定。其法律核心课程主要有:合同法、信托法、房地产法、公法(宪法和行政法)、民事侵权法、英国普通法和衡平法。选修课的量很大,主要有劳动法、家庭法、继承法、公司法、犯罪学、国家安全法、冲突法、比较法、法学理论、法律史学、法社会学等。

在英国,各大学法律院系所开的选修课程各有侧重,如伦敦大学东方与非洲学院法律系开设 28 门课,由学生选修 2 门,其余可到伦敦大学的其他学院选学。课程内容涉及亚非国家的主要法律问题、国际经济法、比较阿拉伯法、少数民族法律问题、经济犯罪等。伦敦大学共有五个法律系,每学年联合开出的选修课达 130 多门,由学生自选 4 门学习。[1]

在英国,各法律院系都非常重视案例教学,其基本方式是问答式和讨论式,以训练学生的职业技巧和技能,促进学生积极思维,激发学生的学习创造性,掌握广泛的法律知识与规则。

第一阶段学习期间,考试十分严格,考试方式主要有开卷和闭卷两种。凡通过考试者,多数大学的法律院系授予学生以法学学士学位,而牛津大学和剑桥大学的法科毕业生则被授予文学学士学位。[2]

(二) 职业训练阶段

这一阶段时间 1 年(非法律专业的学生加学 1 年特别专业课程),

---

[1] 李化德:《英国的法学教育》,载《现代法学》1996 年第 6 期。
[2] 同上。

其主要目的是为学生即将走向社会作准备。开设的课程主要有证据、辩护方法、谈判技巧等实用课程,以对学生进行法律技能训练。这一阶段的课程由法律学院负责安排和承训。

(三)实习阶段

这一阶段由律师事务所承训,通常是派经验丰富的律师采取师博带徒弟的传统方式进行指导。时间一般是拟任执业大律师的为12—18个月,拟任执业律师的为2—3年,每6个月为一个阶段,主要是熟悉律师业务和法律文件,并从中挑选未来的合格律师。目前,英国每年参加律师课程学习的学生有7500多人。其中取得律师资格的在4000人左右。[①]

经过上述三个阶段,原本在英国问题比较严重的专业(法律学院)法律教育和基础理论(大学法律院系)教育之间的矛盾,以及"理论"和"实务"、"学问"和"职业"之间的矛盾获得了比较好的解决。经过这么三个阶段的学习,一名青年就可以从一个普通的高中学生成长为一位合格的律师(英国法律教育的目标,非法学理论家、教授,而是律师)。而极少数有志于法学理论研究和法学教育者,则可以在完成第一阶段的学习之后,继续攻读法学硕士、博士课程,写出具有创见的高水平论文,并通过极为严格的答辩之后,实现自己的理想。

第二节 近代以后英国的基础法学

一、概述

"对英国人来说,17世纪是一个获得巨大成就的时代"。[②] 在这个

[①] 李化德:《英国的法学教育》,载《现代法学》1996年第6期。
[②] 〔英〕帕尔默·科尔顿(R. R. Palmer. Joel Colton)著,孙富生,陈敦金译:《近现代世界史》(上册),第211页,商务印书馆1988年版。

世纪,英国开始走上近代化之路,并成为欧洲最先进的国家。

1603年,伊丽莎白女王(Elizabeth Ⅰ,1533—1603)去世,苏格兰国王詹姆士六世继承了英格兰王位,称詹姆士一世(James Ⅰ,1566—1625)。在他以及其儿子查理一世(Charles Ⅰ,1600—1649,1625年继位)执政时期,与国会的矛盾日趋加深,到1629年,终于停止了国会。1637年,苏格兰人造反,查理为筹措军费,不得不于1640年重新召开国会,但英国新贵族和资产阶级利用这次国会,与查理展开了激烈的斗争。1642年,国会和国王之间爆发内战。1649年,以克伦威尔(Oliver Cromwell,1599—1658)为首的新贵族将查理处死。1658年,克伦威尔死后,英国的保皇派曾恢复了君主制,国王查理二世(Charles Ⅱ,1630—1685,1660年即位)和詹姆士二世(James Ⅱ,1633—1701,1685年继位)也进行了一系列封建复辟活动,但遭到了资产阶级和新贵族的强烈反对。1688年,英国资产阶级通过不流血的"光荣革命"(政变),驱逐了詹姆士二世,迎请其女婿荷兰的执政者威廉(William Orange,1650—1702)来英国继承王位。从此,资产阶级的统治在英国得以确立,英国资产阶级革命获得了最终的胜利。

英国资产阶级革命的发生,具有深刻的经济、政治和宗教背景。16世纪中叶以后,英国的经济获得巨大发展,工农业逐步走上资本主义的经营道路,促使原有的一批贵族成为资产阶级型的新贵族阶层。他们具有强大的经济实力,但他们的经济发展受到国王所有权以及各种捐税的限制;另一方面,由于工商业和贸易的迅速发展,在英国也形成了新的资产阶级,他们的发展,则受到了封建行会制度和国王推行的垄断制度以及专利公司的限制。于是,资产阶级和新贵族联合起来,开展了反对国王以及封建专制制度的斗争。而他们活动的据点,就是国会。因此,资产阶级和新贵族联合,利用国会与封建君主进行斗争,是英国资产阶级革命的第一个特点。

16世纪30年代,英国开始宗教改革,确立"圣公会"为国教,与罗马天主教脱离关系,建立了政教合一的政治体制。在这种体制下,"圣公会"成为王权的工具和专制制度的支柱。这样,"圣公会"理所当然地受到了资产阶级的反对。他们以加尔文教为自己的武器,与封建王权进行了坚决的斗争。这一斗争,最后以资产阶级迫使威廉国王签署他以及其最近继承人死后,由信奉新教的汉诺威选帝侯继承王位的文件、新教获得胜利而结束。以宗教为手段,是英国资产阶级革命的第二个特点。

在资产阶级革命的过程中,资产阶级利用国会,发布了一系列法令和决议,对英国的封建国家和法律进行了改造,使其适合资本主义的发展,如1641年5月10日国会迫使国王签署的《三年法令》,对国会的开会期间、解散权、议长的选举等作了规定。1641年7月,国会撤消了专门为迫害政治犯而设立的星法院和枢密院最高委员会。1641年11月,国会又通过了《大抗议书》,要求建立国王大臣对国会负责的制度等;1643—1646年期间颁行的关于没收主教、牧师等阶层的土地及允许保王党分子用钱赎回土地,不赎回则予以拍卖以及取消"骑士领有制"等的法令,使土地成为不受限制的私有财产;而1689年的《权利法案》和1701年的《王位继承法》,则最终确立了英国资产阶级君主立宪制的政治体制。这一切又使英国资产阶级革命具有了第三个特点:渐进性、保守性和妥协性,即在没有彻底打碎旧的封建国家机器和法律体制的情况下,开始了资产阶级政治制度和法律体系的创建和发展过程。

英国资产阶级革命的这些特点,对英国近代政治和法律制度以及法学的发展产生了巨大的影响,产生了主张"主权在民"、倡导君主立宪和自由平等的洛克等人的学说,将封建的英国法和资产阶级的英国法连接起来的布莱克斯通的法学理论,为英国法律现实提供理论依据的边沁、奥斯丁和梅因等人的法学理论,以及总结英国法律遗产、试图弘扬英国传统法律文化的波洛克和梅特兰的法史学理论等。

二、洛克的法学理论

洛克(J. Locke,1632—1704),出身于律师家庭,曾就学于牛津大学,与辉格党交往甚密,主张君主立宪制。1682 年为逃避斯图亚特王朝的迫害而逃亡荷兰。1688 年回到英国,在新政府任职。洛克的法学理论,主要体现在他的《市民政府论两篇》(Two Treatises of Civil Government,1689—1690)等著作中。在《政府论》上篇中,洛克分十一章,对保皇党人罗伯特·菲尔麦(Sir Robert Filmer,1589—1653)鼓吹的君权神授和王位世袭以及君主凌驾于法律之上的理论作了全面系统的批判;在下篇中,作者分十九章,正面阐述了他自己关于议会制度、自然法、法律的目的、法律的执行、立法权等的观点。从法学史角度看,洛克的下篇比上篇更有价值。

首先,洛克认为,在自然状态下,人类自由且平等,但又不是放任无度,而是遵循着一种自然法即人类的理性,这种自然法规定保护每个人的天赋的平等权利和自由。但由于在这种自然状态下,缺少明文规定的众所周知的法律,缺少一个有权依照法律审理争执的机构,缺少一种保证判决执行的权力。于是,人们互相订立协议(社会契约),把一部分天赋权力交给社会,由社会委托给立法机关或指定的专门人员,这样,人们就进入了社会,建立起政府。[①] 因此,法律(立法)和政府(行政权力)都来源于"社会契约"。即使在建立政府的情况下,人们仍保留了一部分权利,政府的活动不得损害人们的这种权利。这样,洛克通过自然法、人类理性、社会契约,就为资产阶级上台、建立君主立宪制国家提供了理论依据。

其次,在上述学说的基础上,洛克指出,君主和政府决没有实行专制统治的权力,而只能按照法律进行统治,否则,就违背了人们最初订

---

① 〔英〕洛克著:《政府论》下篇,叶启芳、瞿菊农译,第 78 页,商务印书馆 1964 年版。

立社会契约的目的。他认为,没有法治,就没有政府的存在,因为法律不被执行,就等于没有法律,而没有法律的政府,是一种政治上不可思议的事情。要使法治社会确立,光有政府执法还不行,必须每个人都遵守法律,在法律面前,必须人人平等。"法律一经制定,任何人也不能凭他自己的权威逃避法律的制裁"。①

洛克的自然法、法治、法律面前人人平等以及分权学说,对后世资产阶级的法学理论和宪法学发生了巨大的影响,不仅为英国,也为整个西方法学的发展作出了重要贡献。近代西方法学大师孟德斯鸠的理论,就曾深受洛克思想的影响。

三、布莱克斯通的法学理论

布莱克斯通(Sir William Blackstone,1723—1780),生于伦敦一绢商之家,12岁时便成为孤儿,由母亲的伯父养大。1738年入牛津大学彭布罗克学院(Pembroke College,Oxford)学习数学、逻辑学、建筑学、希腊和罗马的古典作品,以及莎士比亚的作品。1741年入"中殿法律学院"(Middle Temple),1745年,成为民法学士(Bachelor of Civil Law)。1746年,获出庭律师(Barrister)资格而开业。1750年获得法学博士学位。1751年,任大学校长法院的陪席法官。1753年回到母校牛津大学担任英国历史上第一位英国法讲座的教授,名声大振。1758年,又担任"维纳讲座教授"。1761年,担任国会议员,1770年后辞去教授职务,担任民事诉讼法院和王座法院的法官。晚年致力于刑法方面的改革,如提出废除残酷的刑罚、改革监狱和矫正院的设施等。②

---

① 〔英〕洛克著:《政府论》下篇,叶启芳、瞿菊农译,第59页。
② 〔日〕堀部政男:《威廉·布莱克斯通——其生涯与〈英国法释义〉》,载《一桥论丛》第61卷第4号,1969年。

布莱克斯通的主要作品有:《英国法分析》(An Analysis of the Laws of England,1758)、《大宪章和森林宪章》(The Great Charter and Charter of Forest,1759)、《从1746至1779年威斯敏斯特各法院判例报告》(Reports of Cases determined in the Several Courts of Westminster Hall from 1746 to 1779,1781)以及不朽的《英国法释义》(Commentaries on the Laws of England,1765—1769)等。① 而其法学理论,主要集中在后者之中。该书是布雷克顿以来又一本有系统地论述英国法整体的著作,而且成就更大。该书不像大陆法系学者那样,仅把法学理论理解为是法律条文的解释学,把法学限制在范围很小的法学家的圈子内,而是试图将法学从法学家的专有领域中解放出来,变为普通市民手中的工具。在该书中,布莱克斯通强调:"英国法的知识,不仅对法律家,而且对所有有教养的英国人都是必要的"。② 这在当时,无疑是一个伟大的主张。

《英国法释义》一书由绪论和四编组成。绪论以"关于英国法的研究、性质以及范围"为题,涉及法的研究、法的一般性质、英国法和由英国法支配的各个国家等四个问题。

第一编为"关于人的权利",从第一章关于个人的绝对权利至第十八章关于法人,主要阐述了人法的内容,共有364页。

第二编为"关于物的权利",从第一章财产总论至第三十二章遗嘱及主遗产管理的权力根据,共520页。其中,前面十二章主要论述不动产的种类,接下来的十一章为取得不动产的原因,最后九章为动产的种类以及其取得原因。与三十二章中有二十三章是不动产法相对,关于契约内容仅在第三十章内稍有涉及,篇幅只有28页。

第三编为"关于私的不法行为",有455页,从第一章关于对单纯因

---

① 〔日〕石井幸三:《布莱克斯通的法学思想》,载《龙谷法学》第10卷第3号。
② 前揭〔日〕碧海纯一等编:《法学史》,第232页。

当事人的私行为而产生的侵权行为之救济,至第二十七章衡平法院之程序,主要阐述了法院的种类、构成、管辖权,对人的权利和物的权利的侵权行为,对动产与不动产的侵权行为,审判的种类、执行等。

第四编为"关于公的不法行为",共三十三章,443页。前面三十二章主要论述了犯罪的种类和审判的程序,第三十三章论述了"英国法的起源、进步以及渐进性的改革",其中对英国宪法史的论述,尤为珍贵。①

与洛克一样,布莱克斯通也深受早期资产阶级自然法思想的影响,尤其是德国自然法学家普芬道夫的思想,对布莱克斯通有很大影响。但与洛克不同的是,在布莱克斯通的法学理论中,他已经将自然法思想和历史主义结合了起来,即布莱克斯通在吸收自然法的同时,注意从历史的、发展的角度来观察、认识英国的法律,因此,在布莱克斯通的思想中,已经将自然法具体化,即将普通法看成是自然法、理性法,因而带有了英国化的自然法特色。

鉴于国内对布莱克斯通的法学理论几乎没有作过研究,所以,笔者下面就此问题进一步作些论述。

在《英国法释义》第一卷中,布莱克斯通对法作了如下论述:"在最一般、最概括意义上的法,指的是行动的规则,适用于整个自然界,不管是生物还是非生物、合理的还是非合理的。所谓法,是由某位上级规定下级必须遵从的行动的规则。在这个意义上,人们称法为重力的法、机械的法、动植物的法。但如果将法的范围限制得更小一点,那么,它是指人类行动和行为的规则,由以下几类组成:自然法——由造物主规定的、可以通过理性之光来发现的人类的行为规则;神的法或启示法——在《圣经》中可以看到,它是'原始的自然法'(original law of nature)的一部分;人定法,它与前两种法律相对立;国际法——由于国家之间是

---

① 前揭〔日〕堀部政男:《威廉·布莱克斯通——其生涯与〈英国法释义〉》。

平等的,所以国际法是不能由谁来命令的,它依据的是自然法的规则。共同社会之间的相互协定、条约、同盟、合意,其解释也依据自然法;国家法(municipal law)——所谓国家法,'是命令(做)正确的事、禁止(做)恶事,是国家最高权力规定的市民的行动的规则'。"[1]

由于成文法关系到每一个市民的切身利益,所以,布莱克斯通对其定义作了进一步的分析。他指出:这里的"规则"(rule),不是针对特定的个人的一时的命令,而是永续的、统一的,并且是普遍的规定,它与"建议"(advice)、"劝告"(counsel)不同。对后两者,人们可以遵守,也可以不遵守。而法是禁止性命令(injunction);规则也与契约不同,后者是由当事人作出的合意,而法是对当事人发出的命令。契约的用语是"我打算做此事,或不打算做此事",而法的用语是"你应该做此事,你不应该做此事。"[2]布莱克斯通认为,由于法是国家最高权力作出的关于市民行为的规则,因此,必须要让国民知晓,其方法是多样的。在普通法的场合,可以通过长期的习惯和传统来告知社会;而制定法则是通过政府文件或印刷物向社会公布。由于这当中的原则是必须向社会公布,所以,事后法是必须予以禁止的。

布莱克斯通进一步指出,为了使法达到命令做正确的事、禁止做恶事的目的,法的内部构成应当是:一、宣言性的要素;二、指令性的要素;三、救济性的要素;四、制裁性和惩罚性的要素等。布莱克斯通认为,在上述法的四种要素中,最有效的是惩罚性要素,因为尽管法规定应该做什么、不应该做什么,但如果人们都不予理睬的话,那么,它就等于一纸空文。由此可以看出,法与由国家的强制力实施的刑罚相连接,人定法的主要责任、义务也在于此。

---

[1] 前揭〔日〕石井幸三:《布莱克斯通的法学思想》。
[2] 同上。

以上，我们比较多地引用了布莱克斯通关于法的基本理论。当然，这只是《英国法释义》这部伟大作品中极小的一部分内容，但仅仅从这些内容中，也已可以看出布莱克斯通的理论，除以自然法为基础外，还有许多创新之处。比如，他关于法是由国家最高权力命令的规则的理论，已带有"法是主权者的命令"的萌芽；他关于法是命令做正确的事、禁止做恶事的观点，揭示了法作为社会强制性规范的基本特征，对以后的法理学也产生了巨大的影响；他关于法的构成要素的学说，更是对人类法学发展作出的巨大贡献。对于该问题的现代法理学都仅仅是在布莱克斯通的叙述上的扩展而已。当然，布莱克斯通的学说也吸收了他以前法学家关于法的研究成果，但有的学者认为布莱克斯通的理论缺少独创性的观点则显然是不公正的。

布莱克斯通的作品的影响，在18世纪就已超出英国国界，波及到了美国。可以认为，美国接受的英国法，实际上就是布莱克斯通论述的英国法。从法学史角度来说，布莱克斯通的作品有两个重大的意义：

第一，该著作不满足于仅向法律实务家提供技术性的知识，而是将英国法作为一个发展了的统一体看待，将法学从与其他科学分离的状态下解放出来，将其与其他社会科学一起考虑。在这个意义上，布莱克斯通的作品，可以说是开创了一门真正学术意义上的法学学科；

第二，在布莱克斯通的时代，普通法已趋于稳定，从基本原则到各项具体制度，都已有充分的研究。这时，赋予法学家的历史使命，就是将普通法予以体系化、定型化。而布莱克斯通的著作恰恰作到了这一点。因此，布莱克斯通的作品为英国普通法定型化并传至后世（包括世界各地）奠定了基础。所以，虽然布莱克斯通的法学理论后来受到了边沁等人的批判（边沁强调制定法的功能，主张一个编纂法典的运动），但布莱克斯通的法学理论在英国法学史上的地位仍是不可动摇的。布莱克斯通的著作被西方学者誉为"英国法学史上的金字塔"。[①]

四、边沁和奥斯汀的法学理论

继洛克和布莱克斯通之后,法理学和立法学,尤其是实证主义法学(也叫分析法理学,analytical jurisprudence)在英国开始得到迅速发展。这种法学理论,既是对早期资产阶级自然法理论(如洛克等人的学说)的批判和否定,也是对那种认为英国普通法是一种尽善尽美的法律的观点的扬弃,它是资产阶级稳定自己的统治以后,要求全面贯彻自己的意志的法学要求。英国实证主义法学的代表人物,就是边沁和奥斯汀。

(一)边沁的法学理论

边沁(J. Bentham,1748—1832),出身于律师家庭,曾在林肯学院攻读法律,也在牛津大学旁听过布莱克斯通的英国法讲座,后从事法理学和立法学研究。1832年,出资创办了《威斯敏斯特评论》,全面宣传自己的法学理论和政治主张。

边沁的法学理论,主要体现在他的《关于释义的释义》(Commentary on Commentaries,1776)与《道德与立法原理导论》(Introduction to the Principles of Morals and Legislation,1789)之中。前者是为了批判布莱克斯通的《英国法释义》而写,对立法等问题作了系统论述;后者写于1780年,但至1789年才发表,它全面系统地叙述了边沁的法学理论和功利主义的哲学世界观。这两本著作以及边沁一生致力于法律改革、法典编纂的活动,奠定了边沁在西方法学史上的独特地位。

[①] 前揭〔日〕碧海纯一等编:《法学史》,第231页。此外,关于布莱克斯通的学术生涯、他写作《英国法释义》的动机、过程和方法,该著作的学术价值以及对美国法律和法理学的贡献等,可参阅〔美〕肯尼思·W.汤普森编:《宪法的政治理论》,张志铭译,第69—99页,三联书店1997年版。

边沁的法学理论,主要体现在三个方面:

第一,功利主义的法学观。边沁认为,人的本性(人类的基本规律),是"避苦求乐",它支配了人的一切行为,这一本性表现在道德上是良善,在政治上是优越,在法律上是权利。避苦求乐就是一种功利,一种外物给当事者求福避祸的那种特性,它是衡量"正义"和"美德"的一种标准。立法的根本目的,也在于"增进最大多数人的最大幸福",即追求功利、避苦求乐。这样,边沁就把法国唯物主义哲学家爱尔维修(C. A. Helvtius,1715—1771)和意大利刑法学家贝卡里亚的功利主义引入了法学(立法)领域。

第二,法律改革学说。边沁认为,法律改革应着重于两个方面:一是改变法律的本质,即改变衡量法律好坏的标准及其价值;二是改变法律的形式,即制定和编纂法典。边沁指出,避苦求乐、追求人类幸福,应从法律改革和立法开始,一项好的符合功利主义原则的法律,必须符合"导养生存、达到富裕、促进平等、维持安全"的目的。而按照这种标准,来衡量当时的法律,则可以发现它既古老又不完善,既不能促进平等,又不能保障安全,更不能给人带来任何幸福。因此,决不能像布莱克斯通那样,一味赞美,而是应当进行改革。即对英国的法律,除了批判以外,不管过去的成就如何,都要重新写过,都要重新立法。新制定的法律必须符合:完整性、普遍性、简洁明确性、结构严谨性等要求。边沁不仅在理论上大声疾呼,而且也予以身体力行。他曾经草拟了宪法、民法、刑法以及国会改革要点等。这些努力,虽然未能全部实现,但对英国的立法实践的确产生了巨大的影响。1832年,英国议会选举制度改革的成功,以及对刑法与监狱的改良,1834年济贫法的变更,1848年卫生法规的制定,1873年统一审判制度法的实施,以及证据法的改革等等,都包含了边沁理论和心血的结晶。

第三,法律的定义理论。边沁反对自然法理论,认为自然法、理性法的说法,都是内容不明确的、使人误入歧途的邪说。他批判了洛克的自然法理论和布莱克斯通的法律来自人们的契约的学说,强调法律是自人类社会的产生起就存在的。边沁认为,法律,就是主权者自己的命令或采纳的命令的总和。它是强加于公民身上的义务,由强制力保证。在君主制下,主权者是君主;在民主制下,主权者是人民(议会是他们的代表)。由于法是意志的体现,而世上只有主权者和上帝是有意志的,故世上只有人为法和神定法两种。而这两种法律的内容实质就是人的本性,是避苦求乐的功利主义。

很清楚,边沁关于法律的功利主义、主权命令说、义务性,都是18世纪末以后,资产阶级现实的统治在法学理论上的表现,是英国资产阶级要求进一步改革普通法,强调制定法的功能,要求公民的普遍服从,追求资产阶级的更多利益的客观反映。但边沁关于法是统治阶级的意志、制定一部法典时的具体要求、法是权利和义务的结合体以及他的立法改革的实践,对推动西方法学的发展则起了积极的作用。诚如波斯特玛(G. J. Postema)所言:"边沁是英美法学史上一位关键性的人物。他第一次对英国的功利主义和法实证主义作出了详细的阐述和论证,并使这两种学说完美地结合在一起。"① 应当看到,边沁关于法律改革的理论,对我们现在的法制建设也都有一定的借鉴意义。

(二)奥斯汀的法学理论

奥斯汀(J. Austin,1790—1859),青年时代服过兵役,后担任律师。1826年在新设立的伦敦大学担任法理学教授。在这之前,他曾赴德意志留学,和萨维尼等人接触过,也钻研过德国"潘德克顿法学",但他的讲义则具有英国法学独具的特色。奥斯汀生前的追随者不多,他在法学史上的地位,主要是通过他的《法理学范围的确定》(The Province of

---

① G. J. Postema, *Bentham and the Common Law Tradition*, Preface, Oxford, 1986.

Jurisprudence Determined,1832)以及死后由他夫人及学生出版的他的《法理学讲演集》(Lectures on Jurisprudence,1863 年)两书确立的,奥斯汀的法学理论,也主要体现在这两本尤其是后一本书中。

在奥斯汀的学说中,法律和道德被严格分开,也不太注重法的历史发展,而仅仅着眼于对实定法的逻辑分析,包括许多必要的概念,如权利、义务、自由、损害、刑罚、赔偿以及成文法与不成文法、对世权与对人权、契约和准契约、侵权行为等等。从这一点可以看出,奥斯汀是深受德国法学尤其是"潘德克顿法学"的深刻影响的。奥斯汀的成功之处在于,他吸收了德国法学的成果,但他不仅仅停留在此处,而是将包括英国法在内的实定法秩序,进行了全方位的逻辑分析,并构造起了他的分析法学体系。这一点,对西方法学史无疑有巨大的贡献。

构成奥斯汀学说的基础,是主权者命令说。奥斯汀继承了霍布斯和边沁的理论,将法律看作是主权者的命令,是"在独立的政治社会中单个的主权者或拥有主权的集团,对其社会成员下达的直接或间接创设的一般命令。"[1]正是这种主权者的命令,构成了法学之对象的实定法。制定法也好,判例法也好,都是主权者的命令,经过法官承认的习惯也是。当然,作为主权者直接意思表现的制定法,要优先于判例法。

至于命令的内容,奥斯汀认为,它是一个人(君主)或一部分人(统治集团)所表明的一种希望,要求他人或另一部分人按照这种希望去进行或停止某种行为,即作为或不作为。这样,奥斯汀就将法律的本质与命令、义务和制裁等联系在一起。由于奥斯汀判断法律与否的标准就是其是否主权者的命令,而法律一经制定,人们就只有执行的义务。因此,法律是否合乎正义,法律好坏如何,都不影响其效力,从而导致了"恶法亦法"的理论。这是分析法学的一大特色。

从主权者命令说推导下去,奥斯汀认为,法理学研究的对象只能是

---

[1] 前揭〔日〕碧海纯一等编:《法学史》,第 234 页。

实在法,而研究方法则是分析,即分析实在法的体系、揭示其组成部分,找出它们共同的原则、概念和特征。法理学研究的目的就是发现这些共同的原则,以阐明法律的本质,即人们为什么需要法律？法律有什么作用？等等。奥斯汀认为,他研究得出的结果,就是找到了法律中的共同原则,这就是功利。无论是未开化社会中的行为规则,还是文明社会的法律,其共同的原则就是功利。这样,奥斯汀发展了边沁的理论,并把法律(主权者的命令)——法律研究即法理学(实在法分析)——法律的共同原则(功利)贯穿了起来。从而为资产阶级实行统治——通过法律,贯彻自己的意志,追求统治利益(功利)提供了理论根据。

一般而言,奥斯汀的理论在政治上反映了资产阶级从初期夺取政权到巩固政权的转变,资产阶级力图加强对整个社会干预的要求,在法学理论上,是对古典自然法学以及英国传统法思想"法的统治"(Rule of Law)原理等的否定(因为该原理要求主权者也必须服从法律),这是奥斯汀以及其分析法学的消极面。同时,奥斯汀对法律的分类,对法律的本质(主权者命令说)以及法律共同原则(功利)等的阐述,也是形式主义的,不科学的。

但奥斯汀的法学理论,在政治上,为英国资产阶级巩固自己的统治、确立议会主权原则提供了理论根据。他的分析法学,使法学研究从古典自然法学的不确定状态中解脱出来,变为明确实在的法理学实证分析研究,这对法学史的发展是有进步意义的。此外,他的学说受到了英国著名法学家梅因的高度赞扬,并影响了霍兰德(Holland)、波洛克、萨尔曼德(Salmand)和詹克斯(Jenks)等一批杰出的英国学者,形成了所谓奥斯汀学派,即分析法学派,并波及欧美各国,影响直到当代。这也是我们所应当重视的。

五、梅因的法学理论

梅因(S. H. S. Maine,1822—1888),25岁就任剑桥大学罗马法教授,

后在法律学院讲授罗马法,其讲义以《古代法》之名出版。其后担任印度总督府的法律顾问,从而得以深入研究印度的习惯与法律。回国后,在牛津大学开设了理论法理学讲座,并依此成果,相继出版了《村落共同体》(Village Communities,1871)、《制度早期史》(Early History of Institutions,1876)、《古代法律与习惯》(Early Law and Custom,1883)等作品。

梅因的法学理论,主要体现在他的《古代法》(Ancient Law,1861)一书中。这种法学理论,被称为英国的历史法学(Historical jurisprudence)。这种法学,是与分析法学同时产生的。与无视历史、只分析已经发达了的西欧法制,从中寻找共同的原则的分析法学不同,历史法学试图追求从原始法过渡到成熟的法律体系的法的历史发展过程的一般理论。历史法学认为,分析法学注重了逻辑和抽象力,但对科学地探求真理是一种妨碍。因为,要科学地认识法的本质,必须从对原始法以来的所有发展过程进行科学的研究,才能求得其本质即法的发展规律性。

在《古代法》一书中,梅因是从如下几个方面展开他的论述的。

第一,他对假设的自然法理论进行了批判。梅因认为,古典资产阶级学者声称的自然法虽然内容丰富,但却是未经证实的理论。按照这种理论,人类社会似乎一度存在着一种由自然法支配的自然状态,但事实上,这种自然状态是不存在的。假设和传播这种自然法理论是极为有害的,它在法国已造成了"无政府混乱状态"(即法国大革命)。

梅因进一步指出,自然法从其实际效果上讲,它是现代的产物,是罗马"万民法"的现代化。而这种自然法是存在的,它是建筑在经过考验的原则基础上的,是现存法律的基础,通过现行法律才能找到它。它的职能是补救性的,而不是革命性的。梅因认为,自然法的理论对西方各国资产阶级法律原则的确立、法律的发展等具有重大的意义。梅因关于自然法的这种观点,一方面,反映了他对一般自然法理论的否定,以及对法国大革命的反对立场。另一方面,也表明了他对包括自然法在内的各种法律的历史主义的分析态度,以及古代法发展到资产阶级法的基本规律以及一系列资产阶级法律原则的肯定。

第二,关于法的历史的比较的研究方法。梅因虽然反对古典自然法的理论,但他的立场与分析法学不同,而是强调一种对法的历史的比较的态度。梅因反对霍布斯、边沁和奥斯汀等人关于法是主权者的命令的理论,强调在古代社会,最初的法律属于主权者的命令的极少,当时的行为规范是由许多意见、信仰与成见组成的混合体,即使在文明社会,在有法律的情况下,它也不是主权者的命令,因为命令只是规定一个单独的行为,而法律的内涵则要丰富得多。

梅因通过对历史上不同的法律制度的比较研究,认为法律并不来自于主权者的命令,而是沿着"判决"—习惯法—法典这样的顺序产生的。在早期社会,通行的是氏族首领和国王作出的判决,它是法律的萌芽。随着社会的进步,贵族掌握了政权。他们掌握了解决社会纠纷的各种原则,这就是习惯法,这已是法律了。成文法典出现后,法律便进入了自觉的发展阶段,开始成熟。法律以后的发展,都只是为了弥补变化着的社会与僵化了的法典之间的裂缝。梅因关于法律的发展理论,虽不十分科学,但基本上勾勒了法的表现形式的发展历史,尤其是他对法典进而对立法的重视,以及他创立的法的历史的比较的研究方法,对法学的发展是有很大贡献的。

第三,从契约发展过程概括出的人类社会运动的规律。梅因认为,契约是人类社会的基本要素,没有一个社会不包含契约的概念。只是表现形式和发展程度不同而已。梅因认为,契约必须具有两个要素:一是一方当事人提出意向,要求对方作或不作一定行为;二是另一方当事人(受约者)表示接受的允诺,这种表示的结果,最初表现为协议(Convention)、合约(Pact),当其受到法律规制以后,这种协议、合约便成为契约,契约当事人之间也就产生了债的关系。梅因将契约分为四类:口头契约、文书契约、要物契约、诺成契约。这四种契约的发展变化,标志着人类伦理观念的不断进步。契约是人类进步的标志,人类社会的进步运动,就是"一个从身份到契约的运动"。

梅因揭示的这一规律,虽然是形式上的,并不完全科学,因为身份也好,契约也好,都是受人们的物质生活条件决定的,但梅因的论述,却指出了一直到资本主义社会为止的人类法律发展史的一个侧面,阐明了人类从奴隶社会、封建社会的家族、集体或等级束缚下解放出来、过渡到自由的(当然是形式上的)资本主义社会的历史进步意义。因此,在指出梅因的历史局限性的同时,应当肯定其学说对法律史及法学史的巨大贡献。

六、波洛克和梅特兰的法史学

19世纪末,受梅因的影响,努力开拓英国法制史学的是波洛克和梅特兰。

(一) 波洛克的理论

波洛克(Sir Frederick Pollock,1845—1937),就学于剑桥大学,1868年留校工作,1871年获得林肯学院的出庭律师资格,随后,入伦敦大学任教,1883年,接梅因的班,担任牛津大学法理学教授。波洛克一生著述甚丰,主要有《法学和伦理学文选》(Essays in Jurisprudence and Ethics,1882)、《土地法》(The Land Laws,1883)、《侵权法》(The Law of Torts,1889)、《普通法上的占有》(Possession in the Common Law,1888)、《爱德华一世之前的英国法律史》(The History of English Law before the Time of Edward Ⅰ,1895—1898,和梅特兰合著)、《自然法史》(The History of the Law of Nature,1900)等。

关于波洛克在法制史研究方面的业绩,首先应提到的是他与梅特兰合著的不朽名著《爱德华一世之前的英国法律史》一书。虽然,在该书的序中,波洛克自己坦率地承认,该书的主要章节的设计、资料来源以及撰写工作,基本上都是由梅特兰完成的,但作为第一作者,在该书的总体设计、基本思路以及指导思想方面,不能否定波洛克所起的巨大作用(关于此书的内容,我们将在梅特兰部分论述)。

波洛克在法史学方面的另一贡献,是 1900 年发表的《自然法史》。它原本是一篇长论,刊登于《比较立法学会年刊》(Journal of the Society of Comparative Legislation)上,后经作者加注补充后收入《法学论集》(Essays in the Law)中。该文涉及的问题主要有:原点:亚里士多德、斯多葛学派;罗马的万民法和自然法;中世纪时期:自然法、神法和实定法;皇帝侧面的论客和教皇一方的论客;文艺复兴时期关于自然法的争论;英国:福特斯库、衡平法院和商习惯法;普通法中的"理性";霍布斯:自然法后期的变容;近代国际法:格劳秀斯;普通法中的自然正义;海外的英国殖民地;"正义、衡平和良心";等等。[①] 众所周知,自然法是西方法学史上的一大传统,每一个历史时期的法学理论,无不与其相关。但是,对自然法的历史作出系统的总结、阐述的,波洛克此论还是第一篇。因此,该论文在法学史上占有重要地位。

霍兹沃思认为,波洛克对英国法学的贡献,主要表现在:第一,他是一位法律著述家,他的许多作品,在英国是用科学方法研究相关领域中的法律问题的最早的著作;第二,他是一位法学教师,培育了众多的弟子;第三,他的理论对诸多司法和政治问题的解决起了指导作用。除对法学深有研究之外,波洛克还是一位哲学家、数学家和历史学家。他精通拉丁语、希腊语、法语和德语。他是对当时法学发展发生巨大影响的少数几位法学家之一。就对司法实践的影响而言,在当时只有美国大法官霍姆斯的业绩可以和他相比。[②]

---

① 〔英〕波洛克著:《自然法史》,〔日〕深田三德译,载《同志社法学》第 26 卷第 2 号。
② W. Holdsworth, *Some Makers of English Law*, Cambridge, 1938, lect, XII。引自前揭 Pollock 著:《自然法史》。

(二) 梅特兰的理论

研究领域虽没有波洛克宽,但在法制史研究上作出巨大贡献、因而被誉为近代英国法制史学巨匠的是梅特兰(F. William Maitland, 1850—1906)。他生于伦敦,祖父是历史学家,父亲是国家的公务员。因父母早亡,梅特兰在13岁时便成为一名孤儿,靠祖父留下的遗产维持生活。1869年入剑桥大学,1873年取得文学士学位,1876年又取得文学硕士学位。同年获得出庭律师的资格。此后八年中,他一直在伦敦从事关于不动产转让之法律问题的实务工作。1884年11月,担任剑桥大学英国法讲师。1888年,任剑桥大学英国法教授。从1898年起,因健康原因,梅特兰每年冬天在摩洛哥附近大西洋上的格兰德·加纳利(Grand Canary)岛上过冬。1906年病死于该岛。

梅特兰的主要作品有:与波洛克合著的《爱德华一世之前的英国法律史》、《末日审判书及其他》(Domesday Book and Beyond, 1897)、《英国教会法中的罗马教会法》(Roman Canon Law in the Church of England, 1898)、《英国法与文艺复兴》(English Law and the Renaissance, 1901)、《英国宪法史》(The Constitutional History of England, 1908)、《普通法的诉讼形式》①等。在法制史方面,最出名的是与波洛克合著的《爱德华一世之前的英国法律史》和《英国宪法史》两书。

《爱德华一世之前的英国法律史》一书共有两个部分组成,第一部分(Book Ⅰ)是英国早期法制史的素描,重点论述了从盎格鲁·萨克逊时期至1272年为止的英国法制史。第二部分(Book Ⅱ)为中世纪初期(Early Middle Ages)英国法的原理,共分九个课题:占有(Tenure);人的种类和地位;土地的管辖权和公社;所有权(Ownership)和所有(Possession);契约;继承;家庭法;犯罪和侵权;程序法。学术界公认,该书是一本对中世纪初期的英国法进行概括、精密研究的作品,其内容

---

① 本书中译本,王云霞等译,商务印书馆2010年版。

的叙述,制度、案件和原则的分析是经典性的。出版至今尽管已经过了一百多年,但对英国法制史的研究者来说,仍是一部必读书。1968年,再版本书时,又附上了由密尔松(S. F. C. Milsom)撰写的长达69页的导论。这进一步增加了该书的利用价值,扩大了该书的影响。[1]

《英国宪法史》原是梅特兰于1887—1888年间,为参加法学专业毕业考试的学生开设的课程的讲稿,梅特兰死后,由其义弟费舍(H. A. L. Fisher)整理出版。

在该书的序中,费舍谈了出版该书的三点理由:第一,出版该书,不会伤害梅特兰的声誉,相反,由于其为学生而写,通俗易懂,又充满才气,故反而会扩大梅特兰的影响。第二,该书中显示的梅特兰的许多新的设想,在梅特兰的其他作品中并未涉及。第三,该书既可以作为英国宪法史的研究书,又可以作为该领域的入门书或大学的教科书。而此前,英国还没有出版过这样的著作。[2]

该书的中心是论述宪法的发展史,而这宪法史中,又包含了司法制度及其运营、地方制度、作为中世纪社会基础的土地法,等等。在叙述时,梅特兰将英国宪法史分为爱德华一世去世时的1307年、亨利七世去世时的1509年、詹姆士一世去世的1625年、威廉三世(William,1650—1702)去世的1702年和1887—1888年等五个时间点,阐述了各个时间点的宪法的变化。

七、现代时期英国基础法学的发展

20世纪以后,英国的基础法学又获得了新的发展。

在法哲学领域,二次大战以前,以奥斯汀为首、包括戴雪等追随者

---

[1] 〔日〕田中英夫著:《英美法研究3·英美法与日本法》,第286页,东京大学出版会1988年版。

[2] 同上书,第289页。

在内的分析实证主义法学仍占主导地位。同时,自然法思想、历史法学思想以及社会学法学思想等,对英国法学界也有影响。二次大战以后,在西欧大陆和美国,适应清算德国纳粹政权摧残人权之罪行的时代需要,出现了复兴自然法的运动。而在英国,由于新分析实证主义法学代表哈特等人的努力,奥斯汀的分析实证主义法学经过适合时代发展的修改,又重新统治了英国的法学界。对此,本书第九章第二节将作详细论述,这里就不再展开。

在法史学领域,20世纪上半叶,英国法史学界是波洛克、维诺格拉道夫和霍兹沃思的世界。波洛克到1937年去世一直继续着法律史研究。他与美国大法官霍姆斯之间的长达60年的通信(1941年出版,取名《霍姆斯—波洛克书简集》),在总结法的历史遗产方面也作出了巨大的贡献。维诺格拉道夫(P. G. Vinogradoff,1854—1925),这位出生于俄国、毕业于莫斯科大学、在德国柏林大学进修、之后在英国定居的法理学家、法史学家,继承了梅因的历史法学,在《历史法学大纲》(Outline of Historical Jurisprudence,1920—1922,全2卷)中,试图构造符合新的时代要求的法学理论。此外,在《中世纪欧洲的罗马法》(1909年)、《法律史论集》(1913年)等作品中,他也贯彻了历史法学派的基本立场。霍兹沃思,则以他博大精深的关于英国法制史的系统作品,而获得了西方各国学者的广泛尊敬。①

在比较法学领域,英国虽然不像法国那样搞得红火,但也取得了不小的成果。1895年,英国成立了比较立法学会;1900年,英国派遣波洛克参加了在巴黎召开的第一届世界比较法大会,他是这次会上唯一的一名英美法系的代表;1903年,波洛克在牛津大学退职演讲中,以《比较法学史》为题,对英国比较法学的发展寄予了极大的热情;1920年,

---

① 关于霍兹沃思的作品,我们将在第九章第四节中再详细论述。

波洛克又出版了《国际联盟》(League of Nations)一书,对英国以外法和政治的发展表示了关注;1930年以后,格特里奇担任了剑桥大学比较法讲座的教授,他笔耕勤奋,发表了十多种比较法作品,有力地推动了20世纪上半叶英国比较法学的发展。①

第三节　近代以后英国的私法学

一、概述

近代以后,随着资本主义商品经济的发展,英国的私法学也有了迅速的发展。但它与欧洲大陆国家不同,第一,英国的私法学主要是以发展判例和法官、法学家解释判例,阐述法理为形式进行的。而欧洲大陆国家,或者是通过民商法的注释学(法国),或者是通过对罗马法进行概念分析和学理阐述方式(德国)展开。第二,欧洲大陆国家基本上是在推翻封建的法学体系的基础上,构建了一个新的资产阶级的私法学体系;而英国则是在保留封建的普通法和衡平法的体系的基础上,通过法官和法学家阐述社会上新出现的资产阶级法律关系、国家的新的立法和司法实践中提出的新的典型案件、提出新的理论、原则和概念修改补充而成。因此,在英国,封建法学和资产阶级法学之间的联系比法、德两国更加强烈、持久(至少在形式上是如此)。第三,受第一点因素影响,大陆国家的私法学体系以民商法典为依据,体系比较明确,内容也很集中。而英国的私法学体系并不明确,它分散在关于财产法、契约法、侵权法、婚姻家庭法、继承法以及信托、法人等理论之中。限于英国私法学的这一特点,本书只能就其发展的大体线索和近代英国私法学中的几个基本问题作些论述。

---

① 关于格特里奇的作品,本书第九章第五节另作叙述。

二、曼斯菲尔德的私法学

第一位对近代英国私法学的形成作出贡献的是曼斯菲尔德(Lord Mansfield,1705—1793)法官。他被认为是英国"商事法基础的设立者",将普通法上的传统私法理论转变为近代私法理论的开拓者。①

曼斯菲尔德生于苏格兰斯科恩(Scone)一个贵族家庭。1723年,入牛津大学学习。1724年,入林肯学院学习。1727年获文学士、1730年获文学硕士学位,同年获出庭律师资格。1742年,出任下议院议员,王室顾问律师,司法部副部长。1754年为首相候选人,同年任司法部长。1756年,任王室法院首席法官。1757年入内阁(至1763年)。1788年,辞去法官职务。根据英国法制史学家的记述,曼斯菲尔德热爱新事物,拥护洛克等人的学说,精通罗马法,并能不断吸收以法国商法典为代表的大陆商法学理论,以充实自己的私法学理论。②

曼斯菲尔德在其数十年的法官生涯中,留下了众多充满正义和激情的判决,他的私法学理论,也体现在他的一系列判决中。下面,我们采集几个判例中曼斯菲尔德的论述,来看看他对英国近代私法学的贡献。

在贝威尔诉安纳·勃劳克(Berwell v. Anne Brooks,1785)一案中,曼斯菲尔德指出:"问题是有夫之妇能否因自己的契约而产生的债务而起诉?按照法的一般原则,她的责任是不被承认的。但是,人类的关系是法院的全部工作,随着社会习惯的变化,法必须适应人类的各种状况。因此,在几个世纪以前形成的这个原则,如同在宣誓永久离开国家的场合那样,例外是被认可的。由于时代的变更,现在丈夫与妻子,因多种目

---

① 〔日〕石井幸三:《曼斯菲尔德的法律思想》,载《龙谷法学》第9卷第3、4号,1977年。
② 曼斯菲尔德也是布莱克斯通的恩人,布莱克斯通于1753年担任牛津大学英国法教授、1758年出任"维纳讲座教授",都是在曼斯菲尔德的力荐之下才实现的。布莱克斯通的《英国法释义》中的许多论述,也受益于曼斯菲尔德的思想。

的而分开生活,也拥有了古代法律所不知道的财产。丈夫与妻子,不仅是他们自身,即使是在对于第三者的关系上,也被分开对待。……尽管有了林斯特诉兰斯伯诺(Ringsted v. Lanesborough,1783)一案的权威判决,但要推翻此原则并不困难。……我认为,应该判处原告胜诉。"①这里,曼斯菲尔德依据契约法的发展应由社会的变化所决定的观点,认为,即使是法的一般原则规定的事项,也可以有例外,即使是自己法院作出的权威判决,如果形势发展需要变更它时,也可以予以推翻。正是曼斯菲尔德的这种立场,推动了近代新的法律关系的产生。

在特鲁曼诉冯顿(Treuman v. Fenton,1777)一案中,曼斯菲尔德指出:"……如果破产者对在新的约束中对让其恢复金钱债务一事有异议,那么,这一异议必定是基于如下理由,即这一约束是'裸的约束'(nudum pactum)。关于这种异议,破产者即使出示了免责证书,破产者的债务在良心上也不能消灭。那么,衡平法院基于这些原则,将会如何处理呢?人为了支付自己的金钱债务,而在遗赠不动产时,衡平法院会这么说:'出诉期限法禁止的所有金钱债务,可归入不动产遗赠的利益之中予以暂时保存。之所以这样,因为在良心上,它是必须支付的。由此,虽受到了普通法的禁止,但仍可以主张当事人应该承担因动产遗赠而被复活了的金钱债务的责任'。看看这个案例吧,人们认为破产者欺骗了原告。……唯一的问题是让破产者恢复部分或全部旧的金钱债务是否可能。……(在此,适用)民事诉讼法院的巴那第斯顿诉柯普兰德(Barnardiston v. Coupland)一案中的原则是适当的。威尔士民事诉讼法院首席法官认为:'旧的金钱债务的复活是充分的约因'。这决定了案件的整体。"②这里,曼斯菲尔德阐述了约因理论中的"道德上的债

---

① 前揭〔日〕石井幸三:《曼斯菲尔德的法律思想》。
② 同上。

务"。在实质上，不是以现在理论上有效的约因，而是以过去的约因（past consideration）为有效要件。在功能上，是构成约因证据论的补充性要素。通过这种学理阐述，曼斯菲尔德事实上是补充了普通法的僵化和不足。

在审判实践中，曼斯菲尔德在占有、所有权、契约、信托、侵权、奴隶贸易、不动产继承、遗嘱的解释以及民事责任等各个领域，都提出了自己的改革设想和建议。这些设想和建议，有的被法学界采纳，成为新的立法和判例原则的源泉；有的虽然未被接受，但作为法庭少数意见，也对当时的学术界产生了影响，受到后世学者的重视。

三、布莱克斯通的私法学理论

如前所述，布莱克斯通是18世纪英国最伟大的法学家之一，除了法哲学之外，他的第二个贡献表现在关于私法的研究方面。

在布莱克斯通时代，处理私法关系的法律主要是普通法和衡平法，所以，布莱克斯通首先对这两种法律作了阐述。他指出：

"英国的国家法，可以分为不成文法即普通法和成文法即国家制定法两种。普通法是不成文法中的一种，是普遍的习惯。在古代，它通过记忆和习惯而得以保存流传，现在我们则是通过包含了关于法律习惯的文书（Monuments）和证明书（Evidences）的法院记录、判决报告书、判决文以及著名专家学者的论文来保存这些习惯法，并使其流传下去。……但是，这里产生了这样一个问题，即这些习惯法是如何为人知道的？又是通过谁使其具有效力的呢？回答是，通过各个法院的法官，他们是法的受托者、法的代言人（Orades），因此，他们的先任的司法决定，是构成作为普通法之一部的习惯的存在的最重要、最权威的证据，同样情况的诉讼被重新提起的场合，遵从以前的先例……是一个被确立下来的规则。……后任的法官，也被要求进行宣誓：不以他个人的感情,而是遵从全国通行的法和习惯来作出决定,不是发明法,而是维持、说明古法。但是,这个规则,在以前的判例很明显的是违反理性的场合,将是例外。……在此场合,以下之事便构成法的原理,即在先例和规则不是明显不合理和不公正的场合,(法官)必须遵从。……这与在(罗马)市民法上,皇帝决定的规则对将来也起导向作用是一样的。"[1]初看,布莱克斯通的理论是保守的,但他对此又提出了以下近代的观点,即"法官只是宣告、表明法,而不是制定、改造法","判决由法官来表明、裁定,但这不是他们的决定和宣告,而是法的决定和宣告。"[2]

那么,这样的普通法和衡平法的关系如何呢？布莱克斯通认为,两者在四个方面是相同的,第一,衡平法院和普通法院一样,并无缓和普通法之严格性的权限;第二,两种法院都必须遵从立法者的意图来解释制定法;第三,对诈欺、偶发事故、信托,两种法院都有管辖权;第四,在衡平法院初期,虽然不适用遵循先例的原则,但经过弗兰西斯·培根和费因兹(Finch,1621—1682)等人的努力,衡平法院与普通法院一样,也已适用此原则了。布莱克斯通指出,当然,普通法和衡平法之间还是有区别的,如衡平法院进行审判的方法,即证明方法、审理方法、救济方法以及管辖问题等,与普通法是不同的。

土地法,历来是英国私法中的一个重要内容,对此,布莱克斯通作了详细论述。他指出,土地法理论,是一个非常难的领域,对此,必须具备对"封(建)的性质和理论以及封建法的一般了解"。当然,成为论述土地法之基础的,不是"古老的英国的土地保有状态",而是"新的英国的土地保有状态"的理论,主要是利特尔顿和科克的理论。

---

[1] W. Blackstone, *Commentaries on the Laws of England*, I. 引自〔日〕石井幸三:《布莱克斯通的法学思想》(二·补完),载《龙谷法学》第10卷第4号,1979年。

[2] 同上。

布莱克斯通在对封建的土地法作出说明的同时,也开始注意近代资产阶级性质的土地所有状态。因此,他的土地法理论和传统的土地法理论已经不同。比如,按照封建土地法的理论,定期不动产权是属于人的财产的、带有不动产性质的动产。但在布莱克斯通的《英国法释义》(第三卷)中,定期不动产权未被放在人的财产的章节中加以论述,而是作为不动产权的一种,作为"自由保有权以下的不动产权",置于不动产权的"期间的构成"中叙述的。同时,在阐述土地法时,布莱克斯通还引入了罗马法的成果,将财产法分为不动产法和动产法(在英国封建土地法理论中,财产一直被分成物的财产和人的财产两类),这样,在论述动产时,也必然带来一些新的观念。布莱克斯通对此解释说,近年来,这种财产(动产)有了很大发展,出现了许多新的形态,而英国的法院,还是用传统的财产分类法(人的财产和物的财产)来处理,这显然是不适当的。因此,许多法官不得不借用罗马法的规则。此外,布莱克斯通对封建的土地法理论阻碍了近代资本主义商业迅速发展的局面进行了批判。比如,他对将土地置于长期流通之外而予以永久限制(买卖)的做法、对因封建长子继承制(无遗嘱继承)而产生的财产过分集中的缺陷,都进行了批判,并提出了改革的建议。

当然,受时代的限制,布莱克斯通对有些资本主义的经济关系的认识还是不清楚的。比如,布莱克斯通认为,通过遗嘱来处理不动产,仅仅是与作为无遗嘱不动产继承相区别的、不动产取得方法中的一个方法,而不能赋予其独立的法的地位,等等。

总之,布莱克斯通的功绩在于对自布雷克顿以来的英国封建普通法进行了系统的总结和理论阐述,并融入当时已经出现的资本主义法律关系,但对资本主义私法关系作出系统说明则超出了布莱克斯通的使命。他的学说是英国封建私法学向资产阶级私法学过渡的桥梁。

四、梅特兰的私法学理论

除了法制史的业绩外,梅特兰对英国私法学的发展也作出了贡献。这方面的成果,主要是他的三篇长论:《信托与法人》(Trust and Corporation,1904)、《受益制的起源》(The Origin of Uses,1894)和《无法人格的团体》(The Unincorporate Body,1901)。其中,前者尤为出名,因为信托理论是英国私法学中最具特色的成果,而梅特兰的此文则为近代英国信托理论的形成奠定了基础。

信托制理论,阐述的是三方面的关系,即信托人、受托人和受益人。受托人接受信托人的委托,为受益人的利益而管理、使用信托财产,受益人可以是信托人本人,也可以是他指定的第三人。这种信托关系也是现代公司制度的历史渊源。梅特兰指出,近代的信托,起源于中世纪英国的受益制(use),而受益制源自何处,学术界有诸多争议。有的认为源自古代罗马,有的认为是英国固有的制度,也有的认为源自日耳曼法。而梅特兰坚持认为是英国固有的法律制度。

梅特兰接着指出,在中世纪英国,关于动产的受益制,形成了后来的代理;关于不动产的受益制,则成为信托的渊源。13世纪,亨利三世(HenryⅢ,1207—1272)制定了一系列禁止将土地捐赠或寄托给教会的法律。而禁止了土地的捐赠和寄托,领主就无法干涉教会的土地使用,也无法征收年贡等。但人们为了"拯救死后的灵魂",还是要求将土地捐赠或寄托给教会。这样,人们开始将土地转让给第三者,让第三者为了教会的利益来管理该土地,并将收益交给教会,以取代将土地捐赠或寄托给教会的做法。这就是关于不动产的受益制,也是近代信托的原型。其后,受益制进一步扩大适用于为规避土地继承和十字军东征而土地被没收等场合。在这一过程中产生的受益制,虽然普通法不予承认,但却得到了衡平法的保护。17世纪,随着受益制的进一步发展,开始形成了 trust(信托)一词,受益制也慢慢演变成为信托制。①

除了对受益制作了详细论述外,梅特兰还对英国信托制和德国信托制的异同点、信托的特点、1535 年《受益条例》(Statute of Uses)的评价以及近代信托学说的发展等作了阐述。

由于信托是英国私法学上最具特色的制度,因此,梅特兰的这一作品,对英国私法学的发展的意义的确非同一般。英国学者霍兹沃思称该论文是"划时代的作品",法国比较法学家萨莱耶称它是"法学上的杰作",而奥地利法学家雷德利希(J. Redlich,1869—1939)则称其为"法律学上真正的珠玉作品"。而学者的一般看法,都承认该论文是英国信托法学的奠基之作。②

五、现代时期英国的私法学理论

进入现代时期,英国私法学获得了进一步发展。一方面,英国国会的制定法大量增加,在财产、契约、侵权行为、婚姻家庭以及继承领域内,都制定了一大批成文法律;另一方面,在制定法未涉及的方面,也推出了众多的判例。由此,逐步形成了比较系统发达的私法体系。在此基础上,也发展起了现代英国的私法学理论。由于英国私法学涉及的面特别广,问题比较分散,在一个章节中对其作全面的详细的叙述是不可能的。故这里仅就法人理论、信托理论、契约理论和侵权行为法理论等几个问题作些论述。

(一) 法人理论

法人理论起源于古代罗马,而发达于近代德国等西欧大陆。在英国私法学中,并没有与大陆私法学理论中的"法人"(juristic person)相

---

① 〔日〕森泉章编著:《英国信托法原理研究》,第 7 页,学阳书房 1992 年版。
② 同上书,第 6 页。

对应的词,它是用 corporation(公司、社团、企业、组合)来表示的,它之所以具有民事上的权利能力和行为能力,是因为被赋予了"法的人格"(legal personality)。

在英国私法学理论中,法人被分为两种:单独法人(corporation sole)和集合法人(corporation aggregate),前者是由单个的人以及其继承者所构成,如国王、主教等;后者是由集体组成的团体,如各种商业社团、事业组织等。①

在英国,法人的成立主要通过三种方法,第一,通过获得国王的特许状而成立,历史上的东印度公司和现在的大学,就是通过这种方法成立的;第二,因符合国会特别制定的法律而成立,如英国航空公司就是依据《1971年民间航空法》(Civil Ariation Act 1971)成立的;第三,依据某种规范法人设立条件和程序的"遵从制定法的正式程序"而成立。在现代英国的法人中,第三种数量最多,规范这类法人的基本法律是1948年颁布的公司法(Companies Acts,1981年重新颁布)。

法人成立后,在法律上就产生了各种后果:它可以以该法人的名义起诉和应诉;它与其构成成员的个人彼此独立;它可以从事各种经济贸易行为;可以占有、使用、处分属于该法人的财产等。

在英国,还有一种没有法人格的团体,如高尔夫运动员俱乐部等,它们的权利能力和行为能力一般不被认可,但是在某些例外的场合,有时也认可其有一定的权利和行为能力。比如,在某些种类的诉讼中的起诉和应诉能力,制定约束内部成员的章程的权力以及监督团体活动的权利等。

当然,在英国,现在议论的最多的是《公司法》规定的公司。它们共

---

① P. S. 詹姆斯:*Introduction to English Law*,1985。〔日〕矢头敏也监译:《英国法导论》(上),第111页,三省堂1985年版。

有三类,即股份(shares)有限公司、保证(guarantee)有限责任公司和无限责任公司。公司法分别详细地规定了三者各自的章程、组成、权利和义务、财产、运转程序、代表机构、公司解散等。除了公司法著作和教科书对这类公司有详细论述外,类似于英国法学概论性的著作,对此也都有阐述。

按照佩林斯(R. E. G. Perrins)和杰弗里斯(A. Jeffreys)合编的《公司法》(Company Laws,1909年初版,1977年第11版)的体系,英国公司法研究目前主要涉及如下一些问题:法人组织和公司;公司的注册、组织章程以及条例;招股章程;认购、分配与成员资格;股本、股份和过户手续;董事;债券;财务管理及各种账册;调查;可分利润与股息;公司的歇业、改组、合并;清理人的权限;等等。① 由于该书已有了中译本,对其内容,笔者这里就不再展开论述了。

(二) 信托理论

如前所述,英国近代信托法学是由梅特兰所创立的。梅特兰之后,信托理论获得了进一步的发展。因我国至今还没有关于英国信托法的译本,所以,这里依据詹姆士(P. S. James,1914生)在《英国法导论》中的论述,对现代英国信托法理论作些介绍。

1. 信托的种类。

主要分为两类,即私益信托和公益信托。前者依据受益者的申请强制执行,后者则依据代行国王之权的法务长官的命令执行。②

2. 私益信托。

明示私益信托,指通过明示之方法设定的信托。如通过盖印文书、书面合同、遗嘱以及有些场合的口头设定的信托等。这种信托一般要

---

① R. E. G. 佩林斯和A. 杰弗里斯:《公司法》,1977。上海翻译出版公司1984年中文版。
② 前揭P. S. 詹姆斯著:《英国法导论》(下),第284页。

求有确定的用语、标的物和目的。

默示信托,指由推定之意思产生的信托("复归信托")或因衡平法的原则而产生的信托(构成信托)。复归信托(resulting trust)是当事人虽未明示要设定信托,但从其行为可以推定出他要设定信托。比如,在某人虽未定下来要全面处分整个利益,但对受托者设定了继承财产之场合,未处分的其他利益,也被视为已作了继承处分。又如,在以让 A 购入财产为目的、对 B 支付金钱的场合,如没有反对的意思证明,可推定 B 是为 A 的利益而保有该财产。构成信托,是在与个人的意思没有关系的情况下而依据法律设定的,比如,受托者违反信托,将通过信托而获得的财产,转让给知道该信托的第三者的场合,衡平法为了保护受益者的权利,不问第三者是否愿意,将其视为受托者。①

3. 公益信托。主要有救济贫困信托、教育振兴信托、促进宗教信托等。关于公益信托的法的程序,既可以通过司法机关的职权,也可以通过利害关系人的申请。

4. 受托者(trustee)。在英国,关于受托者的地位,原来一直是由衡平法调整的,《1925 年受托者法》(Trustee Act, 1925)颁布后,关于受托者才有了法律的明文规定。这些规定有:关于受托者的指定和解任(一般由设定信托的证书规定,法院也有权指定);受托者的义务,主要有两项:慎重管理信托财产和严格遵守关于信托的所有条款;受托者的责任,由信托证书规定或由法院指定。

5. 受益者(beneficiary)。享有因信托财产而产生的利益;在受托者违反信托的场合,受益者享有对受托者提起人的诉讼、要求信托财产的权利,即使这种财产已被转移,受益人也可以追回;对受托者提起刑事诉讼等。

---

① 前揭 P. S. 詹姆斯著:《英国法导论》(下),第 288 页。

(三) 契约理论

按照普通法的理论,"契约是在普通法上有拘束力的合意"(legally binding agreement)。[1] 英国学者认为,这个定义一般说来是对的,但却是不准确的。因为在现实中,"契约上的债务是基于合意之观念,是逐渐发展的。在今天,说所有的契约都是合意,一般而言是不正确的。"[2] 所以,只有在一定的限度内,我们才可以接受契约是"普通法上有拘束力的合意"这样一种观念。

按照英国学术界的观点,现代英国契约法理论主要包括这么几个问题:

1. 提议(报价)和承诺

提议(Offer)。可以由特定的人对特定的人,也可以对一般公众,但不论在何种场合,在对方未作出承诺以前,合意便不会成立。提议必须通知承诺者,如果承诺者超过了一定期限未作出承诺,提议就归于无效。同时,任何一方当事人如死亡,提议也自动失效。提议者可以自由撤回提议,但必须遵守"在承诺之前,必须通知撤回"的规则。按照普通法上的要求,提议必须明确,否则,将被判定为无效。[3]

承诺(acceptance)。原则上,承诺者在表示承诺时,必须知道提议。这是因为合意是必须在当事人双方意思一致的基础上才能形成。承诺不一定非要用语言,通过行为表示也可。比如,X提出,如果谁找到了他失踪的狗,他将支付报酬。Y看到了这条狗并将它带到X的住处,Y的行为就是一种承诺。但是,承诺必须向外部表示,虽然有了提议和承诺,但还必须在所有的主要条款上双方都取得合

---

[1] 前揭 P.S.詹姆斯著:《英国法导论》(下),第3页。
[2] 同上。
[3] 同上书,第7页。

意,契约才算正式成立。

2. 缔结契约的能力和方式

一般而言,只要是普通法上的"人",都可以成为契约的当事人,但也有例外。如在战时,被宣布为是敌国的国民,不能基于契约向英国的法院起诉;按照同业者间的礼仪和习惯,出庭律师不能提出其报酬的诉讼,等等。此外,还有三种人的能力是受到限制的,第一,未成年者,在18岁以前(1969年以前是21岁)订立的契约,除未成年者受领的是必需品、订立的是租赁契约或者契约被法院认为对未成年者是有利的场合之外,可以被宣布为无效。第二,法人,必须在其章程规定的权限内订立契约。第三,精神不健全者和酒醉者,他们订立的契约,如被判定是在丧失神志的状态下订立的话,就可以宣布为无效。

在英国,订立契约一般不需要特定的方式,如有些要求必须有双方当事人署名、盖章的契约(如"无偿的约束"和为法人缔结的契约等),如没有署名、盖章,这种契约就为无效。另外,凡是要求以特定方式订立的契约,就必须要有特定的方法来证明,以主张其效力。

3. 约因

约因(consideration),也称"对价",是英国契约法理论中最具特色、但也是最难的一个问题。按照英国契约法原理,盖印契约(covenant,contract under seal)之外的任何契约,在不能显示给予约因之限度内,不能执行。那么,在英国契约法理论中,约因是什么呢?

按照英国学术界的权威解释,约因是指根据协议已经履行或将要履行义务的当事人由此得到某种利益,或者接受义务履行的当事人为此而遭受某种损失的事实要素;它是对履行义务当事人一方的某种回报。1875年的"居里诉米沙案"判例将其定义为"一方得到权利、利益、利润或好处,或者另一方抑制一定行为,承受损害、损失或责任。"[1]但需要补充的是,这两者都必须是对履行义务当事人的回报。此外,接受义务履行的当事人诚实地放弃了某项请求权(不论该请求是否能成功),也被视为有效的约因。

在英国契约法理论上,约因可以分为三类:(1)等待支付的约因。如甲许诺将向乙供货,而乙则许诺在收到货物后付款。这里,乙所许诺的付款就是甲许诺供货的约因。(2)已支付的约因。如甲许诺将向乙交付货物,而乙应甲要求支付了甲5英镑。这里,乙支付5英镑的行为就是甲许诺供货的约因。(3)过去完成的约因。如乙借给甲某项财物,而甲在借用之后许诺他将承担某种额外义务。这里,乙暂时放弃对该项财物的占有已经构成了某种损失。但是按照英国的法律,此类约因对于甲的许诺而言已经属于过去的事实,故属于无效的约因。[2]

在英国,约因是契约有效成立的必备要素,但为了提供有效的约因,又必须遵循一定的规则。根据英联邦各国的法律,一项有效的约因必须符合以下一般规则:(1)约因必须具有真实的价值,但不必充分等价;(2)过去完成的约因不成其为约因;(3)约因必须合法;(4)约因必须由接受许诺的当事人作出。[3]

4. 契约条款

契约条款约束当事人。按照传统的英国契约法理论,契约条款分为两类,即关于条件的契约条款和担保的契约条款。前者是主要的,谁违反的话,对方当事人可以提出损害赔偿请求权,或解除契约。后者如不被遵守的话,对方当事人不能提起损害赔偿请求权。至现代,这一理论已发生变化,即"条件"和"担保"变得不如以前那么严格了,经常互换

---

[1] 董安生等编译:《英国商法》,第20页,法律出版社1991年版。
[2] 同上书,第20—21页。
[3] 同上书,第21—25页。

的场合也不少。

在契约条款中,一般都必须是明确的,但有时在某些状况下,默示条款也是被认可的。比如,在某些特定的地域(如港口、机场、车站等),缔结契约应当考虑到契约中应包含这些地域的习惯。在"莫尔考克一案"(The Moorcock,1889)中,就确立了这一法理。该案原告根据与被告缔结的契约,将船驶入了停泊位置,由于退潮船碰到了沙底的岩石而受损。在契约中,关于停泊的安全没有任何规定,但像这样的契约应当是以安全为基础的。当事人缔结这种契约时,应当是想到在退潮时船可能会受损的。所以,法院承认该契约包含了安全保障之默示条款。

此外,英国契约条款中还包括了免责条款、无效契约和可以取消的契约(错误、不真实表示、侵权行为中的责任等)、契约关系、契约上的权利义务的让渡、契约的消灭、对违反契约的救济方法、出诉期限、准契约、特殊契约等。

(四) 侵权行为法理论

侵权行为,英语为 tort,源自法语 tort(恶,wrong)。在现代英国侵权行为法理论中,侵权行为,一方面必须和犯罪行为区别开来,另一方面,也必须和违反契约的行为分开。对于犯罪,人们比较好理解,因为它是指国家通过刑罚或其他手段来禁止的行为,而侵权行为造成的后果仅仅是损害赔偿,两者的区别较为清楚。而违反契约的行为与侵权行为的区别就比较难分清,两者都是民法上的违法行为,但违反契约的行为是违反契约规定的义务,而侵权行为则不是产生于违反这种义务,而是因为违反了国家法律的规定,对他人的利益造成了损害。

在英国历史上,侵权行为最早有两类:trespass,即"直接的并且是暴力性的侵害";和 action on the case,即"案件之诉"或"场合之诉"。随着时间的推移,侵权行为的种类和内容也在发生变化。尤其是在"案件之诉"中,各种诈欺,书面和口头的名誉伤害,对专利、商标、著作权的侵害,共谋不法行为等,越来越成为侵权行为中的重要内容。

按照英国侵权行为法理论,不可避免的事故、危险的认可(被侵害人事前同意可能会出现的危险)等,不算侵权行为。在发生侵权行为时,原则上,未成年人也必须承担侵权责任,但具体处理时,应分别情况与成年人区别对待。对于法人在业务活动范围内造成的侵权损害,应承担"代位责任"。如侵权行为由数人所为,则追查其共同侵权行为责任。在传统上,侵权行为的诉权,因当事人一方的死亡而消灭。但1934年的法律纠正了这一普通法的古老原则。按照该法的规定,第一,侵权行为诉权对死亡的原告的遗产有利时,并且对死亡的被告的遗产不利时,将被保留;第二,惩罚性的损害赔偿金,即使对死亡之原告的遗产有利时,也不能给予。①

按照英国侵权行为法理论,特定的侵权行为的事例,主要有直接并且是暴力性的侵权、不法监禁、对动产的违法侵害、名誉毁损、恶意损害(nuisance,源自拉丁语 nocumentum〈恶害〉)、违反严格责任的侵权、共谋(conspiracy)、侵害契约关系、强迫、恶意的虚伪等。

因侵权行为产生的救济方法,主要有损害赔偿金、命令(in junction,由衡平法创立,命令当事人为某种行为或禁止当事人为某种行为)等。

第四节　近代以后英国的公法学

一、宪法学

(一) 中世纪以后英国的宪法思想

英国是近代宪法学的诞生地,近代宪法学的一些基本原则和思想,

---

① 前揭 P.S.詹姆斯著:《英国法导论》(下),第130页。

如议会主权、法的统治等,都源自中世纪后期的英国,而最早表述英国宪法思想的文件是 1215 年的《大宪章》(Magna Carta,Great Charter)。

自 11 世纪威廉亲王征服英国以后,在英国建立起了与法、德等大陆国家不同的中央集权的封建国家,其最大的特点就是诸侯的势力较小,无法形成封建割据、群雄称霸的局面。国王的权力可以一直贯彻到陪臣的陪臣(中小封建主)。但是,王权很大,不等于说它可以胡作非为,它也必须为封建国家的主要目的服务——迫使农奴佃民安分守己,接受封建统治,即王权不得逾越封建统治秩序所许可的界限。然而,约翰(John Lackland,1167—1216)继位后,却违反了这一点。他践踏一切习惯,破坏现存权利义务的准则。他以封建秩序所不许可的方式,增加额外的税捐,没收附庸的土地,干涉封建法庭的权利,使各既得利益的社会阶层受到威胁。于是,国王就和一向支持王权的力量脱离,陷于孤立。此外,在对外和宗教关系上,约翰也一再失利,丢尽了脸面。在此情况下,反对王权的贵族诸侯乘机而动,联合对国王不满的教士、骑士和城市市民,开始反国王的斗争。约翰在武装反叛的胁迫下,终于在 1215 年 6 月接受诸侯的要求,签署了《大宪章》。

在性质上,《大宪章》当然是一个封建性的政治文件,保护的主要是封建贵族和教士的利益。但其中关于同意自由人享有同等审判权,对任何自由人,非依同等者的合法审判和国王的法律,不得任意逮捕、监禁、没收财产或放逐出境。承认伦敦等城市所已享有的自由,尊重旧例,统一度量衡,保护市民的商业自由等,确实包含了现代宪法的观念。

随着国王和大封建主斗争的继续,在英国,逐步形成了由僧俗贵族出席的国会。1263 年,改革派贵族西门·德·孟福尔(Simnon de Montfort,约 1208—1265)联合骑士领主和城市市民,在与国王的内战中获胜。1265 年,西门召集僧俗贵族大会时,不仅按例通知诸侯贵族和主教,还正式要求每郡派骑士二人、每城派市民二人出席大会,使会议首次具有较为广泛的代表性。这次大会,被认为是英国国会的雏形。[①] 以后,在国会和国王的斗争中,虽然力量彼此消长,但总的趋势是国会的力量日益壮大。1297年,国会获得批准赋税的权力;到14世纪,又获得颁布法律的权力,并成为王国政治案件的最高审级;从1343年起,国会又进一步扩大规模,组成参、众两院:上议院由教俗贵族组成,下议院由地方骑士和市民代表组成。国会的诞生并迅速成长,在宪法上具有重大意义,即在英国确立了代议机关和代议制度,使王权的行使受到了法律的限制。而这些,构成了现代宪法学中议会主权、法的统治的基本观念。

继承、发扬1215年《大宪章》中的自由、民主、限制王权的思想,一生为反对国王的封建专制以及为扩大英国国会的权限而斗争的,是前述英国中世纪末著名法学家爱德华·科克。他是英国资产阶级革命前最伟大的宪法思想家,他的学说为近代英国宪法学的诞生奠定了历史基础。

首先,科克认为,1215年《大宪章》和亨利二世制定的法律中具有议会自由的原则思想,是1215年以后英国各宪政事件的一贯精神。由科克起草的1628年《权利请愿书》宣布:"国王爱德华一世统治时期制定的法律曾宣示规定,国王或他的继承人,在本国领土内如果没有大主教、主教、伯爵、男爵、骑士、市民及其他本国子民中的自由人的善意和同意,不得征收贡税或补助金。""根据被称为《英国自由大宪章》的宣示和规定,除了依照同级贵族的合法判决或依照国家法律,任何自由人不

[①] 周一良、吴于廑主编:《世界通史》(中古部分),第171页,人民出版社1962年版。当然,英国国会的起源要更早一点,它可以追溯到9世纪中叶出现的由国王不定期召集的由亲王、主教、郡长的贵族等参加的"贤人会议"。参阅沈汉、刘新成著:《英国议会政治史》,第3页,南京大学出版社1991年版。陈国华译《大宪章》,商务印书馆2016年版。

得被逮捕、监禁、被剥夺自由不动产、各种自由或自由习惯,不得被摈于法律保护之外、被放逐或用任何方式毁伤。"①

其次,科克反复强调普通法是国家至高无上的法律。它的唯一解释者是律师,国会的立法权至高无上,不得加以限制。他还主张通过解释普通法来反对国王的特权。科克后来在记叙他与国王斗争的过程时,曾写道:

"国王接着说,他认为法律是基于理性的,他本人和其他人跟法官一样也都有理性。对此,我回答说,确实是这样,上帝恩赐陛下以丰富的知识和非凡的天资,但陛下对英王国的法律却并不熟悉。对于涉及陛下臣民的生命、继承权、货物或其他财物的案件并不是按天赋的理性来决断的,而是按特定的推理和法律判决的。人们要懂得法律必须经过长时期的学习并具有实践经验。……对此,国王勃然大怒,并说,如此说来他必须受到法律的约束了。他说,这种说法构成了叛国罪。对此,我说,勃拉克顿(即前述布雷克顿)说过:'国王不应该服从任何人,但应服从上帝和法律'。"②

虽然,科克的宪法学还不是很系统、完整,但他的学说对近代英国宪法学的形成作出了巨大的贡献。

(二)英国资产阶级革命时期的宪法观念

如前所述,17世纪的英国,是一个政治上急剧变革的时代。伴随着资产阶级革命、内战、国会权力上扬、君主立宪制的确立等一系列事件,英国近代宪法观念也日趋成熟。比较集中反映该时期宪法观念,并最终为确立近代英国君主立宪制提供理论基础的是前述17世纪英国

---

① 〔英〕加德纳主编:《清教徒革命的宪法文件》,第66—67页。引自前揭沈汉、刘新成著:《英国议会政治史》,第197—198页。
② 《科克的报告》第12篇,65。引自前揭萨拜因著:《政治学说史》(下册),第509—510页。

著名法律思想家洛克。

在《政府论》一书中,洛克首先认为,在自然状态下,由于缺少一种保证法律执行的权力。因而人们互相订立协议,建立了政府。[1] 因此,法律(立法)和政府(行政权力)都来源于"社会契约"。这是君主立宪制国家的历史基础。

在上述论述的基础上,洛克指出,君主和政府决没有实行专制统治的权力,而只能按照法律进行统治,为了保证做到这一点,必须将国家权力分为立法权、执行权(执行法律之权,包括行政权和司法权)和对外权,其中,立法权高于其他两权。但它也必须受既存法律和人民之利益的限制,不得出让,也不得运用它来违背人民的意志课征财产税。洛克认为,三种权力必须由不同的机关来行使,即议会行使立法权,君主根据议会的决议行使执行权。对外权和执行权是紧密结合的,所以,也应由君主来行使。否则,就会导致集权和腐败。由此可见,洛克的理论完全反映了英国当时新兴的资产阶级的利益,他的法律学说是对1688年以后英国宪政实践的理论肯定和说明。

(三) 戴雪的宪法学理论

戴雪(A. v. Dicey,1835—1922),生于莱斯特郡(Leicestershire)。父亲是记者。1852年入伦敦大学,因成绩优异,转入牛津大学。1861年为当律师开始司法实务研修。此时,他开始受到了奥斯汀分析法学的强烈影响。1872年,与一位国会议员的女儿结婚。1882年,任牛津大学普通法教授,其间,创办《法律季度评论》。1909年退职。戴雪一生著述丰硕,主要作品有《宪法研究导论》(Introduction to the Study of the Law of the Constitution,1885)、《关于冲突法的英国法摘要》(A digest of the Law of England with Reference to the Conflict of Laws,

---

[1] 〔英〕洛克著:《政府论》下篇,叶启芳、瞿菊农译,第78页,商务印书馆1981年版。

1896)、《19世纪英国的法与舆论》(Lectures on the Relation between Law and Public Opinion in England during the 19th Century, 1905)等。他的宪法学理论,主要集中在他的《宪法研究导论》一书中。

《宪法研究导论》原是戴雪为争取1882年牛津大学普通法教授之职位而构思、撰写的,它是立足于构成19世纪英国之主流思想的个人主义、自由主义,运用奥斯汀的分析法学方法,围绕英国当时的实定法课题,结合美国的宪政立法实践,予以系统展开的作品。

自从1753年布莱克斯通首次担任牛津大学的普通法教授,并写下不朽的《英国法释义》之后,他的后继者一直想继承、发扬光大其传统,将对英国普通法的研究达到一个更高的层次。但是,许多人并未成功,原因是他们在变化了的社会条件下,仍使用着布莱克斯通的思想方法(自然法思想),而戴雪则适应形势发展的需要,运用了奥斯汀的分析法学方法,从而取得了成功,并开创了新的"牛津学派"。

戴雪的宪法学理论,其核心是两个部分:第一,国会主权的原则。戴雪谈到此原则时,将其概括为三个问题:(1)国会只要喜欢,可以制定任何法律,也可以放弃任何法律;(2)英国法不承认任何人有变更、废弃国会立法的权力;(3)国会的权限及于女王陛下的所有领土。[1]

第二,法的统治(rule of law)的原则。戴雪认为,法的统治,具体表现为三个原则:(1)正规的法的原则,即为了抑制恣意性的权力,行政部门必须遵守"正规的法";(2)法律面前人人平等的原则,即公务员实施了侵权行为时,必须由法院追究其责任;(3)普通法的结果的原则,即宪法是普通法院为了捍卫个人的权利而作出的各个判决的结果。[2]

---

[1] 〔英〕戴雪著:《宪法序说》(即《宪法研究导论》),伊藤正己、田岛裕译,第469页,学阳书房1983年版。

[2] 同上书,第473—474页。

戴雪宪法学理论的出台,适合了当时英国政治制度发展的需要,从理论上阐明了自中世纪以来国会运行中的主要问题,所以,马上成为英国宪法学的主流观点。

(四) 20 世纪以后英国宪法学的发展

20 世纪以后,随着英国政治结构的变化,国会权力的消长,行政部门权力的扩大和委任立法的频繁,各殖民地的纷纷独立,英国的宪法学也获得了发展。这种发展,主要是围绕坚持、补充、批判戴雪的宪法学理论而展开的。对戴雪宪法学理论进行比较系统的批判的学者主要是詹宁士(Jennings)。他在 1933 年出版的《法与宪法》(The Law and the Constitution)一书中,提出了如下一系列观点:

第一,对戴雪"法的统治"的理论的批判。詹宁士认为,戴雪所说的"法的统治",可以说是作为所有文化国家的特征的"法与秩序"一词的同义语,这是一种暧昧的说法。詹宁士指出,戴雪认为应抑制行政部门滥用权力,但事实上滥用权力的已不限于行政部门,有时国会也会未经深思熟虑就制定了法律。甚至连戴雪提出的所谓"正规的法"(尤其是委任立法)本身,也可以是恣意的。戴雪在论述"英国人已经依据法律进行统治"时,考虑的大概只是依据"裁判进行的统治"吧。但是,法官滥用审判权的现象也不在少数。因此,如果说戴雪所说的"正规的法的优越"的本意,是要说明权力必须依据法律来行使这一普遍性的命题的话,它作为一个宪法原理,原本就是不言而喻的。[①]

笔者以为,詹宁士的上述批判,并没有否定"法的统治"和"正规的法的优越"这两种原理的正确性,只是证明了在现代社会,随着国家对社会生活干预程度的加深,国家权力的迅速膨胀,不仅行政权,司法权

[①] 〔英〕W. 艾弗·詹宁斯著:《法与宪法》,龚祥瑞、侯健译,贺卫方校,第 38—43 页,三联书店 1997 年版。

和立法权也都有滥用的危险。因此,"法的统治"应扩大到权力的各个领域。詹宁士的批判,事实上补充和完善了戴雪的理论。

对戴雪提出的"宪法是普通法的结果"的理论,詹宁士也提出了批判。他认为,由于今天国会的权力优越于其他权力已经是一个宪法原理,因此,国会的法律决定了基本权是什么。这样,宪法不是通过判例法(普通法)来表示,而是在国会的制定法中,重要的部分本身,就构成了宪法。同时,由于行政权由制定法来决定,所以,该权限中不包含的部分就成为公民的个人自由。因此,即使承认行政权受到个人自由的制约,反过来,个人自由也受到了行政权的制约。而在戴雪的理论中,只承认18世纪的绝对自由主义,这种自由主义到现在已经过时了。[1] 詹宁士的这种批判,表明了英国从自由资本主义向垄断资本主义的转变、制定法地位的上升、判例法地位下降的客观事实,修正、补充了戴雪因基于绝对自由主义和判例法基础而提出的宪法理论的缺陷。

第二,对国会主权原则的批判。戴雪认为,在英国,国会拥有巨大权力,它"可以重塑英国宪法,可以延长自己的任期,可以颁布溯及既往的立法,可以确认非法行为为合法,可以决定个别人的案件,可以干涉契约并授权强征财产,可以授予政府独裁的权力,可以解散联合王国或英联邦,可以引进共产主义、社会主义、个人主义或法西斯主义,而完全不受法律限制。"戴雪将这种权力称为"国会主权"。[2] 对此,詹宁士也进行了批判。

詹宁士首先说明,主权的概念是在中世纪末由法国公法学家博丹提出,而后由霍布斯、边沁和奥斯汀引入英国。詹宁士认为,"主权",按照奥斯汀的定义,由于是最高的、绝对的权力,所以国会不拥有主权。

---

[1] 前揭〔英〕W. 艾弗·詹宁斯著:《法与宪法》,第218—219页。
[2] 同上书,第100页。

这是因为,如同戴雪和拉斯基(H.J.Laski,1893—1950,英国著名的政治学家、工党领袖)也承认的那样,国会不能做的事仍大量存在。比如,用拉斯基的话来说,"任何一届议会都不敢剥夺罗马天主教徒的公民权或禁止工会的存在。"[①]简言之,戴雪讲的"国会主权",应该理解为是指在国会权力与法院的权力相比较时,法院应遵从法律,因而国会的权力优越。因此,"国会主权"应当是"国会的优越。"而且这种国会的优越,也受到各种限制,如法的限制、事实的限制等。

第三,对戴雪的"宪法上的惯例"理论的修正、补充。戴雪指出,宪法惯例,严格讲不是法,而是格律或习惯,但如果违反它,最终会导致违反法律。故从另一个侧面讲,它是决定国王权力行使的方法。对此,詹宁士的批判,事实上并未否定戴雪的理论,而是补充、完善了戴雪的理论,即詹宁士认为,宪法惯例比戴雪论述的要多得多,用詹宁士的话来说,法律是干燥无味的骨骼,而宪法惯例则是包含了法律的筋和肉,任何法律要活起来,都离不开惯例的补充作用。从这一观点出发,他首先将惯例分为关于内阁制度的惯例和关于国王权力的惯例。他支持戴雪关于这方面惯例的说明,但认为,戴雪讲的惯例现在大部分已经法律化了,今天已有许多新的惯例产生。其次,他又分别说明了关于议会的惯例和关于英联邦成员国方面的惯例。对于后者,戴雪几乎没有什么论述,都是詹宁士的研究成果。这主要是因为戴雪生活的时代,这方面的问题还没有充分暴露,未成为严重的宪法问题。

詹宁士在继承、补充戴雪关于宪法惯例的理论的同时,对戴雪关于宪法惯例的性质的认定,进行了批判。戴雪认为,惯例也是通过法院来强制执行的法源之一,而詹宁士则认为,未通过法院强制执行的宪法惯例,也可以成为法律规范。他认为,法和惯例的区别,主要在于三个方

[①] 前揭〔英〕W.艾弗·詹宁斯著:《法与宪法》,第101页。

面:(1)在违反法的场合,法院将宣告其内容要点;而在违反惯例之场合,法院未必一定这么做。(2)与法由法院的判决正式说明相反,惯例是由习惯发展而成,它在诸多场合要适应政治情况变迁的要求。(3)适当的宪法机构的正式宣布给予法律较惯例以更大的尊严。[1]

除了詹宁士之外,对戴雪的理论作出评论或批判的学者还有许多,如著名法制史学家梅特兰、牛津大学教授劳松(Lawson)、雷萨姆(Latham)、休斯顿(Heuston)、韦德(H. W. R. Wade)等。可以说,围绕戴雪的理论争论,一直持续到目前。

在英国,现代宪法学除了围绕对戴雪学说的评价之外,还包括其他一些重要课题。根据韦德(E. C. S. Wade)和布拉德雷(A. W. Bradley)合著的《宪法与行政法》(1985年)以及布哈奇万(V. Bhagwan)和布福山(V. Bhushan)合著的《英国宪法》(1984年)等书的体系,现代英国宪法学理论,主要涉及如下一些问题:

(1)英国宪法的成长;

(2)英国宪法的渊源;

(3)宪法的概念、范围和性质;

(4)国王、内阁、议会(上议院和下议院)、法院以及其相互关系;

(5)英国地方政府;

(6)政党;

(7)文官制度(the Civil Service);

(8)法的统治(the Rule of Law);

(9)英联邦组织;

(10)英国与欧共体;

(11)公民身份、移民和引渡;

---

[1] 前揭〔英〕W. 艾弗·詹宁斯著:《法与宪法》,第89—90页。

(12)各种自由与权利的保障。①

二、行政法学

与英国的宪法学发达很早相对,英国行政法学起步很晚,行政法研究一直没有引起学术界的足够注意。英国的第一部以《行政法》命名的著作直到1929年才出版(作者系 F. J. Port)。而且,即使在那时,法学界对行政法仍未有正确的估价。大部分学者对行政法持批评态度,认为行政法的内容是行政机关的委任立法和行政审判权,是官僚主义的胜利。直到20世纪50年代以后,英国法学界才开始比较全面地对行政法进行研究。目前,在理论的系统性和内容的广泛性方面,都落后于法国。②

行政法在英国起步较晚的原因主要是:

第一,如前所述,英国属于普通法系国家,普通法的特点是公法和私法没有严格的区别,公民和政府之间的关系以及公民相互之间的关系,原则上受同一法律支配,同一法院管辖。正是由于这一点,在英国传统法学中,行政法学不是一个单独的部分,也没有明确的行政法概念。

第二,受19世纪末英国公法学界主流观点的影响。19世纪80年代以后,英国公法学界占主导地位的学说是戴雪的理论。戴雪于1885年在前述《英国宪法导论》中声称:行政法是法国的东西,是保护官吏特权的法律。在这种制度下,支配政府和公民的关系的法律和支配公民相互间的关系的法律不一样,是两种不同的法律体系,由两种不同的法院系统管辖。前一体系给予官吏特别保护,和英国的法治原则不相容。

---

① E. C. S. Wade and A. W. Bradley, *Constitutional and Administrative Law*, Tenth Edition, London and New York, 1985; V. Bhagwan and V. Bhushan, *The Constitution of Great Britain*, New Delhi, 1984.

② 王名扬著:《英国行政法》,第6页,中国政法大学出版社1987年版。

直到1935年,英国高等法院首席法官休厄特(G. Hewart)还说行政法是大陆的"行话",为英国人所不理解。这种状况,至80年代还未绝迹,如詹姆士(James)教授在其《英国法导论》(Introduction to English Law)中说:行政法是宪法的一个组成部分,只能放在论述宪法的同一章中一起讨论。①

第三,按照我国学者王名扬的看法,是英国民族有岛国心理,认为英国的公法制度比其他国家好。例如,英国的议会制度风靡全球,英国的法治原则比其他国家优越,普通法也能适应各种情况。因此,在公法方面,英国人没有向其他国家学习的地方。②

然而,随着现代国家对社会各行各业干预的加强,行政管理事务的日益增多,行政权力也不断膨胀,强调依法行政,加强对国民权利的保障,防止因行政权的行使可能对国民权利的侵害以及在造成侵害的情况下迅速、公正地给予补偿,已成为社会发展的必然趋势。在这种情况下,英国加强了各行政领域的立法工作,各种委任立法也大量出现,并建立了一些行政裁判所,法学界也不能再对行政法研究抱满不在乎的态度了。

20世纪30年代以后,英国对于行政法的研究不仅出现在官方的调查报告中,也出现在学术团体的建议和行政法学者的著作中,并出现了关于委任立法和行政审判权的广泛的学术争论。二次大战以后,政府于1955年又任命了一个行政裁判所和调查委员会,研究行政审判和公开调查问题。委员会于1957年提出报告,据此,英国政府于1958年制定"行政裁判所和调查法",对英国的行政裁判所和公开调查作了改进,并成立了一个行政裁判委员会对行政审判和调查程序提供意见。

---

① 前揭 P. S. 詹姆斯著:《英国法导论》,第143页。
② 前揭王名扬著:《英国行政法》,第6页。

这个报告对英国行政法学的研究也起了推动作用。以后,英国又于1967年通过议会行政监察专员法,设立了议会行政监察专员,并多次成立各种专门委员会,讨论各种行政法领域的问题,如在行政裁判所和公开调查程序之外,关于政府权力的行使问题,司法审查程序的改革问题,行政裁判所的组织机构的改造问题等。这样,使70年代以后英国的行政法研究呈现出比较活跃的气氛。

70年代末,英国出版的行政法作品主要有:E.韦德(E. Wade)的《宪法和行政法》(Constitutional and Administrative Law,1977)、加纳(J. F. Garner)的《行政法》(Administrative Law,1979)、史密斯(De Smith)的《行政行为的司法审查》(Judicial Review of Administrative Action,1980)、雅德雷(D. C. M. Yardley)的《行政法原理》(Principles of Administrative Law,1981)、H.韦德(H. Wade)和克莱格(P. P. Craig)的同名著作《行政法》以及豪克(N. Hawke)的《行政法导论》(An Introduction to Administrative Law,1984)等。通过这些作品,英国学者确立了一个与欧洲大陆不同的富有英国特色的行政法学体系。这一体系,根据克莱格在《行政法》一书中的描述,大体包含了如下内容:

1.行政法的体系,包括权力以及分配;权力的上下左右之关系;权力的行使以及其限制;英国行政法的历史发展;作出行政决定的机关和程序;中央机关、地方机关和社会性机关;行政法庭和行政裁判所;法定行政调查程序;委任立法;由行政制定的规则;行政决定的作出和它的效力。

2.司法审查,包括受理申诉;限制性原则;各种特殊情况的处理;法官对偏见的克服;公益事业;行政案件的管辖权;司法审查的范围;法官的裁量权;裁量权的运用和法的限制;证据的效力。

3.行政救济,(1)包括行政救济的功能、作用和任务;提审令、禁止令、执行令、阻止令和其他的救济手段。(2)一般原则;特别针对公共机构的救济;公共机构的陈述;有关救济和赔偿的程序、证据、效力、社会公共政策、期限、豁免等问题;关于王室活动与行政救济。①

虽然,克莱格的体系并不能代表所有英国行政法学者的观点,但从中我们已可大体领略英国行政法学的基本内容。至少可以看到它与欧洲大陆国家行政法学所不同的一些特点:(1)英国的行政诉讼和民事诉讼、刑事诉讼一样,都由普通法院管辖,没有独立的(像法国那样的)行政法院系统。(2)普通法院在受理行政案件时,并没有一套特别的行政法规范,而是适用与民事、刑事诉讼一样的法律规则。(3)如同在克莱格的著作中显示的那样,英国的行政法研究主要涉及权力分配关系、司法审查和行政救济等问题,其面比较狭窄,而在大陆国家,尤其是法国,行政法研究除论述行政权力、行政权的行使以及行政补救之外,还广泛涉及各种形式的行政机关、行政规章制定权的行使和限制、公务法、行政财产的取得和管理、公共事务和行政责任(分为契约责任、准契约责任和侵权行为责任)等问题。②

关于英国行政法研究的具体内容,王名扬先生的《英国行政法》一书已作了比较系统的专题研究,读者可以参阅此书,笔者这里不再展开。

三、刑法学

在中世纪,英国的刑法主要由判例构成,刑法学研究也比较落后,无论在格兰威尔,还是在布雷克顿、科克等人的著作中,对刑法的研究,都不是很充分的。到了近代,这种局面仍没有很大的改变,推动刑事法

---

① P. P. Craig, *Administrative Law*, London, 1983.
② B. Schwartz, *Administrative Law*. 徐炳译:《行政法》,第 1—2 页,群众出版社 1986 年版。

律发展的主要还是法院的司法活动,许多罪名,也是通过法院的判决来创设的。比如,1664年,英国创设了共同谋杀罪;1727年,创设了伪造证件罪;1801年,创设了卖淫罪,等等。在法学家的著作中,刑法也只是占了很小的比例,如在布莱克斯通的《英国法释义》中,只有公的违法行为部分,更谈不上有比较系统的刑法学专著了。

19世纪以后,随着英国刑事犯罪问题的突出,国会加强了刑事立法工作,制定法的比例开始增加。1861年,颁布了《对人身犯罪法》(Offences Against the Person Act);1886年,颁布《骚乱罪(损伤)法》[Riot (Damages) Act]等。至现代,这种趋势进一步加强,如1956年制定《性犯罪法》(Sexual Offences Act)、1957年制定《杀人法》(Homicide Act)、1965年制定《谋杀(死刑废止)法》[Murder (Abolition of Death penalty) Act]、1967年制定《刑事法》(Criminal Law Act)等。这样,到目前,英国"刑法的绝大部分,今天已被制定成了法律。传统普通法中的绝大部分领域,已被法典化了,并且国会还在继续规定新的犯罪。"①在制定法逐步占据主导地位的情况下,英国现代刑法学也开始发展起来了。

根据詹姆士教授的论述,现代英国刑法学主要研究如下一些问题:第一,刑事责任的一般法律原理,包括犯罪的本质;刑事责任;刑事责任的一般免责事由,如错误、强迫、正当防卫、紧急避险等;无能力,如精神病人、醉酒者、未成年人、法人[在1925年《刑事裁判法》(Criminal Justice Act)通过以前,法人不负刑事责任,不得被起诉];犯罪的分类(1967年《刑事法》制定前,被分为叛逆罪、重罪和轻罪,之后,被分为"正式起诉之罪"、"略式起诉之罪"和介于两者之间的犯罪);犯罪当事人;未遂犯罪;出诉期限,等等。第二,特定的犯罪,包括侵犯公益犯罪,

---

① W. Geldart, *Elements of English Law*, p. 165, Oxford University Press, London, 1975.

如叛逆罪、煽动罪、共谋罪、骚乱罪、不法集会罪、伪证罪以及违反公务秘密法之罪等；对人身的犯罪，如杀人罪（谋杀罪、致死罪、杀婴罪）、暴行罪、殴打罪、强奸罪、重婚罪等；对财产的犯罪，如窃盗以及相关犯罪（窃盗罪、强盗罪、侵入住宅罪、诈欺和恐吓罪、窃取赃物罪等）；刑事性损伤，等等。第三，刑事补偿。[1]

二次大战后，英国除了出版一批概述英国法的作品，对英国刑法学作出简明扼要的阐述外，还出版了一批刑法教科书和专著，如塞格（P. Seago）的《刑法》（Criminal Law, London, 1981）、斯密斯（J. C. Smith）和霍甘（B. Hogan）合著的《刑法：判例与素材》（Criminal Law, Cases and Materials, London, 1986）等。1991年，中国人民大学出版社出版了由赵秉志等翻译的《英国刑法导论》（Introduction to Criminal Law）一书。该书作者是现代英国著名刑法学家克罗斯（Cross）和琼斯（Jones），初版于1948年。翻译的底本是1980年由理查德·卡德（Richard Card）修订的第九版。该书对现代英国刑法学的各个方面都有说明，体系也比较完整，是我们了解英国现代刑法的一本比较好的入门书。

第五节 近现代英国法学的基本特征

与西欧大陆国家的法学相比，英国法学具有若干鲜明的特征，这些特征，构成了英国法系（包括美国、加拿大、澳大利亚等）国家法学的基础。

一、判例法学的重要地位

英国近现代法学，基本上是一种判例法学。这是它与西欧大陆国

---

[1] 前揭詹姆斯著：《英国法导论》（上），第214—265页。

家的法典注释学的最主要区别。

如前所述,在法国,近代法学的发展,首先是以各大法典的制定、颁布为契机的。在德国,1871年以前的法学,虽没有全国统一的法典为依托,但却是以罗马的成文法《国法大全》、《法国民法典》、德国各邦的成文法《普鲁士邦法》、《普鲁士宪法》、《北德意志联邦商法典》以及若干习惯法为基础的。正是在这种成文法主义之下,法、德等国的近现代法学具有法典解释学(包括概念法学)的特征。在英国,情况有所不同,无论是普通法,还是衡平法,都是在诉讼令状、法院判决的基础上形成的。受此影响,英国近现代法学,仍是以法院的判例为中心。当然,二次世界大战后,随着国会乃至各行政部门立法的大量出现,在英国,判例法的地位不断下降,制定法的地位日益上升,但在总体上,判例仍占着相当的比例。因此,在英国,通过对判例的分析、解释,阐述其中内含的法理和原则,以推动法学的发展,仍是法学研究的一个基本方面。

二、法学体系的阙如和概念表述的不明确

与上述特征相联系,近现代英国法学的体系不如法、德等国完整、系统,在概念的表述上,也较为模糊。

近代法、德等国,继承了古代罗马法学的传统,比较注重构造法学的体系,并着力于对法的各种概念和术语如法人、法律行为等精确表述,无论是19世纪法国注释法学派的作品,还是德国萨维尼、温德海得、耶林等人的作品,都在这方面倾注了大量的精力。

英国的情况不同,由于没有统一的宪法典、民法典、商法典等,也没有各个部门法的有体系的教科书和专著。在私法学领域,主要是通过《财产法》、《契约法》、《侵权行为法》、《信托法》等著作的形式,来表达私法学的原理、原则和制度。在对概念的表述上,英国也与法、德等国不同。在法、德等国,法学上的术语,基本上是由法学家和法典提出的,如

"法人"、"法律行为"等,是先由德国法学家胡果提出,经过其学生萨维尼等人的解释、宣传,最终在 1900 年《德国民法典》中确定的。法国民法学上的"所有权"的概念,也是先由法国 18 世纪私法学家朴蒂埃提出,尔后在制定 1804 年《法国民法典》时,由立法者在参照朴蒂埃的理论,结合罗马法的学术成果而决定下来的。

而在英国,许多概念则是在判例中提出并确立的。比如,英国私法学上的重要概念"约因"(consideration)的内涵,就是由 1875 年"居里诉米沙案"判例作出规定的。这一特点,决定了我们在学习、研究英国法学时,不仅要阅读各种教科书和专著,还必须涉猎一些著名的案例。

三、公法学起步较晚

在英国,刑法学和行政法学,相对于大陆国家来说,起步较晚。英国的刑法学,如对犯罪的分类,直至 1967 年才有重大的改变,以前一直是延用封建时代形成的将犯罪分为重罪、轻罪和叛逆罪三种的分类法。比较系统、独立的刑法学教科书,也是到了 20 世纪以后才逐渐面世的。

尤其是行政法学,由于受戴雪思想的影响起步更晚。当 19 世纪 30 年代的法国、80 年代的德国各自拥有系统的行政法学之时,在英国还拒不承认行政法是一个独立的法域,行政法学是一门独立的社会科学。如前所述,英国第一部行政法著作迟至 20 世纪 30 年代才露面,而行政法学的发展,基本上是在二次大战以后才开始的。

即使是宪法学,英国的发展也要晚于法国。虽然英国在世界上最先出现近代资产阶级的宪政思想和最早开始资产阶级宪政实践,但比较系统的宪法学著作,是到了 19 世纪末才出现的。在戴雪的《宪法研究导论》和梅特兰的《英国宪法史》(1908 年)出现之前,英国尚未有比较系统的宪法学著作。

出现上述特点的原因,除了英国长期以来忽视乃至敌视行政机关行使行政审判权、不承认行政法的地位之外,主要的还是其判例法的法律文化环境。在英国,拥有的不是成文的公法,即使是宪法,也是由各种不同历史时期颁布的宪章、法规、判例、习惯等组成的。这种公法法源的分散性、不成文性,是长期以来影响其公法学发展的主要原因。

四、法官在法学发展中起着主导作用

在英国,早期的法学家,无一例外都是法官,如格兰威尔、布雷克顿、利特尔顿、福特斯库、科克、弗兰西斯·培根和布莱克斯通等。即使是近现代,法学家中许多著名人物仍是法官或是从事过法律实务工作的人,如前述英国近代商法学的创始人曼斯菲尔德、著名法学家里丁(R. D. I. Reading,1860—1935)、西蒙(J. A. Simon,1873—1954)等。而在西欧大陆,著名法学家如胡果、萨维尼、普赫塔、耶林、祁克等,几乎都诞生于大学法学院。这一点,当然也与上述英国和大陆国家不同的法律文化环境相关。

英国法学的上述特点,不仅决定了英国法学发展的走向和法律教育的重点,而且对美国等其他英语国家的发展也产生了巨大的影响。

第七章 美国法学

第一节 美国法学的形成

一、概述

美国法学的形成,与美国资产阶级国家和法律的创建是同步的。

1776—1861年,即美国爆发独立战争及至获胜到南北战争,被认为是美国法律的创建期。该时期,美国统治阶级在建立、巩固国家机器的同时,以英国法为基础,并参照大陆法的成果,开始创建美国的法律制度。在此基础上,形成了美国初期的法学理论。其表现就是肯特、斯托里等人的学说以及美国建国以后的自然法学。

二、肯特的法学理论

肯特(J. Kent,1763—1847),生于纽约,毕业于耶鲁大学,1785年起担任律师,1790年被选为纽约州议会议员,1793年移居纽约市,担任哥伦比亚大学的第一位法学教授。其间,曾任纽约州最高法院法官、首席法官、州衡平法院首席法官。1823年即肯特60岁那一年,他不得不退职,因为纽约州1821年的宪法规定,法官的最高任职年龄为60岁。[1]

---

[1] Lawrence M. Friedman, *A History of American Law*, p. 290, New York, 1973.

肯特的法学理论,主要集中在他退职后模仿英国法学家布莱克斯通的《英国法释义》一书所写的四卷本《美国法律释义》(Commen Taries on American Law,4vols,1826—1830)之中。该书内容涉及国际法、美国宪法、州的法律、人权、动产和不动产等方面。与布莱克斯通不同,肯特将国际法单独作为一个部分独立出来;同时,在布莱克斯通的著作中,刑法是一个重要内容,而在肯特的书中,刑法内容几乎未涉及,只是附带对侵权行为作了叙述。此外,布莱克斯通设专章对实现权利之程序作了叙述,而肯特没有这样做。由于肯特长期担任法官职务,具有丰富的司法实践经验,加之他将罗马法、英国的普通法和衡平法以及美国的法令和判例融合在一起,进行法理阐述。因此,肯特的作品一出版,就马上受到了法学界的热烈欢迎,不仅在生前被连续再版,即使在死后仍被多次重版(第 12 版,1873 年)是由大法官霍姆斯编辑出版的),从而对美国 19 世纪法律和法学的发展产生了巨大的影响。[1] 他的著作以及他在判案时写下的书面意见,使他赢得了"美国的布莱克斯通"和"美国衡平法之父"的声誉。

三、斯托里的法学理论

斯托里(J. Story,1779—1845),毕业于哈佛大学。1801 年起在马萨诸塞州从事律师业务,曾任马萨诸塞州立法机关的成员,后任国会议员。1811 年任美国最高法院法官。1829 年起任哈佛大学的戴恩讲座(Dane Professorship)的法学教授。

与肯特相比,斯托里的著作要更为丰富,其代表性的有:《美国宪法释义》(Commentaries on the Constitution of the United States,3vols,1833)、《冲突法释义》(Commentaries on the Conflict of Law,1834)、

---

[1] Lawrence M. Friedman, *A History of American Law*, p. 290, New York, 1973.

《衡平法理学释义》(Commentaries on Equity Jurisprudence, 2vols, 1836)、《代理法释义》(Commentaries on the Law of Agency, 1839)等等。斯托里的法学理论就包含在这些著作之中，它们被多次再版，对美国法律的发展产生了巨大的影响。他的《美国宪法释义》，被认为达到了无与伦比的学术成就。他的《冲突法释义》，创立了19世纪的美国国际私法学派。他的《衡平法释义》，与肯特的作品一起，被认为是奠定了美国衡平法的基础。他的私法方面的著作，为美国私法学的发展作出了贡献。他在哈佛大学的教学改革和实践，也为美国法学院的发展提供了经验。

斯托里被公认为是一个博学的人。根据他儿子的描述："他精通古典希腊和罗马知识。……他是一个优秀的历史学家。在科学和技术上，他也达到了相当熟练的程度。他精通各门知识。……而法律工作，则使他的非凡才能得以显露于世。"①美国法制史学家弗里德曼(Friedman)也指出："斯托里并不掩饰他的博学。在他富有创新的论冲突法的著作(1834年)中，在第360页一页上，就有三行法语和六行拉丁语，还引用了伯来诺伊斯(Louis Boullenois)、罗德姆堡(Achille Rodemburg)、P.沃埃特(P. Voet)、J.沃埃特(J. Voet)、德·阿根居里(C. d'Argentre)和胡伯鲁斯(U. Huberus)等人的论述。而这些名字，对当时美国的法律工作者来说，完全是陌生的。"②

西方学者认为，肯特和斯托里的作品，除了刑法之外，奠定了美国各主要法学部门的基础。同时，肯特和斯托里开创的、以英国法为基础结合美国法制建设实践，并借鉴大陆法系的成果，进行立法、司法、法学研究和法律教育的模式，也为美国以后法学的发展奠定了基础。

---

① Lawrence M. Friedman, *A History of American Law*, p. 289. New York, 1973.
② Ibid.

四、自然法学

早在独立战争爆发以前,西欧大陆的自然法思想就已经影响北美各个殖民地,它被作为对抗英国殖民统治的思想武器,从而引发了轰轰烈烈的民族解放战争。

自然法思想影响美国,首先表现在美国独立前后的各种法律文献,如立法、判例和著作当中,反映出洛克和卢梭的学说的广泛影响。

在杰佛逊(T. Jefferson, 1743—1826)的早期论文《英属美洲权利概述》、《弗吉尼亚笔记》①中,他就依据自然法理论,否定了英国议会对殖民地的权力,批判了英国国王对殖民地所实行的政策。

在潘恩(T. Paine, 1737—1809)的名著《常识》(1776年1月)中,潘恩依据卢梭的国民主权、人人生而平等等自然法理论,对英国的君主政体以及其对殖民地人民的压迫统治进行了猛烈的抨击。在以后的《林中居民的信札》(1776年3—5月)、《人权论》(1791—1792)等作品中,潘恩进一步发展了这种自然法思想。②

在各州制定的宪法中,也渗透着自然法的思想。如1776年6月制定的《弗吉尼亚州宪法》就明确宣布:"所有人在自然本性上都是自由和独立的,拥有一定的固有的权利。这种权利,即使在人们组织社会之时,通过一定的契约,也不能被剥夺(包括他们的子孙的权利也一样)。这种权利,就是与作为取得、占有财产以及获得追求幸福和安全的手段相伴的享受生命和自由的权利。"③

在杰佛逊起草的美国《独立宣言》中,进一步宣称:"人人生而平等,

---

① 商务印书馆2014年版,朱曾汶译。《杰斐逊选集》,商务印书馆2011年版。
② 参阅《潘恩选集》(马清槐等译),商务印书馆1982年版。
③ 前揭〔日〕碧海纯一等编:《法学史》,第254页。

他们都从他们的'造物主'那里被赋予了某些不可转让的权利,其中包括生命权、自由权和追求幸福的权利。为了保障这些权利,所以才在人们中间成立政府。而政府的正当权力,则系得自统治者的同意。如果遇有任何一种形式的政府变成损害这些目的的话,那么,人民就有权利来改变它或废除它,以建立新的政府。"①

独立后,即使在最保守的马萨诸塞州宪法(1780年)中,也对自然法思想作了如下表述:"每个人生下来即是自由和平等的,拥有基于自然(法)上的不可缺少和不可转让的权利,这些权利就是:享受、拥有生命和自由的权利,取得、拥有、保护财产的权利,以及追求幸福获得安全的权利。"人们创设政府的目的就是要保护每个人的自然权利。"当政府不能达到这个目的时,人民就拥有改变政府,采取必要措施保卫人民的安全、繁荣和幸福的权利。"②

上述自然法学理论,体现了上升时期美国资产阶级的政治要求,也为美国资产阶级法律的创建和法学的形成提供了理论根据。肯特、斯托里以及后来为发展美国宪法理论作出巨大贡献的美国联邦最高法院首席大法官马歇尔等人,都深受上述自然法思想的影响,从而使建国初期的美国法学带上了鲜明的时代特色。

五、建国前后美国的宪法学理论

(一)殖民地的宪法学遗产

美国的宪法理论,在其本土,最早可以追溯到1620年的《五月花号》船抵达科德角港口,船上清教徒移民为建立普利茅斯殖民地而订立的自治公约"《五月花号》公约"中包含的思想。该公约虽然只有二百

---

① 《外国法制史资料选编》(下),第440页,北京大学出版社1982年版。
② 前揭〔日〕碧海纯一等编:《法学史》,第255页。

字,但它关于自由缔约,结成人民政治团体,随时颁布并制定公正而平等的法律和条例,务使其最能符合且方便于殖民地的公共意愿等的规定,体现了国家契约说和萌芽形式的人民主权思想。

《五月花号》公约之后,各殖民地的宪法性文件,进一步表述了以资产阶级民主、自由为基础的宪法思想。在康涅狄克于1639年1月通过的《根本法规》、马萨诸塞于1648年修正的《自由法规》以及宾夕法尼亚于1682年通过的《施政大纲》中,殖民地居民进一步强调了任何人的生命不得剥夺,名誉不得污损,身体不得逮捕以及天赋人权、权力必须建立于人民的同意之上等基本思想。

对上述殖民地宪政思想以及实践作出系统总结,并为近代美国宪法学奠定基础的是《独立宣言》和革命时期的各州宪法。

《独立宣言》由杰佛逊起草,经1776年7月4日第二届大陆会议通过。它提出了"政治结合是可以解散又可以重新缔结"之重要原则,强调人人享有生命、自由与追求幸福的权利,主张权力来自人民,提出人民可以组织政府,并在政府违背人民的利益、甚至压迫、摧残人民的权利时,可以起来推翻政府,重新组织新政府的权利。它还对英国统治者对殖民地人民的军事、政治、经济以及法律压迫进行了谴责,并宣告殖民地脱离英国,组成美利坚众国。《独立宣言》的颁布,是美国近代宪法思想发展的一个里程碑,它提出的上述宪政原则,为美国宪法的制定和近代宪法学的产生和发展奠定了思想基础。

在《独立宣言》颁布前后,从1776年1月至1780年6月,各殖民地先后制定了一批宪法。在这些州宪中,比较普遍地提出了天赋人权、公民权利自由、三权分立、国会两院制、法官终身制等一系列宪法原则。

正是在上述宪法思想和宪政实践的基础上,诞生了1787年《美国宪法》和1789年前10条宪法修正案《权利法案》。美国宪法的问世,开辟了人类宪法史的新纪元,它既是殖民地时期美国宪政学说的集大成和制度化,又为以后二百年美国宪法学的发展奠定了基础。尽管美国宪法也有各种局限,如保留了奴隶制、前10条修正案对公民权利的规定比《独立宣言》的有所退步,但它开创的联邦制、议会两院制、总统竞选制、法官终身制、三权分立、司法独立,以及言论、出版和结社自由,和平集会和请愿自由,居民住所不受侵犯,保护公民的财产权,被告有请求陪审的权利和获得辩护的权利等,可以说是美国人民为世界宪法和宪法学作出的重要贡献,这些理论,已成为人类法律文化遗产的重要组成部分。

(二)联邦党人的宪法理论

美国宪法制定实施后,首先对它作出解释和说明的是联邦党人汉密尔顿和麦迪逊等。

汉密尔顿(A. Hamilton,1757—1804),原为律师,独立战争中华盛顿(G. Washington,1732—1799)总司令的秘书,制宪会议的主要成员,联邦政府成立后的首任财政部长。

汉密尔顿的宪法学理论,主要包含在他与麦迪逊、杰伊(John Jay,1745—1826)以"普布利乌斯"(Publius)为笔名于1787年10月到1788年8月间在《独立日报》、《纽约邮报》和《每日广告报》上发表的一系列论文中,其要点为:(1)各州联合组成联邦的重要性;(2)联邦制的优越性:促进贸易、开辟税源、精减公务员人数及开支;(3)邦联的种种缺陷:缺乏有效的管理、法律没有保障、容易导致内战等;(4)众议院的组成、任期以及众议员的资格、选举、人数;(5)参议院的必要性以及组成、权力,参议员的人数、任期以及职责;(6)政府权力的性质和范围以及源泉;(7)总统选举的方式(选举人团)的优越性,总统的任期、否决权、军队统率权、特赦权、缔约权,关于总统的弹劾和行政首脑权力行使的限制;(8)法官的任命方式、任期、司法独立的必要性,法院拥有对法律作出解释的特权和违宪审查权,法官无过错即得继续任职,司法权应涉及任何案件,联邦法院与州法院的关系,陪审团的必要性,等等。这些理论,不仅对美国宪法草案作了详尽的理论阐述,而且对该草案为各州通过起了重要作用。

《美国宪法》为各州通过后,汉密尔顿继续为宪法的实施作了大量的工作。他在担任财政部长期间,通过在联邦政府收购公债、设立国家银行、外交权力扩张等问题上与共和主义者的争论,[①]在理论和实践两个方面,强化了中央的权力,巩固了新生的联邦制的共和政体,发展了美国宪法学。

麦迪逊(J. Madison,1751—1836),美国独立运动的著名活动家,第一届大陆会议代表,费城制宪会议的核心成员,《美国宪法》的条款主要出自他手,被世人誉为"美国宪法之父"。也是宪法前10条修正案《权利法案》的起草人,1800—1808年任国务卿,1809—1817年任美国总统。

作为"美国宪法之父",麦迪逊始终参与了美国宪法的制定过程。事实上,作为制宪会议讨论的提案之一的弗吉尼亚草案,也出自他手。宪法制定后,当人民批评宪法草案没有对保护公民权利和自由作出规定,因而要求制定一个权利法案时,麦迪逊又不辞辛劳起草了作为宪法前10条修正案的《权利法案》。因此,麦迪逊的宪法理论,实际上贯穿在弗吉尼亚宪法草案提案、联邦宪法、《权利法案》等一系列著名文件之中,而比较集中阐述这些观点的是前述和汉密尔顿、杰伊一起,以"普布利乌斯"之笔名在《独立日报》等上发表的"致纽约州人民"的公开信(后收入《联邦党人文集》中)。在这些信件中,由麦迪逊独立执笔的是第十四、第三十七至第四十八封信,和汉密尔顿合作的是第十八至第二十、第四十九至第五十八封信。在这些信中,麦迪逊基本上对宪法作了逐条解释,阐明了宪法关于共和政体、立法权、政府的各项对内对外权力

[①] 关于这三个问题的争论,请参阅李昌道著:《美国宪法史稿》,法律出版社1986年版,第132—136页,这里不再展开。

以及对其的限制、国会两院、选举制、司法权、联邦和州的关系等诸项规定的内涵以及立法理由。

总之,由汉密尔顿和麦迪逊集中表述的联邦党人的宪法理论,一方面反驳了反对派对新宪法的各种责难和抨击,另一方面也对新宪法和建立美利坚合众国所依据的基本原则作了分析和说明。它被认为是对一直延用到今天的美国宪法和联邦政府所依据的原则的精辟说明,奠定了美国近现代宪法学的理论基础。[1]

(三) 马歇尔的宪法学理论

在19世纪前半叶美国宪法学的发展中,马歇尔作出了重大贡献。

马歇尔(J. Marshall,1755—1835),生于弗吉尼亚州,其父是华盛顿的好友,经常参加有关美国宪政问题的讨论,受此影响,马歇尔从青年时代起就对政治产生了浓厚的兴趣。独立战争爆发后,马歇尔参加了华盛顿的军队,几年战争的经历使他深感美国各个州联合之必要。退役后,曾在威廉·玛丽学院(William and Mary College)修习二个月的法律,尔后回到家乡开业当律师,两度当选为弗吉尼亚州议会议员,1787年参加费城制宪会议,1798年当选为联邦众议院议员,1800年应联邦党人总统亚当斯(J. Adams,1735—1826)之邀出任国务卿,第二年转任联邦最高法院首席法官。

马歇尔的宪法理论,在总体上与汉密尔顿的相同。他认为,美国必须有一个强有力的中央政府,才能得到发展;美国应是一个统一的国家,而不是一群独立州的集合体,联邦政府是建立在美国全国人民的同意之上的,虽然权力不是无限的,但在其明确规定范围内的权力,则是

---

[1] 如上所述,参加《联邦党人文集》撰稿的还有杰伊,但由于他的论述主要及于外交方面,且在85封信中只写了四封,故恕笔者在此从略,读者可参阅〔美〕汉密尔顿、杰伊、麦迪逊著:《联邦党人文集》,程逢如、在汉、舒逊译,第7—23页,商务印书馆1980年版。

至高无上的；美国应当采用司法审查原则和权力列举主义，当国会制定的法律超越列举之权力范围时，法院可以宣告这一法律为无效；对合法的契约应给以强有力的保障。就这样，马歇尔通过制作判例揭示的宪法原则，确立起了联邦宪法未能予以明确规定、历久争辩未决的问题，为今日美国宪法制度奠定了稳固的基础。①

学术界认为，马歇尔对美国宪法学发展所作的贡献，主要是确立联邦最高法院的违宪审查权（1803年"马伯里诉麦迪逊"案）、建立联邦最高法院对州法院判决的撤消权（"马丁诉亨特"案、"柯恩诉弗吉尼亚州"案）、确定契约保障制度（"弗莱彻诉佩克"案）和奠定美国联邦银行的法律基础（"麦卡洛克诉马里兰州"案）等四个方面。这四个方面，尤其是违宪审查权的确立，对美国宪法和宪法学的贡献是极为巨大的，"它为美国后来宪政制度的发展奠定了基础"，②对欧洲其他国家也产生了广泛的影响。但由于国内学者对此已有比较充分的研究，③笔者这里就不再展开。

19世纪上半叶，以马歇尔为首的联邦最高法院对诸多重大的宪法案件的审理和判决意见，除了推动宪法学的发展之外，还对美国的社会生活法律化以及公民法治观念的普及和提高也发生了广泛的影响。对此，斯温德尔指出：在1801—1835年间，马歇尔曾先后与15位大法官共同经营最高法院，创造了西方法律史上罕见的最为辉煌的美国最高法院的时代。正是马歇尔和他的同事的努力，美国最高法院成了美国政治生活中最终的平衡器，而这种功能，在以后的各个时期中一直没有

---

① 参阅前揭李昌道著：《美国宪法史稿》，第155—156页。
② W. F. Swindler, *The Constitution and Chief Justice Marshall*, Introduction by Warren E. Burger, New York, 1978.
③ 参阅前揭李昌道著：《美国宪法史稿》，第157—164页。

实质性的改变。① 当时曾到美国访问的法国学者亚历克西斯·德·托克维尔也曾这样说过:"最高法院的地位比任何已知的法院都要高,……联邦的和平、繁荣和其本身的存在都掌握在这7位联邦法官的手中。"②如果没有"这7法官的设置,联邦宪法将成为死的文字,美国政治问题一经发生极少不涉及宪法理论,有关方面在争论中引用宪法中特有的理论和文字,使法律用语成为家喻户晓的口头禅,法律精神遍及全社会,全部人民都将具有法官的习养。"③

六、法律教育和法律研究

在殖民地初期,法律职业并不受欢迎,一方面,律师人数极少,另一方面,即使是遇上民事纠纷,许多人也宁肯请非法律专业的朋友帮忙,也不愿聘请律师。1645年,弗吉尼亚甚至规定,律师不得上法庭辩论。④ 殖民地不欢迎法律工作者的原因,主要是新教徒们想建立一个理想的国家,不喜欢旧制度的法律工作者,他们认为,旧的法律工作者是殖民地自治组织发展的障碍。

但是,随着殖民地社会和经济的发展,法律职业开始受到社会的欢迎。与此同时,殖民地也开始了法律知识的传授和教育活动。由于在早期殖民地,没有法律学校,无法对人民进行法律教育和培训。所以当时许多人只好去英国,进入伦敦的"法律学院"(Inns of Court)。其他渴望从事法律职业的大多数人则只好通过拜律师做老师的"学徒式"方式在同业中学习法律。在律师事务所,他们阅读布莱克斯通和科克的

---

① W. F. Swindler, *The Constitution and Chief Justice Marshall*, pp. 12, 23, New York, 1978.
② 〔美〕B. 施瓦茨著:《美国法律史》,王军等译,第33页,中国政法大学出版社1989年版。
③ 前揭李昌道著:《美国宪法史稿》,第164页。
④ L. M. Friedman, *A History of American Law*, p. 81. New York, 1973.

书,复印各种法律文件,在"老师"(律师)的带领下进行法律训练,学办各种案件,最后,大都实现了自己的抱负:有些人成为律师,有些人自己也成为受人欢迎的"老师"。进入 19 世纪后,这样的律师事务所日益增多。据史料记载,来姆埃尔·夏(Lemuel Shaw,1781—1861 年)的事务所几乎成了一所小型的培养律师的私人学校。[①] 而在北卡罗来纳,汉德森(L. Henderson)于 1826 年曾在一则报纸广告中说,他有四所律师事务所接受法律学生,并正在开设第五所这样的律师事务所。他解释说,他不想提供正规的讲义,但将在任何需要时给予法律的解释。他确定对每一位在他事务所接受教育的学生,包括食、宿、洗衣及晚上看书用的蜡烛等,一年交 225 美元。[②] 在美国,最早的一些法律学校就是从这种专门律师事务所中诞生的,它们使用了与律师事务所相同的教育方法和技巧。第一所这样的学校,是 1784 年由法官塔宾·里弗(Tapping Reeve)在康涅狄克州的利兹菲尔德(Litchfield)创立的。它取得了成功,规模也不断扩大,整个美国的青年慕名而来。该校一直生存到 1833 年,共有一千多名学生从它这里毕业。[③]

在利兹菲尔德法律学校,已采用讲课的方法来教授法律,但讲义决不公开,公开就意味着自取灭亡。因为学生买到了讲义就不会再来上课,也不会支付学费了。讲义计划模仿布莱克斯通的《英国法释义》的体系,所不同的是它更多地讲授商法,而少讲或不讲刑法。每天的授课为一小时十五分钟或一个半小时,全部课程为十四个月,包括两个各四周的假期。学生必须认真记笔记,余下的时间就是阅读。

利兹菲尔德法律学校的教育,刺激了各个综合性大学的法律教育。

[①] L. M. Friedman, *A History of American Law*, p. 279, New York, 1973.
[②] Ibid.
[③] Ibid.

在美国,第一个开设大学法律教授职位的是威廉·玛丽学院。在杰佛逊的指示下,怀特(G. Wythe)被任命为该讲座的法律和政治学教授。随后担任此讲座的是图克(St George Tucker),他于1803年出版了布莱克斯通的《英国法释义》的美国版(它附有详细的笔记和相关内容),作为学生用的一种教材。从18世纪末起,法律教授的职位在其他大学也纷纷设立,如弗吉尼亚大学、宾夕法尼亚大学、哥伦比亚大学和马里兰大学等,各著名学者、法官也陆续担任各大学的法学讲座,如威尔逊(J. Wilson)在宾夕法尼亚大学、霍夫曼(M. Hoffman)在马里兰大学、肯特(J. Kent)在哥伦比亚大学等。但是,从现代法律教育的立场来看,这些早期的法律讲座并未收到太理想的效果。

与其他各大学相比,哈佛大学做得更好,也坚持得更为长久。1816年,它设立了第一个法律讲座,首任教授是马萨诸塞州最高法院的法官帕克(I. Parker)。他在其就职演说中将法称为"科学",是"名符其实"应在大学中讲授的学问,强调没有教育就无法对法作出深刻的理解。当时,哈佛大学已单独设立了神学院和医学院,帕克希望也有一个独立的法学院。这个希望不久有了结果。戴恩(Nathan Dane)仿照英国维纳(Charles Viner)1758年在牛津大学设立"维纳英国法讲座"的先例,出资一万美元在哈佛大学设立了"戴恩法律教授"职位。1829年,当时任美国联邦最高法院法官的斯托里接受了这个职位。"戴恩法律教授"的设立,标志着哈佛大学法学院的诞生。它至少在斯托里时代是非常成功的。到1844年,已有163名学生登记注册,这是一个空前的数字。[①]

与法律教育的状况相适应,1776年前的法律研究是不值得一提的,它们是贫乏的,很散乱,数量也很少。它们中包含的主要是英国法学和地方习惯法。当时,布莱克斯通的《英国法释义》在美国受到了热

---

① L. M. Friedman, *A History of American Law*, p.280—281, New York, 1973.

烈欢迎,该书成了美国人学习法律的主要作品,也是了解、掌握英国普通法知识的捷径。1771—1772年,该书在美国出版,16美元一套的书(四卷),在当时竟然十分畅销。840名美国订阅者购买了1557套。这在当时是一个令人惊奇的数字。①

随着大学法学院的兴起,法学院开始成为一个真正的法律教育和研究的场所。斯托里在哈佛大学法学院写了《美国法释义》,它涉及了众多的法律课题,如衡平法理学、冲突法、代理、委托、汇票和本票、合伙等。格林里夫(S. Greenleaf)写了论述证据的基础论文。与此同时,判例集也开始面世。1789年,柯比(Ephraim Kirby)出版了《康涅狄克判例集》;1790年,达拉斯(A. Dallas)又出版了《革命前后宾夕法尼亚州法院判决和裁定报告集》;1804年,哥伦比亚特区巡回法院首席法官克兰兹(W. Cranch)出版了他的第一卷判例集。在此前后,其他各州的判例集也陆续出版,如佛蒙特州于1793年,纽约州、马萨诸塞州和新泽西州于1810年都出版了自己的判例集。最迟的是罗德岛州,它一直到1847年才出版了第一本判例报告。②

进入19世纪上半叶,美国法学著作开始大量出现。其中主要有斯威夫特(Z. Swift)的《民事和刑事案件的证据法汇纂》和《汇票和本票论》(1810)、戴恩(N. Dane)的《美国法概览与汇纂》(全8卷,1823—1824)、安格尔(J. K. Angell)和埃姆斯(S. Ames)的《私营公司论》(1832)、惠顿(H. Wheaton)的《国际法原理》(1836)、瓦尔克的《美国法导论》(1837年,该书为学生而写,获得了巨大的成功,被多次再版)以及格林里夫的《证据论》(1842)等。

此时,法律杂志也开始登上社会舞台。1830年,美国已有了12种

---

① L. M. Friedman, *A History of American Law*, p. 88—89, New York, 1973.
② Ibid, p. 283.

法律杂志。其中,比较有名的是《美国法年刊和综合知识》。该刊于1808年创办于费城,主要登载一些案例报告和法规,也发表一些论文。

在整个19世纪上半叶,法律文献中最出名的是肯特和斯托里的作品。如前所述,他们两人是19世纪前期美国最著名的法学家和最博学的法官。当肯特的《美国法律释义》出版后,班克罗夫特(G. Bancroft)说道:"现在,我们终于知道了美国法律是什么,我们知道了它是一门科学。"①

第二节 南北战争至19世纪末美国法学的发展

一、概述

南北战争以后到20世纪初,是美国资产阶级政治和法律稳定发展时期。此时,一方面,内战的结束使美国的奴隶制和封建制残余被彻底清除,由林肯倡导的"人民的统治"的资产阶级民主主义思想深入人心;另一方面,由于资产阶级政权已经巩固,革命时期的热情已经消失,对英国的敌对情绪已不复存在,继承英国普通法也成为定局,并形成了法律的发展主要以法院为中心、以判例为基础的传统。法学的任务,就是如何在理论上阐明这种现状,并指导美国法律成为一个独立的体系。该时期法学的发展表现为民主主义法学思想的流行,法律教育的兴起,以及卡特的法学理论的出现等等。其特点为在保留自然法思想的同时,出现了分析法学和历史法学以及自然法学、分析法学和历史法学相融合的思潮;在部门法学领域,则是形成了比较系统的私法学和公法学。

---

① L. M. Friedman, *A History of American Law*, p. 288. New York, 1973.

二、民主主义法学思想的流行

南北战争以后民主主义法学思想的流行,是独立战争以后在美国生长的自然法思想的延续,也与19世纪20年代兴起的"杰克逊民主主义"(Jacksonian Democracy)相联系。

从美国建国至19世纪初,在美国通行的民主主义一直是"为人民而进行的统治"这一观念。1820年以后,出现了"由人民进行统治"的民主主义思潮。这一思潮,因资产阶级民主主义改革家杰克逊(A. Jackson,1767—1845)当选为美国总统(1828年)而得以确立。其核心内容包括了一系列的政治权利和法律改革,如实行了没有财产和纳税限制的普选制,将选举权普及到每个公民;除州长外,所有官员都由选举产生;除政党的党魁之外,其他普通党员也有资格作为议员候选人;即使对通过普选制选出的官吏,仍强调人民保留有一定的权利,即对立法机关保留着限制;在"由人民进行统治"的观念之下,强调人民都有参政权,因而排除了行政权行使必须由那些专门经过训练之人进行的观点,使多数人有希望进入国家官吏阶层,也使竞选得胜的政党将主要官职分配于自己亲信党徒一事得到社会的默认;在司法方面,扩大了陪审员的权限,限制了法官的职权,尤其是限制了法官的自由裁量权。

杰克逊民主主义思潮对美国的法制实践产生了巨大的影响。在非经专门训练也可以从事国家统治事务工作的思想的支配下,许多州放宽了对法律工作者的专业限制,有四个州甚至取消了司法考试,只要能提出自己是"品行端正"者,均可以开业当律师。这种做法,一方面,为法律的民众化、法律知识的普及打开了大门,使美国的律师队伍迅速发展;另一方面,则使法律教育的质量一度下降[①]和历史主义法学和分析

[①] 法学院的数量虽从1850年的15个发展到1870年的31个,但质量下降了。31个法学院中,有12个是一年即可毕业,两个一年半、17个两年毕业。上课和考试都很简单,图书馆利用也不充分。这种状况,最终导致了1870年前后在美国出现的法律教育改革运动。

法学的出现。

三、法律教育的改革和法学的发展

1870年,美国著名法律教育家兰德尔(C. C. Langdell,1826—1906)就任哈佛大学法学院院长。面对当时法律教育的不景气,他开始进行了一系列的改革,这些改革,经过兰德尔的后继者埃姆斯(J. B. Ames,1846—1910)的进一步贯彻实施,到20世纪初,使美国的法律教育登上了一个新的台阶,并对法学的发展产生了巨大的影响。

兰德尔的改革包括四个方面:第一,创设了"判例教学法"。他废除了以前那种整堂课都由老师讲授,学生只是被动地听的传统教授法,规定教师必须预先指定学生阅读若干参考文献(主要是判例),上课时就参考文献的内容,老师提问,学生回答,使学生也成为课堂的主体。这种教授法,对提高学生的学习积极性和主动性,启迪学生的创造性思维,以及提高他们分析和解决实际法律问题的能力是非常有帮助的。

第二,兰德尔将法学院提高到研究生院的水平,学制为三年,规定进入法学院者必须是已经学了四年的本科毕业生,并要求学生具有比较广泛的知识面,如对西塞罗、凯撒、布莱克斯通等人都有了解。同时附之以严格的考试制度。这样,大大提高了法学院毕业生的法学知识水平。

第三,兰德尔扩大了教师队伍。1870年,哈佛大学法学院只有3名教授。到1910年,已有教授9名,副教授1名,讲师5名,共计有教师15名。同时,兰德尔改变了以前规定教授年龄的做法,大力提拔、扶植优秀的有数年司法实践经验的中青年教师。1870年,哈佛大学法学院最年轻的教授是55岁,而1909年,最年轻的副教授斯考特(A. W. Scott,1884—?)只有25岁。

第四,创办法学杂志。在兰德尔改革运动的推动下,1887年,由当时的三年级学生自发办起了《哈佛法学评论》(Harvard Law Review)。同时,改造图书馆,增加藏书量。1913年的藏书,已经从1873年的1.5万册增至15万册。

兰德尔的法律教育改革,对美国法学的发展产生了巨大的影响。一方面,培养了一大批杰出的法学人才,20世纪前期美国著名法学家如威格摩尔、庞德和沃尔夫·豪(M. Wolfe Howe,1906—1967)等人,都是在哈佛大学法学院受的教育。另一方面,哈佛大学的改革也影响到其它的法学院,从而在学制、考试制度、教授聘用、创办法学刊物、加强图书馆建设以及汇编各种判例("判例教学法"需要这么做)等方面,都大大推进了美国法学的发展。

西方学者认为,兰德尔的改革,尤其是他创立的"判例教学法",是美国法律教育制度上的一场革命,正是这一贡献,使兰德尔名垂千古。因为,"在兰德尔的'判例教学法'中,包含了一种理论。他相信,法是一门'科学',它必须被科学地研究,包括从最原始的素材(案例)中引出法律原理。"[1]当然,事实上兰德尔并不是第一个运用"判例教学法"来进行教学的人。在19世纪60年代,波梅诺(J. N. Pomeroy)已在纽约大学法学院运用判例来从事教学。但是,波梅诺并没有将此方法运用到整个法学院的课程中。[2]

"判例教学法"在开始实施时虽然也遇到了一些困难,但随后便迅速在美国普及。到19世纪末,它的成功已成为定局。1902年,霍夫卡特(E. Huffcut)教授在美国律师协会上作报告说,当时已有12个法学院全面采用了这一教学方法,另有48个法学院采用"判例教学法"和教科书方法相结合的方法,只有34个法学院仍采用传统的教科书方法。

---

[1] L. M. Friedman, *A History of American Law*, p. 531. New York,1973.
[2] J. W. Hurst, *The Growth of American Law*, p. 261. 1950.

然而,每一个大学法学院最终都将采用"判例教学法"(这个预言在50年以后果真实现了)。[1]

除了"判例教学法"之外,《哈佛法学评论》(以下简称《评论》)的创办也具有划时代的意义。与其他国家的法学刊物不同,《评论》的最大特色是从编辑到主席(主编)到编辑部各行政人员全部由学生担任。1887年《评论》创刊号的编辑前言声称:"本刊由哈佛法学院学生在学年内按月出版,其宗旨是推进法律教育,并希望对法律职业有所裨益。"[2]一百多年以来,《评论》在推出著名法学教授,培养学生精英,统一法律学术规范、推进司法公正和律师制度改革,增进法律学术积累等方面都作出了非凡的贡献。《评论》是除了"判例教学法"之外,"最能反映美国法律教育特性的一件事,"[3]构成了美国法律教育体制的重要一环。

四、历史法学的倾向

19世纪中叶,受大陆法学和英国边沁等人倡导的法典编纂运动的影响,在美国也出现了法典编纂活动。这一活动首先由路易斯安那州的利文斯通(E. Livingston,1764—1836)等人开始,他们起草了民事诉讼法典、民法典、商法典和刑法典等草案。其中,前两部草案为州议会通过,成为正式的法典(但由于路易斯安那州原本属于法国的殖民地,有成文法的思想准备,故对其它各州影响不是很大)。随后,纽约州的菲尔德(D. D. Field,1804—1894)也开始了编纂法典的事业。他先后起草了民事诉讼法典(1848—1849年)、公法典(1860年)、民法典和刑

---

[1] L. M. Friedman, *A History of American Law*, p. 535.
[2] 引自方流芳:《〈哈佛法律评论〉:关于法学教育和法学论文规范的个案考察》,载《比较法研究》,1997年第2期。
[3] 同上,方流芳论文。

法典(1865年)等草案。其中,民事诉讼法典草案被州议会通过,成为正式的法典。由于纽约州原来是英国的殖民地,缺少成文法传统,所以,菲尔德的立法事业对美国各州的影响很大。到19世纪末,已有29个州采纳了菲尔德的民事诉讼法典。

然而,在美国法学界,传统观念是排斥成文法典的。他们中有不少人习惯于以判例法为中心的普通法传统,因而,对利文斯通和菲尔德等人倡导的编纂法典事业持反对态度。他们依据历史法学派的观点,认为法不是"制作"的,而是"自然生成"的;法典法需要解释和补充,所以仍旧是判例法;门外汉不会去查阅法典法,正像至今为止他们不去研究和查阅判例法一样;法典法可能会阻碍法律的发展,因为调整工作只有在坏的法律造成了损害之后才能进行。① 这一派的观点,被称为美国的历史法学派。其代表人物就是被称为一生中"始终是萨维尼法律教条的美国忠实信徒"②的著名法学家卡特(J. C. Carter,1827—1905)。

卡特于1853年进入纽约律师界,不久便成为一名卓越的律师,后担任美国律师协会会长,并在白令海仲裁案件中代表美国出庭。卡特反对编纂法典的理论主要体现在他于1883年出版的《我们的普通法建议案》(The Proposed Codification of our Common Law)以及死后面世的《法律:其起源、成长与功能》(Law: Its Origin, Growth and Function,1907)等著作中。

卡特认为,"法律,是将其基础置于习惯,并由习惯决定的社会规范。因此,要改变习惯并进而改革法律的实质内容是不可能的,是我们力所未及的事情。"③"在人们实际行动进步之时,依据什么方法将其反

---

① 前揭〔美〕博登海默(E. Bodenheimer)著:《法理学——法律哲学和方法》,第86页。
② 同上书,第85页。
③ Carter, Law: Its Origin, *Growth and Function*, p. 320, 转引自前揭〔日〕碧海纯一等编:《法学史》,第260页。

映到法律中间去呢？显然,实际行动反映到法律中去之事是无疑的,因为这种进步会逐步演化为习惯,而习惯就是法律。在这个过程中,由什么起主导作用呢？最先的并且是最重要的当然是法院。法官,无论从其使命,还是从其传统,都是(也只有他们是)解明人们生活的习惯是什么性质的规范的专家"。①

这样,卡特的理论不仅否定了法典编纂的必要性,而且使部分采用成文法典的州的法官们,在遇到社会新问题时,不去求助于法典,而是从以往的判例中寻求答案。由于卡特的理论占据着该时期美国法学界的主导地位,因此,从19世纪上半叶开始的法典编纂运动,最终归于失败。美国保留了判例法的传统。

五、分析法学的倾向

与判例教学法的采用和历史法学倾向的出现相联系,强调法学的任务在于对现行法(判例)展开实证研究的分析法学,也开始渗入美国法学领域。最先表现分析法学倾向的是兰德尔于1871年出版的判例教科书《契约判例集》(Cases on Contracts)之序言中的一段话:"法,是一定的原则和原理构成的科学,掌握这些原则和原理,将其自如地正确适用于人世间发生的各种错综复杂的事件之中,是成为一名真正的法律家的要件……,因此,最有成效地掌握这些原理(虽然不是唯一的)最及时最好的方法,就是学习体现这些原理的各种判例。"②这里,兰德尔强调了作为科学的法学的任务,就是发现法的原则和原理,而原则和原理是体现在判例之中的。因此,法学研究也应从学习分析现行的

---

① Carter, Law: Its Origin, *Growth and Function*, p. 327. 转引自前揭〔日〕碧海纯一等编:《法学史》,第261页。
② 转引自前揭〔日〕碧海纯一等编:《法学史》,第265页。

判例入手。

20 世纪初,论述分析法学方法的理论著作也开始出现,代表性的作品是格雷(J. C. Gray,1839—1915)的《法的性质和渊源》(The Nature and Sources of the Law,1909)一书。在序言中,格雷指出,该书是他在英国分析法学家奥斯汀学说的影响下写成的,该书与奥斯汀站在同一立场上,将法学上的概念如 right(权利)、duty(义务)等与道德上的概念严格分开。

第一次世界大战以后,分析法学虽因社会学法学在美国的勃兴而未能上升为主导思潮,但对美国法学界仍有不小的影响。如美国法学会于 1923 年开始编纂的美国《法律注释汇编》(Restatement of the Law)中,就体现了分析法学的影响。

六、私法学的发展

美国的私法学最早源自英国。如前所述,布莱克斯通的《英国法释义》出版后,曾在美国大受欢迎,这在一定程度上为美国私法学的诞生奠定了基础。而肯特和斯托里等人的作品,则使美国私法学初具规模。法恩兹沃思(E. A. Farnsworth)指出:"美国的私法,尽管是零散的,但可以分成六个大类:合同(契约)、侵权行为、财产、家庭法、商业法和企业。"[1]与此相适应,美国的私法学大体也包括这六个方面的法理。限于篇幅,笔者这里仅就契约、财产、侵权行为和公司等四个方面的法理作些阐述。

(一)契约法理论

在美国,学者对契约有各种表述。比较一致的观点,认为它是一种

---

[1] E. A. Farnsworth, *An Introduction to the Legal System of the United States*, New York,1978.《美国法律制度概论》,马清文译,第 164 页,群众出版社 1986 年版。

合意、一种协议。契约(contract)"就是关于去做或者避免去做某件合法的事情的具有约束力的协议。"[1]

在美国契约法形成和发展过程中,契约以及契约理论占据着一个重要的地位。"19世纪是契约的世纪。法律形成时期的美国人是一个急于获得成功的民族。契约是帮助他们达到目标的法律手段。"[2]

在殖民地时期,关于契约的普通法范围狭窄,适用方式机械。到19世纪,这种状况发生了根本的变化。随着美国资本主义的迅速发展,包括各个分支内容在内的契约法,在这个世纪的法律发展中,以压倒的优势居于支配地位。契约法的发展在法律教科书中明显地显示出来。美国内战前的一篇权威论文曾指出,在布莱克斯通的《英国法释义》刚出版时,涉及契约法的内容只有45页左右,而此书1826—1830年在美国出版时,由于学者的添加,契约法以及与之有关的商事内容已占了四大卷本中的四分之一。也正是从那时起,出现了对契约法进行专门讲解的教科书。1853年,帕森斯在发表他关于契约法的权威著作时说,许多关于这个科目的论著已经发表,"其中有些是多卷本的,最近发表的是部头最大的。……而本书比以前的任何书籍的分量都大。"[3]

在美国,契约法研究涉及的问题主要有:当事人的行为能力,格式,要约与接受,约因,诈骗和错误,合法性,解释和推定,契约的履行和履行条件,挫败和不可能,契约的解除,受托人的权力和受益的第三人,以及违约时的补偿,等等。

近代美国的契约法主要由判例构成。该法域最早的原则,即契约自由和契约保障原则,是由1787年《美国宪法》规定,并在1810年"弗

---

[1] 〔美〕约翰·怀亚特、麦迪·怀亚特著:《美国合同法》,汪仕贤等译,第1页,北京大学出版社1980年版。

[2] 前揭〔美〕B.施瓦茨著:《美国法律史》,第64页。

[3] 同上书,第65页。

莱彻诉佩克案"中确立的。美国联邦最高法院首席法官马歇尔在该案的判决中说:"什么是契约?一项土地让与是否一项契约?契约是两个或两个以上当事人之间的合同,分待履行和已履行两种。本案就是前者,即尚待履行的契约当事人之一方,约定去作或不作某一事情。"他认为,本案中的产业,在适当的报酬和并无任何警告之下,已经转移到购置者手中,佐治亚州不管是依照联邦各种自由制度所共有的一般原则,或者是依照美国宪法里特有的规定,不得再通过一项法律,使上诉人所购土地产权,在宪法上和法律上受到侵害,而变成完全无效。①

至19世纪末,开始有一些比较重要的制定法,来概括契约法领域的原则。比如,1887年的塔克尔法律就是关于契约法的联邦法律中最具有重大意义的一个。根据这一法律,美国政府同意在联邦法院中进行诉讼,从而放弃了它在契约诉讼方面的至高无上的豁免权。②

受美国契约法体系的影响,美国近代的契约法学,主要是对各种判例的整理和研究。这方面,最著名的作品是帕森斯的《契约法》(1853年)和已成为经典的兰德尔编撰的关于契约法的判例著作集。③

(二)财产法理论

在美国,财产法是一个最为复杂的领域,尤其是在不动产法中,"具有封建主义根源的古老的法律传统和概念,同现代立法以及判例法所进行的改变,缠绕在一起。"④

在美国,"财产"(property)一词,一方面指"所有权",另一方面也指"物"。"为了对物加以区别,人们讲'不动产'和'动产'。动产是一个综合概念,它可以再分为'有形财产'和'无形财产',其中包括权利要求、

---

① 前揭李昌道著:《美国宪法史稿》,第162页。
② 前揭〔美〕E. A. 法恩斯沃思著:《美国法律制度概论》,第165页。
③ L. M. Friedman, *A History of American Law*, p. 531, New York, 1973.
④ 〔美〕Peter Hay 著:《美国法律概论》,沈宗灵译,第95页,北京大学出版社1983年版。

股份、银行往来账等。'不动产'和'动产'的主要概念来源于古老的英国诉讼形式,它规定了对不可动财产的诉讼(actio realis〈对物诉讼〉)和对可动财产损害赔偿的诉讼(actio in personam〈对人诉讼〉)。"[1]

美国财产法理论,主要包括关于财产所有权类型和利益的种类、让与、抵押以及其他人与人之间对这些利益的转移,遗嘱继承和无遗嘱死亡继承,信托,以及其他对财产使用的各种限制的理论。

19世纪上半叶,比较系统论述美国财产法理论的作品,主要是肯特和斯托里关于财产法的释义(commentaries)。此外,还有斯克里伯纳(C. H. Scribner)的《论寡妇从亡夫处所得产业之收入法》(the Law of Dower,1883)、提埃德曼(C. G. Tiedemann)的《美国不动产法概论》(1885)、施寇勒(J. Schouler)的《论遗嘱法》等。

(三)侵权行为法理论

侵权行为法在美国法律体系中占有重要位置。因为大多数的民事诉讼来源于侵权行为。在1800年以前,美国的侵权行为法理论,基本上是从英国传过来的。比如,它否认过失是一种独立的侵权行为,而一概以绝对责任来处理当事人的侵害行为。这种局面到1850年前后才发生了变化。

1850年,马萨诸塞州首席法官肖在"布朗诉肯德尔案"中宣布:"原告必须证明被告的动机是违法的,或者被告是有过错的。因为,如果损害是不可避免的,而被告的行为又不应受到指责,那么他将不承担责任。"[2]肖的观点立即为其它州所遵循,"无过失则无责任"成为19世纪美国侵权行为法的基本格言。

与此同时,没有因果关系不产生法律责任的理论也开始在美国法学

---

[1] 〔美〕彼得·海著:《美国法律概论》,沈宗灵译,第95页。
[2] 前揭〔美〕B. 施瓦茨著:《美国法律史》,第60页。

界占主导地位。1855年,一位马萨诸塞州的法官声称:"合理的询问……并不是要找出在地点上或时间上最接近的行为,而是要搞清某一行为是否造成损害的充分原因",只有行为是"产生损害的充分原因"时,被告才被强制承担责任。①

与过失责任和因果关系理论相伴,19世纪美国侵权行为法中,还流行着共同过失的理论,其基础是对个人主义的强调。当时,一本权威的侵权行为法教科书写道,共同过失的理论,"就其实质来说,体现了普通法的高度个人主义的态度,和使每个当事人都依靠自己的注意和谨慎实现个人利益的政策。"②该理论认为,个人有从事他所选择的职业的自由,因而他也就承担了他所选择的职业具有的全部风险,包括任何由于同伴工人的过失而可能使他受到的损害。法律将不能为他提供保护,免除他对自己选择的结果承担的责任。尽管在一个多世纪以后,同伴工人有过失规则显得过于严厉了,但由于它尽可能地减轻了经济发展的法律负担,因而适应了这个新生的工业社会的需要。当工业化得到发展的时候,工厂和铁路事故激增。同伴工人有过失规则为雇主解除了一种苛刻的经济负担。但"这样对'幼年时期的工业'进行鼓励,付出了最大的社会代价。"③而对该原则的理论修正,则是20世纪以后的事情了。

20世纪以前阐述美国侵权行为法理论,除了大量的判例,如"法威尔诉波斯顿·沃斯特铁道公司案"(Farwell v. Boston and Worcester Railroad Corporation,1842)、"麦克道纳德诉马萨诸塞州综合医院案"(McDonald v. Massachusetts General Hospital,1876)等之外,还有戴

---

① 前揭〔美〕B.施瓦茨著:《美国法律史》,第61页。
② 同上书,第63页。
③ 同上书,第64页。

恩(N. Dane)的《美国法律节本和汇纂》(1824)、希里阿德(F. Hilliard)的《侵权或私犯的法律》(1859年,该书被认为是美国第一本用英语写的侵权行为法的专著)、[1]阿迪森(C. G. Addison)的《侵权行为以及其补偿》(1860)、考雷(T. M. Cooley)的《侵权行为法论》(1879)、霍姆斯大法官的《普通法》(1881)、比奇洛的《侵权行为法》(1901年为第7版),以及肯特和斯托里对侵权行为法的释义等。

(四) 公司法理论

如果说,美国的契约法、财产法、侵权行为法等部门法理论,主要来自英国的话,那么在公司法领域则是例外。由于近代早期英国的法院在审理有关公司问题的案件时,积累下来的公司法理论涉及的基本上是非赢利性的社团,所以在解决美国商业企业面临的问题时,其价值非常有限。企业公司的发展和与之有关的法律问题的解决,几乎全部是由美国法律独立完成的。

在18世纪上半叶,美国的公司还很少。当时的公司法涉及的主要是市政府、教会和慈善团体的关系。[2] 到18世纪末,公司开始有了发展。1800年前后,美国的企业公司已不少于310家。其中多数是银行、保险、运河、收取通行费的桥梁、公路以及供水公司等。进入19世纪,颁发特许状的进程更快了。到1830年,仅新英格兰就对近1300家企业公司颁发了特许状。[3]

起先,对公司的成立、运营,美国借用英国的做法,即依据立法机关的专门法案来创建。然而,在19世纪前半叶,情况有了变化。1811年,纽约州颁布了一部普通公司法,允许为加工制造纺织品、玻璃或金

---

[1] L. M. Friedman, *A History of American Law*, p. 409, New York, 1973.
[2] Ibid, p. 446.
[3] 前揭〔美〕B. 施瓦茨著:《美国法律史》,第67页。

属制品而组成公司,其经营期为 20 年,拥有资本的最高限额为 10 万美元。公司的成立通过签订协定、章程和申请执照即可实现。其他州很快仿效了纽约州的做法。到 1860 年,成立公司的通常途径已是依据普通公司法而不再是依据特别立法授权的特许状。[①]

在美国,最早关于公司法的理论和原则,都是由法官在一系列判决中确立的。比如,在 1819 年"达特茅斯学院案"的判决中,马歇尔大法官将宪法上不可侵犯的契约权利赋予了公司,从而为公司的发展奠定了最初的基础。在 1839 年"奥古斯塔银行诉厄尔案"的判决中,联邦最高法院首席法官塔尼(R. B. Taney,1777—1864)否决了一个公司不得在本州之外存在的观点。相反,他认为,一家公司就像一个自然人一样,可以在不是它所常驻的那些州活动。各州之间的礼让为在任何州领取营业执照的公司在联邦各地从事经营活动提供了保障。[②] 从而,有力地推动了经济的发展。

但是,在理论上,将公司视为法人,因而可以获得与自然人同等的法律保护,是美国宪法第 14 条修正案颁布以后法院在运用这条修正案的过程中确立的。法人理论的确立,以及在实际生活中的运用,无疑对 19 世纪下半叶美国公司和公司法的迅速发展起了推动作用。

进入 19 世纪 80 年代,随着美国的资本主义向垄断阶段发展,资本集中进一步加剧,各种托拉斯纷纷出现,公司规模也以前所未有的速度扩大。为了保护经济活动中的公平竞争,1890 年美国通过了世界历史上第一个反托拉斯法《谢尔曼法》(Sherman Act)。虽然,该法通过后并未得到认真实施,如从 1890 年至 1903 年,由政府起诉的反垄断案件总共只有 23 件,但该法确立的一些基本原则,如托拉斯组织被禁止活

[①] 前揭〔美〕B. 施瓦茨著:《美国法律史》,第 68 页。
[②] 同上书,第 70 页。

动,公司(股份公司)成为美国资本主义企业的主要组织和法律形式;公司具有法人地位;公司必须根据法律的规定设立,并预先登记注册;美国联邦或州依法对公司的存在实行控制;公司的倒闭和破产,依破产法处理等,为20世纪美国公司法和公司法学的发展奠定了基础。

20世纪以前,对公司的法律地位和活动原则作出理论说明的论著主要有:前述安格尔(J. K. Angell)和埃姆斯(S. Ames)的《私营公司法论》(1843年)、迪伦(J. F. Dillon)的《市政公司法》(1873年)、莫拉威兹(V. Morawetz)的《私营公司法》(1886年)、柯克(W. W. Cook)的《股票、股东、债券、抵押契据和一般公司法》(1894年)以及克拉克(W. L. Clark)的《私营公司手册》(1897年)等。

七、公法学

从南北战争至19世纪末,美国的公法学也获得了进一步的发展。

(一) 宪法学

在宪法理论方面,战争前夕对宪法问题的争论,主要围绕如下三个问题展开:第一,联邦宪法赋予国会有权管理州际贸易,那么,国会是否有权管理或禁止州间的奴隶贸易呢?第二,宪法赋予国会有权制定关于合众国所有的土地和财产的法规,那么,国会是否有权在各州禁止蓄奴制呢?第三,宪法赋予国会"得准许新州加入本合众国",那么,新州在加入前,国会是否有权要求它废除奴隶制呢?对此,都可以从宪法上作出从严或从宽的解释。北部资产阶级要求对宪法作出从宽解释,以扩大国会的权力。而南部奴隶主则要求作从严解释,以限制联邦的权力。这一场宪法争论,以密苏里案[①]、克莱折衷案[②]、堪萨斯——内布拉

[①] 即在1820年由国会内达成的妥协方案,内容为各地申请加入联邦时,以北纬36度30分作为分界线,南部为蓄奴州,北部为自由州。

[②] 由国会议员克莱于1850年提出的方案,要点为:加利福尼亚组成自由州;新墨西哥和犹他两地的奴隶制问题由其居民自行决定;国会制定逃奴缉捕法等。

斯加方案①和司考特奴案②等为具体内容,最后演变成为一场规模巨大的革命战争。

1860年林肯(A. Lincoln,1809—1865)当选为总统、南北战争的爆发以及内战期间对宪法的修正(如总统行使废奴的非常权力等),促使该时期美国的宪法学不断发展,其最重大的成果就是宪法第13条(1865年12月)、第14条(1868年7月)、第15条(1869年2月)修正案的通过。它们宣布了一个重大的宪法原则,即给予黑人奴隶以公民权,不得以种族、肤色或曾为奴隶而剥夺其参政权,从而解决了自《美国宪法》颁布以来近80年一直争论不休的奴隶制问题。

体现19世纪美国宪法学发展的,除上述马歇尔时代(1801—1835)和塔尼时代(1835—1864)之最高法院的一系列判例外,还有一些学者的作品,如科雷(T. M. Cooley)的《论宪法性限制》(A Treatise on Constitutional Limitations,5th ed,1883)和提埃德曼(C. G. Tiedeman)的《论对美国政治权力的限制》(A Treatise on the Limitations of Police Power in the United States,1886)等。

(二) 行政法学

受英国传统的影响,美国的行政法和行政法学起步也很晚。

应当承认,美国行政法的历史并不短,它几乎是与美国政府同步发展的。在第一届国会的第一次会议上,就制定了三部授予行政权力的法律。其中,第一部授予美国总统制定规章,给残废军人提供养老金;另外两部则赋予海关税务官以裁判权。后来的立法机关仿效第一届国

---

① 由参议员道格拉斯提出,它同意新州在加入联邦时,由当地居民自行决定关于奴隶制的问题。由于堪萨斯和内布拉斯加都在北纬36度30分以北,所以该方案事实上否决了密苏里妥协案。

② 联邦最高法院对已经在北部获得自由的黑人奴隶司考特在回到南部后,被宣布为奴隶而提起的不服诉讼予以驳回的著名案件。该案是南部奴隶主的又一次胜利。以上各案的详细情况请参阅李昌道著:《美国宪法史稿》,第166—179页。

会进行了授权立法。到1900年,拥有制定规章和裁决权的联邦行政机关已达17个,其中大部分成立于1887年州际商业委员会设立(这通常被美国学者视为其行政法开始之日)以前。① 但是,美国行政法学的起步却很晚,直到1893年,才出版了第一部比较系统的行政法著作:古德诺(F. J. Goodnow)的《比较行政法》(Comparative Administrative Law)。

古德诺曾经留学德国,这部著作的内容受到了欧洲大陆行政法学著作的影响,包括行政组织、行政行为和救济手段三个部分。在行政行为中,主要讨论行政行为的形式和效力,没有讨论行政程序的过程②(这一体系,在古德诺以后的著作中有一些变化)。在古德诺的作品中,虽然也明确使用了"行政法"(administrative law)一词,但其普遍应用则是在20世纪20年代以后。

美国行政法学起步晚的主要原因,根据我国著名行政法学家王名扬的观点,首先在于受英国普通法传统的影响。在英国,传统的行政法规则大都包括在普通法中,而普通法不进行分类,没有行政法的概念和对行政法学的独立研究。其次,是对行政法的误解,这是受了前述英国宪法学家戴雪的观点的影响(参阅本书第六章第四节)。再次,是受了消极的国家观念的影响。美国在很长一段时间内,奉行自由放任政策。国家尽量不干预私人的活动,行政机关的职能不多,不存在研究行政法的客观需要。直到19世纪末,行政机关逐渐控制私人经济活动,行政机关行使巨大权力时,才产生研究行政法的实际需要。③

(三) 刑法学

在美国,刑法学相对来说起步较早。在殖民地初期,就存在着四种

---

① 〔美〕伯纳德·施瓦兹著:《行政法》,徐炳译,第16页,群众出版社1986年版。
② 王名扬著:《美国行政法》(上),第63页,中国法制出版社1995年版。
③ 前揭王名扬著:《美国行政法》(上),第62页。

要素的刑法,即宗教性刑法规范、普通法、英国封建领主法和移民自身的法律。① 随着移民生活的逐步安定,经济和文化的发展,刑法规范也日益完善。但总的说来,早期美国的刑法是分散的、零碎的。与此状况相适应,早期美国刑法学作品也很少,且比较粗俗简陋。

据学者考证,美国第一部刑法学著作,是1804年在肯塔基州出版发行的《肯塔基州刑法评论》,作者是图尔明(H. Toulmin)和布雷尔(J. Blair),由亨特(W. Hunter)印刷。当时,作者受肯塔基议会之托,为了修改好该州的刑法,对该州当时的普通法和制定法实际状况进行了调查、评价。作者除了收集该州的情况外,还广泛调查、比较了其他州的状况,最后写出了这本教科书风格的刑法学著作。该书比较多地引用了布莱克斯通等英国法学家的作品。除少量判例外,重点对肯塔基州的制定法作了分析。该书虽然比较粗糙,但也有一些创新,如尽可能少地使用拉丁语和法语的刑法学词汇,而代之以与英美国情相适应的法律用语。在该书的序中,作者写道:

"在论述肯塔基州的刑法时,我们首先将考察犯罪行为本身,即由肯塔基州法律予以处罚的那些行为;其次,再论述将犯罪人带到司法机关的程序的过程。"②

在论述犯罪的种类时,作者首先逐项列举了对个人有影响的犯罪,最后,才论述侵害国家、州以及社会利益的犯罪。这种体系,明显地体现了个人主义、自由主义的态度,而与欧洲大陆的刑法学作品形成明显的反差。

19世纪上半叶,除了《肯塔基州刑法评论》一书外,对推动19世纪美国刑法学起作用的还有斯托里和戴恩的作品。如前所述,斯托里是

---

① 〔美〕G.O.W.米勒著:《美国刑法学史》,齐藤丰治、村井敏邦译,第17页,成文堂1991年版。

② 同上书,第32页。

美国 19 世纪上半叶最伟大的法学家,在《美国百科全书》(Encyclopedia Americana)第 4 卷一篇匿名的论文中,斯托里用简洁的体系,对美国刑法作了阐述。虽然,该论文大量引用布莱克斯通的观点,独创性不强,但对美国早期刑法学的发展仍起了不小的作用。

戴恩(N. Dane)于 1823—1824 年,出版了 8 卷《美国法要论——注和评论》。在该书中,戴恩对美国刑法的体系、命题等作了比较细致的分析,在美国最早确立了刑法总论的体系。在该书第 197 章"犯罪与刑罚"中,他概括的体系如下:

第一节　一般原理
第二节　刑法
第三节　公理
第四节　诸外国的法
第五节　国内的刑法
第六节　美国法上的处罚:刑罚一般、刑罚的种类和目标、不可能处罚者——未成年者、偶然、紧急避险、从属等 11 项
第七节　恶意
第八节　共同犯罪(主犯与从犯)
第九节　关于犯罪的联邦议会的法律
第十节　对主犯与从犯的诉讼程序以及关于其的注
第十一节　关于法国新刑法典的摘录以及对其评论

在第 197 章以下,他又对涉及宗教和道德的犯罪(第 198 章)、具有叛逆罪性质的对国家的犯罪(第 199 章)、具有重罪性质的对国家的犯罪(第 200 章)以及对公共利益的犯罪(第 201 章)等作了分析。该书在许多方面借鉴了布莱克斯通的刑法理论体系,但也有一些创新。同时,

作者还广泛引用了贝卡利亚等经典作家的学说,并大量收录了英国和美国的判例。该书被公认为美国早期刑法学的有影响的作品。①

19世纪中叶,美国的现代刑法学开始登上历史舞台。奠定此基础的是瓦通和比肖普。

瓦通(F. W. Wharton,1820—1888),生于费城,1839年从耶鲁大学毕业,开始自学法律。1843年取得律师资格,1846年担任副法务长官。1856年起担任俄亥俄州的一所私立大学的逻辑学和修辞学教授。1863年任马萨诸塞州圣公会牧师,同时担任波斯顿大学的教会法和国际法教授。1885年,任联邦政府的法务官。瓦通的作品主要有:《契约法》、《刑法》、《刑事诉答以及实务》、《刑事证据法》、《过失法》、《杀人法》等,而对早期美国刑法学的发展起重要作用的是1846年出版的《合众国刑法论》(A Treatise on the Criminal Law of the United States,全3卷)。

在该书中,瓦通立足于普通法传统,对美国刑法学涉及的各个理论问题作了比较充分的论述。同时,大量比较参考了欧洲尤其是德国刑法学理论。作为刑法学的创始人,瓦通的理论并不精致,且缺少创新内容,与他同时代的有些学者甚至说"读了他的书感到很失望。"但20世纪的研究者则认为,他的作品,对英国、美国以及欧洲当时的刑法理论作了比较研究,与比肖普的著作一起,奠定了美国刑法学的基础。

比肖普(J. P. Bishop,1814—?),生于纽约州。先入专门学校学习,毕业后进大学。1842年移居波斯顿,担任律师。此后,开始撰写刑法学作品。1856—1858年,出版了《注释刑法》(Commentaries on the Criminal Law,全2卷),奠定了他作为美国刑法学创始人的地位。

《注释刑法》是一部比较系统的专著。在第一卷第一部中,论述了该书的概要和总论内容;第二部涉及审判权的范围和场所;第三部是法

---

① 前揭〔美〕G. O. W. 米勒著:《美国刑法学史》,第37页。

令和刑法的解释;第四部为"意思"(intent);第五部是行为和关于行为的一般原则;第六部为犯罪的一般原则,即制裁和刑罚;第七部是关于家族关系和奴隶制的刑法问题;第八部为数罪问题;第九部为犯罪构成要素和犯罪预防等。在第二卷中,论述了各种具体的犯罪。无论是同时代还是现代的刑法学家,都认为比肖普的论述是相当精密出色的。《注释刑法》在不到10年的时间里就被多次再版。到1923年已出到第13版。《美国法律评论》曾这样评价比肖普:"他的研究是独创的,在理论上也是非常彻底的,他的文笔生涯,为有志于搞学问的人树立了一个典范。"[1]

19世纪后半叶,美国还推出了戴斯蒂(R. Desty)的《美国刑法学概论》(1882)、布朗(I. Brown)的《刑法的要素、各项原则和刑事裁判程序》(1892)以及霍兹海默(L. Hochheimer)的《犯罪以及刑事程序》(1897)等。此外,还出版了许多刑法判例集,如哈佛大学法学院比尔(J. H. Beale)的《刑法判例手册》(1893)等。

第三节 20世纪以后美国的法学

一、法律教育和法学研究

20世纪以后,美国的法律教育和法学研究有了进一步的发展。

在法律教育方面,现代时期美国的法学院教育已占据统治地位。这种法学院在教育程度上,相当于我国的研究生院,因为它要求学习了本科课程者才可以进入法学院,但与我国教育体制不同的是,我国本科和专科教育中,已有法学专业,而在美国,本科生和专科生除有一些法学、宪法学、法哲学等最初步的公共课以外,几乎不学习法律课程,只

---

[1] 前揭〔美〕G. O. W. 米勒著:《美国刑法学史》,第52页。

有进了法学院,才开始系统学习法律知识。

美国法学院的规模在 20 世纪有了很大的发展。1900 年,全美共有法学院 102 所,①到 90 年代末,已发展到 200 余所。其中,由美国律师协会(American Bar Association, ABA)认可的法学院有 178 所,未认可的有 20 余所。②

现代时期美国的法学院教育,主要是培养学生的法律思维(Legal Mind),并附以大量的课程。从各大学法学院的情况来看,进入法学院并试图获得 JD(Juris Doctor,法律学博士)学位者,③首先必须在籍三年以上,然后在第一学年平均每周上 14 课时,第二学年第一学期每周 14、第二学期每周 13 课时,第三学年每周 12 课时的课程,并参加若干课堂讨论会,修满 90 学分。

根据哈佛大学法学院的课程设置,每学年的必修课和选修课为:

第一学年必修课:代理法、财产法第一部、契约法、侵权行为法、刑法、民事诉讼法。

第二学年必修课:宪法、行政法、税法、商法、公司法第一部、信托法、会计法(以上七门中选择六门);选修课:美国法制史、大陆法概论、苏联法与美国法的比较、法理学、法律形成之过程论、立法学、联合国法(以上七门中选一门)。

第三学年必修课:财产法第二部;选修课:海法、反托拉斯法、团体交涉法、冲突法、著作权法和反不正当竞争法、公司法第二部、债权法、家族法、衡平法上的救济、证据法、联邦法院及联邦组织、关于私企业的

---

① L. M. Friedman, *A History of American Law*, p. 526.
② 据笔者 1996 年底访美与 ABA 作交流时所作笔记整理。
③ 由于进入法学院以前必须先读完本科,故 JD 学位就学历而言,相当于我国的硕士研究生;又由于美国大学本科无法学专业,故就法学教育而言,JD 学位相当于我国的法学士学位。

公的规制法、保险法、国际法、对外国投资的国际性保护、劳动法、国际贸易与国际关系法、国外事业活动上的法律问题、世界秩序发展中的诸问题、不动产交易法、恢复原状法、证券交易调整关系法、州以及地方政府法、公判实务的诸问题(以上24门课中任选五门)。[①] 第三学年选修第二学年的选修课也被允许。

从华盛顿大学法学院开设的130门课程来看,其内容与哈佛大学法学院的大同小异。[②] 一般而言,近几年各法学院的课程中,变化比较明显的是都增加了介绍中国法的内容。

由于美国的法律教育以培养律师为目标,所以在美国法律教育中,极为重视实务的训练。这方面,它是通过如下四个途径来达到其目标的:

第一,在法学院教育中,美国采用的是"判例教学法"。如前所述,"判例教学法"是1870年由兰德尔所创立的,到本世纪中叶,已普及至各个法学院。该方法的核心是围绕判例阅读、分析、理解,从中学习法的原理和原则。因此,该方法的推行,使大学法学院的教育与司法实践更为接近。

第二,在美国各大学中,广泛采用了"模拟审判"(Moot Court,即"模拟法庭")的方法。这种方法,促使学生更为注重司法程序,重视律师辩护中的技巧等。虽然,是否参加"模拟审判",对学生而言是自愿的,但实施的结果,事实上几乎每个学生都会参加这项活动。

第三,20世纪以后,随着美国社会贫富分化的加剧,以及律师收费的昂贵,许多低收入家庭遇到法律纠纷时,往往请不起律师,得不到法律的保护。这种现象的发展,不利于资产阶级的统治。因此,从本世纪初叶起,许多大学办起了免费为穷人打官司的"法律扶助"(legal aid)

[①] 前揭〔日〕武藤春光著:《美国、英国及西德的法律教育》,第17—21页。
[②] *University of Washington Bulletin*, School of Law Curriculum 1995—1996, p.33—53.

服务。参加这种法律扶助活动的学生很多,这也成为大学法学院教育联系社会实践的一个途径。

第四,有些法学院还与地方上的法院和检察院合作,让一定数量的学生担任其职务,以增加学生的司法实务知识。如哥伦比亚大学法学院与纽约州联邦检察厅合作,每年让20名优秀学生担任助理检察官。①

20世纪以后,美国的法学研究也获得了进一步的发展,除推出一批在世界上有影响的作品,如穆尔(J. B. Moore,1860—1947)的《国际法摘要》(1906年)、比尔德的《美国宪法的经济分析》(1913年)、卡多佐的《司法过程的性质》(1921年)、弗兰克的《法律与现代精神》(1930年)、麦基文(C. H. Mcllwain,1871—?)的《宪政古今》(1940年)、威格摩尔的《论英美按普通法审判的证据制度》(1940年)、赫斯特(J. W. Hurst)的《美国法的成长》(1950年)、庞德的《法理学》(1959年)、理查德·A. 波斯纳(Richard A. Posner)的《法律的经济分析》(1973年)、罗纳德·德沃金(R. Dworkin)的《认真对待权利》(1977)年和《法律帝国》(1986年)、哈罗德·J. 伯尔曼(Harold J. Berman)的《法律与革命——西方法律传统的形成》(1983年)等之外,还在各部门法领域,出版了一大批著作和论文。

除研究论著外,20世纪美国的其他法学作品也大量涌现。在法学词典方面,有《布莱克法律词典》、《美国法理学》(共58卷,被多次修订)、《美国法律原则大全》(共101卷);在判例集方面,有《关于公司的判例和资料》(1959年)、《关于合同的判例和资料》(1957年)等;在法律期刊方面,由大学法学院学生编辑的法律评论总数至1995年已达800余家,它们代表了美国法学研究的最高水平。此外,由教授、法官和律师主办的专科性刊物也已达187家,②并且其影响也在日益扩大,如

---

① 前揭〔日〕武藤春光著:《美国、英国及西德的法律教育》,第24页。
② 前揭方流芳:《〈哈佛法律评论〉:关于法学教育和法学论文规范的个案考察》。关于由学生编辑法律评论的利弊以及其与美国法律文化的关系,方先生均有出色论述。

《美国律师协会会刊》、《法律教育杂志》、《美国国际法杂志》和《美国比较法杂志》等。在法律资料汇编方面,纽约大学法学院出版的《美国法学年度研究》和哈佛大学图书馆编的《年度法律图书目录》,汇集了每一年法学研究的各种著作、论文、资料和信息,有力地推动了法学研究和法律教育的发展。而由美国法学会牵头从1923年开始编纂、内容涉及代理权、法律冲突、合同、审判、财产、赔偿、安全、民事侵权行为和信托财产等九个领域的规模宏大的《美国法律重述》(Restatement of the Law),则进一步为推动美国法和法学的发展作出了贡献。[①]

二、法哲学

(一)概述

20世纪以后,随着垄断资本主义取代自由资本主义,美国统治阶级加强了对国家经济和社会生活的干预,法律也开始进一步社会化。在这种背景下,出现了以实用主义哲学为基础的社会学法学理论。该理论自19世纪末由霍姆斯首创后,至第一次世界大战以后,成为美国占统治地位的法学理论。从30年代以后,从实用主义的社会学法学中又分出了若干新的派别。下面,我们就对以霍姆斯的实用主义法学为代表的主流派社会学法学、以弗兰克和卢埃林等人为代表的现实主义法学以及经济学分析法学等各个法学学派作些评述。

(二)霍姆斯和布兰代斯的实用主义法学

1.霍姆斯的法学理论。美国现代实用主义法学(pragmatism jurisprudence)的创始人是霍姆斯(O. W. Holmes,1841—1935)。他生于波斯顿,父亲是解剖学教授。霍姆斯1857年入哈佛大学念书,1861年参加过南北战争,为废除奴隶制而战,曾三次负伤。战争结束后进入

[①] 前揭 E. A. 法恩斯沃恩著:《美国法律制度概论》,第114—118页。

哈佛大学法学院,1866年毕业,在波斯顿从事一段时间的律师工作之后,于1870年入哈佛大学法学院担任讲师、教授,1882年12月担任马萨诸塞州最高法院法官,1899年起任院长。1902年,担任美国联邦最高法院法官。在其任职的30年间(1902—1932),发表了许多与当时多数保守派法官意见相左的新观点,因而赢得了"伟大的异议者"(The Great Dissenter)的称号。[①]

霍姆斯的学说,主要体现在他于1881年出版的著作《普通法》(The Common Law)、他逝世后出版的判决意见集《霍姆斯法官的司法见解》(The Judicial Opinions of Mr. Justice Holmes, Shriver ed 1940)以及生前发表的一系列论文之中。

霍姆斯的实用主义法学理论首先体现在他关于法的本质的表述上。他在《普通法》一书的卷头指出:"法律的生命不是逻辑,而是经验。在各个时代被认为是必要的规范,该时代有力的道德理论和政治理论,人们表明的或是无意识地觉察到的关于符合社会公共利益的规范,甚至法官与普通民众一起所抱有的偏见,等等。它们在决定规律人们之各种准则时,远比三段论的经验推理作用大得多。"[②]这里,霍姆斯跳出了仅对法进行逻辑分析的框框,而是将法与政治、经济、道德、历史和心理等许多因素相联系,强调法的本质在于实用的主观经验。

霍姆斯的实用主义法学其次表现在他的"法的预测说"之中。他在《法律之路》(The Path of the Law)等论文中指出:"法学的目的,在于预测(prediction),即存在于由法院这一机关行使的公权力的可能和形态之中。""……作为法学研究之主要对象的实体法上的权利义务之关系,也不能脱离于预测之外。""所谓法的义务,如果将其作为是人们从

---

① 〔日〕鹈饲信成著:《现代美国法学》,第84页,日本评论新社1954年版。
② 转引自前揭〔日〕碧海纯一等编:《法学史》,第270—271页。

事或不从事某种行为的责任的话,那么,这也不过是依据法院判决而不得不承担上述这种事情的预测罢了。关于法的权利也同样如此。"因此,"我所说的法,就是法院事实上将作什么的预测。"①霍姆斯的这一理论,后来被称为"法的预测说",它构成了美国现实主义法学的一项原理。

霍姆斯的实用主义法学,还表现在他担任美国联邦最高法院法官期间,就公民言论自由、出版自由和公共安全以及劳工立法等一系列案件所发表的判决意见中。在这些判决意见中,他强调了实用主义哲学对上述问题的观点,强调了自由主义的立场,认为宪法和最高法院应当允许公民的言论自由、出版自由,以及一定程度上保护工人利益之劳工立法。

霍姆斯的理论,被以庞德为首的主流派社会学法学和以弗兰克为首的现实主义法学作为理论根据,对美国现代法学产生了巨大影响;他对美国法学的贡献十分巨大,以至于在20世纪30年代出现了一股"霍姆斯崇拜"(Holmes-worship)热。1941年,美国联邦最高法院大法官休斯(C. E. Hughes)在一篇纪念霍姆斯的文章中说,当世具有最伟大的才能,正当地拥有不断扩大的名声并没有一点瑕疵的完整的人生,就是法官霍姆斯。②

2. 布兰代斯的法学理论。布兰代斯(L. D. Brandeis,1856—1941),生于肯塔基州,父辈是因为在欧洲参与1848年革命而逃往美国的移民。这种家庭出身,使布兰代斯自幼就形成了对专制统治的敌视情绪和为社会平等、正义而战的性格。1875年,布兰代斯进入哈佛大学法

---

① 载 10. *Harvard Law Review*,P. 457—458,459—460,461。转引自前揭〔日〕碧海纯一等编:《法学史》第 270 页。

② 前揭〔日〕鹈饲信成著:《现代美国法学》,第 80 页。

学院,1877年获得法学学士学位,1878年被圣·路易斯律师协会接纳为会员。由于他只在大企业圈子中招揽自己的当事人,故很快便在财政界和企业界获得声誉。但他反对垄断利益集团和强烈主张权利自由、权利平等的人生态度,使他受到了许多上层人士和保守派的攻击。1916年,当威尔逊总统任命他为联邦最高法院法官时,曾受到参议院以及华尔街老板、波斯顿上层集团的强烈反对便是证明。担任最高法院法官以后,布兰代斯全力以赴为保护受到当时大垄断企业所侵害的民众而斗争。煤气的垄断性价格、因铁路交通契约造成的管理不当和高额运费,以及银行经营的混乱等,就是他想要改革的目标。①

布兰代斯的实用主义法哲学理论,主要集中在他对一系列重大案件的意见之中(后收入他的论文集《他人之钱》Other People's Money,1914 和《巨大的咒》The Curse of Bigness,1934)。从总体上看,布兰代斯的观点与霍姆斯的比较接近,都强调法的社会性,强调法院活动是法产生、发展的源泉。但是,两者也有一些差别。比如,霍姆斯因出身有闲贵族家庭,故往往站在比较超脱的立场上来看待社会上利益集团之间的斗争,并采取一种宽容的态度;而布兰代斯则站在"社会的弱者"一边,致力于对强者的斗争,为正义而战。1919年,布兰代斯曾发表过如下见解:"那些为赢得独立而起来革命的人们并不是懦夫。他们不怕政治变革,他们不以自由的代价来吹捧秩序。"②

具体言之,布兰代斯的观点主要表现为:(1)缩短专利期间;(2)保护都市对道路的管理权;(3)调整投资;(4)限制不公正分配;(5)"滑动工资制"(sliding scale)式的分配中有比例之特权费用的支付义务;(6)股东与消费者之利益的调整等。布兰代斯的活动,对现实主义法学在

---

① 前揭〔日〕鹈饲信成著:《现代美国法学》,95—96页。
② 前揭上海社会科学院法学研究所编译:《法学流派与法学家》,第148页。

美国的传播起了巨大的作用,但是,他的许多意见往往被作为少数派意见而不为社会所承认。1931年,在布兰代斯75岁生日之际,勒纳(M. Lerner)曾这样评述:布兰代斯"在相当长的时间内,与经济界的'巨大的咒'(curse of bigness,这里喻指垄断)进行了战斗。这次经济危机可以说是对他的观点的认可。但是,他没有能够抖落这个咒。这一次,这个咒又移到了政府那里(即政府开始出面统制经济),于是,他又一次与政府继续进行斗争。由于这一点,在许多人眼里,他被视为新的堂吉诃德——衣服褴褛的、勇敢的、但在本质上却是落后于时代的、拼命与大风车作战的堂吉诃德。"[1]尽管如此,在大多数的美国民众心目中,他是一位替民众说话的人,是一位"人民的律师"(people's attorney)。

(三) 庞德等人的社会学法学

美国现代主流派社会学法学(Sociological jurisprudence)的代表人物有庞德(R. Pound,1870—1964)、卡多佐(B. N. Cardozo,1870—1938)等人。而庞德的理论,则是该派最为典型、最为系统者。庞德出生于内布拉斯加州,最初攻读植物学,曾获得博士学位。后在哈佛大学法学院学习法律之后,回内布拉斯加州开业当律师。1910年,担任该州最高法院助理法官(commissioner)。1903年以后,先后担任内布拉斯加大学、西北大学、芝加哥大学和哈佛大学的教授,1916年起任哈佛大学法学院院长。庞德的社会学法学理论,主要体现在他的《法理学》(Jurisprudence,5vols,1959)、《法律哲学导论》(Introduction to the Philosophy of Law,1922)、《法与道德》(Law and Morals,1926)、《美国刑事司法》(Criminal Justice in America,1930)、《通过法律的社会控制》(Social Control Through Law,1942)等著作中。

庞德的社会学法学理论,是通过如下几个方向展开的。

---

[1] 前揭〔日〕鹈饲信成著:《现代美国法学》,第100页。

第一,法律的社会控制论。庞德是从法律与文明的关系出发阐明这一理论的。庞德指出,文明是各门科学的出发点,法学更是如此。法律是文明的产物,也是维护和促进文明的手段。文明既是对客观自然界的控制,又是对人类的自身控制。文明的这两个方面互相联系,而控制人类自身的支配力是通过社会来保持的,这种社会保持的控制手段主要就是道德、宗教和法律。在人类早期社会,这三种手段几乎是融合在一起的。随着文明的进步而日渐分离。到16世纪,法律就成为社会控制的最高手段了。庞德指出,对人的内在本性进行法律的社会控制之必要性,在于人的本性所包含着的扩张性、欲望与社会本性的矛盾。为了协调这种矛盾,需要强有力的控制工具,在现代社会中,这就是法律。运用法律控制个人扩张性的过程,就是社会工程,而立法者、法官和法学家,就是从事这一社会工程的工程师,他们的职责、工作目的,就是最有成效地达到社会控制的目的。因此,法学就是社会工程学,法学的任务,就是在社会控制过程意义上研究法律。庞德的通过法律的社会控制理论,虽有一定的缺陷,如用社会控制理论取代了阶级统治的理论等,但该理论一方面强调了法治的重要意义,谴责和批判了德、意、日法西斯的暴力;另一方面,展示了与自然法学、分析法学和历史法学不同的新的研究视角和方法,从而促进了法学的发展。

第二,法律的含义、任务以及价值。既然在现代社会中,社会控制的主要手段是法律,那么,法律又是什么呢？这里,庞德对法律作了社会学的分析,提出了新的定义。庞德指出,法律是"依照一批在司法和行政过程中使用的权威性法令来实施的高度专门形式的社会控制"的制度。[①] 它包括法律秩序、权威性资料、司法和行政过程三个部分。庞

---

① 〔美〕庞德著:《通过法律的社会控制》,沈宗灵、董世忠译,第22页,法律出版社1984年版。沈宗灵译本,商务印书馆2008年版。

德反对分析法学派提出的法律即权力的命题,认为说法律是权力,不如说法律是对权力的控制。他也反对自然法学派和历史法学派关于法的概念的论述,而是强调必须从社会控制的高度,来把握法律的含义。庞德关于法律是一种社会控制制度的理论,强调了法律的社会性。虽然,仍未真正揭示法律的本质,但为法学的研究开拓了新的视野。

从法律的含义出发,庞德指出了法律的任务和价值。他认为,作为社会工程、社会控制的手段,法律的任务在于满足人们的各种要求和愿望,即"为最大多数人做最多的事情。"[①]人们的利益有三种,即个人利益、公共利益(国家利益)和社会利益,这三种利益是经常矛盾的,法律的任务是要协调这三种利益,寻找一种共同的利益予以保护。庞德认为,确定哪些利益是共同的社会利益,必须遵循一种标准,这种标准就是经验,它是法律的价值的核心,具有"工程学的价值,"人们可以从中找到一条消灭或减少阻碍或浪费,以实现最大社会利益效果的道路(即社会合作或文明合作)。虽然,在现代资本主义社会,很难找到一种抽象的社会利益和社会合作,但庞德关于法律是保护一定的社会利益这一观点,无疑是十分深刻的,它已开始接触到了法律的本质。庞德关于经验论的法律价值理论,也反映了帝国主义时代的一种心态。

第三,社会学法学的方法和范围。庞德指出,要真正使法律成为社会控制的工具,实现上述法律的任务和价值,必须推翻那些长期以来禁锢法学发展的旧观念、旧方法,提出新的观念和方法,这就是社会学法学。其要点是以实用主义为法学的哲学基础,注重研究法律制度和法律学说的实际社会效果,强调立法的社会作用,法律生效的手段以及司法、行政和立法的相互关系等,其核心就是以实用主义为基础的研究如何使法律秩序的目的更有效地实现的方法。

---

① 〔美〕庞德著:《通过法律的社会控制》,沈宗灵、董世忠译,第34页。

(四) 弗兰克和卢埃林等人的现实主义法学

如上所述,霍姆斯的实用主义法学是美国现实主义法学(realism jurisprudence)的渊源之一。因此,现实主义法学在 19 世纪末已开始影响美国,但其全面发展,则是 20 世纪 30 年代以后的事情。当时,涌现了一批有影响力的现实主义法学家,如弗兰克(J. N. Frank,1889—1957)、卢埃林(K. N. Llewellyn,1893—1962)、阿诺德(T. W. Arnold,1891—1969)、奥利芬特(H. Oliphant,1880—1950)、格林(L. Green,1888—?)、莱丁(M. Radin,1880—1950)、昂梯玛(H. E. Yntema,1891—1966)、科宾(A. L. Corbin,1874—1967)、科海因(F. S. Cohen,1907—1953)以及库克(W. W. Cook,1873—1943)等人。而阐述现实主义法学的代表,主要是弗兰克和卢埃林。

弗兰克毕业于芝加哥大学,后从事律师业务。从 30 年代起,受聘担任耶鲁大学法学院教授,并任农业经济署总顾问和证券与汇兑委员会主席等职。1941 年起担任美国联邦第二巡回上诉法院法官。弗兰克的学说,主要体现在他的《法律和现代精神》(Law and the Modern Mind,1930)和《初审法院》(Courts on Trial,1949)以及《无罪》(Not Guilty,1957)等著作之中。

弗兰克学说的核心,是他关于法律不确定的理论。弗兰克认为,那种将法律看成是确定的观念,是一种自欺欺人的神话。因为,法律所应付的是人类关系最为复杂的方面,它不可能确定。法律并不是"本质上的法律",而是"行动中的法律";不是固定的规则,而是官员尤其是法官的行为;不是规则体系,而是一批"事实"。因此,法律的不确定性并不是坏事,而是使法律具有了巨大的社会价值。根据上述理论,弗兰克给法律下了自己的定义:"就任何具体情况而论,法律是或者是:一、实际的法律,即关于这一情况的一个已经作出的判决,或者是:二、大概的法律,即关于一个未来判决的预测。"[1] 这样的法律,如果要适应现代文明

---

[1] 转引自沈宗灵:《现代西方法律哲学》,第 105 页,法律出版社 1983 年版。

的需要,就必须使自己适应现代精神,它一定要公开承认是实用主义的。这样,弗兰克从批判法律的确定性入手,阐述了他的现实主义法学的主要观点。

弗兰克的法学理论,在批判将法律看成是本本的、固定不变的事物方面,具有进步的意义,但他完全否定法律的稳定性,就走向了另一极端。因为,法律既有变动性,又有稳定性,这是辩证的,不可只强调一个方面。

卢埃林,当过律师,先后任耶鲁、哥伦比亚和芝加哥大学的教授,是《美国统一商法典》(Uniform Commercial Code)的主要起草人。卢埃林的法学理论,主要体现在他的《长满荆棘的丛林》(The Bramble Bush,1930)和《普通法传统》(The Common Law Tradition,1960)等著作中。

卢埃林的现实主义法学理论,可以从他对现实主义法学的九个特点的论述中来把握。卢埃林认为,现实主义法学有九个相通点:

第一,承认法是流转的、变动的,是由司法创造的;

第二,法本身不是目的,而是实现社会各种目的的手段;

第三,社会是变化的,并且其速度远远快于法律的变化。因此,必须经常研究法的各个部分是否适合社会的情况;

第四,法的"存在"与"当为"(即"法律是什么"与"应当是什么")在研究时可以暂时分开,但不能永久分开;

第五,对传统的法律准则和法律观念,是否由法院和人们在实际执行时用来预测法院的判决? 对此,存有疑问;

第六,对法律准则是产生法院判决的唯一的主要原因之理论存有疑问;

第七,对判例的狭隘分类是否有效,即是否符合社会实际等表示怀疑;

第八,对法律进行评价,解明其效果的研究是有益的工作;

第九,沿着上述线索,对法的各种问题进行持续的有计划的追踪研究。

除了上述论述之外,卢埃林的法学理论的特色,是他的"法律怀疑主义",即在卢埃林看来,在案件事实确定以后,法律条文(本本上的规则)是否能够有效地被用来预测法院的判决很值得怀疑。因此,在现实生活中起作用的是上诉法院的判决活动,而不是抽象的法律规则。

总的来看,卢埃林和弗兰克有相通之处,他们都认为,法律是法官与行政官的行为(判决),都强调法律的不确定性,反对将法律看成是固定的规范。但各自也有区别,如与卢埃林的法律怀疑主义相对,弗兰克更强调的是"事实怀疑主义",认为司法的真实性值得怀疑,而这种怀疑的根据是初审事实是不确定的。因此,为了使法律能够正确贯彻,必须对司法制度尤其是初审制度进行改革。应当承认,卢埃林强调法律是变化的,法律自身不是目的,而仅仅是实现社会目的的一种手段等是有进步性的。但卢埃林关于法的定义,关于法律怀疑主义的理论,则都存有片面性和极端化,并不科学。

与庞德的主流派社会学法学相比,弗兰克和卢埃林的现实主义法学更趋极端,表现在:第一,过分强调法的不确定性;第二,片面地将法官的行为理解为法;第三,仅从社会心理学观点来解释法律,等等。

(五)实验主义法学和行为科学法学

在美国社会学法学兴起、并分离出现实主义法学的同时,在社会学法学中,还出现了一些较小的分支学派,这就是实验主义法学和行为科学法学。前者的代表人物有穆尔(U. Moore,1879—1949)、毕乌台(F. K. Beutel,1879—?)、柯万(T. A. Cowan,1904—?)和科海因(J. Cohen,1910—?)、齐塞尔(H. Zeisel,1905—?)等人。

该理论认为,应当把自然科学的实验的方法运用于法学研究,即对某项法律规则在其适用的社会中产生出什么效果进行观察、测定,以此构成说明社会对这项法律规则的反应的理由的假说,为了验证这种假说,再去观察其他类似的问题。为此,应采用周密的社会调查的方法。而一旦判明了某项原有的法律已失去了效力时,那么,就应当起草有效率的新法案,而在新法案制定后,又进行第二轮的这种实验方法。如此反复,无穷发展。实验主义的方法,目前已被美国学者如齐塞尔等人运用于对美国司法制度的研究之中。

行为科学法学,是运用行为科学(behavioral sciences)于法学研究之中而产生的一股新思潮。它最早出现于对美国联邦最高法院的行为分析之中。

在美国历史上,联邦最高法院作出的一系列判决,给予美国社会的发展以巨大的影响,然而,这些判决往往以 5:4、6:3 等形式面世,这当中,除了与各位法官对宪法原理的理解、法学知识水平、政治见解有关外,也与法官的人生观、世界观相联系。对这些进行一般的描写,在美国联邦最高法院史和法官传记的研究成果中可以大量看到。但是,当运用行为科学对这种现象进行分析研究时,就使上述社会现象上升到一个理论(科学)的高度,即上升为一门新的法学学科——行为主义法学。其基本方法是对各法官采取了什么立场进行大量观察,并将其与法官的经历、支持的政党、信仰的宗教和心理素质、文化教养等联系起来,以阐述他们的各有特色的判决意见。在美国,进行行为科学法学研究的先驱者是普利切特(C. H. Pritchett,1907—?)。其后继者和发扬光大者是休伯特(G. Schubert,1918—?)等人。

(六) 经济学分析法学

经济学分析法学,英语有多种表达,如"法律—经济学"(Law-Economics)、"法的经济分析"(Economic Analysis of Law)、"法的经济学"(The Economics of the Law)等等,是战后美国兴起的一个重要法学流派。其代表人物有科斯、波斯纳等。

科斯(R. H. Coase,1910—2013),美国芝加哥大学法学院教授。生于英格兰,1928年入伦敦经济学院。1951年获博士学位,随后移居美国。1963年入芝加哥大学,继任《法律与经济杂志》主编。其主要作品有《企业的性质》(1937年)、《社会成本问题》(1960年)和《企业、市场和法律》(1988年)等。他的主要观点,就体现在这些作品中。

在《企业的性质》一书中,科斯通过运用交易成本概念阐述企业存在和发展的原因,引出了两个基本原理:经济制度的选择就是法律制度的选择和交易成本理论的实质是效益最大化,从而为经济学分析法学的诞生奠定了基础。

在《社会成本问题》中,科斯进一步运用交易成本的概念分析法律制度对资源配置的影响,指出,在有交易成本的条件下,法律权利的初始界定具有十分重要的意义。在零交易成本的条件下,无论损害方有无赔偿责任,损害方与受害方都会千方百计寻求对双方有利的解决方案,最终客观上实现资源配置的最优化。但是,如果在有交易成本,并且往往很高的情况下,人们就要从实现资源配置最优化的立场出发,选择合适的责任制度(即权利的初始界定),以减少不必要的交易成本。这就要求立法机关在制定法律、法官在审案,乃至人们在选择任何制度安排时,都要比较不同的经济效果,并且考虑一种制度转变为另一种制度时所需的成本。很清楚,正是科斯的这种交易成本与法律制度的关系的示范性分析,为60年代以后波斯纳等人的全面的经济学分析法学开辟了广阔的道路。①

波斯纳(R. A. Posner,1939生),1959年在耶鲁大学获得文学士学位,1962年在哈佛大学获得法学士学位,1968年赴斯坦福大学任教,

---

① 见张乃根著:《当代西方法哲学主要流派》,第222—223页。复旦大学出版社1993年版。

1969年任芝加哥大学教授，1981年任美国联邦第七巡回区上诉法院法官。主要著作有：《法律的经济学分析》(1973年)、《正义的经济学》(1981年)、《侵权行为法：案例与经济学分析》(1982年)、《法理学问题》(1990年)等。其观点主要体现在前两本书中。

波斯纳认为，经济学是在相对于人类需求而言，资源有限的世界上进行理性选择的科学。它假定人是他自己的生活目的、他的满足，即所谓"自我利益"的合理化最大价值实现者。以这种经济效益观为出发点，波斯纳提出了经济推理的三条基本原则：(1)供求法则，它揭示商品价格的变化会使人们改变自己的行为选择；(2)效益最大化，它要求最大限度地减少成本，增加收益；(3)资源利用在市场调节下将趋向价值最大化。

由于波斯纳在对法律进行经济学分析时始终贯穿着经济效益观，使之成为取舍某一法律制度的最高标准，因而招致许多信奉正义观念的法学家的激烈抨击。为了反驳，波斯纳不得不探讨经济效益观的伦理学基础。在《正义的经济学》中，波斯纳指出，他对法律进行经济学分析，是建立在"财富最大值"这一伦理学基础上的。然后，他又对财富、功利、价值、幸福等分别作了详细论证，以图说明法律的经济学分析所依赖的伦理学基础不是功利，而是经济效益观包含的财富最大值理论。

在对经济效益观作了说明之后，波斯纳进一步对各个具体的法律问题进行分析，比如，他认为，法律保护财产权，是为了要激励人们有效益地利用各种资源；规定合同制度是为了"阻止人们对契约的另一方当事人采取机会主义行为，以促进经济活动的最佳时机选择，并使之不必要采取成本昂贵的自我保护措施。"[①]分析过失性侵权行为的经济学原

[①] 〔美〕波斯纳著：《法律的经济分析》(上)，蒋兆康译，第117页，中国大百科全书出版社1997年版。

理就是著名的汉德公式 B<PL,即只有在潜在的致害者预防未来事故的成本(B)小于预期事故的可能性(P)乘预期事故损失(L)时,他才负过失侵权责任。在刑法方面,刑罚应设法使罪犯感到实施犯罪行为,在经济上得不偿失,才能减少犯罪。等等。对家庭法、反托拉斯法、劳工法、公用事业法、公司法、金融法、税法、程序法、宪法等,波斯纳也运用经济效益观作了阐述。

与传统的各种法学学派不同,经济学分析法学给了人们耳目一新的感觉。从方法论角度看,经济学分析法学具有两个显著的方法论特征:(1)定量分析的方法,它使人们的思维更加准确;(2)实证评判的方法,通过一定的定量分析评判某项法律制度的优劣。这种方法论,与从善或恶的角度评判法律的伦理学方法相结合,进一步拓宽了人们认识、评判法律的视野。这是科斯和波斯纳为人类作出的伟大贡献。我国目前开始重视立法、执法的成本,不能不说是受了经济学分析法学的启发。①

(七) 批判法学

批判法学,一般称为批判法学运动(The Critical Legal Studies Movement,简称 CLS),是 70 年代末兴起的又一股法学思潮(以 1977 年春一些持批判法学观点的学者在威斯康星大学召开首届批判法学年会为出现标志)。其代表人物有邓·肯尼迪和昂格尔等。

邓·肯尼迪(D. Kennedy),哈佛大学法学院教授。1978 年,肯尼迪发表了一篇题为《布莱克斯通的〈释义〉一书的结构》的长文,对布莱

---

① 关于经济学分析法学的详细内容,请参阅前揭〔美〕波斯纳著《法律的经济分析》,蒋兆康译。介绍和评述性论著有张乃根著:《当代西方法哲学主要流派》,第 211—235 页;沈宗灵著:《现代西方法理学》,第 396—416 页;吕世伦主编:《西方法律思潮源流论》第 349—388 页,中国人民公安大学出版社 1993 年版;张文显著:《二十世纪西方法哲学思潮研究》,第六章,法律出版社 1996 年版。

克斯通的这本代表作进行了批判性的分析。在该文中,邓·肯尼迪指出,法学家在对法律规则进行分类、分析和解释时,一般有两个动机,其一是力求发现实现正义的条件,其二是企图否认一个真理,即对我们自己周围世界中实际存在的人际关系有一种痛苦的矛盾感。从分析第二种动机入手,邓·肯尼迪又进一步分析人际关系中的"基本矛盾",即"与别人的关系对我们的自由来说既是必要的又是不相容的。"[①]这种矛盾不仅强烈地存在而且无所不在。如恋人、配偶、双亲、子女、邻居、雇主和雇员、合伙人、同事等,都会发生这种关系。而这种关系的实质要害,就是涉及法律(强制力)问题。以前的法律思想家,由于社会上存在的种种调和或否认的活动,如保持各种矛盾的平衡、功能主义和形式主义、范畴设计等,而未能认识或不承认这种基本矛盾。这些调和或否认的活动的核心就是自由主义。邓·肯尼迪认为,布莱克斯通的最大成就是他能将自由主义的政治口号"权利"转化为几千个普通法规则。然而,布莱克斯通却没有解决法官在执行主权意志又同时维护基于自然法的、不依任何人类法律为转移的权利这个矛盾。

由于布莱克斯通的《英国法释义》长期以来一直被美国学者视为经典著作,因此,邓·肯尼迪的论文一出,即在美国引起巨大反响,扩大了批判法学在美国的影响。

昂格尔(R. M. Unger),生于巴西,1969年在里约热内卢大学获得文学士学位后,去美国哈佛大学法学院学习,获法学硕士(1970年)和法学博士(1976年)学位,毕业后在哈佛大学法学院任教至今。主要著作有:《知识与政治学》(1975年)、《现代社会中的法律》(1976年)、[②]《批判法学运动》(1986年)以及《政治学:建设性社会理论工作》(1987

---

① 前揭沈宗灵著:《现代西方法理学》,第420页。
② 此书已由中国政法大学出版社出版了中译本,吴玉章、周汉华译,1994年版。

年,全 3 卷)等。他的学说,也主要体现在这几本书中。

昂格尔认为,批判法学产生于现代法律思想和实践中的左翼传统,该传统有两个特点:一是对形式主义和客观主义的批判,二是纯粹工具性利用法律实践和理论来推进左翼运动,来实现其目标。昂格尔指出,批判是为了建设,对形式主义批判的建设性结果是异态理论,其主要特征是:第一,打破经验性和规范性研究的界限;第二,承认和发展在任何法律中可以发现的原则与反原则之间的冲突。对客观主义批判的结果是重新确定民主与市场的体制形式。实现这个目标需要三个观念性理论,即社会改革的理论、指导重建体制形式的理想和法律与社会之间关系的概念。其所涉及的理论问题则为:(1)平等保护公民的权利,消除国家的异常行为给宪法秩序带来的危害,这是一项宪法原则;(2)契约和市场的连带关系,它涉及商品经济社会的正常运转。昂格尔认为,一般的法律理论都力图将纵向和横向的冲突降低到最低限度,而异态理论却要将各种不稳定因素表面化,即从法律这一视角观察、表达社会生活中的各种矛盾。这是批判法学的主要思想。

在 1987 年出版的《政治学:建设性社会理论工作》一书中,昂格尔进一步发展了他的批判法学理论,并使其政治学化(由此,批判法学也被称为"法律的政治学")。[①]

总的来看,批判法学的兴起,表明了新一代的美国法学家对经济繁荣之下社会问题复杂化、尖锐化之现实合理性的怀疑、批判和反思,以及他们试图改良美国法律和社会制度的理想。诚如批判法学的代表之一卡尔·克莱尔(Karl Klare)所说的那样:"(传统的)法学理论通常为

[①] 关于昂格尔法律思想的评论性文字,请参阅季卫东:《现代法治国家的条件》——《现代社会中的法律》(代译序),载前揭《现代社会中的法律》中译本;安守廉:《不可思议的西方? 昂格尔运用与误用中国历史的含义》,高鸿钧译,载《比较法研究》第七卷第 1 期,1993 年。

使现存的社会秩序合法化而服务。它诱导我们相信:现存制度及法律是理性和正义的,或至少是不可避免的。因此,它阻止我们去认识现存秩序和法律的偶然性及其间的人为选择和强制力量的因素。作为合法化意识的(传统)法学理论,其本身已成为政治统治的一种形式,阻碍着进步的变革。相反,对传统法学理论的激进批判能帮助创造必要的知识空间及养育自由观念。"[1]尽管批判法学派的这种理想很难实现,但批判法学在拓宽法学研究的视野、推动法学理论繁荣方面,仍起着不可低估的作用。[2]

(八) 德沃金的新自然法学

在经济分析法学和批判法学兴起的同时,德沃金的新自然法学也开始影响美国学术界。

罗纳德·德沃金(Ronald M. Dworkin,1931—2013),1957—1958年任汉德(L. Hand)法官的秘书,1959—1961年从事律师业务,1962年起担任耶鲁大学、牛津大学、纽约大学、哈佛大学等校的法理学教授。其代表作有《认真对待权利》(1977年)、《法律帝国》(1986年)和《自由的法》(Freedom's Law:The Moral Reading of the American Constitution,Harvard University Press,1996)等。

德沃金被认为与美国著名法哲学家富勒、罗尔斯齐名的法学家,他的新自然法学(也称"自由主义法学"、"权利论法学")是当代西方法理学界最重要的学说之一,对西方法理学的发展产生了重大影响。

---

[1] 〔美〕P. E. 约翰逊:《您果真想激进吗?》,载《斯坦福法律评论》1984年1月号,第251—252页。转引自前揭吕世伦主编:《西方法律思潮源流论》,第398页。

[2] 关于批判法学,详细请参阅朱景文主编:《对西方法律传统的挑战——美国批判法律研究运动》,中国检察出版社1996年版;前揭张乃根著:《当代西方法哲学主要流派》,第167—188页;沈宗灵著:《现代西方法理学》,第416—434页;吕世伦主编:《西方法律思潮源流论》第389—421页;张文显著:《二十世纪西方法哲学思潮研究》,第343—351页,法律出版社1996年版。

在《认真对待权利》一书中,德沃金汇集了他关于权利和原则问题的一系列论文,"这些论文提供了一幅英美法上的自由的、以权利为基础的理论的综合图画,我把这一理论称为'权利论'。权利论是对另一种英美法律理论的反驳,这一法律理论我们可以将其称之为'占支配地位的理论'。"[1]这种理论包括两个部分:描述性部分和规范性部分,前者是实证性的,否定了法律中的道德内容;后者是功利性的,其唯一合法的目的是把社会福利最大化。但按此理论,这两个部分之间是没有联系的。

德沃金认为,占支配地位的理论不能帮助我们解决法律的有效性和法律的发展问题。相反,"权利论指出了英美社会给予法律的特殊尊崇的来源。它反映出这一社会的理性的政治道德,正是这种法律的合法性和政治道德之间的关系给予了法律特殊的尊敬和特定的有效性。"[2]

从理论体系上看,《认真对待权利》中最重要的是第二、四、六等章。在第二章"第一种规则模式"中,他着重从规则和其他标准,特别是和原则之分这一角度,批判了以哈特为代表的法律实证主义的观点。在第四章"疑难案件"中,他着重从原则和政策之分这一角度,批判了功利主义法学,并阐明了他的学说的核心权利论。在第六章"正义和权利"中,他在评价罗尔斯的《正义论》一书时,论证了个人权利基本上是平等权利,并将平等权利解释为"平等关心和尊重的权利。"[3]

西方学者对《认真对待权利》一书给予了高度评价。马歇尔·科恩在《纽约书评》上撰文指出:"罗纳德·德沃金所著的《认真对待权利》是

---

[1] 〔美〕罗纳德·德沃金著:《认真对待权利》中文版序,信春鹰、吴玉章译,中国大百科全书出版社1998年版。

[2] 同上。

[3] 前揭〔美〕德沃金著:《认真对待权利》,第238页。同时,参阅沈宗灵著:《现代西方法理学》,第127页,北京大学出版社1992年版。

自 H.L.A.哈特的《法律的概念》以来法理学领域最重要的著作。……德沃金的伟大功绩在于,他能够把自己对于这些重大理论问题的观点同具有重要现实意义的问题联系起来。……在整体和技术上,此书都是杰出的……任何关心我们的公共生活的理论或实践的人都应该一读此书。"①

在《法律帝国》一书中,德沃金进一步发展了其在《认真对待权利》一书中阐述的权利与原则的思想。比如,在《认真对待权利》中,他的法律理论还集中在"法是什么"的问题上,而在《法律帝国》中,他的理论则集中在法律解释的理论上了。

由于在美国,法律主要是经过法院尤其是法官的解释之后才得以实施的,因此,德沃金强调法律的解释,实际上是强调了法院和法官在法律运行中的地位和作用。正是在这个意义上,他将这部著作取名为"法律帝国",宣称"法律的帝国,并非由疆界、权力或秩序界定,而是由态度界定。"②这种对法律的态度,其核心是如何看待法律,如何解释法律(每个人都有权解释法律,只是效力不一样)。而在人们对待法律的态度和关于法律的解释中,法院和法官的作用最为重要:"法院是法律的首都,法官是帝国的王侯。"③

德沃金认为,要寻找一种对法律的最好解释,必须克服两种倾向:一种是外部怀疑主义,即从价值体系外部所采取的认为不同的人有不同的观点,它们依赖于道德共识、文化价值、历史或其他变量,故不具有客观性的立场;第二种是内部怀疑主义,即从一种特殊事业内部所采取的认为对法律实践的任何解释都不是最好的主张,或者都可能是好的

---

① 前揭〔美〕德沃金著:《认真对待权利》一书封底。
② 〔美〕德沃金著:《法律帝国》,李常青译,第367页,中国大百科全书出版社1996年版。
③ 同上书,第361页。

主张的立场。为了克服这两种倾向,德沃金提出了"完整性的法律"(Law as integrity,也译为"统一性的法律")的法律解释理论。

德沃金认为,完整性是指一种"政治道德原则",一种"独特的政治理想",它有时要求与其他理想"妥协",这也就是说,人们对正义和公正有不同认识时,国家也能根据一定原则来活动。同时,完整性这种政治理想也适合并说明了美国的宪政结构和实践。再有,完整性作为政治的核心,也就意味"政治上的合法性"。①

在《自由的法》一书中,收集了德沃金在近几年发表的若干探讨宪法问题的论文。这些论文对美国近 20 年中几乎所有重大的宪法问题,如堕胎、赞助性行动、色情作品、种族、同性恋、安乐死等都作了讨论,其目标在于阐述一种解读和贯彻宪法的政治层面的特定方法,即道德解读(moral reading)。可以清楚地看出,《自由的法》②一书表达了德沃金对法律、权利、道德原则以及诸多司法实践问题的进一步思考。③

(九)伯尔曼的法律传统的革命学说

在当代美国基础法学发展中,对法的历史作出深刻反思的历史学派如赫斯特(J. W. Hurst)弗里德曼(L. M. Friedman)和伯尔曼(Harold J. Berman)等的学说也起了重要作用。尤其必须提及的是伯尔曼关于西方法律传统的革命的学说。

伯尔曼 1918 年生于康涅狄格州,获得过文学硕士和法学学士学位,并到伦敦大学经济学院攻读法律史专业,之后任教于斯坦福大学和哈佛大学,又在前苏联科学院国家与法研究所做过访问学者,并在莫斯

---

① 前揭沈宗灵著《现代西方法理学》,第 139 页。此外,关于《法律帝国》一书的译述性文字,请参阅陈金钊:《德沃金法官的法律解释——评〈法律帝国〉一书中关于法律的认识》,载《南京大学法律评论》1997 年春季号。

② 《自由的法》,刘丽君、林燕萍译,上海人民出版社 2003 年初版,2014 年再版。

③ 参阅何勤华主编:《外国法制史》(教学参考书),第 510 页,法律出版社 1999 年版。

科大学担任过教职。之后担任哈佛大学名誉教授、埃莫里大学教授，2007年去世。[①] 伯尔曼关于法律与革命的思考、关于西方法律传统形成和发展的见解，主要集中于《法律与革命——西方法律传统的形成》之中。[②]

《法律与革命》于1938年开始构思，至1983年完成出版，共花时45年，对西方法律传统的重要形成因素的挖掘和分析都达到了前所未有的高度。虽然英国法律史学家梅特兰的名言：12世纪是"一个法律的世纪"早已广为人知，但是把西方法律传统的形成期定在11世纪末至13世纪末这二百年中，并且将教皇革命及其所引发的教会与世民俗两方面的一系列重大变革作为西方法律传统得以产生的基本因素，却是伯尔曼的独特贡献。[③]

为了论证上述观点，在对"西方"、"法律"、"传统"、"革命"等核心概念、西方法律传统的十大特征、西方法律传统在其历史过程中经过的六次伟大革命、西方法律传统的危机等作出简要说明之后（见该书"导论"），伯尔曼详尽地描述了作为西方法律背景的民俗法，回顾了随着教皇革命而来的新的法律科学和新的法律体系的诞生和发展。应当承认，作者对中世纪教会法学的发展、教会法与世俗法之间的互动关系、各种类型的世俗法律体系的形成及其特点的描述，在具体和详尽的程度上均超过了以往的同类著作。

虽然，伯尔曼的结论即在我们这个世纪里，自11世纪起历经数次革命而不衰的西方法律传统正在经历一场前所未有的危机，法律结构

[①] 〔美〕伯尔曼著：《法律与革命》译后记，贺卫方、高鸿钧、张志铭、夏勇译，中国大百科全书出版社1993年版。

[②] 除该书外，伯尔曼的另两本书即《美国法律讲话》和《法律与宗教》也已在中国出版，前者由陈若桓译，三联书店1988年版；后者由梁治平译，三联书店1991年版；商务印书馆2012年版。

[③] 前揭〔美〕伯尔曼著：《法律与革命》译后记。

的完整性、它的发展特性、它的宗教基础、它的超越特质都已经丧失殆尽等等的悲观论述,受到了牛津大学马格德伦学院研究员艾伯特逊(David Ibbetson)等西方学者的批评,①但伯尔曼《法律与革命》一书的重要价值以及其广博的知识还是受到了西方学术界的一致肯定。《美国政治科学评论》认为,该书"篇幅宏大,视野广阔,细节丰富,这可能是我们这一代最重要的法律著作。"《洛杉矶日报》的评价为:"这是一本头等重要的著作。每个法律家都应该研读它……该著文理清晰,结构严谨,堪称学术极品。"②

三、私法学

20世纪以后,美国的私法学发生了许多变化。

在契约法理论方面,20世纪最大的变化就是契约自由原理开始被修正。随着工业化社会的发展,人们越来越意识到,在社会上人们之经济地位不平等的现实下,契约自由原则事实上是不公平的,必须加以适当的修正。法院率先在这方面作出了反应。它们或者对某些特殊关系、处于某种地位的当事人强加一些条件,或者拒绝对当事人"自由加入"的契约给予强制执行。

1942年,弗兰克福特法官指出:"在交易中,如果当事人所处的地位使一方侵占了对方必要的利益,那么,法院对这类契约将不给予保障。我们的法律中难道还有什么原则比这个原则应得到更普遍的适用吗?"③法院开始在契约义务中解释一项合理的要求,使当事人确立的

---

① 参阅前揭〔美〕伯尔曼著:《法律与革命》译后记。
② 前揭〔美〕伯尔曼著:《法律与革命》中译本封底,关于伯尔曼学说的详细内容,请参阅此中译本。对该书的评论性文字,可参阅该书的译后记,以及陈景良的《西方法律传统与基督教文明——伯尔曼法律思想论析》一文。载《南京大学法律评论》1995年春季号。
③ 前揭〔美〕B.施瓦茨著:《美国法律史》,第199页。

契约条款公平化。在20世纪中期,庞德已经能够断言,尽管在50年前,"当事人的自由意志形成了他们之间的法律……,但这种观念早已在全世界消失了。"[1]

在财产法理论方面,出现了从保护财产所有权者的利益向保护公共利益和公民人身权利方面转变。这一倾向,从20世纪50年代以后变得更为明显。在1922年时,曾经有位法官还宣称:"应该记住政府的3条基本原则,也是政府存在的目的,即保护生命、自由和财产,其中最主要的是财产。"[2]但到了50年代,法律开始对财产所有权作出限制。财产所有人不再有完全由他自由决定如何使用其财产的不受限制的权利。不管以前的情况如何,法律逐渐承认,可以禁止所有者以浪费或反社会的方式使用其财产。法院判例也强调,"……随着人口的急剧增长和集中,问题越积越多,并日益严重。这就要求对城市私人土地的占有和使用作进一步的限制。"[3]

在侵权行为法方面,进入20世纪以后,19世纪通行的过失原则开始发生重大变化。在20世纪初,在美国已有一半的州制定了劳工赔偿法。它们的出现,表明"时代崇尚的侵权行为法原则已经被抛弃,一个更广泛的责任原则已经形成。没有人能预见到新学说最终的结局。"它们的实质是否定了有过错才承担责任的原则,而确立起了无过错责任原则,即规定对于由雇佣引起的或在雇佣过程中发生的一切伤害都得赔偿。

随着时间的推移,严格责任的赔偿原则扩大到了其他领域。法律规定了铁路设备未达到法定要求的无过失责任和对童工的无过失责

---

[1] 前揭〔美〕B.施瓦茨著:《美国法律史》,第199页。
[2] 同上书,第184页。
[3] 同上书,第203页。

任。纯净食品法规定制造商或销售商对有瑕疵的食品要向消费者负责,即使他已经给予了合理的注意。同时,过失的概念本身也在变化,法院开始广泛扩大其范围。如根据契约中的"默示担保",卖主应该对有瑕疵的货物引起的买主的损失负责。它允许不经任何过失证明获得补救。根据"随附于货物上"的担保理论,生产者应对最终的消费者负责。

此外,保险事业的发展,主权豁免原则适用范围的缩小(使得受害者可以对政府提起诉讼),共同过失理论向相对过失理论的转化,等等,都使 20 世纪中叶以后美国侵权行为法理论发生了重大变化,并继续着这种变化。

在公司法方面,自从 1886 年美国联邦最高法院裁定公司是受到"正当程序条款"和"平等保护条款"保护的法人后,公司以前所未有的速度得到发展。尽管 1890 年《谢尔曼反托拉斯法》以及 1914 年《克莱顿法》以及二次战后的修正法律对垄断行为和组织作了限制,强调政府在限制公司滥用权力方面的作用,扩大股东的权力,加强对公司实施有效的控制。但是,这并未能遏制超大型公司的发展。到 20 世纪 70 年代,50 家大工业公司的销售额、利润额和职工数分别占全国所有工业公司的销售额、利润额和职工数的 66%、75%和 75%。其中,通用汽车公司一家的收入,比 30 个州政府的收入的总和还要多。[①] 至目前,不仅是国内经济,甚至是国外经济和国际区域经济,都已是由少数超大型公司和跨国公司所控制。这种状况,不仅向立法部门,也向众多研究公司和公司法的法学家提出了如下问题:公司法如何发展?公司法学如何发展?可以说,这个问题将是美国法学家今后长期的研究课题。

---

① 〔美〕吉尔伯特 • C. 菲特(Gilbert C. Fite)、吉姆 • E. 里斯(Jim E. Reese)著:《美国经济史》,司徒淳、方秉铸译,第 785、786 页,辽宁人民出版社 1981 年版。

20世纪以来,在美国私法学领域的作品是极为丰富的。虽然列举法常常会挂一漏万,但一些主要的作品还是可以提及的:安德略(J. C. Andrew)编写的《美国财产法》(1952年,全7卷),哈波尔、詹姆斯的《侵权行为法》(1956年,全3卷),斯考特的《信托法》(1956年,全5卷),普劳瑟(W. Prosser)的《侵权行为法手册》(1964年),莱特文(W. Letwin)的《美国的法律和经济:谢尔曼反托拉斯法的演变》(1965年),法恩沃思(E. A. Farnworth)的《契约法》(Contracts, New York, 1972),道森(J. P. Dawson)的《契约法》(1977年),波斯纳(R. A. Posner)的《侵权行为法》(Tort Law, Boston, 1982),克拉克(R. C. Clark)的《社团法》(Corporate Law, Boston, 1986),以及汉密尔顿(R. W. Hamilton)的《公司法》(Corporations, 1986)等。

四、公法学

(一) 宪法学

20世纪以后,美国的宪法获得了进一步的发展。1919年1月,通过了关于禁酒的第18条宪法修正案;1920年8月,公布了授予妇女以选举权的第19条宪法修正案;1933年2月,通过了规定总统、议员任职期限、国会开会日期、总统以及副总统的选任等的第20条宪法修正案;1933年12月,通过废除禁酒法的第21条宪法修正案;1951年,通过限制总统连任届期(任何人连任总统以一次为限)的第22条宪法修正案;1961年3月,通过规定哥伦比亚特区选举问题的第23条宪法修正案;1962年,通过了保障公民享有投票权的第24条宪法修正案;1967年2月,通过了规定副总统代行总统之职以及总统提名副总统等的第25条宪法修正案;1971年7月,通过了选民最低年龄在联邦和州的选举中都一律为18周岁的第26条宪法修正案。

通过这一系列的宪法修正案,美国在国家机器的运转方面,更加趋于完善,在缓和阶级矛盾、种族矛盾和性别矛盾以及有关利益集团之间的矛盾方面也取得了相当的成果。当然,美国宪政实践中的问题,并没有完全解决,关于男女平权的问题就是一个突出的事例。1972年3月,美国国会通过了关于男女平权的宪法修正案,但直到1979年3月,批准此修正案的州始终只有35个,离合法州数尚差3个州。卡特总统行使权力,将成立期限放宽,延迟至1982年6月30日再决定。但过了10年,仍未有足够多数的州通过,该修正案遂成为一个废案。[①]

20世纪美国宪法学作品出了不少,如马克斯·法仑德(Max Farrand)的《美国宪法的制订》(The Framing of the Constitution of the United States,1913)、比尔德的《美国宪法的经济分析》(An Economic Interpretation of the Constitution of the United States,1913)、斯密斯(E. C. Smith)编辑的《美国宪法》(The Constitution of the United States,1936)等。前者是研究美国宪法的经典著作,耶鲁大学到1976年止对该书作了28次翻印,说明了它的学术价值。[②] 《美国宪法的经济分析》是作者运用经济分析方法对美国宪法的产生进行阐明的一部历史巨著,早在1949年就已被译成中文。[③] 该书无论在观点、内容,还是在方法上,都刷新了美国宪法研究的历史。而《美国宪法》一书,则通过对美国宪法学涉及的一些重要制度、原则、判例和概念,如美国宪法的起源、美国宪法文件、最高法院、宪法史上著名的案例、违宪审查权、宪法修正案的通过程序、公民的基本人权等作了通俗简明的阐述,受到美国民众的欢迎。自1936年初版后,至1979年已出至第十二版。限于篇幅,笔者在此仅对比尔德的《美国宪法的经济分析》作一些简要的论述。

---

① 前揭李昌道著:《美国宪法史稿》,第299页。
② 该书已有中文译本,即董成美译,马清文校:《美国宪法的制订》,中国人民大学出版社1987年版。
③ 1984年商务印书馆第二版。见〔美〕查尔斯·A.比尔德著:《美国宪法的经济观》,何希齐译,第226—227页,商务印书馆1984年版。

比尔德(C. A. Beard, 1874—1948)，美国著名的历史学家、美国史学的经济学派创始人之一。一生共发表过三百多篇论文，出版过约六十部著作。其中，最受推崇的是他与其妻玛丽·R. 比尔德合著的《美国文明的兴起》(1927 年)。《美国宪法的经济分析》是他运用"经济决定论"解释历史的主要著作，也是一部探讨美国宪法制定过程的权威性著作。

在《美国宪法的经济分析》中，比尔德首先对研究、解释美国历史包括《美国宪法》的各种派别作了评析，特别指出了从政治史角度研究美国宪法的起源和实质，忽视宪法背后的决定力量，认为宪法是超阶级的，是建立在全民同意上的乔治·班克罗夫特等人的观点的片面性，强调美国宪法其实是当时美国各种利益集团尤其是货币、公债、制造业、贸易和航运等四大动产集团发起和推动的，他们通过自己的私人财产从自己的努力结果(制定宪法)中获得了直接的利益。

接着，比尔德对 1787 年经济利益集团、制宪运动、制宪会议代表选举中的财产保障、会议各位代表的经济利益、作为经济文献的宪法、会议代表的政治学说、宪法的批准过程、民众对宪法的投票以及其经济背景、同时代人关于批准宪法的经济斗争的看法等各个问题进行了全面深入的分析。最后，他认为：

"关于召开制宪会议的提议，并未经过直接或间接的人民表决。

由于对选举资格的限制普遍存在，大量没有财产的人民始终未曾参与(经过代表)制宪工作。"

"在批准宪法方面，约有四分之三的成年男子未能参加对于这个问题的表决；他们或者由于漠不关心，或者由于财产限制而被剥夺了公民权，而没有参加选举出席州代表会议的代表。

宪法的批准，大约只有不到六分之一的成年男子投票赞成。"

"宪法并不像法官们所说的那样，是'全民'的创造；也不像南方废宪派长期主张的那样，是'各州'的创造。它只是一个巩固的集团的作品,他们的利益不知道有什么州界,他们的范围的确包罗全国。"①

比尔德的《美国宪法的经济分析》出版后,在随后的数十年中,便成为对美国宪法起源和本质的权威解释。只是到了二次大战后,由于有关18世纪美国革命的历史资料的不断发表和历史研究的日趋深入,比尔德对美国宪法的某些解释以及这些解释所依据的史料才遭到了批评和质疑。如有的学者认为比尔德将制宪会议成员划分为投资于"动产"和"不动产"的两分法不仅不符合实际,而且把一些错综复杂的社会政治情况简单化了;有的认为,在比尔德此书中,奴隶和奴隶制不仅没有得到充分的阐述,而且它们在比尔德分析宪法形成过程中也居于一种非常模糊不清的地位;也有的认为,比尔德断言制宪会议上北部资产阶级与南部种植园主之间的矛盾和分歧,经过一番讨价还价之后是以前者对后者的胜利而告终,也是不对的,因为许多历史资料表明,宪法是这两股势力相妥协的产物;还有的认为,比尔德说他的"经济决定论"是以麦迪逊的《联邦党人文集》的第十篇论文为依据是一种"罕见的歪曲",因为他完全略去了该论文阐述非经济的动机的部分。

笔者认为,即使上述批评都属实,也仍然不能抹掉比尔德对美国宪法研究所作出的伟大贡献。诚如我国东北师范大学教授丁则民所言:"同过去出版美国宪法史或有关宪法的政治史著作相比,比尔德运用经济分析的方法来探讨美国宪法的形成过程,确实前进了一大步,因为他抛弃了过去那种单纯就事论事的历史写作方式,而是深入到制定宪法背后的经济力量的范畴,并且根据当时可能搜集到的大量资料,对'动产'利益集团在制宪过程中的重大作用作出了比较准确的描述。这自然为美国历史研究指出了一种新的探索方式。"②

---

① 前揭〔美〕查尔斯·A.比尔德著:《美国宪法的经济观》,第226—227页。
② 前揭〔美〕查尔斯·A.比尔德著:《美国宪法的经济观》,再版序言。

比尔德之后,美国宪法学进一步获得了发展,一方面,第 16 条到第 26 条宪法修正案的颁布,为宪法研究提供了充分的素材;另一方面,一批优秀的中青年宪法学家的成长,为美国宪法学的发展注入了强劲的活力。限于资料和篇幅,在此,要对现代美国宪法学作全面的论述当然是不可能的。但根据 70 年代以后陆续出版的一些美国宪法学著作,对其作一些简单的介绍还是可以的。

根据夏庇罗(M. Shapiro)和特雷沙里尼(R. J. Tresolini)合著的《美国宪法》(1983)、威廉斯(J. S. Williams)著:《宪法分析》(1979)以及克劳特(J. C. Klotter)和卡诺维茨(J. R. Kanovitz)合著的《宪法》(1983)等作品,我们了解到,现代美国宪法学研究的重点为:

(1)美国宪法制度(体系);

(2)联邦法院和法;

(3)最高法院的法官;

(4)违宪审查权;

(5)联邦制;

(6)战争权、对外事务和总统;

(7)各项政治的、民事的权利的保障;

(8)自由的宪法基础;

(9)联邦权和州权;

(10)国会、政府和宪法;

(11)宪法与经济制度;

(12)对国民的司法程序保护。[1]

---

[1] M. Shapiro and R. J. Tresolini, American Constitutional Law, 1983; J. S. Williams, Constitutional Analysis in a Nutshell, 1979; J. C. Klotter and J. R. Kanovitz, Constitutional Law, Ohio, 1983.

此外，从 90 年代以后美国出版的一批宪法著作，如路易斯·亨金、阿尔伯特·J. 罗森塔尔编《宪政与权利——美国宪法的域外影响》，①肯尼思·W. 汤普森编《宪法的政治理论》，②斯蒂芬·L. 埃尔金、卡罗尔·爱德华·索乌坦编《新宪政论——为美好的社会设计政治制度》③等来看，宪法思想与宪法制度、美国宪法在特定国家的影响、美国宪政与国际人权、美国宪法的思想渊源、合众国创始人对美国宪法发展的贡献、美国宪政的理论和制度设计等，也成为目前美国宪法学界关注和研究的重要课题。

(二) 行政法学

进入 20 世纪，首先面世的是怀曼(B. Wyman)的《支配政府官员关系的行政法原理》(1903 年)。该书认为，美国和欧洲大陆国家一样有行政法存在，并且认为行政法分为内部行政法和外部行政法，两者互相影响，没有内部的指示不可能有外部的行为。该书详细讨论了行政组织、行政机关的权力、官员的权利和义务和行政机关进行活动的方法等。1905 年，古德诺出版了《行政法原理》一书。它基本上沿用了作者在 1893 年出版的《比较行政法》中采用的格式体系，但已有了许多创新。尤其是对分权原则作了详细讨论。④ 此后，美国又相继推出了弗罗因德(E. Freund)的《行政法案例》(1911 年)和《对人和财产行使的行政权力》(1928 年)，迪金森(J. Dickinson)的《美国行政司法和法律最高权力》(1927 年)以及沙夫曼(I. L. Sharfman)的《州际商业委员会》(1931—1937 年，全 5 卷)等。

20 世纪上半叶美国行政法研究的特点主要表现为：(1)研究的重

---

① 郑戈、赵晓力、强世功译，三联书店 1996 年版。
② 张志铭译，三联书店 1997 年版。
③ 周叶谦译，三联书店 1997 年版。
④ 前揭王名扬著：《美国行政法》(上)，第 63 页。

点首先是行政机关的权力问题,即着重是从宪法的立场出发,讨论委任立法权和行政司法权;(2)注重救济手段和行政机关权力之间的紧密联系,尤其重视对司法审查的研究;(3)至 30 年代末,开始重视对行政程序问题的研究;(4)早期的行政法著作比较多地研究行政实体法的问题;(5)在内部行政法和外部行政法的关系上,认为两者具有不可分割的联系,必须同时研究。①

40 年代后,美国的行政法研究有了很大的转变,即研究重点开始从宪法问题转向行政程序。代表这种转变的最早著作是盖尔霍恩(W. Gellhorn)于 1941 年出版的两本书:《联邦行政程序》和《行政法案例和评论》。作者在这两本书中认为行政法的研究已经进入第三阶段。第一阶段着重研究的问题是宪法的分权原则和行政机关的权力;第二阶段研究的问题是司法审查的界限;第三阶段重点要研究的是行政程序。作者的第二本书的编写方式代表了这第三个阶段的研究方向。该书共 11 章,半数以上是讨论行政程序,其余几章是关于司法审查、分权、权力委任和序言。盖尔霍恩的书最先确定了当代美国行政法学的内容,对美国当代行政法学的研究方向产生了重大影响。该书是美国法学院使用较多的教科书,至 1987 年已发行了第 8 版。②

除盖尔霍恩的著作以外,戴维斯(K. C. Davis)的《行政法论》(1958 年)和贾非(L. L. Jaffe)的《司法控制行政行为》(1965 年),对推动现代美国行政法学的发展也起了巨大的作用。

20 世纪 70 年代以后,美国行政法研究的作品进一步丰富,并在研究范围上更为扩大。目前,美国行政法学著作,除了专著以外,一般性的著作主要包括下列内容:分权、权力委任、调查程序、制定法规程序、

---

① 前揭王名扬著:《美国行政法》(上),第 65 页。
② 同上书,第 66—67 页。

行政裁决程序、司法审查、行政赔偿责任、总统控制、国会控制、行政公开等。由于美国行政法研究受到判例法的限制,在系统性和理论性方面还有待继续提高。①

(三) 刑法学

进入20世纪,美国的刑法学也有了长足的进步。

在教科书方面,首先登台亮相的是修斯(T. W. Hughes)的《刑法以及刑事程序论》和克拉克(W. Clark)、马歇尔(W. L. Marshall)合著的《刑法论》。前者出版后未能再版,而后者于1900年初版后,则连续再版,到1952年已出了第5版。

1934年,密勒(J. Miller)的《刑法手册》出版。该书总结了前人研究的各项成果,体系较为完整且简明扼要,因而受到了学生的欢迎。1939年,纽约大学教授普洛斯科威(M. Ploscawe)的《犯罪与刑法》也跟着面世。该书是一本纯理论的研究书,作者以锐利的笔触,分析了刑法所影响的社会环境。② 总的看来,在20世纪上半叶,美国的刑法学界还是比较活跃的,虽然没有什么著名的巨著出现,但还是出版了一大批从各个角度研究刑法的目的、功能、社会作用以及刑事程序方面的作品。根据穆埃勒(Mueller)教授提供的资料,20世纪上半叶美国刑法学分论的体系主要为:

1. 对个人人身的犯罪

2. 对公共道德的犯罪(违反性道德和其他有关道德)

3. 对公共安全的犯罪[侵犯公共安全、公众健康、所有物(acquisition)的安全、交易安全以及暴力团等]

---

① 前揭王名扬著:《美国行政法》(上),第68页。该书是我国目前研究美国行政法最为系统完整的作品,应当是我国大学行政法专业师生的必读书。

② 前揭〔美〕G. O. W. 米勒著:《美国刑法学史》,第152页。

4. 对社会制度安全的犯罪（侵犯家族、政府组织以及宗教组织等）

5. 对社会资源安全的犯罪（侵犯公共财产、儿童与动物的安全）。①

二次大战以后，美国的刑法学开始走向成熟，其标志就是在各个方面，都有成果出现。

1. 刑法案例书和刑法期刊。二次战后，刑法案例书的数量迅速增加，目前，在全国书市上，至少有16种以上的刑法案例书竞相争妍。在法律期刊方面，虽然学生主办各大学法学院的法律评论的做法未变，但量已大为增加，并出现了刑法学的定期刊物，如《概览》(Survey)就是其中的一种。它模仿《英国法年间回顾》的做法，对美国刑法学的发展也作了同样的回顾。

2. 在申请学位的法学论文中，刑法学具有相当的比例。在从事刑法学教学的教授中，获得学位的教授的比例也逐步上升。1962年，在全国209名刑法学教授中，获得刑法学硕士学位以上的人有71名，约占总数的三分之一。②

3. 《模范刑法典》的出台。自50年代起，美国开始了一个刑法改革运动，主要是要求系统地编纂联邦刑法典。美国法律研究所经多次起草、修改，于1962年提出的《模范刑法典》对这场改革运动起了较大的作用。随着联邦刑法典的颁布，许多州如康涅狄克、堪萨斯、明尼苏达和纽约等也都制定了现代化的刑法典。《模范刑法典》虽然在理论上还存有不少问题，但基本上将以往刑法学研究的成果规定了下来。

4. 刑法研究中比较方法的运用。在这方面，已取得的成果有前述普洛斯科威(M. Ploscowe)的关于法国和西欧刑事程序的比较研究的

---

① 前揭〔美〕G. O. W. 米勒著：《美国刑法学史》，第159—160页。

② 同上书，第182页。

系列论文,哈塞德(J. H. Hazard)的关于前苏联和美国刑法的比较系列论文,以及纽约大学比较刑法规划的立项与实施、国际刑法学会美国支部的活动等。但总的说来,美国比较刑法学还处在起步阶段,力量也比较弱。尤其是懂外国语的教师很少。根据美国"法学教授国际交流委员会"的报告,目前美国大学法学院的教员共有 2500 名(包括兼职),其中,能用外语讲课的人为:法语 92 名,德语 51 名,西班牙语 47 名,意大利语 15 名,能用中国语、丹麦语、荷兰语、日本语、俄语等讲课的人则更加微乎其微。而这当中,能用外语讲授刑法的人就更少了。[1] 因此,培养懂得各种外语的人才,加强比较刑法研究,将是今后美国刑法学的任务之一。

5. 刑法学专著。其中,获得广泛好评的是伯迪克(C. K. Burdik)的《刑法》(1946 年)、霍尔(J. Hall)的《刑法的一般原理》、斯尼德(O. E. Snyder)的《刑事司法入门》(1953 年)以及胡萨克(D. N. Husak)的《刑法哲学》(1987 年)等。其中,霍尔和胡萨克的作品尤为受人重视。

霍尔的《刑法的一般原理》在运用哲学方法研究刑法理论、努力使刑法学上升为一门科学方面作出了尝试。在该书中,霍尔不仅对各种具体的犯罪作了分析,而且对刑法总则进行了详细论述。他将总则内容分为两类。一类为"原则",包括事实的错误和法律的错误、紧急避险、强制、未成年、精神异常、醉酒状态、教唆、未遂以及共谋等。另一类为"原理",主要有七项:罪刑法定主义(合法性)、侵害、行为、犯意、为形成犯罪行为之犯意和行为的同时存在、因果关系、制裁的惩罚性。霍尔认为,它们构成了刑法的基础。[2]

霍尔的书出版后,在美国获得了一片喝彩声,并成为美国刑法学的

---

[1] 前揭〔美〕G. O. W. 米勒著:《美国刑法学史》,第 261 页。
[2] 同上书,第 270 页。

正统理论。由于该书具有英美法学著作中少有的对原则和原理、概念的详尽分析,从而也成为被欧洲大陆广泛引用的第一本美国刑法学体系书。

胡萨克的《刑法哲学》,在肯定霍尔等人倡导的刑法学基本原理的基础上,强调应予以突破和修正。他提出,刑事责任的基本原则是"正义的需要",而正义的核心就是限制国家当局滥用刑罚,不颁布侵犯公民权利的刑事法律,使公民的个人权利得到切实的保护。从这个意义上讲,"刑法是道德和政治哲学的一种。"

胡萨克认为,在正统的犯罪构成要件中,犯罪行为长期以来毫不动摇地处于核心位置,而"无行为即无犯罪"的思想,似乎已成了不证自明的真理。然而,"把犯罪行为要件作为对现行刑事实践的描述性归纳与作为正当刑罚的规定性前提条件,两者都是有问题的。"[1]为此,他提出了"无行为的刑事责任"这一命题,并主张以"控制原则"来取代犯罪构成中的行为要件。

所谓"控制原则"是指"把刑事责任施加于人们无法控制的事态即为不公正。"其核心内容是:一个人,如果他不能防止事态的发生,就是对事态不能控制。按照胡萨克的解释,事态是指责任针对的一些难以确定的事情。"如果事态是行为,他应该能够不为该行为;如果是后果,他应该能防止其发生;如果是意图,他应该不具有这个意图,等等。"[2]反之,如果一个人能够不为"该行为"却为了该行为,如果他能够防止某种后果他却没有防止,如果他能够不具有某种意图他却具有这个意图,那么,他就违反了控制原则,并因此必须承担刑事责任。这样,似乎就

---

[1] 〔美〕胡萨克著:《刑法哲学》,谢望原等译,第5页,中国人民公安大学出版社1994年版。

[2] 前揭〔美〕胡萨克著:《刑法哲学》,第6页。

避开了不作为、无意识、身份以及持有这类概念给传统行为理论带来的麻烦。①

胡萨克的理论虽然也有许多缺点,比如,控制原则仍未能解决人们在什么条件下能够做出另外的行为,而不是做他已做出的行为这个问题,以及"能够不具有某种意图他却具有这个意图"必须承担刑事责任的理论,容易造成处罚"意图犯"和"思想犯"的后果,等等。但他的理论给美国刑法学界吹来了一股新风,一定程度上也代表了目前美国中青年刑法学家对发展美国刑法学的探索与追求。②

第四节 美国法学对英国法学的继承和发展

一、美国法学对英国法学的继承

英、美两国虽同称一个法系,在法学上也同样如此。但是,事实上,从 18 世纪末开始,这两个国家的法律和法学的发展就已出现了不同的、各具特色的发展趋势。因此,将英美两国法学当成是同一件事,是粗浅的认识。当然,这并不否认在许多方面两者之间的一致性。这种一致性,主要是从美国法学对英国法学的继承开始的,这种继承表现为:

第一,美国法学继承了英国法学关于判例法为法学研究之重点的传统。在英国,无论是科克的作品,还是布莱克斯通的著作以及其他各种民法学、刑法学等著作,都是以判例分析为主的。美国继承了

---

① 前揭〔美〕胡萨克著:《刑法哲学》,第 7 页。
② 关于现代美国刑法的详细内容,还请参阅储槐植:《美国刑法》,北京大学出版社 1987 年版。

这一传统,在肯特、斯托里、霍姆斯等人的著作中,也都展示了丰富多彩的判例分析材料。这一点是明显区别于大陆法学以法典注释分析为主的传统。

第二,美国法学程度不同地继承了英国法学中的自然法学、分析法学、历史法学和功利主义法学的法学研究方法。如洛克等人的自然法学,在美国的宪法学文献以及杰佛逊、潘恩等人的著作中得到了充分的表现;奥斯汀的分析法学,为兰德尔、格雷等人继承和发展;梅因的历史法学,为卡特所吸收、发挥;边沁等人的功利主义法学观,也可以在霍姆斯、庞德等人的学说中,尤其是庞德的社会工程学中找到表现。

第三,在法学结构和法学体系上,除个别领域之外,美国基本上都吸收了英国的成果,尤其是在私法学领域,关于私法学的体系、结构和分类等等,与英国法学有更多的相同之处,从而与大陆法学相区别。即使在宪法学领域,美国虽制定了成文宪法典,但其研究方法,仍是英国式的原理、原则的阐述与判例的说明,而非大陆法学的法律条文注释学。

第四,在基本的法律原则、制度、概念、术语上,美国法学也保留了英国法学的基本内容,如对所有权的解释,关于契约法原理,关于法人的概念,关于物的分类,关于遗嘱的定义等,英美两国法学的解释基本上都是一致的,从而形成了与大陆法学不同的风格。

二、美国法学对英国法学的发展

如上所述,美国法学对英国法学也有不少创新和发展,已具有了自己的特色。

第一,在法学研究对象方面,美国法中的成文法领域比英国大得多,在宪法、行政法、商法和反垄断法等方面,美国法学面对的都是系统的、在世界上也极具影响的成文法典,而以成文法典为依据建立起来的美国宪法学、行政法学、商法学、反垄断法学(一般归之于经济法学领域),与以判例为对象的法学显然是不同的。这就使美国法学比英国法学前进了一大步。尤其是美国宪法学,已经成为世界上最有影响的一个法学学科。

第二,在法学研究方法上,自 20 世纪以后,在美国已经为社会学法学所控制。但在英国,则仍是奥斯汀分析法学的天下。二次大战以后,则是哈特的新分析法学占据统治地位。这样,就使英美两国法学的发展,呈现出两种不同的形态。一般而言,美国比较开放,活跃,如在社会学法学的大潮下,还有现实主义法学、实验主义法学、行为科学法学、经济学分析法学、批判主义法学,等等。而英国则比较保守和沉闷,这就使 20 世纪美国的法学可以影响世界,领导法学新潮流,而英国则不行。

第三,在法学教育方面,英国虽也以判例法为主,但在大学讲坛上,仍以教师系统讲授为主。但在美国,自 19 世纪 70 年代兰德尔发明判例教学法以后,在美国各大学法学院,都普遍实行了这一方法。这是美国对世界法学教学制度所作出的巨大贡献。

第四,在美国法学的发展过程中,法官尤其是美国联邦最高法院的法官发挥了巨大的作用,许多法学原理、原则,以及其它各部门法学的原理、原则等,都是在联邦最高法院判决意见中发展起来的。这又是美国法学的一个重要特色。

美国著名法学家伯纳德·施瓦兹(B. Schwartz)在论述美国法对英国普通法的改造时曾指出:"不管两个国家的背景和传统如何相似,将一种法律制度从一个国家原封不动地转移到另一个国家的做法是不可取的。如果我们把 18 世纪中期到 19 世纪中期的英国和美国加以比较,就能看出,英国法不得不按照美国的情况加以重新改造。""英国普通法,只要其本身是合理的,是适合于我们人民的生活条件和日常活动,与我们的联邦和各州的宪法、制定法的精神和文字相吻合的,都已经被我们的法院遵循和正在被遵循着。……可是,只要发现它不具备上述要求中的任何一项,我们的法院就毫不犹豫地修改它,以适应我们的环境。"①很清楚,这段话,对于我们理解上述美国法学对英国法学的创新包括其它任何国家间法律文化的交流与移植都是有启迪意义的。

---

① 前揭〔美〕B.施瓦茨著:《美国法律史》,第16页。

第八章 日本法学

第一节 概述

从地理上说,日本是一个东方国家。在1868年"明治维新"以前,日本的法学(律令学、律学)接受的是中国古代法学尤其是隋唐的律令注释学的影响,一般被认为是中华法系的一个组成部分。[①] 从这个意义上,论述西方法学史不应该涉及日本。

但是,"明治维新"以后,日本全方位地向西方学习,大量移植西欧尤其是德、法等国的法学成果。在短短的十余年中,先后完成了宪法、民法、商法、刑法、民事诉讼法和刑事诉讼法等各大法典的编纂任务,并在吸收引进西方法学发展成果的基础上,迅速形成了日本的法理学以及各部门法学学科,建立起了近代意义上的法律体系和法学体系,成为一个与英、美、法、德并列的法治国家。在这个意义上,笔者以为近代以后日本法学的发展,是西方法学史的一个重要组成部分。尤其是日本近代法学的形成,与学习西方、"脱亚入欧"的进程几乎是一致的。在此过程中,呈现出一些特点,并有许多经验和教训。这更是研究西方法学史所应当重视的。因此,本书单列一章,阐述近代以后日本法学发展的历史。由于在拙著《法学史研究Ⅰ·当代日本法学——人与作品》(上

---

① 〔日〕中田薰著:《法制史论集》第4卷,第68页,岩波书店1964年版。

海社会科学院出版社1991年版)以及相关的论文中,笔者对二次大战后日本法学的发展及其特点作了详细的阐述,因此,对二次大战后日本法学的发展,本书将不予涉及。

第二节 近代以后日本的基础法学

一、法哲学

日本古代的法哲学深受中国儒家和法家学说的影响。丁韪良(W. A. P. Martin, 1827—1916)翻译的《万国公法》(1865年出了日文版)传入日本后,[①]使日本人开始接触到西方的自然法学说(该书深受古典自然法学派鼻祖、荷兰法学家胡果·格劳秀斯的理论的影响),但此时的日本人还是用儒学来理解西方的自然法理念。如重野安绎在注解此书时就说:"胡果(即胡果·格劳秀斯)此论是以孟子的性善良知为本,而归于王阳明(1472—1528,即王守仁,中国明代理学家)的以心为师之说。"[②]

西方法哲学著作最早传入日本的是荷兰法学家维瑟林(Simon Vissering)的《性法略》(《自然法略》,1871年)和保阿索那特(G. E. Boissonade, 1825—1910)的《性法讲义》(《自然法讲义》,1877年)。该两书基于18世纪西欧的理性法哲学基础之上,宣扬"己所勿欲,勿施于人"、"不要害人"等原则,从而将西欧的自然法带入了日本。与此同时,法国思想家卢梭的《社会契约论》的日译本(1877年的服部德译本、1882年的中江兆民译本)也相继问世,从而刺激了日本的自由民权运

[①] 该书原名 *Elements of International Law*,作者是美国国际法学创始人惠顿(H. Wheaton, 1785—1848),1836年出版。

[②] 〔日〕长尾龙一:《法哲学(战前)》,载《学说百年史》,第242页,《法律家》第400号,1968年。

动。在自然法理论进入日本的同时,西方的法的进化理论也开始在日本流行。倡导者为加藤弘之(1836—1916)和穗积陈重等人。前者在译著《国法泛论》(1872年,下同略)、《国体新论》(1874)中,后者在《婚姻法论》(1881)、《法律六主义》(1882)、《万法归一论》(1885)等作品中,介绍了达尔文(R. Darwin,1809—1882)的理论,宣扬"优法存、劣法亡"等学说。[1] 就总体而言,20世纪初,西欧流行的法实证主义、新康德主义的法形式主义、新黑格尔主义的法现象学、试图克服新康德主义的新托马斯主义法学,以及在美国崛起的社会学法学等,都影响了日本。

在各种法哲学思想流行的同时,日语汉字"法学"一词也开始出现。根据笔者掌握的资料,在日本古代,是没有"法学"这个词的,当时在表示研究法律的学问时,用的是"律学"、"律令学"或"明法道"等词。[2] 这当然是由日本古代封建社会中法律意识、权利观念不强所决定,也与接受中国古代律学文化的影响有关。"明治维新"前后,随着西方法律文化的传入,许多概念以及背后所体现的法观念也跟着进入。为了比较确切地表达这些新的法律概念,日本学术界在介绍、翻译西方法学文献时殚思竭虑,创造了一批新的术语。汉字"法学"一词的出现就是其中一例。[3]

据日本友人提供给笔者的资料,[4]在日本,"法学"一词最早出现于

---

[1] 这种思想,后来在穗积陈重的《法律进化论》中得到进一步的阐述。

[2] 日本庆应大学教授利光三津夫在其论著中多次提到这一点。东京大学教授石井紫郎、明治大学教授冈野诚、国学院大学教授高盐博等,在与笔者交谈中也多次表示了这一点。

[3] 此外,"权利"一词也是。在"明治维新"前夕,人们在翻译荷兰语"regt"(权利)一词时,曾因找不到相应的日语单词而束手无策。后来,有人试着译为"权理",也有人试着译为"权利"。最后,因政府认可了"权利"一词,才使其固定下来,并与德语Recht、法语Droit、意大利语Diritto等相对应。参阅〔日〕川岛武宜著:《日本人的法意识》第16、30页,岩波书店1967年版。

[4] 明治大学法制史教授冈野诚、明治史专任讲师村上一博热情地为笔者查找日语汉字"法学"一词的起源提供了极为珍贵的资料,借此机会对这两位先生表示诚挚的谢意。

津田真道编译的《泰西国法论》(1868年)和神田孝平的《日本国当今急务五条之事》(载1868年4月10日《中外新闻》)之中。后者,只是提出了"法学"这一用语;而前者在"凡例"中则对此作了比较详细的说明:"法学,法语称之为 jurisprudence 或 science du droit,英语称之为 jurisprudence 或 science of law 或单称 law,德语称之为 Rechtswissenschaft。①……汉土的语法与英语相似,故将此学的总名译为'法学'。"②而在政府文件中广泛使用"法学"一词,是在明治四年(1871年)以后;作为讲义(课程)的名称,则是由穗积陈重于明治十四年(1881年)在东京帝国大学法学部首次使用的 Enzyklopadie der Rechtswissenschaft(即"法学通论")。③

正是在引进这些法学思潮以及概念术语的学术活动中,形成了现代日本的法哲学。这方面的代表人物有尾高朝雄、高柳贤三、广滨嘉雄、小野清一郎、田中耕太郎、宫泽俊义等人。比如,尾高朝雄在《国家构造论》(1936)、《法哲学》(1937)以及《实定法秩序论》等著作中,批判了新康德主义法哲学将"当为"与"存在"对立、法与事实脱离等二元主义缺陷,强调应按黑格尔的立场,在辩证法的动态上把握实在,主张"团体主义和个人主义的结合才是法的正义"。广滨嘉雄在《法理学》(1940)一书中,主张用辩证法来统率法哲学,认为法哲学是"把握法的整体的学问","在统一基于主观的、个人的、单独的、合理的启蒙思想之上的理性自然法立场,和基于客观的超个人的、整体的、现实主义之上的历史法学的立场上的意义上,法哲学发展了辩证法的立场,而这,又恰恰是辩证法的必然发展。"④田中耕太郎在《法律哲学练习》(1925)和《现代法律思潮》(1929)以及《法律哲学论集》等作品中,强调应以新托

---

① 原文中是日语片假名,笔者据其读音恢复为上述法、英、德语。
② 〔日〕津田真道译:《泰西国法论》"凡例",载《明治文化全集》第13卷,1929年初版。
③ 〔日〕穗积陈重著:《续法窗夜话》,第139—140页,岩波书店1936年版。
④ 〔日〕长尾龙一:《法哲学(战前)》,载《学说百年史》,第247页。

马斯主义和法律实证主义来克服新康德主义的软弱无力,并主张用德国法学家施塔姆勒或拉德勃鲁赫的学说来构造现代日本法哲学。而宫泽俊义在《法律的科学与技术》(1927)、《国民代表的概念》(1934)、《民主制与相对主义哲学》(1934)以及《法律学中的"学说"》(1936)等著作中,则进一步以凯尔森(H. Kelsen,1881—1973)的纯粹法学为基点,融合了拉德勃鲁赫的价值相对主义,以建立民主主义的法哲学体系。

由于上述学者的努力,不仅将现代西方的各种法哲学理论移植进了日本,而且在此基础上形成了具有日本自己特色的法哲学理论。在这一理论中,既有许多民主的精华,它们与"天皇机关说"等相结合,大大推动了大正时代(1912—1926)的民主运动;也有一些国家主义、德国现象论内容,为日本法西斯主义所利用,成为镇压国内民主运动的工具。而1935年以后,由于法西斯势力的崛起,对外侵略战争的扩大,日本的法哲学的发展也进入低潮。直至战后,在法学界的努力下,才真正确立起了民主主义的日本法哲学。①

二、法社会学

在日本,法社会学研究开始于19世纪末。1886年,穗积陈重进行的各种法社会学课题研究,1900年以后,冈松参太郎进行的台湾习惯调查等,可以说是这方面的最初成果。而在日本系统从事法社会学研究的,则是第一次世界大战以后末弘严太郎、高柳贤三和平野义太郎等人的活动。②

第一次世界大战后,随着经济的恶化,国内矛盾日益激化。1918

---

① 关于二次战后日本的法哲学,请参阅何勤华:《战后日本法律哲学的发展与特征》,载《法学》1990年第9期,《当代日本法哲学研究的新发展》,载《法学》1996年第6期。
② 〔日〕潮见俊隆编:《社会学讲座9·法社会学》,第239页,东京大学出版会1974年版。

年爆发了"米骚动"事件,1920年发生经济恐慌,使劳资矛盾、租赁矛盾、地主和农民的矛盾都很尖锐,民事纠纷频频发生。在这种形势之下,统治阶级在加强治安镇压的同时,也开始重视社会立法,试图以国家干预社会经济的办法,协调各社会阶层的利益,缓和各种经济和社会矛盾。这些,为日本法社会学的系统展开提供了客观基础。

在这种背景之下,1920年,在欧美留学了三年的末弘严太郎(1888—1951)回到了日本,并开始致力于法社会学的研究事业。1921年,他出版了《物权法》一书,因放弃传统教科书的模式,紧密联系社会实际生活而轰动日本。同年,他和穗积重远一起,开始了民法判例研究会的活动,引导法学家重视司法机关的审判活动。与此同时,末弘严太郎对国外的法社会学理论作了系统介绍。1920年,受他和高柳贤三的约稿,现代法社会学的创始人之一、奥地利著名法学家埃利希为日本《法律协会杂志》撰写了《成文法与活法》、《法社会学》两篇重要论文。从1920至1928年,埃利希、坎特罗维茨、凯尔森以及庞德等欧美著名法社会学家的学说都被先后引入日本。这些,对日本法社会学的建立也起了重要作用。

与末弘严太郎的活动同时,平野义太郎进一步推动了日本的法社会学的发展。1925年,他出版了《法律上的阶级斗争》,对引入马克思主义的法学思想作出了划时代的贡献。在此书中,平野义太郎明确指出了国家的阶级性,对法的发生、进化、变革与阶级斗争的关系作了详细的分析。这种分析,使法社会学研究进一步与当时的社会民主运动以及群众的阶级斗争结合了起来。

1927年,日本爆发了金融危机,统治阶级进一步加强了对民众的镇压。1930年,平野义太郎因对《治安维持法》(日本法西斯立法之一)发表意见而被迫离开东京大学。1933年,泷川幸辰(1891—1962)因其《刑法读本》等著作中的民主思想而被勒令辞去京都大学法学部教授职务。1935年,东京大学法学部教授美浓部达吉也因"天皇机关说"事件而受到议会保守派的围攻而被迫辞去议员职务,其著作全部被定为禁书。这一系列事件,给日本法社会学的发展带来了消极的影响。但尽管如此,在财产法和家族法领域,法社会学的研究仍然取得了不少成绩,如我妻荣的《近代法中的债权的优越地位》(1929—1931)、中川善之助的《略说身份法学——亲族继承法的社会法律学》(1930)、桥本文雄的《社会法和市民法》(1934)以及平野义太郎的《日本资本主义社会的机构》(1934),等等。

从1937年7月7日"卢沟桥事变",至1945年8月15日日本宣布无条件投降,是日本进入全面对外侵略战争时期。在该时期,法学研究几乎处于停滞阶段。除戒能通孝、福岛正夫、川岛武宜等人对日本国内以社会学方法进行的农村调查以及中国内蒙古地区游牧社会习惯调查之外,基本上无大的进步。

二次大战以后,由于克服了军国主义和法西斯主义,日本的法社会学也得到了真正的发展。1947年成立了日本法社会学会(每年出版《法社会学年报》),编辑出版了11卷本的《日本近代法发达史讲座》(鹈饲信成、福岛正夫、川岛武宜、迁清明主编,劲草书房1958—1967年,参与学者有50多人)、10卷本的《法社会学讲座》(川岛武宜主编,岩波书店1972—1973年,参与学者有100多人)以及8卷本的《法社会学研究》(渡边洋三著,东京大学出版会1972—1981年)等,使日本的法社会学研究达到了一个相当高的水平,为推动世界法社会学研究作出了贡献。①

---

① 关于战后日本的法社会学,请参阅何勤华:《战后日本法律社会学的发展及其特征》,载《中外法学》1991年第2期。

三、法史学

日本近代法史学源自19世纪70年代。1877年,东京大学法学部首次开设了日本古代法罗马法讲座。1893年,又开设了法制史和比较法制史讲座。其首任教授是宫崎道三郎(1863—1928)。20世纪以后,随着日本与各国交往的扩大,该讲座又逐步扩充内容,发展成为日本法制史、西洋法制史和东洋法制史三个分支。同时,日本还开设了法思想史的讲座。

二次大战以前,为法史学研究作出巨大贡献的学者,主要是中田薰(1877—1967)、三浦周行(生卒年月不详)、泷川政次郎(1897—1992)、岛田正郎(1915年生)以及中田薰的三位弟子石井良助(1907—1993)、仁井田陞(1904—1966)和久保正幡(1907—?)等人。

中田薰是前述东京大学法学部开设的法制史与比较法制史讲座的第二位教授,对日本法制史和东洋法制史都有精深的研究。其三卷本《法制史论集》(岩波书店1926—1943)收集了他在该领域的主要成果。三浦周行的代表作是《法制史研究》和《续法制史研究》(岩波书店1919—1925)以及对日本古代最系统之律令注释书《令集解》的解说作品等。泷川政次郎既研究日本古代的各种法律典籍,也研究中国隋唐的法制文献。他对《令集解》的解题,对律令格式逸文的收集和考证,对日本律令的研究,以及对唐律疏义、敦煌出土法律文献的研究,至今仍保留着相当的权威。石井良助、久保正幡和仁井田陞则分别专攻日本、西洋和东洋法制史。前者著作等身,其日本法制史的系列研究(如《日本婚姻法史》、《日本团体法史》、《日本继承法史》等八卷本的《日本法制史论集》等)一直延续到80年代末。久保正幡的西洋法制史概说书、西洋法制史资料选以及对《撒利法典》和《里普利安法典》的翻译等,被认为是该领域的经典作品。而仁井田陞,则是本世纪日本东洋法制史研究的泰斗,其《故唐律疏义制作年代考》(1931年,和牧野巽合著)、《唐令拾遗》(1933年)、《唐宋法律文书研究》(1937年)、《支那身份法史》(1942年)等,不仅被日本学术界奉为传世之作,而且对中国学术界也发生了广泛的影响(其中,《唐令拾遗》已于1989年被栗劲、霍存福等译为中文,由长春出版社出版)。

二次大战后,日本的法史学研究进一步获得了发展,并涌现了一批有突出成就的学者,如滋贺秀三、内藤乾吉、内田智雄、池田温、冈野诚等,关于这方面的论述,请参阅拙文《论当代日本法史学研究的发展与特点》(载《中南政法学院学报》1990年第2期),这里,就不再赘述。

四、比较法学

日本近代比较法的开拓者是穗积陈重(1855—1926)。他在参与民法典编纂时,比较各国法制和法学,将英国梅因的进化论的历史法学理论、德国"潘德克顿法学"等糅合在一起,从而拉开了日本比较法研究的帷幕。1884年提出的"世界五大法族(印度法、支那法、回回法、英国法和罗马法)之说",可以说是这种研究的最初成果。① 在穗积陈重理论中,突出的是他的"优法存、劣法亡"的进化论观点。他认为,1898年《日本民法典》就是按照这一原则,在广采各国民法典之长的基础上制定的。在1924—1927年出版的三卷本《法律进化论》中,穗积陈重进一步发展了进化论的比较法理论。但是,总的来说,第一次世界大战前,日本比较法学的发展还是零碎的、非自觉的,用日本著名比较法学家野田良之的话来说,此时日本的比较法研究还处在摸索的时代。②

第一次世界大战以后,专心致志于比较法学研究,并使其初步成为

---

① 〔日〕西贤著:《我国比较法学的发展》,载《神户法学杂志》第20卷,1971年。
② 〔日〕野田良之著:《日本比较法的发展与现状》,载《法学协会杂志》第89卷,1972年。

一门学科的是杉山直治郎、牧野英一、高柳贤三、田中耕太郎等人。杉山直治郎于1918、1919年分别发表了《论比较法学观念》和《比较法学的根据》两篇论文,对法国比较法学家萨莱耶的比较国法学、新自然法学和郎贝(Lambert)的立法共通法理论作了介绍,对比较法和外国法的区别,比较法史学与法社会学的关系作了阐述。在1921年发表的《法律思想的发达》一文中,进一步对法国公法学家狄骥的社会连带主义和比较法学的关系作了分析。田中耕太郎在《世界法的理论》(全三卷,1932—1933)中,以当时出现的一些统一的立法活动(国际间经贸条约的缔结)以及国际私法和公法的发展为契机,鼓吹一种超越国境的世界法,其基础是人类普遍的自然法,而实现的手段则是比较法。通过法的比较,实现法的统一的过程,由于第一次世界大战后国际比较法学会和私法统一国际协会的活动而变得明朗。田中耕太郎认为,要实现世界法的目标,必须解决各个民族法的差异以及由此产生的法的冲突问题。高柳贤三(1887—1967)在其一系列论文中,将比较法研究的视野从欧洲大陆扩大至英美国家。他认为,比较法研究不能仅仅停留在法的制度方面,还必须深入到法的思想基础和法的整体结构之中。

总之,从第一次世界大战结束至二次大战之间日本的比较法学有了比较大的发展,其学科渐具雏形。但是,30年代中期以后,一方面,由于法西斯势力的崛起,学术研究包括比较法研究受到重大摧残;另一方面,学者的有些理论,如"世界法"、"立法共同法"等被军国主义分子用来作为建立奴役亚洲人民的"大东亚共荣圈"的理论工具。因此,比较法学作为一门社会科学并未得以确立。和平、民主、平等的,作为社会科学之一个分支学科的比较法学,是在二次大战结束后形成的。[①]

---

① 关于二次大战后日本的比较法学,请参阅何勤华:《当代日本比较法学的发展与特点》,载《社会科学》(沪)1990年第5期。

第三节　近代以后日本的私法学

一、民法学

按照日本著名民法学家星野英一(1926—2012)的观点,日本民法学的历史可以分为四个时期:一、从公布民法典前三编(1895年)到明治末年(1910年前后);二、从明治末年到20年代初;三、从20年代初到50年代中叶;四、50年代中叶至今。① 由于第四个时期即50年代中叶以后日本民法学的发展,笔者已另外撰文介绍(见拙文:《论当代日本民法学的发展与特点》,载《法律学习与研究》1991年第2期),故这里仅对前三个时期日本民法学的发展作一些论述。

"明治维新"后,在编撰民法典时,日本学术界开始对与民法典相关的课题进行研究,对各国的法典进行比较,并对法典条文进行注释,这一般被认为是日本近代民法学的开始。在这方面,民法典起草委员梅谦次郎(1860—1910)和富井政章(1858—1935)作出了巨大的贡献。梅谦次郎在《民法要义》(全5卷,1896—1900),对民法典逐条进行解释,虽然比较简单,但在解释条文的同时,旁征博引各种资料,并阐明立法者的想法和立场,十分珍贵。随后,他又出版了《民法原理》(总则编卷之一于1903年出版、卷之二于1904年出版)一书,对民法的基本理论和体系以及概念等作了详细阐述。与此同时,富井政章也于1903年—1914年出版了两卷共四册的《民法原论》,阐述了民法典起草者的立场和观点。此外,该时期出版的其他民法学作品还有松波仁二郎、仁保龟松、仁井田益太郎(均为民法典起草委员会的助理)的《帝国民法正解》

---

① 〔日〕星野英一著:《日本民法学史》,载《法学教室》第8卷,1981年。

(全 3 卷,1896—1897)和冈松参太郎的《注释民法理由》等等。该时期民法学作品的特点,是以注释民法典条文,并阐明立法理由为主,同时也对民法理论作了些历史的、比较的阐述,民法学家的立场基本上是历史法学派(进化论)、自然法学派(科学论)和实证主义法学派(重视制定法)的观点的综合。[1]

从 1910 年起,日本民法学进入一个体系化时期,出现了若干特点:第一,人们开始超越民法典的条文和立法者、起草者的想法,而按照德国民法学上的概念和体系,来构造德国式的日本民法学的体系。第二,由于专心致力于构造民法学的理论体系,对社会现实中的民事法律问题的注意就显得不够。第三,判例的地位、作用,也因上述学者的立场而受到轻视,几乎没有人考虑到判例是一种"活的法",是发展法典内容的重要因素。运用德国近代民法学成果为日本民法学体系化作出贡献的学者和作品主要是冈松参太郎(1871—1921)与《无过失损害赔偿责任论》(1916),石板音四郎(1877—1917)与《日本民法债权总论》(全 3 卷,1910—1916),鸠山秀夫(1884—1946)与《日本民法总论》(1923)、《日本债权法》(全 3 卷,1916—1920),中岛玉吉(1875—?)与《民法释义》(全 5 卷,1911—1937)等等。

20 世纪 20 年代至 50 年代,是日本民法学发展的第三个时期。该时期的主要特征是学者对上个阶段民法学研究往德国一面倒的倾向进行了批判,强调民法理论和日本社会实际的联系,从而为创建日本式的民法学作出了巨大的贡献。

使日本民法学发展从上一时期转入该时期的原因是多方面的,第一,第一次世界大战以后社会矛盾的激化而导致了一系列民事立法,如《关于建筑物的法律》、《租地法》、《租房法》和《工厂法》等。这些立法将

---

[1] 〔日〕星野英一著:《日本民法学史》,载《法学教室》第 8 卷,1981 年。

学者的视线从纯理论的体系建设转移到了社会实际生活中来。第二，20世纪初期，在西欧出现了实证主义法学和社会学法学，对日本也产生了巨大的影响，德国的概念法学受到了批判。第三，从法学内部来说，早在前一时期便已经萌芽的法律进化论思想和自由法学思想，在此时获得了进一步发展。但这方面起关键作用的是末弘严太郎、我妻荣、中川善之助和末川博等人。

末弘严太郎于1921—1922年出版了《物权法》，强调民法学应与社会生活结合。他认为，理论必须和实践相一致，"日本的法律书中，必须有日本的地方特色"，①与社会生活不一致的法律是不允许存在的，只埋头于法典和外国法律书，专心于概念和逻辑的构造，是不科学的。为了加强民法学与社会实际的联系，1921年，末弘严太郎又创立了民法判例研究会，引导学术界注意从活生生的判例中，发掘、发展和丰富民法学的养料。

继承末弘严太郎的立场，进一步推动民法学发展的是我妻荣(1897—1973)。他在《民法Ⅰ—Ⅱ》(1933—1934)、《民法教材Ⅰ—Ⅳ》(1938—1942)等众多的著作中，对民法各个领域的研究和对众多判例的分析论断，在长时期中，成为日本民法学界的主流观点。中川善之助(1897—1975)则致力于家族法的理论和实务研究，构筑了一个庞大的体系，他在《离婚制度的研究》(1924)、《家族法》(1933)和《继承法》(上、中、下，1946—1947)等著作中，结合人类学、民俗学、社会学以及在日本东北地区进行的农村家庭生活调查，和众多的判例，对家的制度、身份、家庭财产等作了精深的研究。而末川博(1892—1977)则以日本现实情况和判例为依据，对侵权行为法和公民的个人权利保护问题作了系统的研究，奠定了日本契约法中侵权行为法学的基础。

---

① 前揭〔日〕星野英一著：《日本民法学史》。

总之,该时期,由于日本民法学者摆脱了德国概念法学的束缚,吸收各种法学研究方法,注重理论和社会实际相结合,使民法学研究发生了全新的转变——即具有日本特色的民法学开始形成。当然,这一学科的完善和最终确立,是第二次世界大战以后的事情。

二、商法学

按照日本著名商法学家、东北大学法学部教授管原菊志的观点,日本近代以后商法学的历史发展,可以追溯到"明治维新"初期,而后经历了三个时期:明治三十年(1898年)以后的开拓期,大正时代(1912—1926年)的确立时期,昭和时代(1926—1989年)前期的发展时期,才发展成为一门社会科学的。① 其中,第一个时期的主要成就是明治商法典的颁布、实施,各种银行保险立法的出台,以及日本近代商法学的创始人冈野敬次郎(1865—1925)学术活动的展开。第二个时期的标志是一批商法学理论著作的出版,以及松本丞治(1877—1954)和竹田省(1880—1954)商法学理论的传播。第三个时期的特征是出现了强调对商法的综合研究和方法论更新的倾向,以及"商的色彩论"、②商法企业法论、股份债权法理论的提出等等。而第二次世界大战以后,随着日本商法的大规模修改,商法研究力量的增强,日本的商法学进一步获得了长足的发展。关于"明治维新"以后至80年代日本商法学的发展,笔者在《日本商法学的历史与现状》(载《法律科学》1991年第1期)一文中

---

① 〔日〕管原菊志:《学说百年史·商法——商法一般·商行为》,载《法律家》,第400号,1968年。

② "商的色彩论"是二次大战前由田中耕太郎提出的。该论认为,民法与商法的区别与对立,不取决于各自规定的法律事实的不同,而在于其法律事实接受的技术色彩之因素不同(如是商人个人单独营销? 还是集团联合作战? 等等),这种技术色彩的因素,被称为"商的色彩"。在一般私法的法律事实中,带有商的色彩的就是商法上的法律事实,以这样的法律事实为调整对象的就是商法。

已作了详细的论述,这里就不再展开。

第四节　近代以后日本的公法学

一、宪法学

按照日本著名宪法学家铃木安藏的观点,日本近现代宪法学的发展,大体可以分为三个时期:诞生期(1889—1897)、形成期(1889—1910)和发展期(1910—1935),[①]而发展期以后至二次大战结束,则是日本宪法学的受挫时期。

诞生期开始于 1889 年《大日本帝国宪法》颁布之后,其主要标志是 1889 年 6 月伊藤博文(1841—1909)的《宪法义解》一书的出版。伊藤博文作为日本政府的首脑,曾于 1882 年率代表团赴欧美各国考察宪政,最后选择了德国的模式,制定了《大日本帝国宪法》,并撰写了本书。它除对宪法条文作了解释之外,还对主权的所在、源泉(天皇主权),天皇的地位以及权能(天皇为国家元首,统揽一切大权),议会、内阁、法院的职能等宪法的各个主要问题作了阐述。由于伊藤博文是该宪法的主要起草者,所以,他写的这本《宪法义解》当然地受到人们的重视,成为宪法制定后的权威作品。

在日本宪法制定和伊藤博文的《宪法义解》出版前后,日本还推出了合川正道的《宪法要义》(1887)、市岛谦吉的《政治原论》(1888)两部作品,对国家、主权、政体、宪法以及权力分立等问题作了阐述。

进入明治三十年(1897 年)前后,日本宪法学进入了形成期。代表该时期的作品,首先是一木喜德郎(1867—1944)的《国法学讲义》(1899

[①] 〔日〕铃木安藏著:《日本宪法学史研究》,第 1 页,劲草书房 1975 年版。

年在东京帝国大学法学部的讲义)。该讲义分绪论、本论两部分,绪论分三章:涉及国家的观念、国法学、国法的法源。本论有四编,第一编总论,包括统治权及其性质、统治权的总揽者及其国家元首、政体的种类等三章;第二编国家的组织,包括领土、臣民、国家的机关三章;第三编国家机关的组织,包括君主、摄政、监国、国务大臣、议会等五章;第四编国家的机能,包括立法、命令、预算、司法、条约。很清楚,该讲义除对公民的权利义务涉及很少(只有"臣民"一章)之外,体系已很完整了。除体系完整之外,一木喜德郎在该讲义中的最大贡献,就是引进德国宪法学家拉邦德的理论,提出了"国家法人说"的观点。[1]

1901—1902年,有贺长雄出版了《国法学》(上下卷)。该书着重对日本国家的主权、公民、国家、天皇的地位等问题作了探讨。其特点在于,第一,对日本国法的沿革作了详细的阐述,用了约二百页的篇幅阐述了自古代至近代日本国宪法的历史;第二,对当时日本国家的所有部门都进行了考察,论述范围不仅有天皇、帝国议会,还有中央行政厅、地方厅、官吏、自治体、军务行政、外务行政等。[2] 由于有贺长雄在执教(早稻田大学教授)的同时,还兼任日本高层的官吏(曾担任中国北洋军阀袁世凯政府的法律顾问),故他的这本《国法学》对日本近代宪法学的形成有重要影响。

与有贺长雄出版《国法学》的同时,京都大学教授井上密编写了《大日本帝国宪法讲义》,该讲义虽未公开出版,但通过其学生市村光惠、佐佐木惣一(1878—1965)和泷川幸辰等人的传播,对日本宪法学界产生了巨大的影响。该讲义由绪论和四编组成,具体内容为:绪论,关于宪法和国家的考察;第一编,统治的主体——宪法上的天皇;第二编,统治

---

[1] 前揭〔日〕铃木安藏著:《日本宪法学史研究》,第122页。
[2] 同上书,第136页。

的客体——国土与臣民；第三编，统治机关——帝国议会、国务大臣；第四编，统治的作用——立法、司法、行政。井上密讲义的特色，在于对"宪法"的含义作了比较细致的说明。他指出，宪法有实质意义上的宪法和形式意义上的宪法两种，后者是指：(1)宪法是规定国家组织的法的总称；(2)宪法是规定国家公法的大原则的法的总称；(3)宪法是规定国家政体的法的总称；(4)宪法是规定国家政治上的权利以及人权的大法；(5)宪法是规定国民的权利和义务的大法；(6)宪法是规定国体以及治者与被治者的关系的大法；(7)宪法是国权的主体及国权的作用的法；(8)宪法是国家权力如何形成的形式；(9)宪法是国家构成分子、国家作用的法的总称；(10)宪法是统治者为进行政务而设立的机关的法；(11)宪法是国家的组织作用的法规中除去刑法和刑事诉讼法、民事诉讼法以及法院构成法之外的法；(12)宪法是关于国家各个组成部分之相互关系以及国家机关行为的法；(13)宪法是关于国家统治权的分立及其运用的纲领。① 从上述内容可以看出，虽然井上密的宪法学理论未必全部正确，但对以后日本宪法学的发展确实产生了巨大的影响。

1910 年前后，日本宪法学进入发展时期。该时期最重要的特色，是美浓部达吉(1873—1948)和佐佐木惣一等人的民主主义宪法学(以"天皇机关说"为核心)的形成、与此唱反调的穗积八束、上杉慎吉等人的保守的宪法学理论(以"天皇主权说"为核心)的登台，以及两者的争论。

1907 年，美浓部达吉出版了《日本国法学上卷上·总论》，在该书中，美浓部达吉的最大贡献是针对传统的绝对主义君主即国家的宪法理论，提出了国家法人、国家主权的民主主义的宪法学理论。1912 年，美浓部达吉又出版了《宪法讲话》，该书针对当时通行的穗积八束、上杉

---

① 前揭〔日〕铃木安藏著：《日本宪法学史研究》，第 147 页。

慎吉等人的"天皇主权说",提出了著名的"天皇机关说"理论。美浓部达吉指出,"天皇是国家的最高机关",这句话初听,似乎伤害了国民的"尊王心",但这是从"国家作为一个团体(国家法人说)中引申出来的必然结果。"①"国家法人说"、"天皇机关说"的提出,不仅在日本近代宪法学上引起了一场革命,也为大正时代的民主运动提供了理论基础。在《宪法撮要》(1923)、《宪法精义》(1927)两书中,美浓部达吉进一步发展和完善了上述理论。

美浓部达吉的民主主义宪法学理论,得到了市村光惠和佐佐木惣一的支持。前者在《帝国宪法论》(1915),后者在《日本国宪法要论》(1930)等著作中,都对"国家法人说"和"天皇机关说"作了进一步的阐明。与美浓部达吉等人的理论相对,作为"明治宪法"颁布后的传统理论的代表,是东京帝国大学法学部教授穗积八束(1860—1912)以及其学生上杉慎吉。他们在其著作中强调,国家不是"平等团体",而是"权力团体",拥有无限的主权。而与此相对的是臣民,他们负有绝对服从的义务,而国家就是天皇,它拥有无限的主权,甚至有时宪法的存废都属于天皇的自由(这一点已极端到违反帝国宪法规定本身的程度了)。这种"天皇主权说",是与作者在政治上的反民主立场联系在一起的。②穗积八束和上杉慎吉的理论,在受到美浓部达吉等人的批判后,事实上在学术界已被冷落。但自1935年"天皇机关说"事件(美浓部达吉在议院受到保守派围攻,被迫辞去议员职务,其著作大部分遭查禁)后,又得以抬头,并为日本法西斯政权所利用,成为镇压人民民主运动的工具。

1935年至二次大战结束,是日本宪法学受挫时期。该时期的宪法

---

① 前揭〔日〕铃木安藏著:《日本宪法学史研究》,第186页。
② 〔日〕家永三郎著:《天皇主权说》,载《国史大辞典》第9卷,第1007页,吉川弘文馆1992年版。

研究虽然仍在进行,也出版了一些作品,如上杉慎吉的《帝国宪法逐条讲义》(1935)、佐藤丑次郎的《帝国宪法讲义》(1936)等,但这些著作,基本上都强调国家主义、天皇主权,在学术上并无多大的价值。① 日本宪法学的复兴和全面发展,是在二次大战结束、日本军国主义和法西斯势力覆灭、1946年《日本国宪法》颁布之后的事情。②

二、行政法学

在日本,最早研究行政法的是前述宪法学家穗积八束。继承他的理论观点、在日本最早推出行政法专著的是上杉慎吉。他于1904年出版了《行政法原论》一书,对日本的行政法问题作了探索。但是,该书基本上是模仿德国行政法学家奥托·迈尔在《德意志行政法》中提出的理论体系,构造的是一个行政学的官僚式的行政法体系。

从理论上、从法学角度阐明行政法的各个问题、使行政法学成为一门近代社会科学的是美浓部达吉、织田万和佐佐木惣一等人。③

在《读穗积八束的公法的特征》(1904)、《论公法与私法的关系》(1913)的等论文中,美浓部达吉对穗积八束、上杉慎吉等人的官僚式的行政法学理论进行了批判。指出,穗积八束的公法是权力关系法,私法是平等关系法的观点,是不对的。无论是公法,还是私法,都是权利义务关系的法,在《类集评论行政法判例》(1925)的序中。美浓部达吉指出,官权偏重的思想,已无意识地侵入到了判例中,法院仅从法令中寻找司法的根据是不对的,必须重视社会的正义和社会利益。在以后的

---

① 〔日〕家永三郎著:《天皇主权说》,载《国史大辞典》第9卷,第1007页,吉川弘文馆1992年版。
② 关于二次战后日本的宪法学,请参阅何勤华:《日本宪法学的发展及其战后特点》,载《法治论丛》1991年第4期。
③ 〔日〕鹈饲信成:《行政法》,载《学说百年史》,第37页,《法律家》第400号,1968年。

论著中,美浓部达吉进一步指出,对官僚的行为,必须以法来规制,在违法的场合,必须由法院给予救济,并通过此,尽可能广范围地给予国民权利以保护。为此,美浓部达吉提出,第一,尽量扩大行政法院的保护功能;第二,通过行政法解释论,扩大行政诉讼管辖的范围;第三,对其他损害公民权利的事项,通过民法给予救济。

美浓部达吉的行政法理论,在总体上与官僚主义行政法学相对立,它强调了对国民权利的保护,因而被称为民权主义的行政法学。这一立场,为佐佐木惣一和织田万进一步所发展。

全面继承美浓部达吉和佐佐木惣一的学说,并确立了日本行政法学体系的是田中二郎(1906—1982)和柳濑良干。他们通过对行政法的思想基础即自由主义的立场、公法与私法的区别、行政行为瑕疵论等问题的阐述,逐步使行政法变得系统、完整,并最终在《行政法讲座》(田中二郎、原龙之助、柳濑良干编,全6卷,有斐阁1956—1966)、《行政法演习》(田中二郎、雄川一郎编,全2卷,有斐阁1963年)等作品中,确立起了一个独立的日本行政法学体系,该体系以国民权利的保护、依法行政为核心,包括行政组织法、行政程序法、行政诉讼法和国家赔偿法。而这一体系,到70年代,随着日本社会法律现代化进程的加快,又得到了进一步的发展。[1]

三、刑法学

"明治维新"后,在刑法领域,日本并没有马上照搬西方的制度,而是以中国的明律、清律为基础,结合日本的国情,搞了一些改革,如制定了《假刑律》(1868年)、《新律纲领》(1870年)、《改定律例》(1873年)

---

[1] 关于二次战后日本行政法学的发展和特点,请参阅何勤华著:《法学史研究Ⅰ·当代日本法学——人与作品》第二章第一节"三",上海社会科学院出版社1991年版。

等。其中贯彻的刑法理论,仍是中国的律学思想。[①]

然而,随着日本维新运动的深入,资本主义经济关系和政治体制的发展,建立在封建主义基础之上的刑法体系以及刑法学理论显然不适应社会发展的需要了。在此形势下,日本聘请法国巴黎大学法学院教授保阿索那特起草法国式的资本主义刑法典,并于1880年颁布实施。在这部刑法中,首次贯彻了法国式的资产阶级刑法学理论,如罪刑法定主义、轻刑主义、未遂和既遂的区别论、主犯和从犯区别论,以及旧派刑法学的报应刑主义和新派刑法学的目的刑(教育刑)主义相结合的折衷论等,并设立了中止犯、不能犯、自首减轻的规定和数罪规定等一些进步的原则。[②]

保阿索那特不仅从事立法,还担任了日本各大学的法律学教授,在他的培育下,日本出现了第一批具有近代意识的刑法学家,如宫城浩藏、井上正一、矶部四郎、龟山贞藏等。与此同时,还出现了站在德国刑法学以及日本传统文化之立场上,对保阿索那特以及其学生的法国式刑法学理论进行批判的江木衷的刑法学理论。

由于1880年颁布的刑法典与日本国情不甚相符,加上国粹主义分子的反对,1907年,日本制定了新的刑法典(1908年实施)。由于新法典是以新派刑法学为基础,因此,随着该法典的公布实施,以新派刑法学理论为基础的刑法典注释学也开始诞生。这方面的代表人物是牧野英一(1878—1970),他在《刑法通义》(1907年初版)中指出:"旧刑法的基础是报复主义、事实主义,新刑法的主旨是目的主义、人格主义,这是

[①] 〔日〕佐伯千仞、小林好信:《刑法学史》,载鹈饲信成、福岛正夫、川岛武宜、迁清明主编:《日本近代法发达史》第11卷,第210—212页,劲草书房1967年版。

[②] 前揭〔日〕佐伯千仞、小林好信:《刑法学史》,载鹈饲信成等主编:《日本近代法发达史》,第11卷,第224页。

不容怀疑的。"①站在新派刑法学的立场上,牧野英一对罪刑法定主义的僵化和局限性进行了批判,对适应社会需要而进行的类推解释作了肯定,并提出了一系列基于刑法的人道化、教育功能的监狱改革以及宽刑等主张。

牧野英一的新派刑法学理论出台后,便立刻遇到了有力的批判。首先对牧野英一的理论提出挑战的是泉二新熊。他在1908年出版的《日本刑法论》中指出,刑事立法全面倒向目的主义、主观主义,这是片面的。应当将旧派刑法学的长处和新派刑法学的长处结合起来,形成一种折衷的观点。由于泉二新熊长期从事刑事立法和司法的实务工作,并在司法部内兼有重要职务,故其观点对日本刑法学界产生了巨大的影响。

而从理论上,对牧野英一的学说展开比较系统的批判的是大场茂马。他在《刑法总论》、《刑法各论》(全四册,1909年)中认为,新派刑法学理论,否定了自由意志,不问有无责任能力,只把目光盯住行为人,无视道德,否定正义,到最后便会导致否定刑法自身的结果。他认为,以此理论为前提的刑事人类学派,事实上并未成为一门科学。它的研究方法也很浅薄,错误百出。按照它的逻辑,似乎用医学代替刑法就可以了。同时,按照该派的观点,刑事诉讼法的研究可用诊断法、监狱法也可以用医院设备来取代。此外,以行为者的人格而不是行为为重点的新派的人格主义,忽视了犯罪行为和罪责的意义,结果,使刑法失去了"人类行为的准则的性质"。②

总之,从1907年日本新刑法的颁布,直至20世纪60年代,日本刑法学的发展主要表现为对新刑法的评价、解释和提出修改建议,以及以

---

① 前揭〔日〕佐伯千仞、小林好信:《刑法学史》,载鹈饲信成等主编:《日本近代法发达史》,第11卷,第255页。

② 同上书,第260页。

牧野英一为代表的新派刑法学理论的系统展开和对其进行批判的各种旧派刑法学观点和折衷派观点的不断登场上。一般而言,在二次大战前,牧野英一的理论在日本占据主导地位;二次大战后初期,是他的理论和以小野清一郎为代表的旧派刑法学理论互为消长,平分秋色;到60年代后,则逐步为东北大学法学部教授木村龟二、东京大学法学部教授团藤重光、平野龙一等人的吸收新旧两派刑法学理论之优点的折衷理论所取代。① 在总体上,"70年代以后,新旧两派刑法学理论的对立已趋缓和,日本刑法学的发展已朝着综合两派之长、结合日本社会新变化的方向发展。"②

第五节 日本法学近代化的特点

各个文明国家的法学最终都将走向近代化(在日语中,"近代化"包含了中文"现代化"的内容),虽然这种近代化的内容、过程和道路可能千姿百态、各不相同。

在法学乃至整个法律文化走向近代化的东方民族中,日本是最成功的一个。1868年"明治维新"以前,西方英、美、法、德等国已经建立起了比较系统的近代法学体系,而日本,还处在封建的律令学阶段,与中国无多大区别。然而,在短短的十余年间(1889—1899),日本一方面制定颁布了宪法、民法、商法、治罪法、裁判所构成法以及刑事诉讼法等各大近代法典,形成了具有现代意义的资本主义法律体系;另一方面,

---

① 一般而言,木村龟二的理论,在总体上被认为是继承了新派的观点,团藤重光的理论,被认为是继承了旧派的观点,但事实上,两者都已经开始吸收对方的学说。参阅何勤华:《当代日本刑法学的发展和特点》,载《法学研究》1990年第4期。

② 前揭何勤华:《当代日本刑法学的发展和特点》。关于二次大战后日本刑法学的详细内容,也请参阅此文。

则在此基础上，发展起了法哲学、法史学以及宪法学、行政法学、刑法学和民法学等部门法学学科。二次大战后，日本又逐步在全体国民的法律观念和意识方面实现了从传统向现代的转变，从而成为一个发达的法治国家。

日本法学近代化的成功，具有多方面的原因。一方面，在"明治维新"之前就已经萌芽并经明治政府推动而迅速发展的商品经济，是日本从封建律令学转变为近代法学的经济基础。另一方面，大久保利通（1830—1878）、伊藤博文、江藤新平（1834—1874）等一批具有资产阶级思想的改革派通过"明治维新"掌握国家实际权力，使日本法律、法学以及法律文化近代化的成功有了政治保障。此外，大规模的、快速有效的近代法律改革的成功，也是日本从中世纪封建律令学过渡到近代资产阶级法学的重要原因。

那么，日本法学的近代化，具有哪些基本的特点呢？

首先，日本法学的近代化，走的是继受西方先进国家法学的道路。这一点，笔者在前面四节中已作了详细论述。

其次，日本在继受外国近代法学时，采取的是"择其善者而从之"的道路，并不盲目，并未脱离自己的国情。比如，日本最早接触的是法国式的法律和法学体系，但是，当它发现德国模式的法学体系比法国的更加适合日本的国情时，日本就毫不迟疑地抛弃法国模式，采用了德国的法学成果。

再次，日本虽然全面吸收了西欧的法学，但也未完全放弃自己一些有特色的、对统治阶级有用的内容。比如，宪法学中的"天皇主权说"和"天皇机关说"，行政法学中的行政行为论，刑法学中的尊亲属罪的规定以及学理，民法学中的永小作制度、家督继承制度的理论和农村所有权理论，法社会学中的民事纠纷法律外的处理之学说（即民事调解理论）和法史学中的律令研究成果，等等，尽管这些传统法学中的有些内容是封建的或保守的。这说明,一个国家即使在全面吸收外来法学时,仍会自觉或不自觉地保留其本民族的某些传统文化遗产或者创造一些适合自己国情的理论,全盘西化既不应该,事实上也不可能。①

---

① 何勤华著:《20世纪日本法学》,商务印书馆2003年版。

第九章 二次大战后西方法学的发展
——以基础法学为中心

第一节 二次大战后西方法学发展的一般特征

一、学派众多,论战激烈

二次大战后首先崛起的是自然法学、分析法学和社会学法学,这三派呈三足鼎立的局面。70年代以后,又出现了一批新的法学流派,如经济学分析法学、批判法学、存在主义法学、综合法学、行为主义法学以及新马克思主义法学等。就学术论争而言,在欧美等国,先后发生了哈特与富勒之争、哈特与德夫林之争、哈特与德沃金之争以及经济分析法学派与自然法学者之间的论争等。在日本,则有战后初期围绕尾高朝雄(1899—1956)的"习惯主权论"而展开的争论和50年代中叶以后围绕来栖三郎(1912年生)的报告《法律的解释与法律家》而展开的关于法律解释论的争论等。其他,在宪法学、民法学和刑法学等领域,也都发生了若干次比较大的学术争论。正是这些学派的存在和学术争论的展开,推动了法学各门分支学科的发展,也促进了整个西方法学的繁荣。

二、高度分化,高度综合

当代西方社会科学发展的趋势之一是高度分化、高度综合。即一方面,各门学科的分支日益细密、日益增多;另一方面,各门学科间的联系、交叉和渗透也日益加强。法学也同样如此。一方面,当代西方法学的分科越来越细,如仅在法理学领域,随着对法律和社会、法律和人的心理、法律和道德、法律和政治、法律和文化、法律和民族(民俗)等现象间联系的研究的深入,分化出了法社会学、法经济学、法律心理学、法律伦理学、法政治学、法文化学、法律人类学等分支学科。而在法律心理学中,又进一步分化出了立法心理学、司法心理学、犯罪心理学、侦查心理学、审判心理学、罪犯改造心理学、被害者心理学等分支学科。另一方面,法学各学科间的联系、交叉和综合也越来越加强,不仅有法学与哲学、经济学、伦理学、政治学、社会学、文化学、统计学、医学等各门社会科学和自然科学之间的联系和渗透,也有法学内部各学科之间的交叉,如犯罪心理学这门分支学科,就综合了法学、教育学、心理学、社会学、犯罪学、生物学、生理学、精神病学、统计学、侦查学、审判学、刑罚学、青少年学等十多门学科的知识和研究成果。

除上述状况之外,法学分支学科或学派之间的彼此吸收、渗透也很明显,如当代西方法哲学的四大派别:社会学法学、新分析实证主义法学、新自然法学和经济学分析法学之间,彼此就都吸收了他方的原则和理论以完善自己,从而呈现出互相靠拢的趋势:新分析实证主义法学的头面人物哈特承认自然法理论有很多价值,并用其某些观点和方法修补自己的理论,提出了法应"具有最低限度的道德内容"的主张。社会学法学的代表斯通(J. Stone,1907年生)等人,也吸收了自然法理论中的正义论、"自然法"概念,试图借助自然法理论解决社会学法学的某些课题。同时,自然法学也在不断吸收和引进分析法学和社会学法学的学说和方法,有的学者如比利时法学家达班(J. Dabin,1889—?)就建立了"分析自然法学",有的学者如德沃金(R. M. Dworkin,1931—2013年)的自然法理论,甚至被认为是介于自然法学和分析法学之间的"第三种理论"。[①] 同样,经济学分析法学的形成和发展,也得益于对其他各派研究成果的吸收,如该理论中的将市场经济学应用到法学领域,并力图以此为模式来解释和解决一切法律问题的观点,是吸收了社会学法学的方法;在普通法领域中的经济推理,得益于分析法学的遗产;关于强调经济和社会财富的绝对作用的观点,虽然被许多学者斥之为维持现存社会秩序的一种非道德原则,但却被经济学分析法学家们标榜为具有更深刻、更高层次的伦理意义,是公平、正义、道德的高水准的实现,是更接近于自然的法则。

三、法学新学科层出不穷

和上述特点相连,二次战后,西方法学领域里各门新兴的分支学科、综合学科、边缘学科也纷纷出现。如在法社会学领域,出现了宪法社会学、经济法社会学、犯罪社会学、教育法社会学;在犯罪科学领域,出现了犯罪学、刑法学、行刑学、犯罪搜查学和刑事政策学等。在许多学科与学科交叉的领域,出现了诸如犯罪人类学、法律心理学、法政治学、法经济学等边缘学科。由于多种研究方法的运用,出现了许多兼具方法论和学科两种性质的法学新学科,如统计方法的运用,出现了司法统计学、犯罪统计学等;比较方法的运用,出现了比较法学以及其分支学科如比较立法学、比较宪法学、比较刑法学、比较民法学、比较亲属法学等;现代科技新成果的运用,产生了计量法律学、电脑法学等。由于国际间贸易的迅速发展,国际经济新秩序的确立,不仅出现了新兴学科——国际经济法学,又从中迅速分化出了国际贸易法学、国际投资法学、国际金融法学、国际税法学、国际环境法学等。总之,法学新兴学科

[①] 见张文显:《战后西方法哲学的发展和一般特征》,载《法学研究》,1987年第3期。

的纷纷出现,不仅是战后西方法学的一个显著特征,也是其发展的一个重要趋势。

四、方法的多元化和科学化

战后世界科技的迅速发展,不仅取得了巨大的科学技术成果,创造了巨大的物质财富,也大大开阔了人们的视野,为其提供了多种认识的方法和手段。人们在运用传统分析的、心理的、社会学的、生物的、历史的、比较的方法研究法学的同时,又将控制论、系统论、信息论的方法,电子计算机的方法,数学的方法等引入了法学领域,出现了一种研究方法的多元化趋势,并且克服了以前单纯用一种方法从事某项研究的缺陷,而是多种方法同时并用,从事物的各方联系、从多维的角度观察法律现象,把握其与其他社会现象的各种联系,从而使其成果或多或少带有一定的科学性,使整个西方法学向着系统化、科学化方向发展。比如,西方的犯罪学,开始从单纯用生物学方法研究犯罪与犯罪人现象(即犯罪生物学)或精神、心理角度探讨犯罪原因(即犯罪心理学)等状态,发展为用社会学、教育学、伦理学、统计学、改造学、经济学以及控制论和系统论等多种方法和手段,注意从家庭、学校、工作单位、公共宣传、社会舆论、群众团体等各个环节上来预防犯罪、教育改造犯罪人,逐步使西方犯罪学研究科学化。

据西方学者统计,目前可使用于两个或两个学科以上的方法已有130多种。可以肯定,随着这些方法的进一步向法学领域移植,必将进一步繁荣西方的法学研究。

五、法学研究的统一化和国际化

战后西方法学的发展,逐步打破法系即法律文化传统的界限或国与国之间的界限,呈现出一种统一化和国际化的趋势。

第一,这种趋势首先表现在大陆法和英美法的研究领域,由于学者互相吸收对方的研究成果,借鉴对方的方法,参考对方的原则等,使两大法系逐步趋向一致。比如,在没有成文民法典的英美法系国家,战后出版了不少系统的民法著作,而在大陆法系国家,则出现了不少判例法著作,研究判例法的学问即判例法学已成为法学的重要组成部分。比如,属于大陆法系的日本,在各个部门法领域都出版了研究判例的集子,如宪法判例百选、行政法判例百选、民法判例百选、专利法判例百选等。两大法系的法学互相靠近的原因,在于两大法系的内容和表现形式的互相接近。内容和形式的逐步趋于一致,研究其的学问当然也就逐步趋于一致了。

第二,这种趋势,其次表现为比较法学的迅速兴起。比较法学的核心是用比较的方法,研究各个国家的法律,以便从中选择最佳的内容与形式。因此,比较法学的发展,必然会促使法律的统一化和国际化,因为人们如果认同某国某部法典的形式和内容比较完善,就一定会学习和借鉴它,使得该领域里的立法趋于一致。如在比较法发源地法国,人们通过对法国与其他国家法律制度的比较研究,在刑法和刑事诉讼法的修改中接受了英美法的做法;在海商法和运输法中,某些条文直接借鉴了英国和德国的相关法律;甚至有些法律用语也直接采用外国语,如"托拉斯"、"旅行支票"、"经营代理"等。从而促使其解释学也趋于同一。尤其是其成果即比较法论著所体现的不仅是国内法研究成果,也是若干国家法学工作者集体成果的结晶,如法国出版的《法国和外国法律年鉴》以及《国际比较法杂志》等。

第三,欧洲共同体法获得了发展。二次战后,西欧英、法、德、意、荷、西班牙等国成立了经济共同体,谋求在市场、关税以及某些产业政策上的一致和统一,为保证这个目标的实现,共同体开始制定了一些法律、法规,如1984年7月23日制定的《欧洲共同体委员会专利许可证条例》等,并成立了司法机构如共同体法院,要求其成员国在法律制度等方面趋于一致。在此基础上,逐步出现了研究阐述共同体法律规范以及研究共同体法这一社会现象的共同体法学。目前,西方研究共同体法很热门,每年有大量著述出版,对共同体的性质、特点、发展前景等作出探讨,这是西方法学统一化和国际化的重要特征和发展趋势。

第四,国际间法学学术团体的存在和发展,也推动了法学的统一化和国际化的进程。如法国比较法学会,现在国外的会员已有一千多人,分布在西欧、东欧、北美、拉美、非洲、亚洲等几十个国家。1949年在联合国教科文组织成立的国际法律科学协会,至目前其成员也已遍布世界各国。

第五,出现了国与国之间以及数国之间,针对一些双方或各方所关心的问题进行科学研究的倾向。如1970年,法国和意大利就交易所为主题,研究了"对动产证券市场的管理"、"交易所刑法"等问题;1971年起由国际法律科学协会发起组织编写的《国际比较法百科全书》,其西欧部分就是西方法学的成果之一;在刑法、犯罪、专利、商标、版权等方面的国际组织和国际学术会议,也都强化了法学研究的统一化趋势。在日本,随着日法法学会、日美法学会、日德法学会的建立,《日法法学》(年刊)、《美国法》(年刊),在美国则出版相对应的英文版《日本法》)和《日德法学》(年刊)的编辑出版,为西方四大发达国家间的法学统一化作出了巨大的贡献。

应当承认,法学发展的统一化和国际化,虽然在其它国家和地区也存在,但在西方表现得尤为明显。

笔者认为,战后西方法学的发展,出现上述五大特征及其趋势,主要是因为下面几个原因:首先是战后西方国家的福利主义之争、国家干预经济发展的后果,如美国经济学分析法学、德国和日本经济法学的出现等。其次,战后西方政治上的缓和论、民主论、多元论,从50年代冷战,到60年代民权运动,到目前的多种政治政策导向,导致了法学学派众多、论战激烈、理论研究活跃。再次,现代科学技术革命,一方面,产生了新兴的法学学科,另一方面,也使各学科发生分化和综合。第四,战后国际联系的加强,也是法学发展统一化和国际化的原因之一。

当然,法学发展的统一化和国际化,并不意味着各个国家法学研究特殊性的消失。由于西方各个国家的文化传统不同,各自遇到的经济和政治难题不一样,法的政策和法律的任务相异,在各个国家法学的发展中,仍保留了相当多的特殊性。对此,笔者在后面将详细予以论述。

第二节 法哲学

一、概述

二次大战后,随着法西斯势力的垮台,民主主义的复兴,西方法哲学获得了重大发展。按照我国学术界的观点,战后西方法哲学的发展,大体经历了四个阶段:

1. 战后初期相对停滞阶段(1945年至50年代末),该阶段虽有一些重要的法哲学著作问世,如斯通的《法律的范围与功能》(1946年)、庞德的《法理学》(1959年)等,但在总体上,西方的法哲学研究还是比较沉闷的。

2. 复兴和初步发展阶段(50年代末至60年代末)。50年代末,随着英国法哲学家哈特和美国法哲学家富勒围绕自然法哲学和实证主义法哲学的争论的展开,法学与其他社会科学的结合,西方法哲学进入了复兴和初步发展的阶段。

3. 兴旺发达阶段(70年代)。1971年,罗尔斯(J. Rwals,1921—2002)的《正义论》和波斯纳的《法律的经济学分析》相继发表,前者使新自由主义思潮在西方广为流传；后者标志着经济学分析法学的形成。而德国学者卢曼的《法社会学》(1972年德文版，1977年日文版，1985年英文版)的出版，则进一步推动了法社会学的发展。

4.继续发展阶段(80年代以后)，除经济学分析法学获得继续发展之外，以昂格尔为代表的批判法学和以怀特(J. B. White)为代表的"法与文学"运动也迅速崛起。①

在战后西方法哲学的发展中，值得重视的是新自然法学、新分析实证主义法学、社会学法学以及经济学分析法学、批判法学等法哲学流派。

二、新自然法学

(一)格老秀斯等人的古典自然法学传统

如前所述，自然法思想是西方法学史上的一大传统，它起源于古代希腊，经过罗马和中世纪法学家的努力得以保存，至近代为资产阶级思想家所利用而重新发扬光大。近代复兴自然法思想的主要人物是荷兰的格老秀斯，英国的霍布斯和洛克，意大利的贝卡利亚，德国的普芬道夫、沃尔夫以及法国的孟德斯鸠、卢梭等。由于古典自然法学是当代新自然法学的历史基础，且本书前面尚未对该学派作过论述，故这里对其代表人物格老秀斯的学说稍微作些阐述。

格老秀斯(H. Grotius，1583—1645)，生于荷兰德尔弗特城，获奥尔良大学法学博士学位。1599年任律师，1613年出任鹿特丹市的"首相"。1618年7月，因卷入党派之争被捕入狱，后逃亡法国。1634年任瑞典驻法使节。1645年客死他乡。格老秀斯的主要著作有《论海洋自由》(1609年)和《战争与和平法》(1625年)等。其自然法理论也主要体

---

① 前揭张乃根著：《当代西方法哲学主要流派》，第4—9页。

现在这两本著作中。

格老秀斯认为,法律有两种,即自然法和制定法,后者又可分为国内法和国际法两类。自然法的特征是理性,制定法的特征是意志,意志与契约相连,而契约的效力又是来自于自然法,因此,无论是国内法还是国际法,都源自自然法。

格老秀斯认为,自然法是人类理性的体现,是一切行为善恶的标准,是正义的化身,也是国内法和国际法的基础。他认为,自然法虽然也要符合上帝的意志,但自然法本身是永恒不变的,即使上帝也不能改变,也要受自然法的支配。这样,他就第一个使自然法观念摆脱宗教神学的约束,恢复和发展了自然法的世俗观念。

格老秀斯指出,自然法的具体要求在于,不得侵犯他人的财产,应当归还不属于自己的财物,履行诺言,赔偿因过错造成的损害以及惩罚应予惩罚的人。[1]

格老秀斯强调,在与自然法相对的制定法中,国际法占据着一个相当重要的地位。它代表一切或许多国家的意志,也来自自然法并服从于自然法的一般原则,尤其是信守诺言的原则。它规范着战争中的一般准则,即遵守法律所规定的权利与义务,区别正义战争和非正义战争,以最大努力防止战争,并在战争中实行人道主义、遵守和平条约,等等。

格老秀斯的学说,代表了新兴的资产阶级对内对外的利益要求,对上升时期的资产阶级法学产生了巨大的影响。澳大利亚著名法哲学家斯通在评价古典自然法学说的历史作用时指出:欧洲法律制度的大改革是与 16 世纪和 17 世纪的自然法联结在一起的,或多或少是法国和美国暴力革命的无声先驱。在这两次大革命中,关于价值标准的信念主张,产生了爆炸性的威力作用,推翻了那些不适合时代情况的制度。

---

[1] 〔荷〕胡果·格劳秀斯著:《战争与和平法》,〔美〕A. C. 坎贝尔英译,何勤华等译,第 23—27 页,上海人民出版社 2013 年版。

（二）二次大战后自然法学的复兴

19世纪中叶,随着历史法学、分析实证主义法学的兴起,自然法学受到了抨击,其经济原因是资本主义从自由走向垄断,自然法学所提倡的个人自由等观念已不适应当时经济发展的需要;在政治上,自然法所鼓吹的争权利、争平等等口号,已不适应垄断资产阶级巩固既得利益,加强政治统治的要求;在法律领域,自然法所强调的理性、正义等比较抽象、模糊的概念,也已不适应资产阶级需要具体、明确的法律规定,以形成其确定的法律秩序的要求。这样,从19世纪中叶至第二次世界大战,先是历史法学,而后是分析实证主义法学,接着是社会学法学广泛流行,成为西方法学领域中的主导学说。

但是,二次大战中,法西斯势力对世界人民造成的巨大灾难,唤醒了人们:假如我们的法律没有正义的标准,不分善和恶,那么,许多邪恶的势力就可以利用法律作为残害人民的工具,我们也无法追究这些势力的法律责任。在这种背景之下,自然法学说得以迅速复兴。

战后复兴自然法学说的代表人物是拉德勃鲁赫、富勒、菲尼斯(J. Finnis)和马里旦(J. Maritain,1882—1973)等人。拉德勃鲁赫的学说我们在前面(第五章第二节)已作了论述,这里,再简要论述一下新自然法学的核心人物富勒的理论。[①]

（三）富勒的新自然法学

富勒(L. L. Fuller,1902—1978),毕业于斯坦福大学法学院,在波斯顿担任律师后,又任奥勒冈、伊利诺、杜克等大学的教授。1939年起任哈佛大学法学院教授,1972年退休。主要著作有:《法律在探讨自己》(1940年)、《法理学问题》(1949年)、《法律的道德性》(1964年)和

[①] 关于菲尼斯、马里旦等人的理论,详细请参阅张文显著:《当代西方法学思潮》,张乃根著:《当代西方法哲学主要流派》以及沈宗灵著:《现代西方法理学》。

《法律的自相矛盾》(1968年)等,其理论观点主要集中在《法律的道德性》一书中。

富勒首先阐明了道德的含义。他将道德分为义务的道德和追求的道德,虽然这两个概念并非富勒首创,但他对此作了全面的分析,并以此作为其新自然法哲学的理论基础。富勒认为,追求的道德是善的生活和人类能力得到最充分实现的道德,是一种美德;义务的道德则始于人类成就的底部,规定着有秩序的社会所赖以生存的基本规则,它就是《圣经》中的道德和"十诫"。

从追求的道德和义务的道德出发,富勒进一步提出并阐明了法律的内在道德和外在道德。他指出:法律的内在道德包含着义务和追求的道德。它既是法律制度的必备条件,又是人们在创制法律时应尽一切力量追求的目标。两者具有内在的统一性。法律的内在道德有一系列标准,如法律的公开性、普遍性、明确性、一致性、可行性、稳定性、法律非溯及力以及官方行动与已颁布法律之间的一致性。这八项标准,称为法律的合法性原则。由于法律的内在道德主要是关于立法过程必须遵循的原则,因此又称为程序自然法。[1]

富勒指出,与法律的内在道德相对的是法律的外在道德,即实体自然法,它事关法律的实体目标。富勒强调,以往的自然法学说都仅指实体自然法,而他所讲的则主要指程序自然法,这是他的学说与古代、中世纪自然法学说的不同之处。最后,富勒还对法律的内在道德与外在道德存在的必要性、内在道德与效率,正义,反种族歧视,人本身及其自由,经济资源的分配,政治,经济制度的设计等之间的关系作了分析。

富勒的学说,为非神学新自然法学的确立奠定了理论基础。他关于程序自然法和八条合法性原则的理论是对法学史的重大贡献。正因

---

[1] 参阅前揭张乃根著:《当代西方法哲学主要流派》,第27—31页。

为如此,美国康奈尔大学教授 R.萨默斯将他与霍姆斯、庞德和卢埃林并列,称此四人为美国近百年来最重要的法学理论家。①

三、新分析实证主义法学

如前所述,分析实证主义法学起源于英国,创始人为边沁和奥斯汀。该学说形成后,曾风行西方各国数十年。但到 20 世纪 30 年代前后,分析实证主义法学开始趋于萧条。50 年代末,随着哈特—富勒论战的逐步展开,以哈特为代表的新分析实证主义法学开始崛起。由于它符合英国的法律传统,吸收了语言分析哲学的成果,并适应战后西方社会的自由民主运动,因而迅速在西方流行并在英国占据了主导地位。

二次战后新分析实证主义法学的代表人物主要是哈特、拉兹(J. Raz,1939 年生)、麦考密克(N. MacCormick,1942 年生)等,限于篇幅,这里仅对哈特的学说作些阐述。②

哈特(H. L. A. Hart,1907—1992),1929 年毕业于牛津大学,1932 年任出庭律师,1953 年任牛津大学法理学讲座教授(到 1968 年),1978 年退休。主要著作有:《法律的概念》(1961 年)、《法律、自由和道德》(1965 年)、《功利与权利》(1979 年)等,其法哲学思想,主要体现在这几部著作中。

哈特认为,分析实证主义法学的代表人物奥斯汀的学说,包括三个可以分开但又相互联系的内容。第一,关于法律的定义,即法律的命令

---

① 见前揭沈宗灵著:《现代西方法理学》,第 53 页。关于继富勒学说而起的德沃金的新自然法学,请参阅本书第七章第三节,这里不再涉及。
② 关于拉兹和麦考密克的学说,请参阅张乃根著:《当代西方法哲学主要流派》第 105—122 页;沈宗灵著:《现代西方法理学》,第 206—247 页。此外,麦考密克的代表作《制度法论》,和魏因贝格尔(Weinberger)合著一书,已由中国政法大学出版社于 1994 年出版,译者周叶谦。

说;第二,坚持法律和道德之分,即划分实在法和正义法(理想法);第三,关于一般法理学研究的范围是分析实在法的共同概念。对以上三个基本内容,哈特表示他反对第一个,支持第二个和尊重第三个。① 从这一点可以看出,哈特仍然是分析实证主义法学的代表人物。

哈特指出,批判法律实证主义的人所犯错误的原因之一,在于他们常将奥斯汀关于法律的定义和法律实证主义混为一谈。事实上,奥斯汀关于法律命令说,并不全部代表分析实证主义法学,它是一个"失败的记录"。命令说由主权、制裁和命令三个要素组成,这是不正确的,因为各种授予权力的法律、习惯法就不是命令,即使与这三要素最相类似的刑法,也不能完全用命令说来解释,因为刑法还适用于制定刑法的立法者本人。

哈特认为,命令说失败的根源在于:用于创立这一学说的那些因素,即命令、服从、习惯和威胁的观念,都没有包括"规则"这一观念,而没有规则的观念,我们就无法理解法律。哈特指出,在各种规则之中的法律规则,可分为"第一类规则"和"第二类规则"。前者设定义务,要求人们从事或不从事某种行为,而不管他们愿意与否。后者则授予权力。② 在一个小型的简单的原始社会中,仅存在第一类规则,但在复杂的大型社会中,还需要有三种第二类规则即"承认规则"、"改变规则"、"审判规则"予以补充。其中,尤以承认规则最为重要。它规定,任何其他规则如果具备某些特征,就能成为这一社会集团的、由它所行使的社会压力作后盾的规则,换言之,通过承认规则的承认,即授权,主要规则

---

① 参阅〔英〕哈特:《约翰·奥斯汀》,《实证主义和法律与道德之分》,转引自前揭沈宗灵著:《现代西方法理学》,第184页。
② 〔英〕哈特著,张文显、郑成良、杜景义、宋金娜译:《法律的概念》第83页,中国大百科全书出版社1996年版。"第一类规则"(primary rules)和"第二类规则"(secondary rules)在沈宗灵著:《现代西方法理学》,第188页被译为"主要规则"和"次要规则"

才取得了法律效力。因此,承认规则是"法律制度的基础",它相当于凯尔森纯粹法学中所说的"基本规范"(basic norm)。但后者的效力是被假定的,而承认规则本身并无效力问题,它是一个事实。与此同时,哈特还强调第一类规则和第二类规则是密切相连的。

从第一类规则和第二类规则出发,哈特进一步分析了人们对遵守适用法律的两种观点:"内在观点"和"外在观点"。前者是接受法律规则并以此为指导的人,后者是未接受但观察这些规则的人。这两种人之间是一种对抗关系,它反映的是社会上存在着自觉遵守法律和被迫接受法律的各种不同人们的社会现象。哈特指出:"如果这个制度是公平的,并且真正关心它对之要求服从的所有人的重大利益,它可以获得和保有大多数人在多数时间内的忠诚,并相应地将是稳固的。但是,它也可能是一个按照统治集团的利益管理的偏狭的和独断的制度,它可能成为愈加具有压迫性和不稳性的制度,并包含着潜在的动乱威胁。"[①]

就法律和道德这个自然法学派和分析实证主义法学派长期争论的问题,哈特指出,任何法律都会受到一定社会集团的传统道德的深刻影响,也会受到个人的、超过流行道德水平的、更开明的道德观点的影响,但不能由此得出结论说:一个法律制度必须符合某种道德或正义;或一个法律制度必须依靠服从法律的道德义务;或一定法律制度的法律效力的根据必须包括某种道德或正义原则。哈特的这一观点,表现出了向自然法学说的靠拢,也体现了新分析实证主义法学的特征。

从对法律和道德关系的理解,哈特提出了他关于法律的概念。他认为:自然法学派只承认良法是法,这是一种狭义的法律概念,实证主义法学认为良法恶法都是法,这是一个广义的法律概念。前者将法律的效力性和法律的道德性混为一谈,后者将两者区别对待。哈特主张,

---

① 前揭〔英〕哈特著:《法律的概念》,第 197 页。

广义的法律概念胜过狭义的法律概念,因为前者能帮助我们看到法律问题的复杂性和多样化,而狭义的法律概念却使我们对这些问题视而不见。① 哈特认为,确认一个法律(恶法)有效力,并不等于服从这个法律,这里涉及极为复杂的问题。法实证主义之所以坚持划分"实际上是这样的法律"和"应当是这样的法律,"部分理由就是他们认为这种划分能防止人们可能草率地作出判断:这种法律是无效的,因而不应加以遵守,结果导致一种无政府主义的危险。

如前所述,哈特关于法的第一类规则和第二类规则,法律和道德、法律概念的学说,是在与富勒、德夫林、德沃金等人的长期论战中形成的。他一方面坚持了边沁、奥斯汀的法实证主义的立场,同时,又对他们的观点作了修正,从而使分析实证主义法学进一步适应了战后英国的社会现实。目前,哈特的新分析实证主义法学已为有作为的新一代法哲学家拉兹和麦考密克等所继承、发展,该学派作为当代西方的一个重要法学流派还将继续存在。

四、社会学法学

社会学法学(sociological jurisprudence)是 19 世纪末 20 世纪初兴起的一个法学流派,其含义为:第一,以社会学的观点和方法来研究法律;第二,强调法律的"社会化",强调从"个人本位"转向"社会本位";第三,强调法律的实行、功能和效果。②

在西方法学史上,社会学法学与法社会学(sociology of law)的区别并不是很清楚的。一般而言,由于两者都主张以社会学观点和方法研究法律的实行、功能和效果,因而有时是通用的,但有时却有所区别。

---

① 前揭〔英〕哈特著:《法律的概念》,第 206—207 页。
② 前揭沈宗灵著:《现代西方法理学》,第 248 页。

如有的学者认为社会学法学是法学中的一个学派或学科,研究者是法学家;法社会学是社会学的一个学科,研究者是社会学家。有的认为,社会学法学是规定性的,法社会学是描述性的。还有的认为,社会学法学是理论法学,而法社会学是应用法学。[①]

一般而言,社会学法学主要是在美国流行,20 世纪 30 年代后在美国法学界占据主导地位,其代表人物是霍姆斯、布兰代斯、庞德、卢埃林、弗兰克等人。对这些人物的理论,我们在本书第七章第三节中已作了论述,这里就不再展开。

法社会学最早是在西欧获得发展,主要代表人物是奥地利法学家贡普洛维茨、德国社会学家马克斯·韦伯、奥地利法学家埃利希以及德国法学家坎特罗维茨等人。马克斯·韦伯的学说已如前述(第五章第二节),其他学者的理论我们将在后面(本章第三节)再详细论述。

五、其他法学流派

二次大战后,除了新自然法学、新分析实证主义法学和社会学法学之外,在西方还有许多法学流派,其中比较出名且影响比较大的是经济学分析法学、批判法学和"马克思主义法学"等。前两者起源于美国,我们在前述第七章第三节中已作了论述,这里,对当代西方"马克思主义法学"再作些论述。

当代西方的"马克思主义法学",也称"新马克思主义法学",是指战后尤其是 70 年代后在欧美包括日本形成的一股重新评价、研究马克思关于法的理论的思潮,主要代表作品有:普兰查斯(N. Poulantzas, 1936—1979)的《政治权力和社会阶级》(1975 年)、M. 凯恩(M. Cain)和阿伦·亨特(A. Hunt)合编的《马克思、恩格斯论法》(1979 年)、休·柯

---

① 前揭沈宗灵著:《现代西方法理学》,第 248—249 页。

林斯(H. Collins)的《马克思主义与法》(1982年)、皮尔斯·贝尔尼(P. Beirne)和理查德·昆内(R. Quinney)合编的《马克思主义与法》(1982年)、E. 布坎南(E. Buchanan)的《马克思与正义》(1982年)、渡边洋三的《法社会学与马克思主义法学》(1984年)、施皮策(S. Spitzer)的《法社会学中的马克思主义观点》(1985年)以及守屋典郎编《平野义太郎选集1·马克思主义法学》(1990年)等。

当代西方马克思主义法学目前研究的热点问题,主要有:

第一,马克思主义有否法学? 战后初期,西方学术界对此持否定态度,70年代以后则持肯定态度。

第二,马克思主义法学包括哪些基本内容? 西方有的学者认为是三个基本假定:法律是逐渐发展的经济力量的产物;法律是统治阶级的统治工具;在未来的共产主义社会,法律将"逐步消亡"。有的认为,马克思主义法学包括历史唯物主义中的法律;法律与经济关系;意识形态;国家、法律与犯罪;法律与政治学等六个专题,等等。①

第三,马克思主义的法社会学。西方法学界一般都认为,马克思是现代西方法社会学的创始人之一。如潮见俊隆主编的《法社会学》一书,就将马克思与迪奥凯姆、韦伯、盖格(Th. Geiger, 1891—1952)和帕林斯(T. Parsons, 1920年生)等人并列为现代法社会学的创始人。②而英国的M.凯恩和日本的渡边洋三,则分别在《马克思、恩格斯法社会学的主题》和《法社会学与马克思主义法学》中,各自对马克思主义法社会学的具体理论内涵作了分析、阐述,得出的结论几乎相同,即都认为作为意识形态的法、法的功能和法与社会的变化(法与阶级斗争)等

---

① 张乃根:《当代西方马克思主义法学"热"评析》,载《法学》1988年第10期。
② 参阅〔日〕潮见俊隆编:《社会学讲座9·法社会学》第4章,东京大学出版会1974年版。

是马克思主义法社会学的基本内容。

第四,马克思主义的正义观。这方面的代表作是前述布坎南的《马克思与正义》。它在将马克思的正义观与美国哲学家罗尔斯的正义观作比较后指出,马克思的正义观包括了分配的正义观、政治的正义观和刑事的正义观,并认为马克思激进的正义观认为在资本主义转向社会主义和未来的共产主义社会,正义观都不起主要作用,产生正义或权利观需求的环境恰恰是这些观念无法满足的环境。①

我国学术界一般认为,当代西方马克思主义法学的特点主要有两个方面:一是主张运用马克思主义来从事法的分析;二是对马克思、恩格斯和列宁关于法的观点和理论进行扬弃,试图突破"传统的"马克思主义理论框架,重建马克思主义法学理论。②

笔者认为,当代西方马克思主义法学的兴起,给予我们诸多启迪:

第一,马克思、恩格斯对法的一些基本论断,是科学的真理,对于我们认识法的历史、法的本质以及法的社会功能等是一笔宝贵的理论遗产和重要的指导思想。正是因为马克思主义法学理论具有这一本质特征,所以,尽管在近一个世纪内,资产阶级对马克思主义法学理论采取否定或轻视的态度,但最终仍不得不承认它的历史地位,转过头来重视它、研究它。

第二,当代西方资产阶级法学家,在从事学术研究时,从总体上看,其态度是认真而实事求是的。即当他们意识到马克思主义法学理论的价值后,他们就对它进行了比较系统、客观的全方位研究,除上述代表作品外,70年代以后由日本评论社推出的全八卷《马克思主义法学讲座》,也是一个典型。这一点反过来启迪我们:我们在对西方的法学理

---

① 前揭张乃根:《当代西方马克思主义法学"热"评析》。
② 张文显著:《当代西方法学思潮》,第138页。

论、学派进行研究时,也应当有这种态度和精神。这样,才能对所有人类创造的法学文化遗产作出比较科学和公正的评价,并为我所用。

第三,尽管我国是社会主义国家,在创建法学理论时依据的是马克思主义。但事实上,建国以来我们对马克思主义法学理论的研究还是很不充分的。这除了长期以来受左倾思潮的影响之外,在方法论上也存在着缺陷,即我们习惯于"语录式"的研究,习惯于仅仅从马恩的著作中寻找和法有关的话语,分门别类地"构造"马克思主义法学理论体系,而忽视结合这一百多年来世界经济、政治和法律(法学)发展的整个形势来研究,其结果搞出来的成果只能是肤浅的、干巴巴的。我想,克服上述缺陷,应当是我们今后在研究马克思主义法学理论时所努力的方向。[①]

第三节 法社会学

一、法社会学在西方的勃兴

(一)法社会学的含义

如前所述,在欧美,社会学法学和法社会学的区别以及其含义不是很清楚的。就欧洲大陆而言,法社会学(德语 Rechtssoziologie,法语 Sociologie du droit)被理解为法的经验科学。德国法学家莱宾德(Dr M. Rehbinder)在其名著《法社会学》中指出,在西方,学者在对法进行科学研究时,一般从三个角度展开:第一,将"法的正义"作为问题,探讨一定的法背后所存在的各种价值观念,这构成了法的价值科学,即法哲

[①] 关于当代西方马克思主义法学,详细请参阅张文显著:《二十世纪西方法哲学思潮研究》第五章,法律出版社 1996 年版;前揭张乃根:《当代西方马克思主义法学"热"评析》;吕世伦主编:《西方法律思潮源流论》,第 422—477 页。

学;第二,将法的妥当性作为问题,探讨一定的法的规制的含义、内容,这种场合,其研究对象是法的规范性,这构成了法解释学;第三,以法规制的社会现实,即法的运作状态作为问题,探讨法的事实性质,这就是法社会学。因此,法社会学是关于法的现实科学,它着重研究两个问题:(1)发生的法社会学(die genetische Rechtssoziologie),它研究从社会生活中产生出法的过程,认为法是社会运动的产物;(2)操作的法社会学(die operationale Rechtssoziologie),它研究社会生活中的法的效果,认为法是社会行为的调整装置。[1]

(二)法社会学的产生与早期代表人物

1. 贡普洛维茨的理论

法社会学产生于19世纪末的西欧。早期的代表人物是波兰籍奥地利社会学家贡普洛维茨(L. Gumplowicz,1838—1909)。他因竭力主张使社会学成为一门科学而享有盛名。他对政治学和法学作出的重要贡献就是把他的社会学理论应用到政治和法律上。

贡普洛维茨首次明确地把法学作为社会学的一个分支,因此,他被某些学者称为"法社会学创始人之一"。他认为,法律是从国家内部的阶级和利害的冲突中产生的,它是社会的产物而不是神的启示,是人类本性和社会进程的一个结果。他否定自然法的概念,从而否定了把法划分为好法和坏法的法的二分法。他认为制定法律并不是为了在任何意义上去促进正义,而是处于统治地位的一个或几个集团能够统治和剥削其他的处于被统治地位的集团;正义并不决定法律上或政治上的权利,相反这些权利却是社会各集团或阶级围绕着利益而斗争的结果。"不可剥夺的人权"的前提在于人类最不合理的自我神化和对人类生命价值的过高估计,同时也在于对国家存在的唯一可能的基础的误解。

---

[1] 〔德〕莱宾德著:《法社会学》,〔日〕吉野正三郎监译,第1—2页,晃洋书店1990年版。

权利并不建立在正义的基础上,相反,正义只有通过在一个国家内存在的真实权利才能建立。正义是政治权利的简单的抽象,和政治权利同存亡。①

除贡普洛维茨之外,英国社会学家斯宾塞(H. Spencer,1820—1903)、美国社会学家沃尔德(L. F. Ward,1841—1913)、前述法国犯罪学家塔尔德等人,对法社会学的诞生也作出了贡献。②

2. 庞德的理论

20世纪初,在因资本主义进入垄断而造成的各种社会问题的刺激下,法社会学得到了迅速发展,并最终定型。为此作出贡献的学者主要是庞德、坎特罗维茨、狄骥、马克斯·韦伯和埃利希等人。

庞德,如前所述,是美国社会学法学的创始人,在1911年发表的《社会学法学的范围和目的》中,庞德第一次系统地阐述了社会学法学的纲领。他指出,社会学法学所要解决的主要问题是,在创造法律和解释、适用法律方面,如何使其更加注意法律所必须触及和对之适用的社会事实。他提出了以下几点:(1)要研究法律制度和法律学说的实际社会效果,而不仅仅是规范体系和概念;(2)结合社会学研究和法学研究,为立法作准备;(3)必须研究使法律规则生效的手段;(4)应对法律史进行社会学的研究;(5)研究如何使各个案件能够合理地和公正地得到解决;(6)研究如何使法律的目的更加有效地实现。

庞德的上述六点要求,被称为"社会学法学的纲领",它使当时的法学研究发生了一场巨大的革命,使法学研究从传统的注重抽象的内容变为注重其社会作用,从强调法的规范性变为强调其经验的、作为其社

---

① 参阅前揭上海社会科学院法学研究所编译:《法学流派与法学家》,第214—215页。
② 关于这一点,请参阅王子琳、张文显主编:《法律社会学》,第2—4页,吉林大学出版社1991年版。

会控制手段的属性,从重视法的制裁变为重视法的社会目的,重视法的社会公正和实际效用。虽然,庞德的社会学法学与西欧的法社会学并不完全一致,但在总体上,大大推动了20世纪初法社会学运动。

3. 坎特罗维茨的理论

在庞德发表社会学法学纲领的同年,德国法学家坎特罗维茨(H. Kantorowicz,1877—1940)在法兰克福举行的社会学家大会上,作了题为"法理学与法社会学"的讲演,以他的科学分类法为依据来设定这两门学科的界限:法理学应是价值科学,社会学应是事实科学。极力主张法理学与社会学这两门科学应互相补充。在《社会学的建立》(1923年)一书中,他描述了社会学的性质,把社会学设置在各门科学(包括法学)之中,使它的各种倾向都能充分发挥作用。他严厉批判了法学实证主义无视正义的命令以及忽视社会现实的要求,称法学实证主义的法官为"归类机器人";同时也批判了"分析法学",指出抽象的逻辑演绎不足以解释法律条例和构造法律概念。[①]

4. 马克斯·韦伯和埃利希的理论

在西欧,系统阐述法社会学理论,为法社会学正式诞生奠定基础的是马克斯·韦伯和埃利希,他们被誉为现代法社会学的"双璧"。马克斯·韦伯的学说已如前述(本书第五章第二节),这里,对埃利希的理论再作些论述。

埃利希(E. Ehrlich,1862—1922),生于奥地利布科维纳省(Bukowina)省会切尔诺维茨(Czernowitz)的一个犹太人家庭,父亲是律师。1886年在维也纳大学获得法学博士学位。1894年,任维也纳大学私讲师,主讲罗马法,并兼搞律师工作。1896年为维也纳大学员外教授。1897年回到家乡担任切尔诺维茨大学的罗马法教授(直至1922年去世)。

[①] 前揭上海社会科学院法学研究所编译:《法学流派与法学家》,第222—223页。

1906年担任该大学的校长。埃利希终身未娶。他的主要著作有《权利能力》(1909年)、《法社会学的基础理论》(1913年)和《法的逻辑》(1919年)等,其理论,主要体现在《法社会学的基础理论》一书中。

《法社会学的基础理论》(Grundlegung der Soziologie des Rechts)重点为:实用的法概念,主要对当时的法学研究现状作了批判;社会性组织的内部秩序,涉及早期的土地法、继承法以及其在近代的变化;社会组织与社会规范,着重阐述了法的社会属性;社会的强制规范和国家的强制规范;法的事实,包括作为组织内部秩序源泉的习惯、统治关系、占有、契约、继承、遗嘱以及它们的起源;审判规范,涉及法院的社会作用、审判规范与社会以及法外规范的关系;国家与法,涉及历史上各种形态的国家与法的关系;法规的形成,主要阐述了审判规范向法规的转化以及在此过程中法学家学说的作用;法规的构造,主要阐述了正义与法规的关系;正义的内容;罗马、英国、早期德国的法学;德国普通法学的历史倾向,主要涉及对历史法学派的评价;法学的任务,包括法学的终极目标、律师的作用、制定法的构成要件、人权理论等;国家法;在国家和社会中法的变迁;法律家法的制定法化;习惯法的理论,涉及罗马市民法的本质、《查士丁尼法典》中习惯法的地位、萨维尼和普赫塔观念中的习惯法、其他法学家关于习惯法的理论、习惯法对法社会学的作用;法社会学的方法,包括法史学与法律学的关系、"活的法律"等。

埃利希此书对法社会学的诞生作出的贡献主要在于四个方面:

第一,将法视为社会团体(组织)、社会生活演变的一个组成部分。在古典自然法学的学说中,法被说成是人类理性,是公平正义之术,这使法蒙上了一层神秘的色彩;在实证主义法学家的著作中,法是主权者的命令,是一种严密的规范体系。埃利希认为,这些观点都是不正确的,因为它们忽视了法与社会的联系,抽去了法的社会本质。他认为,法是社会性团体中通行的规范的一种。"所谓社会性团体(social association),是一个多数人的存在(human beings),这些人,在他们与其他人的相互关系上,承认一定的作为约束其自身行为的规则。至少在事实上他们通常是遵守这些规则的。"而法,就是这些规则中的一种。①它是社会的事实,是由在社会内起作用的力量所产生。如果无视这一点就无法认识法,只能在与社会相关连的限度内,才能认识法的本质。因此,"法社会学的第一也是最重要的任务,就是将管理、控制、规定社会的法的构成部分和仅仅是单纯的审判规范分离出来,并阐明其有组织的权力构成。"②埃利希指出,祁克在私法和公法之外,提出了社会法的概念,这是一个历史性的贡献,但是,这个提法本身是非科学的。因为,社会法与私法、公法的对立并不存在。在世界上,"不存在个人法,所有的法都是社会法。在现实生活中,人是不能脱离(社会性关系)而孤立地、个人地、隔离地存在,法也同样如此。"③它作为调整社会组织的规范,只能存在于社会之中。即使经济组织,即使各种民商法、经济法,也都是社会性运动的产物。"法作为社会性团体组织的一种内部秩序,法的内容必须由这些团体的构造和实施其经济事业的方法所决定。因此,社会与经济的所有变迁,也引起法的变迁,改变社会和经济生活的法律基础的同时而不带来法律上的相应变化是不可能的。"④如果法的变化是任意的,以致于脱离相应的经济制度,就只能带来破坏经济秩序的严重后果。

埃利希的上述论述,在一定程度上也阐述了卡尔·马克思关于法和社会、经济关系的观点(西方学者一般认为,卡尔·马克思也是法社

---

① E. Ehrlich, *Fundamental Principles of the Sociology of Law*, p. 39, Translated by W. L. Moll, New York, 1962.

② Ibid, p. 41.

③ Ibid, p. 42.

④ Ibld, pp. 52—53.

会学的创始人之一)。但他对法的社会性以及与对社会的依赖关系的论述,则进一步发展了卡尔·马克思的学说。也正是基于这些论述,埃利希进一步对法与社会的各种问题,包括20世纪初出现的、自然法学和实证主义法学以及法解释学所无法回答、解决的问题,如新出现的买卖契约、租赁契约、用益租赁契约、雇佣契约、工资契约、雇主与使用人、企业与工人、生产者与消费者等对立关系,以及股份有限公司、运送业者、各种组合、银行、证券交易所、期货交易等经济形态,以及卡特尔、托拉斯、康采恩和工会组织等一系列社会经济问题等作了阐述。诚如美国著名法学家庞德在为埃利希的《法社会学的基础理论》的英译本所写的导论中所说:"与19世纪的形而上学的和历史的法学形成对照,埃利希认为在法律上,应当研究的不是抽象的个人,而是社会关系、集团和团体。""埃利希认为,社会不是一种孤立的抽象的个人的集合,而是彼此间发生着千丝万缕联系的人的团体的总和。这些团体的内部的有序化是历史的出发点。"[1]

第二,"活的法律"的理论。"活的法律"(Lebendes Recht),是埃利希首次提出的一个重要概念。它是指在日常生活中通常为各种社会团体中的成员所认可的并在实际上支配社会一般成员之行动的规则。它并不存在于制定法法典的条文中,而是存在于各种民间的婚姻契约、买卖契约、用益租赁契约、建筑贷付契约、抵押贷付契约、遗嘱、继承契约以及团体的章程中。虽然,它不像制定法那样明确、公开,但在现实生活中,却有着巨大的影响力。

埃利希认为,在现实生活中,虽有"活的法律",但当人们为了各种利益发生纠纷时,仅有"活的法律"就不够了,此时,就需要审判机关的

---

[1] E. Ehrlich, *Fundamental Principles of the Sociology of Law*, p. 39, Translated by W. L. Moll, New York, 1962. Introduction.

参与。审判机关通过审判程序,将"活的法律"的某些内容提升为有拘束力的强制性规范,这种规范就是"审判规范"(Entscheidungsnorm),它与"活的法律"已不是一个层次,而是法的第二个层次,其社会基础不是各个社会团体,而是解决社会成员间争执而必须的、超越各个社会团体的整个社会(国家)。在审判规范之上,还存在着更为抽象的规范形态,这就是"法命题"(Rechtssatz),它"作为普遍的妥当的规范,是由制定法和法律书以权威的方式言明的法规定。"①它是法的最高层次。与审判规范相同,法命题也是以社会为基础,以国家的强制力为后盾的。由于它表现在法典和法律书中,所以,是法学家最先也是最容易接触的研究对象。

"活的法律"、"审判规范"和"法命题",构成了埃利希法律结构理论的主干,而在这当中,埃利希反复强调的则是对"活的法律"的研究。

埃利希指出,传统的法学研究,只注重成文法法规的条文,只从这种条文中发掘法的原理和原则,而忽视制定法之外如判例、习惯以及各种民间契约、规范等"活的法律"的研究,从而使法学研究的路越走越窄,严重脱离社会实际。埃利希举例指出,比如,奥地利民法典和德国民法典中的有些条文(如婚姻契约、夫妻共同财产制、农业用益租赁契约等),在现实生活中并未得到适用,在实际生活中为人们所遵守的恰恰是在法典中没有规定的规范。在这种情况下,仅仅根据法典条文进行的研究,概括出的概念以及构造的体系,有什么价值呢?因此,"'活的法律'不是作为法规被规定下来的法,而是支配实际生活的法,为认识这种法奠定基础的,首先是现代法律契据文书(document),其次就是对实际生活包括商业交易、习惯、惯例以及所有团体进行的直接观察,不仅包括了对由法认可的团体,而且还包括了对那些没有受到法律

---

① 〔日〕六本佳平著:《法社会学》,第28页,有斐阁1988年版。

重视、甚至为法律所禁止的团体的直接观察。"①

埃利希认为,"活的法律",表现为各种各样的判例、习惯和民间流行的契据文书。这当中,判例是首先必须重视的。但是,判例往往只赋予实际生活中通行的行为规范中的一部分以拘束力。因此,仅就判例是无法把握全部"活的法律"的面貌的。在出版有大量判例集、人们钻研判例成为风气的今天,为什么我们还要强调"活的法律"的理由也在这里。习惯法的地位,自历史法学派登台以来,开始受到人们的重视,但对习惯法的研究也只是对"活的法律"的研究的一小部分。"活的法律"的主体是民间存在着的、并支配人们行为的各类契据文书。"因此,法学的社会学派不能只就法规,还必须将契据文书作为实际生活的基准进行观测、验证。这里,它还必须注意到由法院执行法律和实际生活中'活的法律'的区别。即现行法(审判规范)只是契据文书内容中有拘束力的一部分。"②

第三,法社会学的体系。在埃利希之前,虽然已有贡普洛维茨和坎特罗维茨的法社会学理论业绩,以及庞德关于社会学法学的六点纲领,韦伯关于法律进化演变的理论,但总的来说,还没有提出比较系统完整的法社会学体系(庞德的纲领是在其法理学著作《社会学法学的范围和目的》〈1911年〉中提出,而韦伯的类型理论则是在其《经济与社会》〈1905年〉中提出的)。埃利希的《法社会学的基础理论》的出版,填补了这一空白,它是西方法学史上第一本系统阐述法社会学理论的作品,也是第一部以"法社会学"为书名的著作。通过此书,埃利希将社会学和法学紧密地结合了起来,并对实用的法概念、社会性团体的内部秩序、社会性团体和社会性规范、社会的强制规范和国家的强制规范、法

---

① E. Ehrlich, *Fundamental Principles of the Sociology of Law*, p. 493, Translated by W. L. Moll, New York, 1962.
② Ibid, p. 498.

的事实、审判规范、国家与法、法规的形成、法规的构造、正义的内容、罗马的法律学、英国的法律学、初期的普通法法律学、普通法法律学的历史倾向、法律学的任务、国家法、国家与社会中法的变迁、法律家法的制定法化、习惯法的理论、法社会学的方法等21个专题作了详细论述,它们中,既有对社会、国家、团体、规范和法的各种关系的阐述,又有对法的形成、结构、内容、本质、作用、特征以及19世纪以前各种法学的历史类型和学派的总结,还有对法社会学的专属方法的论述。从而构筑了一个比较系统完整的法社会学理论体系。可以说,埃利希的作品宣告了法社会学的正式成立。

第四,法社会学的方法。一门科学要真正站住脚,除了有自己的研究对象和体系之外,还必须要有自己的研究方法。在这方面,埃利希也下了功夫。在《法社会学的基础理论》一书的最后两章中,埃利希专门就法社会学的方法问题作了论述。

埃利希首先对方法的个性,即每门科学必须有的自己的独立的方法作了阐述。他指出:"在科学与艺术之间,不存在任何对立。真正的科学业绩也都是艺术作品,不能成为艺术家的学者是一个科学上贫乏的人。科学研究的成果必须具有与艺术作品同样的特征。对两者而言,精神上的感受性、想象力、创造力等是必要的。"[1]为了使科学成为一种艺术,必须要有一种体现每个人的创造力的、专门适合于该科学的方法。笔者理解,埃利希这里所说的方法,事实上是一种完成自己的研究课题所采用的思路、构思、技巧、程序,它必须适应该学问的特点,也适应该研究者的特点,应该具有个性。至于大的共通的研究方法,如比较、演绎、归纳以及历史唯物主义等,创立以来已成为全人类的共同财

---

[1] E. Ehrlich, *Fundamental Principles of the Sociology of Law*, p. 472, Translated by W. L. Moll, New York, 1962.

富,谁都可以使用。

埃利希认为,要使法社会学成为一门科学,必须探讨其特有的方法,这种方法的核心,是用社会学来观察、研究法这一社会现象。他指出,早在18世纪,法国著名法学家孟德斯鸠就开始了对法的社会学研究。以后,经过几代人的共同努力,至现代,这种方法的运用已有了长足的进展。"在现代,法社会学的方法所应当解决的最重要问题是社会学家以什么现象为对象,用什么方法来收集各种事实、认识这些事实、说明这些事实。"[1]在法的领域,对学术性地认识法而言最为重要的社会现象,首先是法的事实本身,是在人的组织中分别决定各个人的地位和使命的习惯、支配关系、占有关系、契约、章程、遗嘱以及其他处分行为和继承行为等。其次,是作为单个法律事实的法规。在此场合,学术研究仅仅以法规的起源以及其效力为(对象)基准,其在实务上的适用和解释则不在考察的对象的范围之内。再次,促使法形成的所有社会性力量。因此,社会学者必须着眼于上述各种现象。此外,必须收集产生这些社会现象、成为其原因的各种社会事实。

埃利希指出,以往的法学,仅仅以法生活中的各种现象中的法规为研究对象,这就形成了法解释学或法注释学的方法。法社会学与此不同。埃利希认为,光从法规中,不能完全反映当时法的状况,借鉴各种证书、史籍仍不行,因为法生活中的大量情形并未被记录、传存下来。正是鉴于此,历史法学派才应运而生。他们开始从当时的民族生活,即全部社会制度和经济制度中去挖掘法的起源、本质。因为他们看到了法规和法制度均来源于此。这种方法论的转变,不仅是历史法学派对世界法学发展的巨大贡献,也为近代法史学的诞生开辟了道路。

---

[1] E. Ehrlich, *Fundamental Principles of the Sociology of Law*, p. 474, Translated by W. L. Moll, New York, 1962.

埃利希认为,在法社会学研究中,一个非常重要的方面就是对"活的法律"的研究。如前所述,对"活的法律"的研究,是埃利希反复强调的。《法社会学的基础理论》的最后一章,即法社会学的方法的第二部分,主要也是对"活的法律"的分析。埃利希指出,他从事法学研究之初,就已注意到法规之外的法律渊源的重要性,曾花了许多时间钻研判例。但到后来,他发现判例也仅仅是"活的法律"的一小部分。最终,他转入了对各种证书的研究。他认为,这是法社会学研究的重要途径和方法。

总之,埃利希的《法社会学的基础理论》,体系完整,内容丰富,在此书中,他对从古代罗马至中世纪英国、德国的法学,以及古典自然法学、历史法学、分析实证主义法学、注释法学(法解释学)等都作了比较详细的论述。在此基础上,吸取各派之长,阐述了自己的法社会学的理论和方法。笔者认为,法社会学的出现,是人类对法这一社会现象的认识的进一步深化。当人们仅仅注重法典条文的研究时,法学的成果只能是一种肤浅的法解释学。而自然法学和历史法学的出现,则深化了对法的认识。前者在法典之外,探讨了法的价值;后者在法典之外,探讨法的历史基础和心理基础(即民族精神)。而分析法学则着力于对法进行结构研究和逻辑分析,以阐明法的概念和本质。法社会学的诞生,则提供了一种对法进行全方位研究的手段和方法。因此,法社会学的形成,是 20 世纪初叶法学研究中取得的最伟大成果。

二、二次大战后法社会学在西方各国的发展

二战后,法社会学在西方各国获得迅速发展。一方面,在法社会学的发源地西欧,法社会学的研究范围进一步扩大,除法国、德国、美国等之外,意大利、荷兰、比利时以及斯堪的那维亚半岛诸国,都掀起了法社会学研究的热潮。另一方面,在英国等战前法社会学研究比较薄弱的

国家,也出版了一批法社会学的作品。而日本,则先后推出了数套法社会学研究大型丛书,使该领域的研究呈现出一派生气勃勃的景象。此外,在各国法社会学者共同努力之下,1970年还创设了"欧洲法社会学会"(The Institute of Sociology of Law for Europe),并发行了名为《法社会学》(Sociology of Law)的杂志,从而在推动各国法社会学研究发展的同时,使法社会学成为一个国际性的学术活动。限于篇幅,本书仅对英、美、法、德、日五个发达国家战后的法社会学研究的状况作些论述。

(一) 英国

英国是分析实证主义法学的故乡,法社会学起步较晚,在二次大战前,几乎没有什么值得称道的法社会学作品。但是二次大战后,这种状况有了改变,尤其是在70年代以后,法社会学的发展有了很大的进步。一方面,对法庭、立法、警察、行政等法律机构的经验主义研究已大量增加;另一方面,对社会中法的本质这一基本理论问题的重视和研究不断增长;此外,出现了许多与传统的法学研究(即分析法学方法)相对立的新的社会科学研究思潮和观念;最后,把社会学理论运用到法学研究中来,使得重新阐述和评价法理学方面久悬未决的大量问题成为可能。总之,"英国与其他国家在这方面的发展表明,现代社会理论著作所提供的一切资料并将由此形成的崭新见解与法学领域里经验主义研究的固有成果相结合,力求更全面地剖析法律的社会本质,已成为普遍关注、共同追求的目标之一。"[1]

70年代后,英国推出的最有代表性的法社会学著作是罗杰·科特威尔(Roger Cottervell)的《法律社会学导论》(The Sociology of Law: An Introduction, London Butterworths, 1984)一书。它涉及的主要内

---

[1] 〔英〕罗杰·科特威尔(Roger Cottervell)著:《法律社会学导论》序,潘大松、刘丽君、林燕萍、刘海善译,华夏出版社1989年版。

容有:法律研究的理论和方法;法律的社会基础;作为社会变迁工具的法律;法律的整合机制;法律、权力和意识形态;法律的接受及其合法性;法律的职业保护;法官、法院和诉讼;法律的执行和援引;对法律的预测等。科特威尔在该书的序言中曾说,"本书的宗旨在于对法律社会学研究作一概论性的介绍。由于这一领域涉及面较广,因而有必要对选题作严格的限制。论述的重点只能放在当代西欧和北美工业化社会有关法的理论和实践。"本书所"涉及的仅仅是法的最一般的对社会学来说是最重要的特征,而不可能面面俱到地讨论司法领域中极其广泛的法律问题。总之,主要内容是关于法律社会学的一般概念,基本理论以及重要假设。"它"力求以有关的理论、学说为构件,建立起首尾一致前后呼应的分析框架,并且尽可能地就我所掌握的材料,勾画出当代西方社会对法的本质所持观念的发展、演变的轮廓。"①

在导言中,科特威尔进一步指出:"法律是如此重要的社会现象,因而人们不能离开社会的其他方面而孤立地分析法律。……'法律渗入到社会行为的所有领域,社会各阶层的每一个人都能感受到法律的普遍性和它的社会意义'。""能了解一个社会的法律,就可以更好地了解这个社会制度本质的全貌。"②然而,以往许多研究者忽视了法的这种重要的社会属性,比如,法实证主义将法视为静止的、孤立的规范体系,只满足于对法的结构的逻辑分析。为了克服这种缺陷,需要对法律进行综合性的社会学研究。因为,"在社会科学中,唯独社会学具备这种综合性,从社会学这个角度看,法律作为一种社会调节机制、一种专业领域和一门学科,都可成为用社会学解释的研究客体。"③

---

① 前揭〔英〕罗杰·科特威尔著:《法律社会学导论》序。
② 同上书,导言。
③ 同上。

基于这种认识,科特威尔对民俗和民德、法律和文化、"活的法律"、现代国家、社会变迁、有效法律行为、法与社会的变迁关系、法律的功能和目的、法律体系、法律的整合功能、法律和意识形态、法律个人主义、经济决定理论、法律的社会化、法律的工具性、法制和法治、法律的形式变化、法律专业、律师、法院和诉讼、司法行为、司法等级制度、法律执行机构、规章管理机构、警察与警察文化、法律的民主化等问题作了分析。① 最后,科特威尔指出:"法律社会学难以形成一个完整缜密的知识领域,当然也不应当这么做。只有以旨在科学地理解作为社会现象的法律的特征的探索为范围时,才能确立法律社会学研究的界限。"作为一个研究领域,法律社会学在整体上或部分上是为了改善法律,为了支持立法者或法官,甚至为了促进"社会工程"(一种更为有效的社会结构和更为有效的实现管理集体福利的管理技能)。"而从广义上讲,法律社会学的目的是致力于研究社会中正义的含义和条件。"②

(二) 美国

美国是各个国家中法社会学研究最为发达的国家。在战前,有庞德、卢埃林等人的社会学法学。二次大战后,法社会学研究又进一步向部门法领域扩展。

在司法行动领域,自 1948 年普利切特(H. C. Pritchett)发表对法院之社会行为方式的研究成果后,又有休伯特(G. Schubert)的《司法行动的数量分析》(1959 年)等作品问世。而以齐塞尔(H. Zeisel)为首于 1952 年开始实施的芝加哥大学法学院的"陪审研究计划",则是战后该领域中影响最大的一项法社会学研究。它就陪审制度、审判延迟、遗

---

① 由于科特威尔的著作已被译成中文,所以他对以上问题的详细论述,笔者这里就不再展开。

② 前揭〔英〕罗杰·科特威尔著:《法律社会学导论》导言。

产处理和商事仲裁四个分课题,分别发表了各项报告书,为政府制定司法政策提供了非常珍贵的建议和数据。①

在对律师、法官和检察官的调查研究方面,战后美国推出了一批关于律师问题的作品。如纽约大学教授斯密格(E. O. Smigel)的《华尔街的律师》(1964年)等。而卡林(J. E. Carlin)和奥高曼(H. J. O'Gorman)的对芝加哥100名开业律师的当面询问调查(调查其经历、日常业务的内容、顾客层、职业性的行动类型等),则对律师的社会活动产生了巨大的影响。②

对国家内部的或民间的各种团体的研究以及关于种族平等、青少年犯罪等的研究,也是战后美国法社会学研究的一个重要内容。在这方面,有塞尔兹尼克(P. Selznick)的关于团体内部组织活动的研究,沃尔姆(H. M. Vollmer)的关于工人的身份地位的研究,以及伯格(M. Berger)的《通过立法的平等》(1952年)和塔潘(P. Tappan)在1947年发表的少年犯审判矫正等的研究等。③

总的说来,美国的法社会学比较注重对一个个与法相关的社会现实问题的研究。60年代后,随着由法学、社会学、人类学、政治学研究者参加的"法与社会学学会"(The Law and Society Association)的成立(1964年)、机关刊物《法和社会评论》(Law and Society Review)的发行,使美国的宏观法社会学研究有了发展。

(三) 法国

法国曾是社会学的故乡,法社会学研究起步也很早。19世纪末曾有迪奥凯姆(E. Durkheim,1858—1917)等社会学家以及狄骥、奥利弗

---

① 见〔日〕潮见俊隆编:《社会学讲座9·法社会学》第5页,东京大学出版会1974年版。
② 同上书,第6页。
③ 同上书,第6—7页。

等法学家的业绩留下。二次大战后,法社会学作为关于社会事实的法现象的社会科学的一个专门领域得到了法学界和社会学界的认可,并被分为一般(理论)法社会学和个别法社会学两个研究部门。

一般法社会学,是对个别法社会学研究成果的归纳、总结,以及个别法社会学的概念、原则、制度的理论化、系统化。这方面值得重视的成果是卡邦纽(J. Carbonnier)的学说和莱维·布律尔(H. Levy-Bruhl)的理论。

前者于1969年发表了题为《柔软的法学——关于非严格的法社会学的教科书》的著作,对法社会学的方法论作了阐述。他指出,理论法社会学为赋予个别经验的法社会学研究以概念性框架提供了假说,这种假说,分为进化的假说和构造的假说。前者以法的历史变化为法社会学的成立基础,后者是关于法的多元性的理论。卡邦纽认为,在社会生活中,有受法(droit)支配的领域和未受法(non-droit)支配的领域,它们同时组成复杂的现实社会。而卡邦纽所说的"非严格的法社会学",就是反映这种社会复杂结构的一种理论形态。①

莱维·布律尔的《法律社会学》(Sociologie du droit)初版于1961年,到1981年出了第6版。该书是法国大型知识小百科丛书《我知道》中的一种。它虽然非常简明,篇幅很少,但由于发行量大(已被译成38种文字,在42个国家出版),所以,不仅在法国,在世界各地也都有很大的影响。该书分为两个部分,第一部分讲了法的基本概念,主要阐述了关于法社会学的各种学说和关于法律的各种渊源以及法律变化的各种因素;第二部分对法律科学的起源、方法以及现在与将来的问题作了论述。它对我们了解法国当代法社会学的研究状况具有重要的参考价值。

---

① 前揭〔日〕潮见俊隆编:《社会学讲座9·法社会学》,第11页。

(四) 德国

在德国,战前的法社会学曾因埃利希和马克斯·韦伯的研究成果而居于世界领先的地位。在二次大战期间,由于纳粹政权的摧残,法社会学也处于停滞的状态。二次战后,尤其是60年代以后,德国的法社会学又获得了复兴和发展。黑斯哈(E. Hirsch)、莱宾德等法学家和寇尼格(R. Konig)、达伦道夫(R. Dahrendorf)和卢曼等社会学家的研究,代表了这种发展趋势。以黑斯哈和莱宾德为主编的柏林自由大学丛书,1966年出版了第一卷,并接着陆续出版了以后各卷。此外,在各主要法学和社会学杂志上,也发表了数量众多的论文。

按照黑斯哈的观点,德国当代法社会学是以如下几个问题为理论前提的:

第一,社会性秩序形成体(包括法)不是超自然的各种力量的产物,而是人性内含的一种永恒的过程。

第二,这个过程,在一定程度上,为具有一定目的和意图的人的努力所影响、操纵和规制。

第三,法作为命令与调整的制度,并不是发挥这种作用的唯一工具。

第四,法作为社会控制的工具,必须适合需要规制协同生活的具体团体组织的现实状态,否则,它与社会生活之间的彼此依存关系就失去了意义。[①]

黑斯哈的上述理论,为达伦道夫、卡篷(W. Kaupen)等社会学家所发扬光大。达伦道夫等人分析了法官的出身阶层,然后提出了法官的活动与其出身的阶层的意识形态是一种什么关系这个问题,即从当时西德法官的出身来看,官吏家庭占着相当高的比例:各州高等法院法官中的50%(1959年)、联邦法院法官中的51%(1962年)、联邦最高法院

[①] 前揭〔日〕潮见俊隆编:《社会学讲座9·法社会学》,第8—9页。

法官中的56%（1962年）以及联邦法院的院长、部长中的60%（1962年），都出身于官僚家庭。在这样一种家庭氛围中，形成了德国法官特有的职业性意识形态，即缺少对既存秩序的批判精神。当然，达伦道夫等人这种以社会学立场进行的法社会学研究，由于缺少对法制度的分析，所以也受到了来自法学界的批判。

在战后德国法社会学研究中占据着一个突出位置的是尼克拉斯·卢曼（Niklas Luhmann，1927—1998）。

卢曼，1927年生于吕讷堡（Luneburg），1946—1949年就学于弗赖堡大学法律系，1960—1961年赴美国哈佛大学进修行政学和社会学。回国后，历任施派尔（Speyer）行政大学研究员（1962—1965年）、多特蒙德（Dortmund）社会调查局主任研究员（1965—1968年）。1968年以后，担任比勒费尔德（Bielefeld）大学的社会学教授。① 他的法社会学理论，主要集中在其代表作《法社会学》（Rechtssoziologie，1972）一书中。

卢曼指出，法和社会不可分离，"人类的共同生活，都直接或间接地带有法的性质。作为社会构成要素的法，与知识一样，会渗透到社会的各个角落，缺少法律来考虑社会是不可能的。"②

从上述认识出发，卢曼认为，应将法和社会结合起来研究，即"必须将作为社会结构之一部分的法和作为社会系统的全体社会（Gesellschaft），置于彼此具有相互依存关系的角度来进行观察、研究。"③这种研究，就是法社会学研究。

按照法和社会的这种密切联系，卢曼阐述了法和社会之间关系中

---

① 〔德〕卢曼著：《法社会学》，村上淳一、六本佳平译，第395页，岩波书店1977年版。
② 前揭〔德〕卢曼著：《法社会学》，第1页。
③ 同上书，第8页。

三个既有联系又有区别的方面:暂时性、社会性和实在性,即所谓"三维度"。暂时性维度(the Temporal Dimension)是指人们在日常交往中产生的,对他人行为的各种期望的性质;社会性维度(the Social Dimension)是指期望的社会制度化;实在性维度(the Material Dimension)是指人们对各种行为上的期望确定真实的意义。①

按照卢曼的观点,在暂时性阶段,某种期望是对个别的、分散的行为之预测。如经制度化后成为大多数人的期望,它就可能存在于社会性维度中。但此时,各种期望依然是主观上的,即它们还没有离开那些坚持某种信念的个人思想而存在。在实在性阶段,期望脱离特定个人的意识,成为一种社会事实。

卢曼认为,上述三维度起着不同的作用。期望的选择、制度化和实在化是三个既有区别又有内在联系的阶段。离开其中任何一个阶段,法律无法形成。法律决不是任何个人的创造物,而是社会力量的产物,因为无数个人期望只有在一定的社会背景和社会交往中,才有可能逐渐被抽象为法律规范化的期望。这是卢曼法社会学理论的基本观点之一。②

从法律性质的三维度说出发,卢曼又阐述了法律发展的三种类型:古代法、前现代法和实在法。古代法植根于上古社会,前现代法反映的是古代较高文化(如古代希腊、罗马、中国、印度和伊斯兰等)的社会,实在法出现于现代社会。法律的发展,取决于人类社会从低级向高级的不断进化和演变。

卢曼的理论,一方面继承了埃利希等人的法社会学立场,强调法形成和社会演变的一致性,法是社会力量的产物而非任何个人的创造物;

---

① 参阅前揭张乃根著:《当代西方法哲学主要流派》,第159—160页。
② 同上书,第161页。

另一方面,也有许多创新,尤其是他对实在法的进化论、系统论分析,对丰富法社会学研究的方法论作出了巨大的贡献。①

根据当代德国最具实力的法社会学家莱宾德的《法社会学》(柏林1989年版)的论述,目前德国法社会学的研究内容,主要涉及法社会学的研究领域、"活的法律"、法社会学的任务、司法活动、法的政策、法的构造与社会构造、法的进化、法的社会功能(解决纠纷、控制人们的行为方式、使社会统治正当化和组织化、形成有秩序的社会生活条件、审判等)、法的实效性、法的意识、司法的社会学(法官出身与活动的分析、从法律纠纷到审判程序、取代司法的制度和秩序)、行政的社会学(行政的课题与形态、行政与政治、行政与法的实现)、立法的社会学等。② 这些研究内容,既与埃利希等人的传统法社会学有相承之处,又带有战后资本主义社会生活的特点。只要西方社会的结构和生活方式没有发生实质性的变化,那么,对这些内容的研究还将会持续下去。

(五) 日本

如前所述,日本的法社会学最初是从西欧和美国那里学习来的。从20世纪20年代起,日本学术界将欧美法社会学的原理与日本自己的社会实际相结合。到二次大战后,这种结合的范围更加扩大,效果更加明显,终于演化出了具有自己特色的当代日本法社会学的理论体系,并推出了一大批成果。关于此点,笔者在《战后日本法社会学研究的发展与特点》(载《中外法学》1991年第2期)一文中已作了详细论述,这里就不再展开。

---

① 关于卢曼的法社会学理论.国内学者已有论述。请参阅张乃根著:《当代西方法哲学主要流派》;沈宗灵著:《现代西方法理学》。
② 前揭〔德〕M.莱宾德著:《法社会学》,晃洋书店1990年版。

第四节　法史学

一、西方法史学研究的发展

在西方,法律史(The History of Law; Legal History,也译为"法制史")被认为是法律科学的一个重要分支,主要涉及"从远古以来的法律制度、体系、原则和法的思想的起源和发展的一般概况"。[①]

在西方,19 世纪研究法律史最发达的是德国和英国。

在德国,由于历史法学派的辛勤劳动,法律史研究取得了丰硕的成果。萨维尼、耶林、祁克等著名法学家对罗马法、日耳曼法和教会法的深入研究,奠定了现代西方法律史学的基础。

在英国,法律史学家梅因于 1861 年出版了其名著《古代法》,大大拓展了人们对古代法律的认识视野。继梅因之后,梅特兰也以其在法律史领域内的一系列杰出成就为西方法律史研究作出了巨大的贡献。

20 世纪以后,随着历史法学派的衰落、分析实证主义法学的盛行,德国和英国学术界对法律史研究的兴趣逐步冷却,但在西方各国,还是推出了一些优秀的法律史作品。如孟罗·斯密斯(Munroe Smith)的《欧陆法律发达史》(The Development of European Law,姚梅镇译,商务印书馆 1947 年版)、威格摩尔(J. H. Wigmore,1863—1943)的《世界法系概览》(A Panorama of the World's Legal System,New York,1928)以及霍兹沃思(W. Holdsworth,1870—1944)的多卷本巨著《英国法律史》(A History of English Law,1903.该书第 1 版为 3 卷,后经改写,由文字执行人完成,共 16 卷。1982 年为第 4 版第 4 次印刷)、庞德的《普通法的历史和制度》

[①] David M. Walker, *The Oxford Companion to Law*, p. 744, Oxford, 1980.

(Reading on the History and System of the Common Law, 1927) 以及波特（H. Potter）的《英国法律史导论》(An Introduction to the History of English Law, 1923) 等。其中，美国著名法律史学家威格摩尔的《世界法系概览》一书，对世界上 16 个法系，即古代埃及法、古代美索不达米亚法（巴比伦法或楔形文字法）、古希伯来法、中国法、印度法、古希腊法、古罗马法、日本法、伊斯兰法、斯拉夫法、日耳曼法、海商法、教会法、英国法、大陆法的历史作了系统论述，在多国法制史与比较法制史研究方面作出了可贵的探索。而霍兹沃思的《英国法律史》则展现了从 11 世纪诺曼人征服英国到 1875 年英国司法大改革为止这一期间，整个英国法律发展的历史画面，包括英国法律的渊源和文献、法院和制度、法官和法学家、实体法和程序法，以及宪法、财产法、契约法、侵权行为法、婚姻家庭法、继承法等诸多内容。因此，这部著作被西方学者赞为"一个知识的宝库"(a mine of information)，"它完全取代了以往的全部研究工作（除了波洛克和梅特兰对 1300 年之前的时期的研究成果之外）。"①

与此同时，日本的法制史研究也获得了长足的发展，其中最为突出的是穗积陈重出版的名著《法律进化论》。② 在本书中，作者把世界各国的法律制度分为印度法系、中国法系、回回法系、英国法系、罗马法系五大法系，据此对这些国家法的历史作了系统、精辟的论述。

二、二次大战后西方法史学研究的新特点

二次大战后，西方法史学获得了新的发展，尤其是在美国、英国和日本，法史学的发展呈现出如下一些特点。

---

① David M. Walker, *The Oxford Companion to Law*, p. 576, Oxford, 1980.
② 该书已被黄尊三等译成中文，由商务印书馆 1929—1931 年出版。1997 年，中国政法大学出版社将该书合为一册，收入《二十世纪中华法学文丛》，简体字本。

第一,研究领域日益拓宽。除研究本国法制史外,还分门别类地研究世界各国的法律制度史,如在日本,各大学都普遍开设了三门课:西洋法制史、东洋法制史和日本法制史。此外,还有英美法、法国法、德国法和罗马法等课程。

第二,用比较方法研究法制史,使研究逐步深入。如德国学者茨威格特(K. Zweigert,1911—1996)和克茨(H. Kotz,1935年生)合著的《比较法概论》(1969年德文版,1971年日文版,1995年中文版),以及法国学者勒内·达维德(Rene David,1906—1990)的名著《当代主要法律体系》(1964年法文版,1984年上海译文出版社中文版,译者漆竹生)等。可以说,这些著作是法制史与比较法的融合,也可以说是比较法制史的作品。

第三,出现了各种复兴历史法学的努力和倾向。比如,在美国,出现了威斯康星学派。该学派力图将各种新的方法如杜威的工具主义、社会学的分析技术等引入法律史研究领域,正如该学派的创始人赫斯特(J. W. Hurst)所说的那样:法律只不过是一种"激发干劲和活力的工具",我们的态度是"唯工具主义的。"[①]由于该学派的努力,使法律史学领域重新活跃起来。总之,他们力图使法律史学成为一门新的科学,在西方法学界占有一席之地。此外,在美国还出现了批判法学派,其代表人物为哈佛大学法学院的教师莫顿·霍维茨(Morton Horwitz)。他于1977年发表了《美国法律的变化》,试图说明法律是受经济利益操纵的,力图通过这种研究,增强法律史研究的活力。

第四,从单纯的对法律本身发展的研究转变为从社会、经济等多方位的法律史研究。在二次大战前,不少法律史著作将法律制度看作是

---

① 〔美〕弗里德曼(L. M. Friedman)著:《美国法律史的过去与现状》,同心译,载《法学译丛》1986年第2期。

独立存在的一个统一体。许多法律史学家的著作集中研究普通法,中心是论述概念、规则,纯粹属于法律范围之内的资料,很少注意社会经济方面的来龙去脉。突出例子是普鲁克内特(T. F. T. Plucknett)的《普通法简史》(A Concise History of the Common Law,1929.日译本取名《英国法制史》,1959 年版),它分为两部分:第一部分是"法律史综合评述";第二部分是专题部分,研究契约、侵权行为等具体制度。二战后的法律史著作,大部分篇幅用于研究法律与社会、经济以及具体各法律制度的内容,如弗里德曼(L. M. Friedman)的《美国法律史》(A History of American Law,1973)就是其中的代表。

第五,法学史作为一个独立的分支学科出现在法律史学领域。以前的法律史研究,论述对象都是法律制度,其中也涉及法学思想和成果,但很少。西方也有一些法律思想史专著,但将法学发展史作为一门独立的学科则还没有。这一方面是因为收集、整理和研究法学成果比研究几部历史上的著名法典要难得多;另一方面,长期以来法学一直被束缚在神学之内,未能作为一门独立的学科而发展,也是一个重要的原因。而战后,随着法律科学的发展,这方面也出现了转机。1946 年,出版了苏尔茨(F. Schulz)的《罗马法律科学史》(History of Roman Legal Science,Oxford,1946),该书分四个时期,即古代时期(the Archaic Period)、希腊化时期(the Hellenistic Period)、古典时期(the Classical Period)和官僚政治时期(the Bureaucratic Period),比较详细地论述了自罗马共和国起到帝国后期法学的发展,内容涉及各个时期中的法律教育、法律职业、法学家活动、法律文献等。该书的出版填补了以往的罗马法研究仅仅涉及制度史的缺陷。1976 年,由东京大学和京都大学等著名法学家碧海纯一、伊藤正已、村上淳一等七人合著的《法学史》一书出版,该书分七个部分,即序言、罗马法学、中世纪罗马法学、德国法学、法国法学、英国法学和美国法学,资料丰富,论述详尽,具有很高的学术价值。战后法学史作品的出版,使法律史学形成了三个学科即法制史、法学史和法律思想史齐头并进的局面。

第五节 比较法学

一、概述

比较法是 19 世纪下半叶诞生、20 世纪初形成体系的一门新兴的法学学科。[①] 二次大战后,比较法研究越过西欧,影响到美洲、亚洲和大洋洲,成为一股世界性的法学思潮。不过,在这股思潮中,发展最快、成果最多,并起主导作用的仍是英、美、法、德、日等国。为此,本节重点就战后西方五个发达国家的比较法研究作些阐述。[②]

二、英国

二次大战以后,英国的比较法学获得了比较大的发展。大战结束不久,英国就出版了当代西方著名比较法学家格特里奇(H. C. Gutteridge,1876—1953)的代表作《比较法——法律学习和研究的比较方法导论》(Comparative Law, An Introduction to the Comparative Method of Legal Study and Research, Cambridge University Press, 1st ed 1946, 2st ed 1949)。[③] 该书内容涉及比较法的领域、历史与价值,比

[①] 关于比较法学形成的历史,请参阅沈宗灵著:《比较法总论》,北京大学出版社 1987 年版,15—25 页。这里不再赘述。

[②] 本节曾以"战后西方比较法研究的新发展"为题,发表于《上海法学研究》1993 年第 4 期,收入本书时在内容和文字方面作了适当修改。

[③] 格特里奇 1900 年起从事法律实务,1919 年以后主持伦敦大学商法讲座,1930 年起担任剑桥大学比较法讲座的教授。著有比较法、国际私法以及商法等作品 20 多种。上述《比较法——法律学习和研究的比较方法导论》已被译为法语、日语和西班牙语。

较法与国际法的关系,判例法的比较模式,制定法的比较解释,比较法与法学教育等问题。该书出版后,不仅在英美国家具有很高的权威,在大陆法系各国也有相当影响。①

50年代末,英国的比较法研究又有新的发展。首先,英国根据汉姆林(M. Hamlyn)的遗嘱,设立了以促进比较法与人种学发达并使其普及为目的的汉姆林财团,它的一项事业就是出版比较法关系丛书。在它的许多成果中,1960年出版的由萨特瓦德(M. C. Setalvad)撰写的《在印度的英国法》(The Common Law in India)一书,为英国比较法学界吹来了一股新风。根据作者的介绍,本书旨在阐述印度法在与英国普通法相联系中,适合自己的国情而发展成为一个独立的法律体系的历史。由于该书涉及到平时不太为西方比较法学者所重视的印度法的内容,从而扩大了英国比较法研究的范围。其次,英国学术界开始重视对伊斯兰法的研究。1959年,伦敦大学教授安德逊(J. N. D. Anderson)出版了《现代世界的伊斯兰法》(Islamic Law in the Modern World)。② 该书主要涉及伊斯兰法的概念、伊斯兰法与现代社会生活、伊斯兰的婚姻法和继承法、伊斯兰世界的现代法律发展倾向等五个部分。该书对西方的伊斯兰法研究及比较法学的发展具有重大影响。

70年代以后,英国在比较法基础理论研究深入的同时,对各种法系、各种法律制度的比较研究有了进一步的发展,这方面有三本书具有代表性意义:一是由霍克(M. B. Hooker)教授写的《东南亚法律史概说》(A Concise Legal History of South-East Asia, Oxford, 1978)。该

---

① 比如,印度学者谭顿(M. P. Tandon)等人在其著作《比较法》(Comparative Law, Allahabad, 1984)一书中,在论述每个问题时,几乎都大段地引用了格特里奇的作品。

② 安德逊是西方最负盛名的比较法学家之一,除本书外,还出版了数十种关于伊斯兰法的论著,如 *Islamic Law in Africa*, London, 1954; *Law Reform in the Middle East*, *International Affairs*, 32, 1, 1956。

书从东南亚各国的法律传统入手,分析了它们对作为继受法的西方法的态度以及彼此的冲突与融合过程;二是由伦敦大学教授布特勒(W. E. Butler)出版的《苏联法》(Soviet Law, London, 1983)。作为巴特沃兹社推出的"世界法律体系"丛书中的第一册,该书是系统论述苏联法的教科书。由于西方近十多年尚未出版过苏联法的概说书,因此,布特勒此书的出版,填补了这一领域的空白;三是海姆候兹(R. H. Helmhorz)于1987年出版的《教会法与英国法》(Canon Law and the Law of England)。它从三个角度,即教会法与英国法院适用法的关系;在世俗法不健全之领域,教会法的作用、影响以及与世俗习惯、文化的融合;在英国普通法发展过程中教会法的影响等,对教会法和英国法作了比较分析。

三、美国

与西欧大陆国家相比,美国的比较法起步要晚得多。但在二次大战后,它加快了研究的步伐。进入50年代,已有二十多所大学的法学院开始了比较法的系统研究。1952年,美国出版发行了《美国比较法杂志》。1955—1956年,哈佛大学法学院又开设了比较法讲座。60年代以后,美国的比较法研究得到了进一步的发展。一方面,世界政治和经济的格局逐渐发生了变化,日本和欧洲大陆的复兴,向美国的霸主地位提出了挑战;另一方面,中国的逐步崛起,显示了中国社会主义经济和政治以及法律制度的独特性,使美国在加强对苏联法研究的同时,也开始对中国的法律制度倾注其热情。此外,该时期西欧大陆比较法研究的理论成果,如功能主义方法、异质法研究的可行性论证等,也开始影响美国学术界。这样,60年代以后的美国比较法研究,逐步拓宽其领域,开始向科学的比较法学过渡。

第一,对比较法的基础理论研究获得了新的进展。1961年,出版了由美国法学泰斗庞德和法国著名刑法学家安塞尔(M. Ancel)以及比较法学家达维德等人撰稿的《20世纪的比较法与冲突法》(XX th Century Comparative Law and Conflicts Law)。它收录了美国、法国、德国、日本等西方38位学者的论文。由于该书的作者都是法学界的著名人士，因此，该书在西方比较法学发展中具有一定影响。1963年，美国又出版了著名法理学家霍尔(J. Hall)写的《比较法与社会理论》(Comparative Law and Social Theory)。它共分六章，对比较法的理论、法的社会学、社会的构造与功能、法向系统化科学的发展等作了论述。由于霍尔的著作将比较法与社会学理论联系了起来，从而使他的作品带上了美国这一社会学法学的故乡的特色。

第二，加强了对日本法的研究。1963年，出版了由梅伦(A. T. von Mehren，1922年生)主编的《日本法——变化社会中的法律秩序》(Law in Japan: The Legal Order in a Changing Society)一书。它分为三个部分：法律制度与法律秩序；个人、国家和法；法律和经济。该书对东西方比较法学家都有参考价值。1965年，随着日美法学会的成立，出版了《日本法》年刊，进一步加强了美国对日本法的研究活动。

第三，功能主义比较法研究在美国开始抬头。以前的比较法研究，往往注意各种法律制度、法学之间的相异，注意揭示其差异的历史背景和文化传统，因而认为各大法系之间的统一是不可能的。而功能主义的比较法认为，各国法律制度的内容、结构虽然不同，但由于有相类似的经济背景和政治体制，因而从法律的社会功能来看，各国会作出相同的法律救济措施。因此，虽然各国的法律体系、具体内容各不相同，但是，它们都有其一致性，这就是法律的社会功能和作用，而功能主义的比较法的任务，就是发现各国不同的法律体系中的相同因素，以改进本国的法律制度和寻找各国法律统一的途径。代表这一倾向的力作之一，就是1968年出版的兹尔辛格(R. S. Schlesinger)的《契约的结构——对各法系之共同核心的研究》。它从分析法的结构入手,强调以判例的功能研究为表现形式的比较方法,并以契约成立之法律领域为模式,证明其中存在着各国法律制度间的共同因素,以向学术界表明,通过功能的比较法方法,在传统上认为不可能相同的许多法域中存在着法律制度统一的可能性。

第四,对西方另一大法系大陆法系的研究热情日益高涨。这方面的代表作有斯坦福大学法学院教授梅利曼(J. H. Merryman)出版的《民法传统——西欧和拉丁美洲法律制度概述》(1969年)和梅伦(Mehren)、高德莱(J. R. Gordley)合著的《民法法系——比较法研究导论》。前者站在大陆法系和英美法系之异同点的立场上,对大陆法系作了概括的论述;①后者规模宏大,有1243页之多,由公法、侵权行为、契约等五部分组成,既有学说,又有判例和法规,书末还附有《法国民法典》和《德国民法典》的相关条文和判例的索引等,具有重要的学术价值。

第五,进入80年代以后,美国比较法学界又出现了一种新的动向,就是对中国法尤其是中国传统法律文化的研究兴趣大增,推出了不少成果。这方面,比较有影响的是考恩(J. A. Cohen)、爱德华(R. R. Edwards)和陈方正(F. C. Chen)编集的《中国法律传统文集》(Essays on China's Legal Tradition,1980年)。该书系根据参加1969年在意大利召开的国际会议的九名学者提交的中国法制史的论文编集而成。在该书的序言中,编者强调:为了理解现代中国和传统中国的联系和区别,必须对中国古代法本身进行深入的研究。二是美国学者金勇义(Hyung I Kim)的《中国与西方的基本法律观念》(Fundamental Legal Concepts of China and the West,1981)。该书将中国传统的法律置于世界法文化的背景之下,对中国传统的法律观念进行了深刻剖析,并将其与西方的

---

① 该书已有顾培东、禄正平的中译本,《大陆法系》,知识出版社1984年版。

法律观念作了比较。该书是西方比较法律文化的力作之一。[①]

四、法国

法国是比较法学的故乡。世界上第一个比较法讲座"比较立法讲座"是在法国设立(1831年),第一个比较法学会"比较立法学会"是在法国诞生(1869年),第一次世界比较法学大会也是在法国召开(1900年)。二次大战后,法国学者继承了上述优秀传统,在比较法领域孜孜于新的发展与耕耘,使战后法国的比较法研究仍然走在世界各国的前列。

50年代末以后,法国有代表性的比较法作品主要是安塞尔的两篇论文《比较法研究的当前的价值》(1961年)和《法国比较法100年》(1969年)。前者对比较法的历史、作用,比较法发展遇到的障碍等三个问题进行了阐述;后者则对自1869至1969年法国比较法发展的历史进行了系统的回顾,并对其今后的发展作了展望。

与此同时,如同英美国家加强了对大陆法的研究一样,大陆法系诸国也开始重视英美法的研究。这方面的主要作品是敦克(A. Tunc)的《美国法》(1964年)。敦克是法国著名的美国法专家,著有《美国宪法制度》(1953年)和《美国法概说》(1955年)等作品。在本书中,敦克通过对美国宪法史、政治制度和司法制度、法源与法律技术以及黑人问题等,对美国法律制度作了比较充分的论述。

进入70年代以后,法国的比较法研究有了新的发展。其中,三位学者的成果尤为受人瞩目。

1. 康斯坦丁内斯库(Leontin-Jean Constantinesco)的《比较法概

[①] 该书已有陈国平、韦向阳、李存捧的中译本,《中国与西方的法律观念》,辽宁人民出版社1989年版。

论》。该书内容丰富,对比较法的各种定义,比较法的历史发展,比较方法等诸种问题都有涉及。

2. 罗迪埃尔(Rene Rodiere,1907—1981)的《比较法导论》(1979年)。[1] 该书由一个序论和三章正文构成。作者原来想以此书为比较法导论,在此基础上对比较法作进一步的研究,但由于作者于1981年突然去世,使他无法完成这个愿望。但尽管如此,作者关于比较法学的基本思想已在本书中得到了反映。

3. 达维德(Rene David,1906—1990)的《当代主要法律体系》(1964年)。[2] 该书共分四大部分,对法系的历史形成、法的结构与渊源、英国法、美国法、西欧大陆法、伊斯兰法、印度法、中国法、日本法、非洲各国以及东欧社会主义各国法的发展、结构、渊源等作了全面的论述。该书被誉为世界比较法学的名著,已被译成德、英、意、西、中等九国文字,不仅为法国,也为世界比较法学的发展作出了贡献。

五、德国

德国也是比较法研究十分活跃的国家,二次战后,这一传统得到了进一步的发扬。战后德国比较法学的发展,大体可以分为三个时期。

1. 比较法研究的复兴时期。其代表性成果有:茨尼彻(A. F. Schnitzer)的《比较法律学》(1961年)、桑德罗克(O. Sandrock)的《比较法的思想与方法》(1966年)、勒贝(Loeber)的《国家权力形态契约——苏联的计划契约与西德的强制契约的比较法研究》(1969年)以及德国著名比较法学家拉贝尔(E. Rabel)的三卷本比较法论文集等。[3]

---

[1] 该书已有陈春龙的中译本,《比较法概论》,法律出版社1987年版。
[2] 该书已有漆竹生的中译本,上海译文出版社1984年版。
[3] 关于这些成果的内容,参见何勤华:《战后西方比较法研究的新发展》,载《上海法学研究》1993年第4期。

2. 比较法研究繁荣时期。进入 70 年代,德国的比较法研究进入繁荣阶段,尤其是德国当代著名比较法学家茨威格特(Zweigert)的研究活动达到了高峰时期。1971 年,茨威格特和克茨(Kotz)合力推出了其代表作《比较法导论》第一卷"基础理论"(Grundlagen)。该书由总论和世界上的各个法系两部分组成,对比较法的概念、功能、方法和历史沿革以及西方比较法研究中的重大课题"法系论"作了系统论述。连同作者于 1969 年先行推出的该书第二卷"各项制度"(Institutione,是对私法上的合同、不当得利和侵权行为的比较研究),它们一起构成了私法领域的比较法巨著。该书不仅在当时的西德,而且在世界上都产生了巨大的影响,被誉为战后德国比较法学的划时代作品。[①] 从 60 年代起,茨威格特还主持了由国际法律科学协会发起、由世界各国数百名著名比较法学家参加的大型工具书《国际比较法百科全书》的编写工作。全套书共 17 卷,自 1971 年起陆续出版。该书被公认为代表了战后比较法发展的最高水平。

3. 比较法研究进一步发展时期。80 年代以后,德国的比较法研究获得了进一步的发展,相继推出了道普菲尔(Dopffel)等撰写的论文《德国立法上比较法的利用》(1981 年)、格劳斯菲德(B. Groossfeld,1933 年生)的《比较法研究的制约因素》等。它们分别对德国比较法研究遇到的新情况和新问题作了阐述,代表了当代西方比较法学的一种新动向。

六、日本

日本的比较法研究起步于明治时代,二次大战后获得进一步发展。

[①] 由于该书已有中译本,潘汉典、米健等译,贵州人民出版社 1995 年版,笔者这里对其内容不再展开论述。

1950年成立了日本比较法学会,1959年成立了日本法国法学会,1964年成立了日本美国法学会,1976年成立了日本德国法学会。同时,创建了日本比较法研究所(中央大学,1949年)、早稻田大学比较法研究所(1958年)、东洋大学比较法研究所(1960年)。出版了《比较法研究》(比较法学会编)、《比较法杂志》(中央大学编)、《比较法学》(早稻田大学编)、《比较法》(东洋大学编)等定期刊物。此外,在东京大学、京都大学、明治大学等40多所大学中开设了比较法总论及分论的课程。这些,都显示了日本比较法研究和教学日益繁荣的趋势。

与此同时,日本学术界还推出了一批有质量的比较法著作,如伊藤正已主编的《外国法与日本法》(岩波书店1966年)、五十岚清的《比较法入门》(日本评论社1968年)和《比较法学的历史与理论》(一粒社1977年)、宫崎孝治郎主编的《新比较婚姻法》(多卷本,劲草书房1960—1978年)、大木雅夫的《日本人的法观念——与西洋人的比较》(东京大学出版会1983年)和《比较法讲义》(东京大学出版会1992年)等。[①]

[①] 关于这几本著作的内容,参见前揭何勤华著:《战后西方比较法研究的新发展》。另外,关于战后日本比较法学的总体发展和特点,请参阅何勤华:《当代日本比较法研究的发展与特点》,载《社会科学》,1991年第5期。

主要参考文献

一、英文

1. Fritz Schulz, History of Roman Legal Science, Oxford, At the Clarendon Press, 1946.

2. Paul Vinogradoff, Roman Law in Medieval Europe, Oxford, At the Clarendon Press, 1929.

3. Paul Vinogradoff, Outlines of Historical Jurisprudence, Vol Ⅰ, Oxford University Press, 1920.

4. A. L. Harding and so on, Origins of the Natural Law Tradition, Southern Methodist University Press, Dallas, 1954.

5. Francis de Zulueta, The Institutes of Gaius, Part Ⅱ, Commentary, Oxford, At the Clarendon Press, 1953.

6. Hans Julius Wolff, Roman Law, An Historical Introduction, University of Oklahoma Press, Norman, 1951.

7. D. Caulfeild Heron, An Introduction to the History of Jurisprudence, London, 1860.

8. G. Carleton Lee, Historical Jurisprudence, New York, 1922.

9. J. Macdonell and E. Manson, Great Jurists of the World, Boston, 1914.

10. E. Andersen, The Renaissance of Legal Science after the Middle Ages, Copenhagen, 1974.

11. E. Ehrlich, Fundamental Principles of the Sociology of Law, Translated by Walter L. Moll, New York, 1962.

12. Helen M. Can, Selected Historical Essays of F. W. Maitland, Cambridge, 1957.

13. T. F. T. Plucknett, Early English Legal Literature, Cambridge, 1958.

14. R. B. Morris, Studies in the History of American Law, Philadelphia, 1959.

15. F. Pollock and W. F. Maitland, History of English Law before the time Edward Ⅰ, 1895.

16. Anthony T. Kronman, Max Weber, Stanford University Press, 1983.

17. Gerald J. Postma, Bentham and Common Law Tradition, Oxford, 1986.

18. Lawrence M. Friedman, A History of American Law, New York, 1973.

19. R. C. van Caenegem, Judges, Legislators and Professors, Cambridge University Press, 1987.

20. Sir W. Holdsworth, A History of English Law, Vol. Ⅰ. Ⅴ, London, 1982, 1978.

21. James Willard Hurst, The Growth of American Law, Boston, 1950.

22. William F. Walsh, Outlines of the History of English and American Law, New York University Press, 1924.

23. H. F. Jolowicz, Historical Introduction to the Study of Roman Law, Cambridge, 1932.

24. M. Smith, The Development of European Law, New York, 1928.

25. H. Potter, An Introduction to the History of English Law, London, 1923.

26. W. Geldart, Elements of English Law, Oxford University Press, 1975.

27. W. Friedman, Legal Theory, London, 1967.

28. Various European Authors, A General Survey of Events, Sources, Persons and Movements in Continental Legal History, Boston, 1912.

29. W. Morris, Dictionary, HMC, Boston, 1979.

30. A. P. D'Entreve, Natural Law, An Introduction to Legal Philosophy, Hutchinson's University Library, 1951.

31. P. P. Craig, Administrative Law, London, 1983.

32. W. P. Swindler, The Constitution and Chief Justice Marshall, New York, 1978.

二、日文

1. 碧海纯一、伊藤正已、村上淳一编:《法学史》,东京大学出版会1976年版。

2. 世良晃志郎著:《历史学方法论的诸问题》,木铎社1973年版。

3. 水田义雄著:《英国比较法研究》,劲草书房1960年版。

4. 船田享二:《论法律学之名称的起源》,载《法律学研究》第 24 卷第 5 号,1928 年。

5.〔古希腊〕柏拉图著:《法律》(上、下),森进一、池田美惠、加来彰俊译,岩波书店 1993 年版。

6. 户仓广:《古典期罗马法学者群像》,载《国士馆法学》第 1 号,1968 年。

7.〔古罗马〕盖尤斯著:《法学阶梯》,船田享二译,日本评论社 1943 年版。

8.〔德〕维亚克尔(Franz Wieacker)著:《近世私法史》,铃木禄弥译,创文社 1978 年版。

9. 若曾根健治:《巴尔杜斯法理论的一斑》,载《熊本法学》第 28 号。

10.〔德〕Hans Schlosser 著:《近世私法史要论》,大木雅夫译,有信堂 1993 年版。

11.〔意〕G. Zaccagnini 著:《中世纪意大利的大学生活》,儿玉善仁译,平凡社 1990 年版。

12.〔英〕H. Rashdall 著:《大学的起源——欧洲中世纪大学史》,横尾壮英译,东洋馆出版社 1966 年版。

13. 野田良之著:《法国法(一)、(二)》,有斐阁 1954 年版。

14. 关口晃:《关于法国近世私法的一试论》,载日本法制史学会编:《法制史研究》第 14 号别册,1964 年。

15. 福井勇二郎编译:《佛兰西法学的诸相》,日本评论社 1943 年版。

16. 野田良之:《注释学派与自由法》,载《法哲学讲座》第 3 卷,有斐阁 1956 年版。

17. 高桥和之:《法国宪法学说史研究序说》,载《国家学会杂志》第 85 卷第 1、2 号,1972 年。

18. 深濑忠一:《艾斯曼的宪法学》,载《北海道大学法学》第 15 卷第 2 号。

19. 村上顺:《法国行政法学的诞生》,载《神奈川法学》第 19 期第 2、3 号,1981 年。

20. 兼子仁、矾部力、村上顺著:《法国行政法学史》,岩波书店 1990 年版。

21. 雄川一郎、盐野宏、园部逸夫编:《现代行政法大系》第 1 卷,有斐阁 1983 年版。

22. 日本刑法理论研究会编:《现代刑法学原论》(总论),三省堂 1987 年版。

23.〔法〕M. Ancel 著:《新社会防卫论》,吉川经夫译,一粒社 1968 年版。

24. 伊藤正已编:《法学者——人与作品》,日本评论社 1985 年版。

25.〔德〕R. Jhering 著:《为权利而斗争》,村上淳一译,岩波书店 1984 年版。

26. 石田文次郎著:《祁克》,三省堂 1935 年版。

27.《现代法讲座·第一卷·法学的基础理论》,法律文化社1952年版。

28.〔德〕卡尔·拉伦茨著:《现代德国的法哲学》,大西芳雄、伊藤满译,有斐阁1942年版。

29.〔德〕G. Radbruch著:《法哲学》,田中耕太郎译,东京大学出版会1963年版。

30.铃木敬夫:《法律哲学上的相对主义》,载《札幌学院法学》第7卷第1号,1990年。

31.六本佳平著:《法社会学》,有斐阁1988年版。

32.潮见俊隆编:《社会学讲座9·法社会学》,东京大学出版会1974年版。

33.〔德〕马克斯·韦伯(Max Weber)著:《法社会学》,小野木常译,日本评论社1959年版。

34.〔德〕萨维尼著:《现代罗马法的体系》第1卷,小桥一郎译,成文堂1993年版。

35.石川敏行:《德国近代行政法学的诞生》,载中央大学法学会编:《法学新报》第89卷第5、6号,1982年。

36.山口邦夫著:《19世纪德国刑法学研究——从费尔巴哈到麦克尔》,八千代出版社1979年版。

37.〔英〕普拉克内特(T. F. T. Plucknett)著:《英国法制史》,伊藤正已监译,东京大学出版会1959年版。

38.〔英〕格兰威尔著:《中世纪英格兰王国的法和习惯》,松村胜二郎译,明石书店1993年版。

39.田中英夫著:《英美法总论》(上),东京大学出版会1980年版。

40.田中英夫著:《英美法研究3·英美法与日本法》,东京大学出版会1988年版。

41.石井幸三:《布莱克斯通的法学思想》,载《龙谷法学》第10卷第3号,1979年。

42.石井幸三:《曼斯菲尔德的法律思想》,载《龙谷法学》第9卷第3、4号,1977年。

43.〔英〕波洛克(Pollock)著:《自然法史》,深田三德译,载《同志社法学》第26卷第2号。

44.森泉章编著:《英国信托法原理研究》,学阳书房1992年版。

45.末包留三良著:《英国法的基本问题》(上),成文堂1973年版。

46.〔英〕彼得·斯坦(Peter Stein)著:《法的进化》,今野勉译,文真堂1987年版。

47.〔英〕詹姆斯(P. S. James)著:《英国法导论》(上、下),矢口敏也监译,三省堂 1985 年版。

48. 〔英〕戴雪著:《宪法序说》,伊藤正已,田岛裕译,学阳书房 1983 年版。
49. 〔美〕G. O. W. 米勒著:《美国刑法学史》,齐藤丰治、村井敏邦译,成文堂 1991 年版。
50. 武藤春光著:《美国、英国及西德的法律教育》,日本司法研修所 1962 年印发。
51. 鹈饲信成著:《现代美国法学》,日本评论新社 1954 年版。
52. 鹈饲信成等编:《学说百年史》,载《法律家》第 400 号,1968 年。
53. 鹈饲信成等编:《日本近代法发达史》第 11 卷,劲草书房 1975 年版。
54. 中田薰著:《法制史论集》,岩波书店 1964 年版。
55. 穗积陈重著:《续法窗夜话》,岩波书店 1936 年版。
56. 川岛武宜著:《日本人的法意识》,岩波书店 1967 年版。
57. 西贤:《我国比较法学的发展》,载《神户法学杂志》第 20 卷,1971 年。
58. 野田良之:《日本比较法的发展与现状》,载《法学协会杂志》第 89 卷,1972 年。
59. 大木雅夫著:《比较法讲义》,东京大学出版会 1993 年版。
60. 星野英一:《日本民法学史》,载《法学教室》第 8 卷,1981 年。
61. 铃木安藏著:《日本宪法学史研究》,劲草书房 1975 年版。
62. 〔德〕Dr M. Rehbinder 著:《法社会学》,吉野正三郎译,晃洋书店 1990 年版。
63. 〔德〕卢曼著:《法社会学》,村上淳一、六本佳平译,岩波书店 1977 年版。

三、中文

1. 张乃根著:《西方法哲学史纲》,中国政法大学出版社 1993 年版。
2. 张乃根著:《当代西方法哲学主要流派》,复旦大学出版社 1993 年版。
3. 张乃根:《当代西方马克思主义法学"热"评析》,载《法学》1988 年第 10 期。
4. 张宏生主编:《西方法律思想史》,北京大学出版社 1983 年版。
5. 谷春德、吕世伦著:《西方政治法律思想史》(上),辽宁人民出版社 1986 年版。
6. 吕世伦著:《黑格尔法律思想研究》,中国人民公安大学出版社 1989 年版。
7. 吕世伦主编:《西方法律思潮源流论》,中国人民公安大学出版社 1993 年版。
8. 〔美〕博登海默著:《法理学——法律哲学和方法》,张智仁译,上海人民出版社 1992 年版。
9. 〔美〕萨拜因著:《政治学说史》(上),盛葵阳等译,商务印书馆 1986 年版。
10. 〔古希腊〕亚里士多德著:《政治学》,吴寿彭译,商务印书馆 1965 年版。

11.〔英〕梅因著:《古代法》,沈景一译,商务印书馆1984年版。

12.〔古罗马〕查士丁尼著:《法学总论》,张企泰译,商务印书馆1989年版。

13.黄风等译:《民法大全选译》,中国政法大学出版社1992年版。

14.〔意〕彼德罗·彭梵得著:《罗马法教科书》,黄风译,中国政法大学出版社1992年版。

15.〔意〕朱塞佩罗·格罗索著:《罗马法史》,黄风译,中国政法大学出版社1994年版。

16.上海社会科学院法学研究所编译:《法学流派与法学家》,知识出版社1981年版。

17.戴东雄著:《中世纪意大利法学与德国的继受罗马法》,三民书局1981年版。

18.《阿奎那政治著作选》,马清槐译,商务印书馆1982年版。

19.〔美〕伯尔曼著:《法律与革命——西方法律传统的形成》,贺卫方等译,中国大百科全书出版社1993年版。

20.〔法〕孟德斯鸠著:《论法的精神》(上、下),张雁深译,商务印书馆1963年版。

21.〔法〕卢梭著:《社会契约论》,何兆武译,商务印书馆1982年版。

22.〔法〕狄骥著:《宪法论》,钱克新译,商务印书馆1959年版。

23.沈宗灵著:《现代西方法理学》,北京大学出版社1992年版。

24.黄风著:《贝卡利亚及其刑法思想》,中国政法大学出版社1987年版。

25.〔德〕康德著:《法的形而上学原理》,沈叔平译,商务印书馆1991年版。

26.〔德〕黑格尔著:《法哲学原理》,范扬等译,商务印书馆1979年版。

27.〔英〕洛克著:《政府论》(下),叶启芳等译,商务印书馆1964年版。

28.董安生等编译:《英国商法》,法律出版社1991年版。

29.王名扬著:《英国行政法》,中国政法大学出版社1987年版。

30.王名扬著:《美国行政法》(上、下),中国法制出版社1995年版。

31.李昌道著:《美国宪法史稿》,法律出版社1986年版。

32.〔美〕施瓦茨(B. Schwartz)著:《美国法律史》,王军等译,中国政法大学出版社1989年版。

33.〔美〕法恩斯沃思(E. A. Farnsworth)著:《美国法律制度概论》,马清文译,群众出版社1986年版。

34.张文显著:《当代西方法学思潮》,辽宁人民出版社1988年版。

35.〔美〕查尔斯·A. 比尔德著:《美国宪法的经济观》,何希奇译,商务印书馆1984年版。

36.〔美〕胡萨克著:《刑法哲学》,谢望原等译,中国人民公安大学出版社1994

年版。

37.〔英〕罗杰·科特威尔著:《法律社会学导论》,潘大松等译,华夏出版社1989年版。

38.朱景文著:《现代西方法社会学》,法律出版社1994年版。

39.朱景文主编:《对西方法律传统的挑战——美国批判法律研究运动》,中国检察出版社1996年版。

40.何勤华:《战后西方比较法研究的新发展》,载《上海法学研究》1993年第4期。

41.何勤华著:《法学史研究Ⅰ·当代日本法学——人与作品》,上海社会科学院出版社1991年版;《20世纪日本法学》,商务印书馆2004年版。

42.〔美〕理查德·A.波斯纳著:《法律的经济分析》(上下),蒋兆康译,中国大百科全书出版社1997年版。

43.〔英〕哈特著:《法律的概念》,张文显、郑成良等译,中国大百科全书出版社1996年版。

44.〔英〕麦考密克、〔奥〕魏因贝格尔著:《制度法论》,周叶谦译,中国政法大学出版社1994年版。

45.〔英〕W.艾弗·詹宁斯著:《法与宪法》,龚祥瑞、侯健译,三联书店1997年版。

46.〔美〕罗纳德·德沃金著:《认真对待权利》,信春鹰、吴玉章译,中国大百科全书出版社1998年版。

47.〔美〕罗纳德·德沃金著:《法律帝国》,李常青译,中国大百科全书出版社1996年版。

48.何勤华主编:《外国法制史》(教学参考书),法律出版社1999年版。

49.〔英〕梅特兰著:《普通法的诉讼形式》,王云霞译,商务印书馆2010年版。

50.〔德〕耶里内克著:《〈人权与公民权利宣言〉:现代宪法史论》,李锦辉译,商务印书馆2012年版。

51.〔古希腊〕柏拉图著:《法律篇》,张智仁、何勤华译,商务印书馆2016年版。

52.〔美〕伯尔曼著:《法律与宗教》,梁治平译,商务印书馆2012年版。

53.〔日〕穗积陈重:《法典论》,李求秩译,商务印书馆2014年版。

后　　记

　　本书的基础是1989年笔者为华东政法学院外国法制史研究生开设的"西方法学史"课的讲稿，将其作为法学史研究的第二卷之后，又进行了多次修改、补充，内容也不断得到充实，但总感到不是很满意。

　　1993年4月至1994年10月，笔者作为国家教委公派访问学者，有幸第二次赴日本东京大学法学部进修。这对充实本书的内容，提高其质量起了非常大的作用。假如没有这次机会，本书肯定达不到目前这种水准。当笔者埋头于法学部研究室地下书库中时，犹如一位淘金者发现了一座金矿那样激动：许多在北京图书馆、上海图书馆和北京大学图书馆找了几年未能找到的著作，现在都静静地躺在那里！我深深为自己获得的机遇感到庆幸，也为我国许多辛勤耕耘在科研第一线却一直无机会出国的学者感到惋惜。假如我国的科研人员都能出国进修一次（哪怕是半年或三个月），我国的科研一定会有更高的水平！但愿全社会都来关心和赞助此事。

　　在本书出版之际，谨向我的指导教官、东京大学法学部教授石井紫郎表示深深的谢意。在这次进修期间，石井先生正巧担任东京大学的副校长，自己忙得常常加班加点，但对我却有求必应，不仅解决了各种研究上的问题，也解决了我许多生活上的困难。从而使我顺利地完成了一年半的进修任务和本书的资料补充任务。

　　本书是华东政法学院1991年度科研中标项目，在资料收集和科研调查方面得到了该院的帮助。本书的写作和出版，也得到了中国政法大学出版社领导以及编辑丁小宣和杜学亮君的热诚帮助。在此,一并表示笔者的谢意。本书能以现在的面貌呈现给读者,还得益于商务印书馆领导于殿利的帮助和支持,得益于王兰萍编审的具体指导,使本书以"西方法学史纲"的书名移至该馆出版。对此,也致以笔者诚挚的谢意。

何 勤 华
于华东政法大学
法律文明史研究院
2015 年 6 月 15 日